'Ode aan de introverte mens die naar rust snakt.' *de Volkskrant*

'*Stil* is een doordacht geformuleerd (hoe kan het ook anders), soepel geschreven en hartverwarmend pleidooi om trouw te blijven aan je eigen temperament.' *Happinez*

'Met aanstekelijk aplomb daagt Cain de introverten uit om uit de kast te komen.' *Trouw*

'Stil is een boek dat je de ogen opent.' *Cobra.be*

'Eerlijk, verhelderend, een rijk en intelligent boek.' *Wall Street Journal*

'Intrigerend...' *People Magazine*

'Dit boek moet je lezen.' *Forbes*

'Dit is in veel opzichten een belangrijk boek – zo overtuigend, actueel en oprecht, dat het onvermijdelijk effect zal hebben op scholen en kantoren. Het is bovendien een geniaal idee om een boek te schrijven dat introverte personen – een flink percentage van de lezers – eraan herinnert hoe geweldig en ondergewaardeerd we zijn. ' *The Guardian*

'*Stil* herinnert ons aan het belang van introspectie en alleen-zijn in dit tijdperk van Facebook, Google+ en Twitter vol eindeloze updates, retweets, likes en pokes.' *CNN.com*

'Een belangrijk boek dat iedereen zal aanmoedigen die ooit werd gezegd "luider te moeten spreken".' *People Magazine*

'Cain biedt een schat aan nuttige adviezen voor docenten en ouders van introverte mensen. *Stil* is interessant voor iedereen die zich afvraagt hoe mensen denken, werken en met elkaar omgaan, of zich afvraagt waarom die vent in het naburige kantoorhokje zich zo vreemd gedraagt. Het is verplichte lectuur voor introverten (of hun ouders) wiens zelfvertrouwen wel een oppepper kan gebruiken.'
Fortune.com

'Een intrigerend en mogelijk levensveranderend onderzoek naar de menselijke geest, dat ongetwijfeld zowel introverte als extraverte mensen zal goeddoen.' *Kirkus*

'Dit boek is een genot om te lezen en zal zowel introverte als extraverte personen doen nadenken over hoe ze het beste zichzelf kunnen zijn en kunnen omgaan met verschillende persoonlijkheidstypen.' *Library Journal*

Susan Cain (1968) is wereldberoemd als schrijver en spreker over omgaan met introversie. *Stil* stond ruim vier jaar in de *New York Times* bestsellerlijst en werd in meer dan 40 talen vertaald. Haar TED-talk over introversie werd 14 miljoen keer bekeken en ze won verschillende prijzen voor haar spreektalent.

Susan Cain

Stil

De kracht van introvert zijn in een wereld
die niet ophoudt met kletsen

Vertaald door Jan Willem Reitsma

Rainbow® wordt uitgegeven door
Uitgeverij Rainbow bv, Amsterdam

www.rainbow.nl

Een uitgave in samenwerking met
Uitgeverij De Arbeiderspers, Amsterdam

www.arbeiderspers.nl

Oorspronkelijke titel: *Quiet. The Power of Introverts in a World that Just Can't Stop Talking*
Oorspronkelijke uitgave: Crown Publishing Group, New York

Omslagontwerp: b'IJ Barbara
Foto auteur: Aaron Fedor
Druk: Novoprint, Sant Andreu de la Barca
Uitgave in Rainbow september 2016
Vijfde druk december 2017

ISBN 978 90 417 1215 8 NUR 770

Voor de familie waarin ik ben opgegroeid

Een soort waarvan iedereen generaal Patton is, heeft net zo weinig kans van slagen als een ras waarvan iedereen op Vincent van Gogh lijkt. Ik geloof liever dat de wereld sportlieden, filosofen, sekssymbolen, schilders en wetenschappers nodig heeft; dat ze behoefte heeft aan hartelijke, hardvochtige, koelbloedige en teerhartige mensen. Ze heeft behoefte aan hen die hun leven kunnen wijden aan de bestudering van het aantal waterdruppels dat de speekselklieren van honden onder bepaalde omstandigheden afscheiden, aan hen die de vluchtige indruk van kersenbloesem kunnen vangen in een gedicht van veertien lettergrepen of vijfentwintig pagina's kunnen besteden aan de ontleding van de gevoelens van een jongetje dat 's avonds in bed ligt te wachten tot zijn moeder hem welterusten komt kussen. [...] Het bestaan van uitmuntende vaardigheden vooronderstelt zelfs dat de energie die nodig is op andere terreinen daarvandaan is weggeleid.

Allen Shawn

Inhoud

Opmerking van de schrijver 13

Inleiding – Het noorden en zuiden van het temperament 15

DEEL 1 – HET EXTRAVERTE IDEAAL

1 – De opkomst van de 'zeer geschikte vent': hoe extraversie uitgroeide tot cultuurideaal 37

2 – De mythe van het charismatisch leiderschap: de persoonlijkheidscultuur, een eeuw later 55
Verkoopkunst als deugd: live bij Tony Robbins 55
De Harvard Business School en daar voorbij 65
Houdt God van introverte mensen? Het dilemma van een evangelist 91

3 – Als samenwerken de creativiteit doodt: de opkomst van het nieuwe groepsdenken en het voordeel van alleen werken 99

DEEL 2 – JE BIOLOGISCHE AANLEG, IS DAT WIE JE BENT?

4 – Is je temperament je noodlot? Aanleg, opvoeding en de orchideeënhypothese 131

5 – Het temperament voorbij: de rol van de vrije wil (en het geheim van spreken in het openbaar voor introverte mensen) 152

6 – 'Franklin was een politicus, maar Eleanor sprak vanuit haar geweten': waarom koelbloedigheid wordt overschat 169

7 – Waarom stortte Wall Street in terwijl Warren Buffett goed boerde? De verschillende denkwijzen (en dopamineverwerking) van introverte en extraverte mensen 198

DEEL 3 – BEZITTEN ALLE CULTUREN EEN EXTRAVERT IDEAAL?

8 – Stille kracht: Aziatisch-Amerikanen en het extraverte ideaal 227

DEEL 4 – HOE MOET JE LIEFHEBBEN, HOE MOET JE WERKEN?

9 – Wanneer moet je je extraverter gedragen dan je eigenlijk bent (en hoe doe je dat)? 255

10 – De communicatiekloof: hoe praat je met mensen van het andere type? 278

11 – Over schoenlappers en generaals: hoe je stille kinderen grootbrengt in een wereld die hen niet hoort 298

Conclusie – Wonderland 325

Een opmerking over de opdracht 329

Een opmerking over de woorden 'introvert' en 'extravert' 332

Dankwoord 335

Noten 341

Opmerking van de schrijver

Ik heb officieel sinds 2005 aan dit boek gewerkt, en officieus mijn hele volwassen leven. Ik heb gesproken en gecorrespondeerd met honderden, misschien wel duizenden mensen over de onderwerpen die op de volgende bladzijden worden behandeld en heb er eén even groot aantal boeken, wetenschappelijke artikelen, tijdschriftartikelen, chatroom-discussies en blogs over gelezen. Een aantal hiervan wordt in dit boek met naam vermeld; andere hebben invloed gehad op vrijwel elke zin die ik geschreven heb. *Stil* rust op de schouders van velen, vooral op die van de wetenschappers en onderzoekers van wier werk ik erg veel heb opgestoken. In een volmaakte wereld had ik al mijn bronnen, leermeesters en geïnterviewden bij naam genoemd. Met het oog op de leesbaarheid verschijnt de naam van sommigen echter alleen in de noten of het dankwoord.

Om vergelijkbare redenen heb ik in sommige citaten geen puntjes of haakjes gebruikt, maar er wel op gelet dat de toegevoegde of weggelaten woorden niet de intentie van de spreker of schrijver zouden veranderen. Mocht je uit de oorspronkelijke versie van deze schriftelijke bronnen willen citeren: de noten verwijzen naar de oorspronkelijke vindplaatsen.

Van sommige mensen van wie ik het verhaal vertel en in de verhalen over mijn eigen bezigheden als jurist en consultant heb ik namen en herkenbare details veranderd. Ter bescherming van de privacy van de deelnemers aan de workshop 'spreken in het openbaar' van Charles di Cagno, die onmogelijk konden weten dat ze in een boek zouden belanden toen ze zich voor die cursus opgaven, heb ik het verhaal over mijn eerste cursusavond gebaseerd op een aantal sessies. Hetzelfde geldt voor het verhaal over Greg en Emily, dat berust op meerdere gesprekken met vergelijkbare stellen. Voor zover de herinnering dat toelaat, heb ik alle andere verhalen naverteld zoals ze zijn voorgevallen of zoals ze aan mij zijn verteld. De verhalen die mensen over zichzelf vertelden heb ik niet geverifieerd, maar ik heb uitsluitend verhalen opgenomen waarvan ik geloofde dat ze op waarheid berustten.

Inleiding – Het noorden en zuiden van het temperament

De stad Montgomery in de Amerikaanse staat Alabama, 1 december 1955, vroeg op de avond. Een stadsbus stopt bij een halte en een degelijk geklede vrouw van in de veertig stapt in. Ze loopt kaarsrecht, ook al heeft ze de hele dag gebogen gestaan over een strijkplank in een morsig naaiatelier in de kelder van het warenhuis Montgomery Fair. Haar voeten zijn gezwollen, haar schouders doen pijn. Ze gaat zitten op de voorste rij voor kleurlingen en kijkt rustig toe terwijl de bus zich met reizigers vult. Totdat de chauffeur haar commandeert dat ze haar zitplaats aan een blanke passagier moet afstaan.

De vrouw zegt één woord, waarmee ze een van de belangrijkste burgerrechtenprotesten van de twintigste eeuw ontketent, één woord dat Amerika helpt om zijn betere zelf te vinden.

Dat woord is 'Nee'.

De chauffeur dreigt haar te laten arresteren.

'Dat kunt u doen,' zegt Rosa Parks.

Een politieagent arriveert ter plaatse. Hij vraagt Parks waarom ze zich weigert te verroeren.

'Waarom sollen jullie allemaal zo met ons?' luidt haar eenvoudige antwoord.

'Dat weet ik niet,' zegt hij. 'Maar regels zijn regels, en u staat onder arrest.'

Op de middag nadat ze is berecht en veroordeeld wegens verstoring van de openbare orde organiseert de Montgomery Improvement Association een bijeenkomst ter ere van Parks in de baptistenkerk in Holt Street, in de armste wijk van de stad. Vijfduizend mensen verzamelen zich ter ondersteuning van Parks' moedige eenmansactie. Ze drommen in de kerk bijeen tot er echt niemand meer op de banken bij kan. De anderen wachten geduldig buiten en luisteren mee via luidsprekers. Dominee Martin Luther King spreekt de menigte toe. 'Er komt een tijd dat de mensen het moe zijn om te worden vertrapt door de ijzeren voet van de onderdrukking,' vertelt hij hun. 'Er komt een tijd dat de mensen zich niet langer laten wegduwen uit het stralende zonlicht van juli in de richting van de doordringende bergkou van november.'

Hij prijst de moed van Parks en omhelst haar. Zij zegt niets, alleen haar aanwezigheid volstaat om de menigte in vervoering te brengen. De organisatie lanceert een boycot van de busmaatschappij voor de hele stad die 381 dagen aanhoudt. Mensen lopen naar hun werk, kilometers ver. Ze nemen onbekenden in hun auto mee. Ze veranderen de loop van de Amerikaanse geschiedenis.

Ik had me Rosa Parks altijd voorgesteld als een rijzige vrouw met een moedig temperament, iemand die het makkelijk kon opnemen tegen een bus vol misprijzend kijkende passagiers. Maar toen ze in 2005 op 92-jarige leeftijd overleed, werd ze in de talrijke krantenartikelen gememoreerd als iemand met een zachte stem, een lieve vrouw die klein van stuk was. Men schreef dat ze 'timide en verlegen' was, maar 'zo moedig als een leeuw'. De necrologieën stonden vol zinsneden als 'radicale nederigheid' en 'kalme onverzettelijkheid'. Wat betekent het om stil en toch standvastig te zijn, leken deze beschrijvingen impliciet te vragen. Hoe kan een mens tegelijkertijd verlegen én moedig zijn?

Parks leek zich zelf ook bewust te zijn van die paradox. Ze gaf haar autobiografie de titel *Quiet Strength*, en daagt ons met die titel uit om vraagtekens te zetten bij onze vooringenomen ideeen. Waarom zou stil eigenlijk niet sterk kunnen zijn? En wat kan kalmte nog meer teweegbrengen waar we geen oog voor hebben?

* * *

Je leven wordt net zo sterk bepaald door je persoonlijkheid als door je geslacht of huidskleur. En het allerbelangrijkste aspect van de persoonlijkheid – het 'noorden en zuiden van het temperament', zoals een wetenschapper dat heeft genoemd – is je plaats op het introversie-extraversiespectrum. Waar je je op deze schaal bevindt, bepaalt mede welke vrienden, vriendinnen en partner je kiest en hoe je gesprekken voert, conflicten oplost en genegenheid toont. Deze plaats beïnvloedt het beroep dat je kiest en of je er wel of geen succes in bereikt. Deze plaats bepaalt hoe groot de kans is dat je aan sport doet, overspel pleegt, langdurig zonder slaap kunt, van je fouten leert, wild gokt op de aandelenbeurs, goed leiding kunt geven en 'stel nou dat'-vragen stelt.* Je positie op deze schaal heeft gevolgen voor de zenuwbanen in je hersenen, voor je neurotransmitters en tot in de verste uithoeken van je zenuwstelsel. Tegenwoordig behoren introversie en extraversie tot de meest uitputtend onderzochte onderwerpen van de ontwikkelingspsychologie, die de nieuwsgierigheid van honderden wetenschappers hebben geprikkeld.

Dankzij de modernste technologie hebben deze onderzoekers opwindende ontdekkingen gedaan, maar ze maken deel uit van een oude, roemrijke traditie. Al sinds het begin van de optekening van de geschiedenis hebben dichters en filosofen over introverte en extraverte mensen nagedacht. Beide persoonlijkheidstypes komen voor in de Bijbel en de geschriften van Griekse en Romeinse artsen, en sommige evolutionair psychologen stellen dat de geschiedschrijving over deze types zelfs nog eerder is begonnen. Zoals we zullen zien, kent ook het dierenrijk 'introverte' en 'extraverte types', van fruitvliegjes tot zonnebaarzen en resusapen. Net als bij andere complementaire tegenstellingen – mannelijk en vrouwelijk, oost en west, progressief en conservatief – zou de mensheid zonder deze twee persoonlijkheidsstijlen onherkenbaar en een stuk armoediger zijn.

Neem nu de samenwerking tussen Rosa Parks en Martin Luther King. Een formidabele spreker die had geweigerd om zijn zitplaats af te staan in een bus met gescheiden zitplaatsen voor

* Antwoorden:

Sporten: extraverte mensen; overspel plegen: extraverte mensen; langdurig zonder slaap kunnen: introverte mensen; leren van je fouten: introverte mensen; wild gokken: extraverte mensen; goed leiding geven: soms introverte mensen, soms extraverte mensen, afhankelijk van het benodigde soort leiderschap; 'stel dat'-vragen stellen: introverte mensen.

blanken en zwarten zou minder teweeg hebben gebracht dan een bescheiden vrouw die het duidelijk prettiger had gevonden om te zwijgen, maar door de situatie tot iets anders werd gedwongen. En Parks had haar toehoorders niet kunnen opzwepen als ze geprobeerd had te verkondigen dat ze een droom had gehad. Maar dankzij de steun van King hoefde dat ook niet.

Toch laten we tegenwoordig slechts een opmerkelijk smal spectrum van persoonlijkheidsstijlen toe. We laten ons voorhouden dat je alleen succes kunt bereiken als je lef hebt, en dat je sociabel moet zijn, wil je gelukkig worden. Wij Amerikanen beschouwen onszelf als een natie van extraverte mensen. Daarmee zijn we uit het oog verloren wie we werkelijk zijn. Afhankelijk van het onderzoek dat je raadpleegt, bestaat de Amerikaanse bevolking voor een derde uit introverte mensen. Dat is dus een op de twee of drie mensen die je kent. (Gezien het feit dat de Verenigde Staten behoren tot de meest extraverte landen ter wereld, is dat aantal minstens zo hoog als in andere delen van de wereld.) Als je zelf niet introvert bent, dan ben je ongetwijfeld de opvoeder, leidinggevende of partner van iemand die het wel is.

Als die statistieken je verbazen, komt dat waarschijnlijk doordat veel mensen doen alsof ze extravert zijn. Heimelijk introverte mensen, die niet als zodanig worden herkend, houden zich op in speeltuinen, op middelbare scholen en in de wandelgangen van het Amerikaanse bedrijfsleven. Sommigen van hen houden zelfs zichzelf voor de gek, totdat een ingrijpende gebeurtenis zoals ontslag, alleen achterblijven als de kinderen het huis uitgaan of een erfenis waardoor ze opeens kunnen doen wat ze willen, hen er met een schok toe brengen om hun ware aard onder ogen te zien. Als je het onderwerp van dit boek onder vrienden en bekenden ter sprake brengt, zul je waarschijnlijk al gauw merken dat mensen van wie je dat helemaal niet had verwacht zichzelf als introvert beschouwen.

Het is logisch dat zo veel introverte mensen zich zelfs voor zichzelf verstoppen. We leven met een waardensysteem dat ik het extraverte ideaal noem: het alom heersende geloof dat de ideale mens een dominant gezelschapsdier is dat zich thuis voelt in de schijnwerpers. De archetypische extraverte mens verkiest actie boven bespiegeling, risico's nemen boven voorzichtigheid, zekerheid boven twijfel. Hij geeft de voorkeur aan snelle beslissingen, ook al bestaat de kans dat hij miskleunt. Ze functioneert goed in teams en begeeft zich onder de mensen. We willen graag van onszelf geloven dat we individualiteit waarderen, maar in de praktijk bewonderen we vooral een bepaald type personen: mensen die het prettig vinden om 'zich te presenteren'. Uiteraard vinden we het best dat technisch begaafde eigenheimers die in hun garage een eigen bedrijf hebben opgezet een persoonlijkheid hebben waar ze zich prettig bij voelen, maar dat zijn de uitzonderingen op de regel. We tolereren hen voornamelijk als ze fabelachtig rijk zijn of dat lijken te gaan worden.

Introversie is tegenwoordig – net als haar verwanten sensitiviteit, ernst en verlegenheid – een tweederangs persoonlijkheidskenmerk dat het midden houdt tussen een teleurstelling en een ziektebeeld. Introverte mensen die leven onder de knoet van het extraverte ideaal zijn als vrouwen die leven in een mannenwereld, en worden niet serieus genomen vanwege een eigenschap die de kern van hun identiteit vormt. Extraversie is een sterk aansprekende persoonlijkheidsstijl, maar we hebben haar gemaakt tot een dwingende maatstaf waarvan de meeste mensen geloven dat ze zich eraan moeten conformeren.

Het extraverte ideaal is geboekstaafd in vele onderzoeken, hoewel deze research nooit onder één enkele benaming is gegroepeerd. Zo worden spraakzame mensen intelligenter, aantrekkelijker, interessanter en begerenswaardiger als vriend of vriendin gevonden. Zowel flux de bouche als stemvolume tellen mee: we vinden snelle praters competenter en aardiger dan mensen die langzaam spreken. Deze dynamiek speelt ook in groepen: onderzoek heeft aangetoond dat spraakwatervallen intelligenter worden gevonden dan meer zwijgzame mensen – ook al is er geen enkele correlatie tussen goed gebekt zijn en goede ideeën hebben. Zelfs aan het woord 'introvert' kleeft een stigma. Psycholoog Laurie Helgoe constateerde tijdens een informeel onderzoek dat introverte mensen hun eigen fysieke voorkomen in levendige bewoordingen omschreven ('groenblauwe ogen', 'exotisch', 'hoge jukbeenderen'), maar als hun werd verzocht om doorsnee introverte mensen te beschrijven, schetsten ze een kleurloos en afstotelijk beeld ('onooglijk', 'neutrale kleuren', 'slechte huid').

Het is echter een grote fout om het extraverte ideaal zo klakkeloos over te nemen. Sommige van de beste menselijke ideeën, kunstwerken en uitvindingen – van de evolutietheorie en de zonnebloemen van Van Gogh tot de pc – zijn afkomstig van rustige en cerebrale mensen die zich konden afstemmen op hun innerlijke wereld en de schatten die daar te vinden waren. Zonder introverte mensen zou de wereld verstoken zijn gebleven van:

De wet van de zwaartekracht
De relativiteitstheorie
Het gedicht 'The Second Coming' van W. B. Yeats
De Nocturnes van Chopin
À la recherche du temps perdu van Marcel Proust
Peter Pan
1984 en *Animal Farm* van George Orwell
The Cat in the Hat van Dr. Seuss
Charlie Brown
Schindler's List, E. T. en *Close Encounters of the Third Kind*
Google
Harry Potter*

Zoals wetenschapsjournalist Winifred Gallagher schrijft: 'Het mooie van het temperament dat de tijd neemt om stil te staan bij prikkels in plaats van er direct op te reageren, is zijn langdurige verbondenheid met intellectuele en artistieke prestaties. De formule $E = mc^2$ en het gedicht *Paradise Lost* zijn geen van beide even terloops door een feestbeest geschreven.' Zelfs op terreinen waarvan je dat niet zou verwachten, zoals de financiële sector, de politiek en het activisme, zijn sommige van de grootste doorbraken door introverte mensen bewerkstelligd. In dit boek zullen we figuren tegenkomen zoals Eleanor Roosevelt, Al Gore, Warren Buf-

* Sir Isaac Newton, Albert Einstein, W. B. Yeats, Frédéric Chopin, Marcel Proust, J. M. Barrie, George Orwell, Theodor Geisel (Dr. Seuss), Charles Schulz, Steven Spielberg, Larry Page, J. K. Rowling.

fett, Gandhi – en Rosa Parks – die niet ondanks maar juist dankzij hun introversie iets hebben bereikt.

Toch zijn, zoals we in *Stil* zullen zien, veel belangrijke instituties van het moderne leven afgestemd op mensen die plezier beleven aan het werken in groepen en aan hoge prikkelingsniveaus. Op school worden de bankjes steeds vaker in clusters opgesteld, om het groepsgewijs leren te bevorderen, terwijl onderzoek uitwijst dat verreweg de meeste onderwijzers geloven dat de ideale leerling extravert is. We kijken naar tv-programma's waarin de hoofdrolspelers geen gewone kinderen zijn, zoals vroeger Cindy Brady en Beaver Cleaver, maar popsterren en presentatrices van webcasts met een groot ego zoals Hannah Montana en Carly Shay van *iCarly*. Zelfs Sid the Science Kid, een door PBS gepromoot rolmodel voor kleuters, begint elke schooldag met het maken van dansbewegingen met zijn vriendjes ('Moet je mijn moves zien! Ik ben een popster!').

Velen van ons werken als volwassene voor organisaties die eisen dat je in teamverband werkt, in een werkruimte zonder muren, onder leidinggevenden die 'sociale vaardigheden' belangrijker vinden dan wat dan ook. Als we hogerop willen komen, worden we geacht onbeschaamd reclame voor onszelf te maken. De wetenschappers die geld voor hun onderzoeken krijgen, hebben vaak een zelfverzekerde, misschien zelfs overmoedige persoonlijkheid. Kunstenaars wier werk aan de muren van de musea voor moderne kunst hangt, gaan tijdens vernissages doorgaans in indrukwekkende poses staan. Boekenschrijvers – van wie vroeger geaccepteerd werd dat het teruggetrokken types waren – worden nu door pr-adviseurs klaargestoomd voor praatprogramma's. (Je zou dit boek niet lezen als ik mijn uitgever niet had kunnen overtuigen dat ik pseudo-extravert genoeg ben om er zelf reclame voor te maken.)

Als jij een introvert type bent, weet je ook dat de vooroordelen over introversie diepe emotionele wonden kunnen slaan. Als kind heb je wellicht gehoord dat je ouders zich verontschuldigden voor je verlegenheid. ('Waarom ben je niet meer zoals die jongens van Kennedy?', hoorde een van de mensen die ik interviewde uit de mond van zijn ouders, die de familie Kennedy verafgoodden.)

Misschien ben je op school wel aangespoord om 'uit je schulp' te kruipen – die dodelijke uitdrukking die volslagen voorbijgaat aan het feit dat sommige dieren van nature hun bescherming met zich mee dragen en dat sommige mensen precies hetzelfde doen. 'Alle opmerkingen uit mijn kindertijd dat ik lui, dom en saai was, gonzen nog steeds door mijn hoofd,' schrijft een lid van een nieuwsgroep met de naam Introvert Retreat. 'Toen ik oud genoeg was om uit te knobbelen dat ik gewoon een introvert type was, maakte de aanname dat er iets wezenlijks mis met me is al deel uit van mijn identiteit. Ik zou willen dat ik de laatste restanten van die twijfel kon opsporen en wegnemen.'

Nu je volwassen bent, word je misschien nog steeds overvallen door schuldgevoelens als je een uitnodiging voor een etentje afslaat omdat je liever een goed boek gaat lezen. Of misschien vind je het prettig om in je eentje in een restaurant te eten en heb je helemaal geen behoefte aan meewarige blikken van de andere gasten. Of er is je steeds gezegd dat je 'te veel in je hoofd woont', iets wat vaak wordt gezegd van stille en cerebrale mensen.

Uiteraard is er ook een andere benaming voor zulke mensen: denkers.

* * *

Ik heb van dichtbij waargenomen hoe moeilijk introverte mensen het vinden om hun eigen talenten op te sommen, en hoe positief het is als ze dat eindelijk doen. Ruim tien jaar lang heb ik mensen van allerlei pluimage getraind in onderhandelingsvaardigheden – van bedrijfsjuristen en studenten, directeuren van hedgefondsen en getrouwde stellen, directeuren van mediabedrijven tot maatschappelijk werkers. Uiteraard werk je eerst aan de basisvaardigheden: hoe je je op een onderhandeling voorbereidt, wanneer je het eerste bod moet doen, en hoe je reageert als de tegenpartij 'graag of niet' zegt. Maar ik hielp cliënten ook om inzicht te krijgen in hun eigen, aangeboren persoonlijkheid en hoe ze die optimaal konden gebruiken.

Mijn allereerste cliënt was een jonge vrouw die Laura heette. Ze werkte als jurist op Wall Street, maar was een stille dagdromer die niet graag in de schijnwerpers stond en slecht tegen agressie kon. Het was haar op een of andere manier gelukt om de drukte op de rechtenfaculteit van Harvard te overleven – een oord waar college wordt gegeven in gigantische, circusachtige amfitheaters en waar ze een keer zo zenuwachtig werd dat ze onderweg naar college moest overgeven. Nu ze in de echte wereld verkeerde, wist ze niet zeker of ze haar klanten wel zo krachtdadig kon vertegenwoordigen als die van haar verwachtten.

Tijdens haar eerste drie jaar op het advocatenkantoor had Laura zo'n lage functie dat ze die aanname nooit aan de werkelijkheid hoefde te toetsen. Maar op een dag ging de advocaat onder wie zij werkte met vakantie, waardoor zij de leiding kreeg bij een belangrijke onderhandeling. De klant was een Zuid-Amerikaanse fabrikant die aflostermijnen van een hypotheek dreigde te missen en hoopte om met de bank te kunnen onderhandelen over aangepaste voorwaarden; aan de andere kant van de onderhandelingstafel zat een bankenconsortium dat de belastende hypotheek had verstrekt.

Laura was het liefst onder de onderhandelingstafel weggekropen, maar ze had geleerd om niet aan dergelijke impulsen toe te geven. Onverveerd, maar bloednerveus nam ze plaats op de voorzittersstoel, geflankeerd door haar klanten: hun juridisch adviseur aan de ene kant en de financieel directeur aan de andere kant. Toevallig waren ze Laura's favoriete klanten: hoffelijke en zachtaardige mannen, heel anders dan de heerser-over-de-kosmostypes voor wie haar kantoor meestal werkte. In het verleden was Laura met de juridisch adviseur naar een honkbalwedstrijd van de New York Yankees geweest en met de financieel directeur was ze wezen winkelen voor een handtas voor haar zus. Maar nu leken die leuke uitstapjes – precies het soort gezelligheid waar Laura plezier aan beleefde – mijlenver weg. Aan de overkant van de tafel zaten negen ontstemde beleggingsbankiers in maatpakken en met dure schoenen aan hun voeten, vergezeld door hun juriste, een vrouw met een vierkante kaak en het hart op de tong. Deze vrouw, die duidelijk erg van zichzelf overtuigd was, stak een imposante speech af die erop neerkwam dat de klanten van Laura zich in hun handjes mochten knijpen met de voorwaarden die de bankiers aanboden. Het was een heel ruimhartig aanbod, zei ze.

Iedereen wachtte tot Laura haar van repliek zou dienen, maar zij wist niets te bedenken. Dus ze zat daar maar met haar ogen te knipperen. Alle ogen waren op haar gericht. Haar klanten schoven onrustig op hun stoel heen en weer. Haar gedachten draaiden in het bekende kringetje rond: 'Ik ben te stil voor zulke dingen, te bescheiden, te cerebraal.' Ze beeldde zich in dat iemand die er beter voor was toegerust de zaak kwam redden: iemand met lef, die met de vuist op tafel durfde te slaan. Op de middelbare school zou je zo iemand, in tegenstelling tot Laura, 'vlot' genoemd hebben, het grootste compliment dat haar klasgenoten uit de brugklas kenden, een nog groter compliment dan 'mooi' voor een meisje of 'sportief' voor een jongen. Laura sprak met zichzelf af dat ze deze dag alleen maar door hoefde te komen. Morgen ging ze een andere baan zoeken.

Maar toen dacht ze terug aan iets wat ik haar telkens weer voorgehouden had: als introvert mens bezat ze unieke onderhandelingsvaardigheden, die misschien niet zo in het oog liepen maar daarom niet minder indrukwekkend waren. Ze had zich waarschijnlijk beter ingelezen dan alle andere aanwezigen. Ze had een rustige, maar ferme manier van spreken. Ze zei zelden iets ondoordachts. Omdat ze zich zo vriendelijk opstelde, kon ze onwrikbare, zelfs agressieve standpunten innemen terwijl ze toch bleef overkomen als iemand die volkomen redelijk was. En ze stelde doorgaans vragen – een heleboel vragen – en luisterde écht naar de antwoorden. Wat voor persoonlijkheid je ook hebt: die vaardigheden zijn van levensbelang tijdens effectief onderhandelen.

Eindelijk begon Laura te doen waar ze goed in was.

'Laten we even een stapje terug nemen. Op welke informatie zijn uw cijfers gebaseerd?' vroeg ze.

'Als we de lening op deze manier organiseerden, zou dat volgens u ook kunnen?'

'Op deze manier?'

'Op een andere manier?'

Aanvankelijk waren haar vragen onderzoekend. Gaandeweg kwam ze op stoom, formuleerde haar vragen scherper en maakte duidelijk dat ze haar huiswerk gedaan had en niet op de feiten ging beknibbelen. Maar ze bleef ook trouw aan haar eigen manier van doen, door niet haar stem te verheffen of de goede omgangsvormen uit het oog te verliezen. Elke keer als de bankiers aan de overkant van de tafel een uitspraak deden die onweerlegbaar leek, probeerde Laura constructief te reageren. 'Bedoelt u daarmee dat dit de enige mogelijke benadering is? Stel dat we het eens op een andere manier aanpakken?'

Uiteindelijk zorgen haar eenvoudige vragen ervoor dat de sfeer in de kamer omsloeg, precies zoals de cursusboeken over onderhandelingsvaardigheden voorspellen. De bankiers hielden op met orakelen en het innemen van dominante poses, activiteiten waartoe Laura zich hopeloos slecht toegerust voelde. Ze raakten werkelijk met elkaar in gesprek.

Nog meer discussie. Nog steeds geen overeenstemming. Een van de bankiers schakelde weer naar een hogere versnelling, smeet zijn papieren neer en beende de kamer uit. Laura negeerde dit spektakel, voornamelijk omdat ze niet wist wat ze anders moest doen. Later vertelde een van de bankiers haar dat ze op dit cruciale moment een goede partij had gespeeld in iets dat 'onderhandelingsjiujitsu' wordt genoemd. Maar ze wist dat ze alleen maar deed wat je vanzelf leert te doen als je een stil mens bent in een wereld vol mensen met een grote mond.

Uiteindelijk sloten de twee partijen een compromis en verlieten de bankiers het gebouw. Laura's favoriete klanten vlogen terug naar huis terwijl er een financiële ramp was afgewend. Daar was ze blij om. Haar klanten konden hun normale leven weer oppakken en zij kon zich met een boek op de bank opkrullen en de spanningen van haar werkdag vergeten.

Maar de volgende ochtend werd ze opgebeld door de hoofdjuriste van de bankiers – de energieke vrouw met de krachtige kaaklijn – die haar een baan aanbood. 'Ik heb nog nooit iemand gezien die tegelijk zo aardig en zo bikkelhard was,' zei ze. En de dag erop belde de directeur van de bank Laura met de vraag of haar advocatenkantoor voortaan zijn bedrijf wilde vertegenwoordigen. 'We hebben behoefte aan iemand die ons kan helpen om overeenkomsten te sluiten zonder dat grote ego's in de weg zitten,' zei hij.

Door vast te houden aan haar eigen, vriendelijke manier van doen had Laura nieuwe klandizie voor haar kantoor binnengehaald en voor zichzelf het aanbod van een andere baan. Ze hoefde daarvoor niet haar stem te verheffen en met de vuist op de tafel te slaan.

Laura snapt inmiddels dat haar introvertheid een wezenlijk onderdeel is van haar identiteit, en accepteert dat ze bespiegelend is ingesteld. Het stemmetje in haar hoofd dat haar verweet dat ze te stil en te bescheiden was, speelt tegenwoordig veel minder vaak op. Laura weet dat ze haar mannetje kan staan wanneer dat nodig is.

* * *

Wat bedoel ik precies als ik zeg dat Laura een 'introvert type' is? Toen ik aan dit boek begon, wilde ik in de eerste plaats uitzoeken hoe wetenschappelijke onderzoekers introversie en extraversie definiëren. Ik wist dat de invloedrijke psycholoog Carl Jung in 1921 *Psychologische Typen* had gepubliceerd, een explosieve publicatie die de begrippen 'introvert' en 'extravert' algemene bekendheid gaf als de voornaamste bouwstenen van de persoonlijkheid. Introverte types voelen zich aangetrokken tot de innerlijke wereld van gedachten en gevoelens, zo beweerde Jung, en extraverte types tot het externe leven van mensen en activiteiten. Introverte mensen concentreren zich op de zingeving van de gebeurtenissen die om hen heen wervelen; extraverte mensen storten zich op die gebeurtenissen zelf. Introverte mensen tanken bij door in hun eentje te zijn; extraverte mensen moeten bijtanken wanneer ze niet genoeg onder de mensen komen. Als je ooit een Myers-Briggs-persoonlijkheidstest hebt gedaan, die is gebaseerd op gedachtegoed van Jung en wordt gehanteerd door de meeste Amerikaanse universiteiten en bedrijven in de top-100 van het tijdschrift *Fortune*, dan ken je die ideeën misschien al.

Maar wat hebben hedendaagse onderzoekers hierover te melden? Ik ontdekte al gauw dat er geen universele definitie van introversie of extraversie bestaat; het zijn geen eenduidige categorieën, zoals 'met krullend haar' of 'zestienjarig', waarbij iedereen het erover eens is voor wie ze gelden. Aanhangers van de Big Five-ontwikkelingspsychologie, volgens welke de menselijke persoonlijkheid kan worden samengevat in vijf hoofdkenmerken, definiëren introversie bijvoorbeeld niet als het hebben van een rijk innerlijk leven, maar als een gebrek aan eigenschappen zoals assertiviteit en sociabiliteit. Er zijn bijna net zoveel definities van 'introvert' en 'extravert' als er ontwikkelingspsychologen zijn, die zich voornamelijk bezig houden met debatteren over de vraag welke betekenis de juiste is. Sommige psychologen vinden de ideeën van Jung achterhaald, terwijl andere zweren dat hij de enige is die het goed gezien heeft.

Toch zijn de moderne psychologen het over een aantal belangrijke dingen met elkaar eens, bijvoorbeeld over het feit dat introverte en extraverte mensen een verschillende hoeveelheid externe prikkeling nodig hebben om optimaal te kunnen functioneren. Introverte mensen voelen zich 'precies goed' als ze minder stimuli krijgen, bijvoorbeeld wanneer ze een glaasje wijn drinken met een goede vriend of vriendin, een cryptogram oplossen of een boek lezen. Extraverte mensen houden van de hogere opwinding van activiteiten als nieuwe mensen ontmoeten, van steile hellingen skiën en de geluidsinstallatie keihard zetten. 'De aanwezigheid van andere mensen levert te veel prikkels op,' zegt ontwikkelingspsycholoog David Winters, terwijl hij uitlegt waarom de meeste introverte mensen tijdens hun vakantie liever een boek op het strand lezen dan feestvieren op een cruiseschip. 'Ze activeren gevaar, angst, vlucht en liefde. Honderd mensen zorgen voor veel meer prikkels dan honderd boeken of honderd zandkorrels.'

De meeste psychologen zouden ook zeggen dat introverte en extraverte mensen verschillend functioneren op hun werk. Extraverte mensen pakken hun werkzaamheden doorgaans voortvarend aan. Ze nemen snelle (soms overhaaste) beslissingen en zien er geen been in om te multitasken en risico te nemen. Ze genieten van 'de opwindende jacht' op beloningen als geld en status.

Introverte mensen gaan veelal trager en bedachtzamer te werk. Ze vinden het prettig om zich op één bezigheid tegelijk te richten en beschikken vaak over een indrukwekkend concentratievermogen. Ze zijn betrekkelijk immuun voor de verlokkingen van roem en rijkdom.

Je persoonlijkheid bepaalt ook je sociale gedrag. Extraverte types zorgen voor reuring tijdens etentjes en lachen smakelijk om moppen. Ze zijn doorgaans assertief en overheersend en hebben veel behoefte aan gezelschap. Extraverte mensen denken hardop en voor de vuist weg; ze zijn liever aan het woord dan dat ze luisteren, zitten maar zelden om een woordje verlegen en flappen er af en toe iets uit wat ze niet bedoelden te zeggen. Conflicten kunnen ze goed hanteren, maar eenzaamheid niet.

Introverte mensen daarentegen beschikken over goede sociale vaardigheden en kunnen genieten van feestjes en zakelijke bijeenkomsten, maar na een poos krijgen ze het gevoel dat ze liever weer thuis in hun pyjama zaten. Ze besteden hun sociale energie liever aan goede vrienden, collega's en familieleden. Ze luisteren meer dan dat ze praten, denken na voordat ze iets zeggen en hebben vaak het gevoel dat ze zich beter kunnen uitdrukken via het geschreven woord dan tijdens een gesprek. Ze hebben veelal een hekel aan conflicten. Velen van hen verafschuwen geroddel, maar houden van diepgravende gesprekken.

Een aantal dingen zijn introverte mensen zeker niet: 'introvert type' is niet synoniem met kluizenaar of mensenhater. Introverte mensen kunnen dat zijn, maar de meeste zijn heel vriendelijk. Een van de meest humane zinsneden in de Engelse taal – *Only connect!* – werd opgeschreven door de duidelijk introverte E.M. Forster in een roman waarin hij onderzocht hoe je 'menselijke liefde op haar hoogtepunt' kunt bereiken.

Introverte mensen zijn ook niet per definitie verlegen. Verlegenheid is angst voor sociale afkeuring of vernedering, terwijl introversie een voorkeur is voor omgevingen die niet te prikkelend zijn. Verlegenheid is inherent pijnlijk; voor introvertheid geldt dat niet. Een van de redenen waarom deze twee begrippen zo vaak door elkaar worden gehaald, is dat ze elkaar soms overlappen (hoewel psychologen het oneens zijn over de mate waarin). Sommige psychologen brengen de twee neigingen in kaart op een verticale en horizontale as, met het introversie-extraversiespectrum op de horizontale as en het angstig-stabielspectrum op de verticale as. Met dit model kom je uit op vier kwadranten van persoonlijkheidstypes: rustige extraverte types, angstige (of impulsieve) extraverte types, rustige introverte types en angstig introverte types. Anders gezegd: je kunt een verlegen extravert mens zijn, zoals Barbra Streisand, die een enorm ego én verlammende plankenkoorts heeft; of een niet-verlegen introvert type, zoals Bill Gates, die volgens alle berichten erg op zichzelf is, maar zich weinig aantrekt van de mening van anderen.

Je kunt het uiteraard ook allebei zijn: van de verlegen en introverte dichter T. S. Eliot is bekend dat hij erg op zichzelf was. In zijn gedicht 'The Waste Land' schreef hij: 'Ik kan je angst tonen in een handvol stof.' Veel verlegen mensen keren zich naar binnen, om te vluchten voor de sociale drukte die hun zo veel angst inboezemt. En veel introverte mensen zijn verlegen, deels omdat ze hebben meegekregen dat er iets mis is met hun voorkeur voor bespiegeling, en deels als gevolg van hun constitutie die hen, zoals we zullen zien, aanspoort om zich terug te trekken uit een prikkelrijke omgeving.

Maar ondanks al die verschillen hebben verlegenheid en introversie iets met elkaar gemeen. De geestestoestand van een verlegen extravert iemand die rustig bij een zakelijke bespreking zit, kan heel anders zijn dan die van een kalm introvert persoon – de verlegen persoon is bang om zijn mond open te doen, terwijl de introverte persoon gewoon te veel prikkels binnenkrijgt –, maar op de buitenwereld maken ze dezelfde indruk. Dat kan beide types inzicht bieden in de wijze waarop ons ontzag voor alfamannetjes ons blind maakt voor dingen die goed, verstandig en wijs zijn. Om heel andere redenen kunnen verlegen en introverte mensen besluiten om zich te wijden aan activiteiten achter de schermen zoals iets uitvinden, onderzoek doen of de hand van doodzieke mensen vasthouden, of in leidinggevende functies die ze met bescheiden vakkundigheid vervullen. Dat zijn geen alfarollen, en toch hebben de mensen die ze spelen wel een voorbeeldfunctie.

* * *

Als je nog steeds niet zeker weet waar jij je bevindt op het spectrum tussen introvert en extravert, kun je jezelf hieronder testen.

Geef op elke vraag het antwoord 'juist' of 'onjuist' en kies daarbij het antwoord dat meestal op jou van toepassing is.*

1 ______ Ik verkies tweegesprekken boven groepsactiviteiten.
2 ______ Ik druk mezelf vaak liever schriftelijk uit.
3 ______ Ik vind het prettig om alleen te zijn.
4 ______ Ik lijk minder te geven om rijkdom, bekendheid en status dan mijn generatiegenoten.
5 ______ Ik houd niet van kletsen, maar praat graag diepgaand over onderwerpen die ik belangrijk vind.
6 ______ Ik krijg vaak te horen dat ik goed kan luisteren.
7 ______ Ik neem niet vaak grote risico's.
8 ______ Ik houd van werk dat me de kans biedt om 'erin te duiken', met weinig onderbrekingen.
9 ______ Ik vier mijn verjaardag bij voorkeur in klein comité, met één of twee goede vrienden of vriendinnen of familieleden.
10 ______ Mensen zeggen vaak dat ik 'vriendelijk' of 'hoffelijk' ben.
11 ______ Ik toon of bespreek mijn werk liever niet als het nog niet af is.
12 ______ Ik kan slecht tegen ruzie.
13 ______ Ik functioneer het best als ik zelfstandig kan werken.
14 ______ Ik denk vaak na voordat ik iets zeg.
15 ______ Ik voel me helemaal leeg als ik de hort op ben geweest, zelfs als het leuk was.
16 ______ Bellers laat ik vaak de voicemail inspreken.
17 ______ Als ik mag kiezen, verkies ik een weekend helemaal niets doen boven een weekend dat te vol gepland is.
18 ______ Ik houd niet van multitasken.
19 ______ Ik kan me makkelijk concentreren.
20 ______ Als lesvorm prefereer ik hoorcolleges boven werkgroepen.

Hoe vaker je het antwoord 'juist' hebt gegeven, hoe introverter je bent. Als je ongeveer evenveel keer 'juist' als 'onjuist' hebt geant-

*Dit is een informele vragenlijst, geen wetenschappelijk verantwoorde persoonlijkheidstest. De vragen zijn geformuleerd op basis van kenmerken van introversie die algemeen geaccepteerd zijn door hedendaagse onderzoekers.

woord, ben je misschien een 'ambivert' type – ja, dat woord bestaat echt.

Maar zelfs als je elke vraag als introvert of extravert type hebt beantwoord, wil dat nog niet zeggen dat je gedrag onder alle omstandigheden voorspelbaar is. Je kunt niet zeggen dat elke introverte persoon een boekenwurm is of dat elk extravert type de lampenkap op zijn hoofd zet tijdens feestjes, net zomin als je kunt zeggen dat elke vrouw van nature naar harmonie streeft en dat elke man van contactsporten houdt. Zoals Jung het zo treffend zei: 'Er bestaat niet zoiets als een zuiver extravert of zuiver introvert type. Zo'n mens zou in een gekkenhuis thuishoren.'

Dat komt voor een deel doordat we allemaal heerlijk ingewikkelde individuen zijn, maar ook omdat er zoveel verschillende soorten introverte en extraverte mensen bestaan. Introversie en extraversie vertonen een wisselwerking met je andere persoonlijkheidskenmerken en je levensgeschiedenis, en daardoor ontstaan er sterk uiteenlopende soorten mensen. Dus als je een Amerikaanse man met artistieke aanleg bent wiens vader wilde dat je football ging spelen, net als je onbehouwen broers, dan zul je een heel ander introvert type zijn dan een Finse zakenvrouw wier ouders vuurtorenwachter waren. (Finland staat bekend om zijn introverte bevolking. Een Finse mop: Hoe weet je of een Fin je aardig vindt? Hij staart naar de punten van jouw schoenen in plaats van naar de zijne.)

Veel introverte mensen zijn bovendien 'hoogsensitief'. Dat klinkt poëtisch, maar het is eigenlijk een technisch begrip uit de psychologie. Als je een sensitief type bent, ben je meer dan de gemiddelde mens geneigd om op een prettige manier te worden overdonderd door de *Mondscheinsonate*, een mooie formulering of een uitzonderlijk vriendelijk gebaar. Je wordt sneller dan andere mensen misselijk van geweld en lelijkheid, en hebt waarschijnlijk een zeer sterk ontwikkeld geweten. Als kind werd je waarschijnlijk 'verlegen' genoemd en zelfs nu nog word je zenuwachtig wanneer je wordt beoordeeld, bijvoorbeeld wanneer je een speech houdt of tijdens een eerste afspraakje. Later zullen we bekijken waarom deze schijnbaar los van elkaar staande eigenschappen bij een en dezelfde persoon behoren en waarom die persoon zo vaak introvert blijkt te zijn. (Niemand weet precies hoeveel introverte mensen hoogsensitief zijn, maar we weten wel dat 70 procent van alle hoogsensitieve mensen introvert is, terwijl de andere 30 procent doorgaans meldt dat ze veel 'hersteltijd' nodig hebben.)

Al die complexiteit zorgt ervoor dat de inhoud van *Stil* niet volledig op jou van toepassing zal zijn, zelfs niet als je jezelf als een onvervalst introvert mens beschouwt. Om te beginnen zullen we het kort hebben over verlegenheid en sensitiviteit, terwijl jij die eigenschappen misschien geen van beide bezit. Maar dat geeft niet. Neem eruit wat op jou van toepassing is en grijp de rest aan om je contact met je medemens te verbeteren.

Dat alles gezegd hebbende, gaan we proberen om in *Stil* niet al te moeilijk te doen over definities. Een nauwkeurige definitie van begrippen is erg belangrijk voor onderzoekers wier studies draaien om het exact aangeven waar introversie ophoudt en andere kenmerken zoals verlegenheid beginnen. Maar in *Stil* houden we ons juist bezig met wat dat onderzoek heeft opgeleverd. Hedendaagse psychologen hebben samen met neurotechnische onderzoekers met behulp van hun hersenscan-apparatuur verhelderende inzichten verworven die de manier waarop we naar de wereld en naar onszelf kijken hebben veranderd. Ze bieden antwoord op vragen als: waarom zijn sommige mensen een spraakwaterval, terwijl anderen hun woorden op een goudschaaltje wegen? Waarom begraven sommige mensen zich in hun werk en grijpen anderen de microfoon? Waarom vinden sommige mensen het prettig om gezag uit te oefenen, terwijl anderen liever geen leiding geven of geleid worden? Kunnen introverte mensen eigenlijk wel leiding geven? Is onze culturele voorkeur voor extraversie een natuurlijk gegeven of sociaal bepaald? Evolutionair gezien moet er een goede reden zijn waarom introvertheid heeft standgehouden, dus wat zou die reden kunnen zijn? Als je een introvert type bent, moet je dan al je energie steken in activiteiten die je gemakkelijk afgaan, of moet je je grenzen verleggen, zoals Laura die dag aan de onderhandelingstafel deed?

Je zult misschien opkijken van de antwoorden op al deze vragen.

Als je slechts één inzicht van dit boek meeneemt, is het hopelijk een hervonden besef dat je het recht hebt om jezelf te zijn. Ik garandeer je persoonlijk dat deze invalshoek levensveranderende gevolgen heeft. Denk even terug aan die eerste cliënt over wie ik je vertelde, en die ik Laura noemde om haar identiteit te beschermen.

Dat verhaal ging over mij. Ik was zelf mijn eerste cliënt.

Deel 1 – Het extraverte ideaal

1 – De opkomst van de 'zeer geschikte vent': hoe extraversie uitgroeide tot cultuurideaal

De blik van vreemden, scherp en kritisch.
Kunt u die trots – zelfverzekerd – zonder angst beantwoorden?
Advertentie voor Woodbury-zeep, 1922

Het jaar: 1902. De locatie: Harmony Church, Missouri, een piepklein stadje op een uitgestrekte vlakte op 130 kilometer van Kansas City. Onze jonge hoofdrolspeler: een vriendelijke, maar onzekere scholier die luistert naar de naam Dale.

Dale, een magere, niet zo sportieve en tobberige jongen, is de zoon van een fatsoenlijke, maar voortdurend bankroete varkenshouder wiens land in de winter bevroren raakt en in de oogsttijd onder water loopt. Hij respecteert zijn ouders, maar huivert bij de gedachte dat hij in hun armoedige voetsporen moet treden. Dale maakt zich ook zorgen over andere dingen: over de donder en bliksem, de vraag of hij naar de hel gaat en het feit dat hij op cruciale momenten niet uit zijn woorden kan komen. Hij is zelfs bang voor zijn trouwdag: stel dat hij niets tegen zijn toekomstige bruid kan uitbrengen?

Op een dag komt er een Chautauqua-voordrachtskunstenaar naar het dorp. De Chautauqua-beweging, die in 1873 is ontstaan en opereert vanuit de staat New York, stuurt talentvolle sprekers door de hele VS om lezingen te geven over literatuur, wetenschap en religie. Amerikanen op het platteland waarderen deze voordrachtskunstenaars vanwege het vleugje glamour dat ze brengen vanuit de buitenwereld en vanwege hun vermogen om hun gehoor te betoveren. Deze spreker fascineert de jonge Dale met zijn persoonlijke verhaal over rijk worden na een armoedige jeugd: ooit was hij een eenvoudige boerenjongen met slechte vooruitzichten, maar hij ontwikkelde een charismatische spreekstijl en betrad het podium in Chautauqua. Dale hangt aan zijn lippen.

Een paar jaar later is Dale opnieuw onder de indruk van de waarde van spreken in het openbaar. Zijn familie verhuist naar een boerderij op vijf kilometer afstand van Warrensburg in de staat Missouri, zodat hij daar kan gaan studeren zonder dat hij kost en inwoning hoeft te betalen. Het valt Dale op dat de studenten die de universitaire debatteerwedstrijden winnen coryfeeën zijn en neemt zich voor om een van hen te worden. Hij geeft zich op voor elke wedstrijd en spoedt zich naar huis om 's avonds te oefenen. Keer op keer delft hij het onderspit; Dale is vasthoudend, maar geen geweldige redenaar. Uiteindelijk begint zijn inzet echter vruchten af te werpen. Hij kneedt zich om tot een prijswinnende redenaar, de held van de universiteit. Andere studenten vragen of hij hun kan onderrichten in de voordrachtskunst. Hij leidt hen op en ook zij beginnen te winnen.

Wanneer Dale in 1908 de universiteit verlaat, zijn zijn ouders nog steeds arm, maar het Amerikaanse bedrijfsleven groeit als kool. Met zijn slogan *for business and for pleasure* verkoopt Henry Ford aan de lopende band T-Fords. J.C. Penney, Woolworth, Sears and Roebuck, A&P en Remington zijn inmiddels vertrouwde namen. De huizen van de burgers hebben elektrische verlichting; inpandige riolering zorgt ervoor dat ze 's nachts niet meer naar het privaathuisje hoeven.

De nieuwe economie vraagt om een nieuw soort mens: een vertegenwoordiger, een sociaal behendig mens die goedlachs is, een stevige hand geeft en goed kan opschieten met zijn collega's terwijl hij hen voorbijstreeft. Dale voegt zich bij het groeiende legioen vertegenwoordigers en gaat op pad met weinig meer bezittingen dan zijn rappe tong.

Dales achternaam is Carnegie (eigenlijk Carnagey; hij verandert de spelling later, waarschijnlijk vanwege de associatie met de grootindustrieel Andrew Carnegie). Na een paar loodzware jaren, waarin hij voor Armour & Company rundvlees aan de man brengt, vestigt hij zich als docent 'spreken in het openbaar'. Carnegie geeft zijn eerste avondcursus bij de YMCA op 125th Street in New York. Hij vraagt om het standaardsalaris voor avondschooldocenten, twee dollar per les. De directeur, die niet denkt dat er veel belangstelling zal zijn voor een cursus 'spreken in het openbaar', weigert een dergelijk bedrag te betalen.

De cursus is echter een doorslaand succes en Carnegie richt vervolgens het Dale Carnegie Institute op, dat zich ten doel stelt om zakenlieden te helpen zich te ontdoen van de onzekerheden waardoor hij als jongeman zelf werd geplaagd. In 1913 verschijnt zijn eerste boek, *Public Speaking and Influencing Men in Business.* 'In de tijd dat piano's en wc's nog een luxeartikel waren,' zo schrijft Dale, 'beschouwden mensen spreekvaardigheid als een uitzonderlijk talent, dat alleen de advocaat, de geestelijke of de politicus nodig had. Tegenwoordig beseffen we dat spreekvaardigheid een onmisbaar wapen is voor hen die vooruit willen komen in de harde concurrentiestrijd van het bedrijfsleven.'

* * *

Carnegies metamorfose van boerenzoon tot icoon van de welsprekendheid is tevens het verhaal over de opkomst van het extraverte ideaal. De weg die Carnegie aflegde, is tekenend voor de culturele evolutie die rond 1900 een omslagpunt bereikte en die voorgoed veranderde wie we zijn en wie we bewonderen, hoe we ons gedragen tijdens sollicitatiegesprekken, naar welke eigenschappen we op zoek zijn bij een werknemer, hoe we potentiële partners het hof maken en hoe we onze kinderen opvoeden. Amerika was veranderd van iets wat de invloedrijke cultuurhistoricus Warren Susman een 'karaktercultuur' noemde in een 'persoonlijkheidscultuur'. Daarmee ging er een doos van Pandora open, vol particuliere angsten waarvan we nooit helemaal zouden bijkomen.

Volgens de karaktercultuur was de ideale mens serieus, gedisciplineerd en eerbaar. Het belangrijkste was niet de indruk die je in het openbaar maakte, maar hoe je je gedroeg in de privésfeer. Het woord *personality* bestond tot de achttiende eeuw nog niet eens in het Engels, en de gedachte dat je 'een goede persoonlijkheid' kunt hebben raakte pas in de twintigste eeuw echt in zwang.

Maar toen ze de persoonlijkheidscultuur in hun hart sloten, begonnen de Amerikanen zich te richten op de manier waarop andere mensen naar hen keken. Ze raakten gefascineerd door mensen die blijk gaven van durf en wisten te amuseren. 'De sociale rol die iedereen in de nieuwe persoonlijkheidscultuur geacht werd te spelen was die van artiest,' zoals Susman schreef. 'Elke Amerikaan moest een acterende mens worden.'

Tijdens deze culturele evolutie was de opkomst van industrieel Amerika een richtinggevende factor. Het land ontwikkelde zich snel van een agrarische samenleving met kleine huisjes op de prairie tot een verstedelijkte samenleving: 'de zaak van Amerika is het zakenleven'. In de begintijd van de Verenigde Staten woonden de meeste Amerikanen net als de familie van Dale Carnegie op boerderijen of in kleine stadjes, waar ze omgingen met mensen die ze al sinds hun jeugd kenden. Maar toen de twintigste eeuw aanbrak, werd de bevolking door een wervelwind van grote bedrijven, verstedelijking en massale immigratie naar de steden geblazen. In 1790 woonde slechts 3 procent van alle Amerikanen in een stad; in 1840 deed nog maar 8 procent dat. Maar in 1920 was ruim een derde van de bevolking een stedeling. 'We kunnen niet allemaal in de stad wonen,' schreef krantenredacteur Horace Greeley in 1867, 'maar toch lijken vrijwel allen voorbestemd om dat te doen.'

Amerikanen werkten niet langer samen met hun buren, maar met onbekenden. 'Burgers' veranderden in 'werknemers' die zich afvroegen hoe ze een goede indruk konden maken op mensen met wie ze geen vriendschaps- of familieband hadden. 'De redenen waarom een bepaalde man promotie kreeg of op een bepaalde vrouw werd neergekeken,' zo schrijft historicus Roland Marchand, 'vielen minder goed te verklaren op grond van langdurige vriendjespolitiek of oude familievetes. In de zakelijke en sociale contacten die in die periode steeds anoniemer werden, kon je denken dat werkelijk alles – inclusief de eerste indruk die je maakte – de doorslag had gegeven.' Amerikanen reageerden op deze sociale druk door te proberen een vertegenwoordiger te worden die niet alleen het nieuwste apparaat van zijn bedrijf, maar ook zichzelf aan de man kon brengen.

Een van de sterkste lenzen waardoor je naar de transformatie van karakter naar persoonlijkheid kunt kijken, is de traditie van de zelfhulp, waar Dale Carnegie zo'n prominente rol in heeft gespeeld. Zelfhulpboeken hebben altijd een zeer belangrijke rol vervuld in het denken van de Amerikanen. Veel van de eerste etiquettehandboeken waren religieuze parabels, zoals *The Pilgrim's Progress* van John Bunyan uit 1678, waarin de lezer werd gemaand om beheersing te tonen als hij in de hemel wilde komen. De advieshandboeken uit de negentiende eeuw waren minder religieus georiënteerd, maar predikten evengoed de waarde van een nobele inborst. Ze bevatten biografieën van historische voorbeeldfiguren als Abraham Lincoln, die niet alleen werd vereerd als begenadigd communicator, maar ook als een bescheiden man die geen, zoals Ralph Waldo Emerson schreef, 'aanstoot gaf door hooghartigheid'. Ze verheerlijkten ook gewone mensen die een moreel hoogstaand leven leidden. Een populair handboek uit 1899 met de titel *Character: The Grandest Thing in the World* vertelde over een bedeesd winkelmeisje dat haar schamele loon weggaf aan een rillende bedelaar, waarna ze wegrende voordat iemand kon zien wat ze gedaan had. Haar deugdzaamheid, zo snapte de lezer, bleek niet alleen uit haar vrijgevigheid, maar ook uit haar wens om anoniem te blijven.

Maar in 1920 richtten de populaire zelfhulpgidsen hun aandacht niet langer op innerlijke deugdzaamheid maar op uiterlijke charme oftewel 'weten wát je moet zeggen en hóé je het zegt', zoals een van die gidsen het formuleerde. 'Een persoonlijkheid vormen is macht hebben,' adviseerde een andere gids. 'Streef naar een vlotte beheersing van de manieren die mensen doen denken: "Hij is een zeer geschikte vent"', schreef een derde gids. 'Dat is het begin van een reputatie vanwege het bezit van een persoonlijkheid.' De tijdschriften *Success* en *The Saturday Evening Post* stelden rubrieken in waarin lezers werden onderwezen in de kunst van de conversatie. Orison Swett Marden, die in 1899 *Character: The Grandest Thing in the World* had geschreven, kwam in 1921 met nog een populair boek: *Masterful Personality*.

Veel van die gidsen waren bestemd voor zakenlieden, maar ook vrouwen werden aangemoedigd om te werken aan een mysterieuze eigenschap die 'fascinatie' werd genoemd. In de jaren twintig van de twintigste eeuw was de volwassenwording een zo prestatiegerichte aangelegenheid ten opzichte van wat hun grootmoeders hadden doorgemaakt, waarschuwde een cosmeticagids, dat ze een zichtbare uitstraling moesten hebben: 'Mensen die ons op straat voorbijlopen kunnen niet weten dat we intelligent en charmant zijn als we er niet zo uitzien.'

Zulke adviezen, die klaarblijkelijk waren bedoeld om mensen een beter leven te bezorgen, zullen zelfs redelijk zelfverzekerde mensen ongemakkelijk hebben gemaakt. De historicus Warren Susman heeft geteld welke woorden het meest voorkwamen in de persoonlijkheidsgerichte advieshandboeken uit het begin van de twintigste eeuw en ze vergeleken met karaktergidsen uit de negentiende eeuw. De oudere gidsen benadrukten eigenschappen die iedereen met hard werken zou kunnen verbeteren, en die werden aangeduid met woorden als:

Burgerschap
Plicht
Arbeid
Gouden daden
Eerbaarheid
Reputatie
Moraal
Goede omgangsvormen
Integriteit

Maar de nieuwe gidsen bejubelden kwaliteiten die – hoe makkelijk Dale Carnegie ze ook deed klinken – veel lastiger te verwerven waren. Je bezat die eigenschappen óf wel óf niet:

Magnetisch
Fascinerend
Verpletterend
Aantrekkelijk
Stralend
Overheersend
Krachtig
Energiek

Het was geen toeval dat de Amerikanen in de jaren 1920 en 1930 geobsedeerd raakten door filmsterren. Wie was er beter geschikt als rolvoorbeeld van persoonlijke aantrekkingskracht dan een idool van het witte doek?

* * *

De Amerikanen kregen van de reclamebranche ook advies over hoe je jezelf moest presenteren, of ze dat nu leuk vonden of niet. Terwijl advertenties aanvankelijk gewoon annonces waren van een product ('Eaton's Highland Linen: het meest knisperende en schoonste schrijfpapier'), kregen consumenten in de nieuwe, meer persoonlijkheidsgerichte advertenties de rol opgedrongen van een acteur die leed aan plankenkoorts, voor wie alleen het product uit de advertentie soelaas bood. Deze advertenties richtten zich obsessief op de vijandige blik van de publieke aandacht. OVERAL OM U HEEN KEUREN MENSEN U ZWIJGEND AF, maande een advertentie voor zeep van Woodbury uit 1922. KRITISCHE BLIKKEN BEOORDELEN U OP DIT MOMENT, adviseerde Williams, een producent van scheerzeep.

De reclame-industrie richtte zich rechtstreeks op de onzekerheden van mannelijke vertegenwoordigers en het middenkader. In een advertentie voor tandenborstels van dr. West zat een welvarend ogende man achter een bureau, met zijn arm zelfverzekerd op de heup, en vroeg: HEBT U OOIT GEPROBEERD OM UZELF AAN U TE VERKOPEN? EEN GOEDE EERSTE INDRUK GEEFT DE DOORSLAG VOOR ZAKELIJK OF MAATSCHAPPELIJK SUCCES. De advertentie voor scheerzeep van Williams toonde een man met achterovergeplakt haar en een snor die zijn lezers aanspoorde: ZORG DAT UW GEZICHT ZELFVERTROUWEN UITSTRAALT, GEEN ZORGELIJKHEID! U WORDT VOORAL BEOORDEELD OP DE 'AANBLIK' DIE U BIEDT.

Andere advertenties waarschuwden vrouwen dat het vinden van een man niet alleen van hun uiterlijk afhing, maar ook van hun persoonlijkheid. In 1921 toonde een advertentie voor Woodbury-zeep een terneergeslagen vrouw na een teleurstellend avondje uit. Ze had 'ernaar verlangd om succesvol, vrolijk en triomfantelijk te zijn', zo luide de meelevende tekst. Maar zonder hulp van de juiste zeep was de vrouw een sociale mislukking.

Tien jaar later bevatte een advertentie voor het wasmiddel Lux een klaagbrief aan Dorothy Dix, de Lieve Lita van haar tijd. 'Lieve Miss Dix,' stond er in de brief. 'Hoe kan ik mezelf populairder maken? Ik ben niet onknap en ook niet dom, maar ik ben zo timide en voel me opgelaten in gezelschap. Ik denk altijd dat ze mij niet aardig zullen vinden... – Joan G.'

Het antwoord van Miss Dix was helder en stellig. Als Joan nu maar Lux zou gebruiken om haar ondergoed, gordijnen en de kussens van haar bank te wassen, zou ze al gauw tot een 'diepgaande, stellige, innerlijke overtuiging geraken dat ze charmant was'.

Deze weergave van de hofmakerij als een vertoning waarbij er veel op het spel stond, was tekenend voor de stoutmoedige nieuwe gewoonten van de persoonlijkheidscultuur. Onder de beperkende (en soms verstikkende) sociale codes van de karaktercultuur hadden beide geslachten een zekere terughoudendheid tijdens de balts betracht. Vrouwen die te luid spraken of op ongepaste wijze oogcontact maakten met mannen die ze niet kenden werden onbeschaamd gevonden. Vrouwen uit de hogere standen hadden meer vrijheid om te spreken dan die uit lagere klassen, en werden zelfs voor een deel beoordeeld op hun aanleg voor spitsvondige conversatie, maar zelfs zij kregen het advies om te blozen en de ogen neer te slaan. Etiquettehandboeken waarschuwden hen: 'de koelste terughoudendheid is bewonderenswaardiger bij een vrouw die een man als echtgenoot begeert dan de geringste toenadering tot ongepaste familiariteit.' Mannen konden kiezen voor rustig gedrag dat leek te duiden op zelfbeheersing en kracht waarmee ze niet te koop hoefden te lopen. Hoewel verlegenheid als zodanig niet zonder meer acceptabel was, was terughoudendheid een bewijs van een goede opvoeding.

Maar door de komst van de persoonlijkheidscultuur begon de waarde van de vormelijkheid voor zowel vrouwen als mannen af te brokkelen. In plaats van ceremoniële visites aan vrouwen te brengen en serieus hun intenties te verklaren, werd er nu van mannen verwacht dat ze een verbaal geraffineerde hofmakerij bedreven waarbij ze 'een lijntje' van arbeidsintensief geflirt naar vrouwen uitwierpen. Mannen die in damesgezelschap te zwijgzaam waren, liepen het risico voor homoseksueel te worden aangezien. Zoals een populair seksueel voorlichtingsboek uit 1926 opmerkte: 'homoseksuelen zijn onveranderlijk timide, verlegen en teruggetrokken'. Ook van vrouwen werd verwacht dat ze het smalle pad tussen seksuele betamelijkheid en stoutmoedigheid bewandelden. Als ze te verlegen op avances reageerden, werden ze soms 'frigide' genoemd.

Ook het vakgebied van de psychologie begon zich te bemoeien met de pressie om zelfvertrouwen uit te stralen. In de jaren twintig ontwikkelde Gordon Allport, een invloedrijke psycholoog, een diagnostische 'ascendantie-en-onderwerpingstest' om sociale dominantie te meten. 'Onze huidige beschaving,' zo meldde Allport, die zelf verlegen en gereserveerd was, 'lijkt veel waarde te hechten aan de agressieve mens, de "presteerder".' In 1921 merkte Carl Jung op dat introversie sinds kort onder druk stond. Zelf beschouwde Jung introverte mensen als 'opvoeders en bevorderaars van de cultuur', die de waarde lieten zien van 'het innerlijke gevoelsleven waaraan er zo'n pijnlijk gebrek is in onze beschaving'. Maar hij onderkende dat hun 'reserve en schijnbaar op niets gebaseerde gêne van nature alle huidige vooroordelen over dit type oproepen'.

Niets maakte de noodzaak om een zelfverzekerde indruk te maken echter zo zonneklaar als de opkomst van een nieuw psychologisch begrip: het 'minderwaardigheidscomplex'. Dit complex werd in de jaren twintig ontwikkeld door de Weense psycholoog Alfred Adler om gevoelens van tekortschieten en de gevolgen daarvan te omschrijven. 'Voelt u zich onzeker?' stond op het omslag van Adlers bestseller *Menschenkenntnis*. 'Bent u bangelijk ingesteld? Bent u onderdanig?' Adler legde uit dat alle zuigelingen en kleine kinderen zich minderwaardig voelen, omdat ze leven in een wereld van volwassenen en oudere broertjes of zusjes. Tijdens het normale groeiproces leren ze om die gevoelens te richten op het nastreven van hun doelstellingen. Maar als er tijdens hun volwassenwording iets misgaat, kan het gebeuren dat ze worden opgezadeld met het gevreesde minderwaardigheidscomplex – een ernstig gevaar in een samenleving die steeds meer prestatiegericht is.

Het idee dat ze hun sociale angsten konden opbergen in een keurig pakketje dat 'psychisch complex' heette, sprak veel Amerikanen aan. Het minderwaardigheidscomplex werd een veelzijdige verklaring voor allerlei levensvraagstukken op het gebied van de liefde, de opvoeding en het werk. In 1924 bevatte het tijdschrift *Collier's* een artikel over een vrouw die niet durfde te trouwen met de man van wie ze hield, omdat ze bang was dat hij een minderwaardigheidscomplex had en nooit iets zou bereiken. In een ander populair blad verscheen een artikel met de titel 'Uw kind en dat modieuze complex', waarin aan moeders werd uitgelegd met welke dingen je je kinderen een minderwaardigheidscomplex kon bezorgen en hoe je dat moest voorkomen of genezen. Je zou bijna gaan denken dat werkelijk iedereen leed aan een minderwaardigheidscomplex. Volgens sommigen was het gek genoeg juist een bewijs van uitmuntendheid. Volgens een artikel in *Collier's* uit 1939 hadden Lincoln, Napoleon, Teddy Roosevelt, Edison en Shakespeare allemaal een minderwaardigheidscomplex. 'Dus,' zo concludeerde het tijdschrift, 'als u een groot, stevig, ingeworteld minderwaardigheidscomplex hebt, bent u zo gelukkig als maar kan, gesteld dat u daarbij voldoende ruggengraat hebt.'

Ondanks de optimistische toon van dit artikel begonnen opvoedingsdeskundigen in de jaren twintig kinderen te helpen om een aantrekkelijke persoonlijkheid te ontwikkelen. Tot dan toe hadden deze professionals zich hoofdzakelijk bekommerd om seksueel vroegrijpe meisjes en criminele jongens, maar nu stortten psychologen, sociaal werkers en artsen zich op het gewone kind met een 'slecht aangepaste persoonlijkheid', en vooral op verlegen kinderen. Verlegenheid kon afschuwelijke gevolgen hebben, zo waarschuwden ze, van drankzucht tot zelfmoord, terwijl een vlotte persoonlijkheid zou leiden tot sociaal en financieel succes. De deskundigen raadden ouders aan om hun kinderen goed te socialiseren en adviseerden scholen om hun aandacht te verschuiven van boekenwijsheid naar het 'steunen en sturen van de ontluikende persoonlijkheid'. Onderwijzers namen deze taak enthousiast ter hand. In 1950 luidde het motto van een congres bij het Witte Huis over kinderen en jongeren 'Een gezonde persoonlijkheid voor ieder kind'.

Halverwege de twintigste eeuw ontstond er onder goedbedoelende ouders consensus dat verlegenheid niet aanvaardbaar was en dat groepszin ideaal was voor zowel meisjes als jongens. Sommigen ontmoedigden hun kinderen om zich bezig te houden met eenzame en serieuze hobby's zoals klassieke muziek, waardoor ze impopulair konden worden. Ze stuurden hun kinderen op steeds jongere leeftijd naar school, waar hun belangrijkste opdracht was om te leren sociaal te worden. Introverte kinderen kregen vaak extra aandacht omdat ze een probleemgeval waren (een situatie die iedere ouder met een introvert kind nog steeds bekend zal voorkomen).

In *The Organization Man*, een bestseller van William Whyte uit 1956, wordt beschreven hoe ouders en leraren met elkaar samenspanden om de persoonlijkheid van stille kinderen te verbeteren. 'Johnny deed het niet zo goed op school,' zo vertelde een moeder aan Whyte. 'De leraar vertelde me dat hij het prima deed tijdens de les, maar dat zijn sociale aangepastheid niet optimaal was. Hij koos altijd maar een of twee vriendjes om mee te spelen, en soms vond hij het best om alleen te zijn.' Ouders waren blij met zulke interventies, zei Whyte. 'Enkele uitzonderingen daargelaten, zijn de meeste ouders dankbaar dat de scholen zich zo inspannen om de neiging tot introversie en andere voorstedelijke afwijkingen te bestrijden.'

Ouders die in dit waardesysteem gevangen zaten, waren niet onaardig of zelfs dom; ze bereidden hun kinderen alleen maar voor op de 'echte wereld'. Toen deze kinderen ouder waren en zich inschreven voor vervolgonderwijs en later solliciteerden naar hun eerste baantje, kregen ze met dezelfde maatstaven van sociabiliteit te maken. Bij de toelating tot de universiteit werd niet gezocht naar de meest uitzonderlijke kandidaten, maar naar de meest extraverte. Paul Buck, de rector magnificus van Harvard, verklaarde eind jaren veertig dat Harvard het 'sensitieve, neurotische' type en de 'intellectueel overgestimuleerden' moest afwijzen ten gunste van jongens van het 'gezonde, extraverte soort'. In 1950 verklaarde de rector magnificus van Yale, Alfred Whitney Griswold, dat de ideale student op Yale niet een 'zeer gespecialiseerde intellectueel met borstelige wenkbrauwen was, maar een allrounder'. Een andere rector vertelde Whyte dat 'het voor zijn gevoel niet meer dan logisch was om tijdens de selectie niet alleen rekening te houden met de behoefte van de universiteit, maar ook met wat vier jaar later de sollicitatiecommissies van het bedrijfsleven zouden willen. 'Die houden van een behoorlijk sociaal, actief type,' zei hij. 'Dus onze ervaring is dat de beste kandidaat degene is die tijdens zijn studie gemiddeld een acht of hoger heeft gehaald en volop buitenschoolse activiteiten heeft ontplooid. Het "briljante" introverte type kunnen we slecht gebruiken.'

Deze universiteitsbestuurder snapte heel goed dat in het midden van de twintigste eeuw de ideale werknemer – zelf als hij beroepshalve maar zelden met het publiek hoefde om te gaan, zoals een wetenschappelijk onderzoeker in een bedrijfslaboratorium – geen diepzinnige denker was, maar een hartelijk, extravert type met de persoonlijkheid van een vertegenwoordiger. 'Wanneer het woord briljant wordt gebezigd,' zo legt Whyte uit, 'wordt dit gewoonlijk gevolgd door het woord "maar" (bijvoorbeeld "We zijn grote voorstanders van briljante denkers, maar...") of gecombineerd met woorden als grillig, excentriek, introvert, mafkees, enz.' 'Deze kerels zullen in contact komen met andere mensen binnen de organisatie,' zei een directeur uit de jaren 1950 over de onfortuinlijke wetenschappers in zijn emplooi, 'en dan is het handig als ze een goede indruk maken.'

De wetenschapper had niet alleen de taak om onderzoek te doen, maar moest ook helpen om dat te verkopen, en daarvoor moet je je joviaal gedragen. Bij IBM, een bedrijf dat het ideaal van de bedrijfsmens belichaamde, kwamen de vertegenwoordigers elke ochtend bij elkaar om luidkeels het bedrijfslied 'Ever Onward' te zingen en het tweestemmige lied 'Selling IBM', op de melodie van 'Singin' in de Rain.' *Selling IBM*, begon het, *we're selling IBM. What a glorious feeling, the world is our friend.* Het liedje werkte toe naar een ontroerend einde: *We're always in trim, we work with a vim. We're selling, just selling, IBM.*

Daarna gingen ze op pad naar hun klanten en bewezen daarmee dat de toelatingscommissies van Harvard en Yale waarschijnlijk gelijk hadden: alleen een bepaald type mens zou geïnteresseerd kunnen zijn om op deze manier aan zijn werkdag te beginnen.

De andere medewerkers binnen de organisatie moesten zich maar zien te redden. En te oordelen naar de geschiedenis van het medicijngebruik zijn velen van hen onder die druk bezweken. In 1955 bracht een medicijnenfabrikant, Carter-Wallace, een middel tegen angstgevoelens op de markt, Miltown. Daarmee werden angstgevoelens bestempeld tot het logische gevolg van een samenleving die werd gekenmerkt door moordende concurrentie en onophoudelijke gezelligheid. Miltown werd geadverteerd als middel voor mannen en werd onmiddellijk het best verkopende geneesmiddel uit de geschiedenis van de VS, volgens sociaal historicus Andrea Tone. In 1956 had een op de twintig Amerikanen het geprobeerd; in 1960 was een derde van alle recepten die Amerikaanse artsen uitschreven voor Miltown of Equanil, een vergelijkbaar geneesmiddel. ANGSTGEVOELENS EN SPANNING ZIJN HET CLICHÉ VAN DEZE TIJD, luidde een advertentie voor Equanil. De reclamecampagne voor Serentil, een tranquilizer uit de jaren zestig, was nog directer gericht op de verbetering van het sociaal functioneren. TEGEN DE ANGST DAT JE ER NIET BIJ HOORT, stelde de advertentie meelevend.

* * *

Uiteraard is het extraverte ideaal geen nieuwe uitvinding. Extraversie zit in ons DNA – en volgens sommige psychologen is dat zelfs letterlijk zo. Onderzoek wijst uit dat deze karaktereigenschap minder voorkomt in Azië en Afrika dan in Europa en Amerika, waar de bevolking grotendeels afstamt van migranten. Het is logisch, zo stellen deze onderzoekers, dat zulke wereldreizigers extraverter waren dan de thuisblijvers en dat ze hun eigenschappen aan hun kinderen en kleinkinderen hebben doorgegeven. 'Aangezien persoonlijkheidskenmerken via de genen worden doorgegeven,' schrijft psycholoog Kenneth Olson, 'zou elke volgende golf emigranten naar een ander continent mettertijd zorgen voor een populatie met meer geëngageerde individuen dan er wonen op het continent waarvan de emigranten afkomstig zijn.'

We kunnen onze bewondering van extraverte mensen ook herleiden tot de Grieken, die de redenaarskunst zeer hoogachtten, en de Romeinen, voor wie de zwaarst denkbare straf bestond uit de verbanning uit de stad, met zijn bruisende sociale leven. Ook Amerikanen bewonderen hun *founding fathers* juist omdat ze zich flink roerden over de vrijheid: 'Schenk mij de vrijheid of schenk mij de dood!' Zelfs het christendom van de vroeg-Amerikaanse religieuze revivals, tijdens het zogenoemde *First Great Awakening* in de achttiende eeuw, draaide om het vertoon van de dominees, die als een succes werden beschouwd als ze een menigte van doorgaans beheerste mensen aan het huilen en schreeuwen kregen en ervoor zorgden dat ze hun goede manieren lieten varen. 'Niets bezorgt me zo veel pijn en verdriet als om te zien hoe een predikant er welhaast roerloos bij staat en koel voortsukkelt, zoals een wiskundige de afstand van de maan tot de aarde zou berekenen,' klaagde een religieuze krant in 1837.

Zoals uit deze laatdunkendheid blijkt, bewonderden de eerste Amerikanen de daadkracht en wantrouwden ze het intellect. Ze associeerden het intellectuele leven met de weke, weinig daadkrachtige Europese aristocratie die ze achter zich hadden gelaten. Tijdens de presidentsverkiezing van 1828 streed een voormalig hoogleraar van Harvard, John Quincy Adams, tegen Andrew Jackson, een krachtdadige militaire held. In een leus uit de Jackson-campagne werd een veelzeggend onderscheid gemaakt tussen de schrijver en de vechter: *John Quincy Adams who can write / And Andrew Jackson who can fight.*

En wie won die campagne? De vechter versloeg de schrijver, zoals cultuurhistoricus Neal Gabler dat verwoordde. (John Quincy Adams wordt overigens door politiek psychologen beschouwd als een van de weinige introverte mensen die president van Amerika is geworden.)

De opkomst van de persoonlijkheidscultuur versterkte die vooroordelen en paste ze niet alleen toe op politieke en religieuze leiders, maar ook op gewone mensen. Ook al deden zeepfabrikanten hun voordeel met de nieuwe nadruk op charme en charisma, toch was niet iedereen blij met deze ontwikkeling. 'Het respect voor de individuele menselijke persoonlijkheid is bij ons op een dieptepunt beland,' merkte een intellectueel in 1921 op, 'en het is heerlijk ironisch dat geen land ter wereld zo onafgebroken spreekt over persoonlijkheid als wij. We hebben zelfs scholen voor "zelfexpressie" en "zelfontwikkeling", hoewel we daarmee doorgaans de expressie en ontwikkeling van de persoonlijkheid van een succesvolle makelaar lijken te bedoelen.'

Een andere criticus betreurde de slaafse aandacht van Amerikanen voor entertainers: 'Het is opmerkelijk hoeveel aandacht het theater en zaken die daarmee te maken hebben tegenwoordig van de tijdschriften krijgen,' mopperde hij. Twintig jaar eerder, dus nog in de tijd van de karaktercultuur, zouden zulke onderwerpen als ongepast zijn beschouwd, maar nu waren ze 'zo'n belangrijk onderdeel van het maatschappelijk leven dat het een gespreksonderwerp is geworden in alle sociale klassen'.

Zelfs het beroemde gedicht van T.S. Eliot uit 1915, 'The Love Song of J. Alfred Prufrock', waarin hij zich beklaagt over de noodzaak om 'een gelaat te maken voor de gelaten die je treft', lijkt soms een hartenkreet te zijn over het nieuwe voorschrift van de zelfpresentatie. Terwijl dichters uit de negentiende eeuw 'eenzaam als een wolk' door de natuur dwaalden (Wordsworth, in 1802) of zich bij Walden Pond in eenzaamheid afzonderden (Thoreau, in 1845), is de Prufrock van Eliot vooral bang dat hij wordt aangekeken door 'ogen die je bevriezen in een geformuleerde claus' en je spartelend op een muur vastprikken.

* * *

Een kleine eeuw later is het protest van Prufrock verplichte lesstof op de middelbare school, waar het plichtmatig uit het hoofd wordt geleerd en vervolgens snel vergeten door tieners die steeds behendiger worden in het vormgeven van hun eigen persona op internet en daarbuiten. Deze leerlingen leven in een wereld waarin status, inkomen en eigenwaarde meer dan ooit tevoren afhangen van het vermogen om te voldoen aan de eisen van de persoonlijkheidscultuur. De druk om te amuseren, om jezelf te verkopen en nooit te laten zien dat je bang bent, blijft toenemen. Het aantal Amerikanen dat zichzelf als verlegen beschouwt, is gestegen van 40 procent in de jaren zeventig tot 50 procent in de jaren negentig, waarschijnlijk omdat ze steeds hogere eisen aan zichzelf stellen op het gebied van onbevreesde zelfpresentatie. Van 'sociale angststoornis', wat in wezen neerkomt op ziekelijke verlegenheid, wordt momenteel gedacht dat bijna een op de vijf Amerikanen eraan lijdt. De meest recente versie van het *Diagnostic and Statistical Manual (DSM-IV)*, de bijbel op het gebied van psychische stoornissen, beschouwt angst voor spreken in het openbaar als een pathologie – geen ergernis, geen nadeel, maar een ziekte – als die de arbeidsprestatie van de patiënt schaadt. 'Het is niet genoeg,' zei een topman van Eastman Kodak tegen de schrijver Daniel Goleman, 'om achter je computer opgewonden te raken van een geweldige regressieanalyse als je die resultaten niet durft te presenteren aan een groep bestuurders.' (Blijkbaar is het wel toegestaan om bang te zijn voor het maken van een regressieanalyse als je het leuk vindt om speeches af te steken.)

Maar misschien kunnen we de persoonlijkheidscultuur van de eenentwintigste eeuw het best de maat nemen door terug te keren naar de zelfhulp. Een eeuw nadat Dale Carnegie die eerste cursus 'spreken in het openbaar' bij de YMCA gaf, ligt zijn bestseller *How to Win Friends and Influence People* (Nederlandse vertaling: *Zo maakt u vrienden en goede relaties*) nog steeds op de schappen van boekenkiosken op het vliegveld en staat hij nog steeds in de bestsellerlijsten van bedrijfsliteratuur. Het Dale Carnegie Institute geeft nog steeds gemoderniseerde versies van Carnegies oorspronkelijke cursus, en het vermogen om soepel te communiceren blijft een centraal onderdeel van het lesprogramma. Toastmasters, de non-profitorganisatie die in 1924 werd opgericht en waarvan de leden wekelijks bijeenkomen om zich te bekwamen in het spreken in het openbaar en waarvan de oprichter verklaarde dat 'al het praten verkopen is en dat bij al het verkopen praten komt kijken', is nog steeds springlevend, met meer dan 12.500 afdelingen in 113 landen.

In de reclamevideo op de website van Toastmasters zit een sketch waarin twee collega's, Eduardo en Sheila, in de zaal zitten tijdens het 'zesde jaarlijkse wereldwijde zakencongres' terwijl een zenuwachtige spreker zich door een erbarmelijke presentatie heen worstelt.

'Wat ben ik blij dat ik niet zo ben,' fluistert Eduardo.

'Dat meen je toch niet?' antwoordt Sheila met een tevreden glimlach. 'Ben je de presentatie vergeten die je vorige maand voor die nieuwe klanten deed? Ik dacht dat je ging flauwvallen.'

'Zo erg was het toch niet?'

'Ja, het was wel erg. Heel erg. Eigenlijk nog erger.'

Eduardo lijkt zich op gepaste wijze te schamen (terwijl de nogal botte Sheila dat niet opmerkt).

'Maar,' zegt Sheila, 'je kunt er wat aan doen. Je kunt beter... Heb je wel eens van Toastmasters gehoord?'

Sheila, een jonge, aantrekkelijke brunette, sleept Eduardo mee naar een bijeenkomst van Toastmasters. Daar biedt ze zich aan om een oefening te doen, 'Waarheid of leugen', waarbij ze de groep van pakweg vijftien deelnemers een verhaal over haar leven moet vertellen, waarna de toehoorders beslissen of ze haar wel of niet geloven.

'Ik wed dat ik iedereen voor het lapje kan houden,' fluistert ze zacht tegen Eduardo terwijl ze naar het podium beent. Ze dist een uitvoerig verhaal op over haar jaren als operazangeres, dat eindigt met haar ontroerende beslissing om daarmee te stoppen zodat ze meer bij haar kinderen kan zijn. Wanneer ze is uitgesproken, vraagt de 'toastmaster' van de avond aan de groep of ze het verhaal van Sheila geloven. Alle handen in het zaaltje gaan omhoog. De toastmaster wendt zich tot Sheila en vraagt of haar verhaal waar was.

'Ik kan niet eens toon houden!' straalt ze triomfantelijk.

Sheila komt onoprecht, maar op een rare manier ook sympathiek over. Net als de angstige lezers van de persoonlijkheidshandboeken uit de jaren twintig probeert ze alleen maar promotie te maken op haar werk. 'Er is zo veel concurrentie in mijn werkomgeving,' vertrouwt ze de camera toe, 'dat het extra belangrijk is om te zorgen dat mijn vaardigheden scherp blijven.'

Maar hoe zien 'scherpe vaardigheden' eruit? Moeten we zo goed worden in onszelf presenteren dat we kunnen liegen zonder dat iemand het doorheeft? Moeten we leren om onze stem, gebaren en lichaamstaal te dresseren tot we echt ieder verhaal kunnen vertellen – en verkopen? Dat lijken verdorven doelstellingen, die aangeven hoeveel er is veranderd, en niet ten goede, sinds de jongensjaren van Dale Carnegie.

De ouders van Dale waren fatsoenlijke mensen. Ze wilden dat hun zoon carrière zou maken in de kerk of het onderwijs, niet in de handel. Het lijkt niet erg waarschijnlijk dat ze hun goedkeuring zouden hechten aan een techniek voor jezelf verbeteren die 'waarheid of leugen' heet. Of aan Carnegies bestseller, vol methoden om te zorgen dat mensen je bewonderen en doen wat jij wilt. *Zo maakt u vrienden en goede relaties* staat vol met hoofdstuktitels als 'Mensen blij maken dat ze doen wat jij wilt' en 'Hoe je zorgt dat mensen je onmiddellijk aardig vinden'. Dat alles roept de vraag op: hoe is het mogelijk dat we zijn geswitcht van Karakter naar Persoonlijkheid zonder te beseffen dat we onderweg iets van grote betekenis hebben opgeofferd?

2 – De mythe van het charismatisch leiderschap: de persoonlijkheidscultuur, een eeuw later

De samenleving is zelf een scholing in de waarden van extraversie, en zelden is er een samenleving geweest die deze zo krachtig heeft verkondigd. Geen mens is een eiland, maar John Donne zou ineenkrimpen als hij hoorde hoe vaak, en om welke redenen, die gedachte tot vervelens toe wordt herhaald.
William Whyte

Verkoopkunst als deugd: live bij Tony Robbins

'Vind je het spannend?' roept een jonge vrouw die Stacy heet terwijl ik haar mijn inschrijfformulier overhandig. Haar honingzoete stem gaat de hoogte in als een groot uitroepteken. Ik knik en glimlach zo stralend als ik maar kan. Aan het andere uiteinde van de foyer van het Atlanta Convention Center hoor ik mensen gillen.

'Wat is dat voor lawaai?' vraag ik.

'Ze zijn iedereen aan het opwarmen om naar binnen te gaan!' zegt Stacy enthousiast. 'Dat hoort bij de totale UPW-ervaring.' Ze overhandigt me een paarse ringband en een gelamineerd naamplaatje dat ik om mijn hals kan dragen. UNLEASH THE POWER WITHIN schreeuwt de map met grote blokletters. Welkom bij het seminar voor beginners van Tony Robbins.

Ik heb 895 dollar neergeteld, in ruil waarvoor ik volgens de reclamefolders ga leren om energieker te zijn, mijn leven dynamischer te maken en mijn angsten te overwinnen. Maar eigenlijk ben ik hier helemaal niet om mijn innerlijke macht te ontketenen (hoewel ik altijd wel een paar nuttige tips wil opdoen). Ik ben hier omdat dit seminar mijn eerste halte is op mijn reis om het extraverte ideaal te begrijpen.

Ik ken de infomercials van Tony Robbins – volgens hem wordt er op ieder moment wel ergens eentje uitgezonden – waarin hij op mij overkomt als een van de meest extraverte mensen die er bestaat. Maar hij is niet zomaar een extravert mens. Hij is de koning van de zelfhulp en onder zijn cliëntèle bevinden zich mensen als Bill Clinton, Tiger Woods, Nelson Mandela, Margaret Thatcher, prinses Diana, Michail Gorbatsjov, Moeder Teresa, Serena Williams, Donna Karan en nog vijftig miljoen anderen. En de zelfhulpindustrie, waaraan honderdduizenden Amerikanen zich met hart en ziel en pakweg elf miljoen dollar per jaar overgeven, toont per definitie ons idee van het ideale zelf, de persoon die we hopen te worden op voorwaarde dat we ons houden aan deze zeven uitgangspunten en die drie wetten. Ik wil weten hoe dat ideale zelf eruitziet.

Stacy vraagt of ik eten heb meegebracht. Dat vind ik een gekke vraag. Wie neemt er nu zijn avondeten mee van New York naar Atlanta? Ze legt uit dat ik op mijn stoel zal willen bijtanken. De komende vier dagen, van vrijdag tot en met maandag, zullen we vijftien uur per dag werken, van acht uur 's ochtends tot elf uur 's avonds, met alleen 's middags één korte onderbreking. Tony zal al die tijd op het podium aanwezig zijn en daar wil ik vast geen seconde van missen.

Ik kijk om me heen in de foyer. Andere bezoekers lijken zich wel te hebben voorbereid: ze lopen opgewekt door de hal met boodschappentassen vol energierepen, bananen en maïschips. Ik koop een paar beurse appels bij de kiosk en baan me een weg naar de gehoorzaal. Begroeters met T-shirts met de letters UPW en een verrukte glimlach flankeren de entree en springen daarbij met gebalde, omhooggestoken vuist op en neer. Je komt niet naar binnen zonder iemand een high five te geven. Dat weet ik, omdat ik het probeer.

In de enorme zaal is een colonne dansers bezig de menigte op te warmen met het nummer 'Money Money' van Billy Idol. Ze worden versterkt via een uitstekend geluidssysteem en uitvergroot door enorme videoschermen aan weerszijden van het podium. Ze bewegen zich synchroon, als dansers in een video van Britney Spears, maar zijn gekleed als afdelingsmanagers. De hoofdrol is weggelegd voor een kalende man van ergens in de veertig met een wit buttondownoverhemd, degelijke stropdas, opgestroopte mouwen en een glimlach die 'Fijn dat je er bent' uitstraalt. De boodschap lijkt te zijn dat we allemaal kunnen leren om elke morgen zo uitbundig te zijn als we naar ons werk gaan.

De dansbewegingen zijn zo simpel dat wij ze op onze stoel kunnen nadoen: opspringen en twee keer klappen; klap naar links; klap naar rechts. Terwijl het liedje verandert in 'Gimme Some Lovin', klimmen veel mensen in de zaal op hun metalen opklapstoeltjes, waarop ze blijven joelen en klappen. Ik blijf nogal stuurs met mijn armen over elkaar staan, tot ik besluit dat er niets anders opzit dan mee te doen en samen met mijn buren op en neer te springen.

Eindelijk breekt het moment aan waar we allemaal op hebben gewacht: Tony Robbins bespringt het podium. Hij is al een reus van twee meter, maar op het videoscherm lijkt hij wel dertig meter lang. Hij is zo knap als een filmster, met een volle bruine haardos, een tandpastaglimlach en onvoorstelbaar hoge jukbeenderen. EXPERIENCE TONY ROBBINS LIVE! beloofde de advertentie voor het seminar, en nu danst hij hier mee met de euforische menigte.

Het is ongeveer tien graden Celsius in de zaal, maar Tony heeft een poloshirt met korte mouwen en een korte broek aan. Veel mensen in de zaal hebben dekens meegenomen, omdat ze blijkbaar wisten dat de gehoorzaal zo koud als een koelkast zou zijn, blijkbaar met het oog op Tony's razendsnelle stofwisseling. Er zou een nieuwe ijstijd voor nodig zijn om die man af te koelen. Hij springt en straalt en speelt het op een of andere manier klaar om oogcontact te maken met alle 3800 bezoekers tegelijk. In de gangpaden springen de begroeters dolblij op en neer. Tony strekt zijn armen wijd uit en omhelst ons allemaal. Als Jezus op aarde zou terugkeren en dit zijn eerste bezoek aan het Atlanta Convention Center was, dan is een uitbundiger onthaal nauwelijks voorstelbaar.

Dat geldt zelfs voor de achterste rij, waar ik zit tussen mensen die maar 895 dollar hebben betaald voor 'algemene toegang', in tegenstelling tot de 2500 dollar voor een 'Diamond Premiere-lidmaatschap', waarvoor je een stoel vooraan krijgt, zo dicht mogelijk bij Tony. Toen ik mijn kaartjes via de telefoon bestelde, verzekerde de verkoopmedewerker me dat de mensen op de voorste rijen – waar je 'gegarandeerd met je eigen ogen naar Tony kijkt' in plaats van afhankelijk te zijn van het videoscherm – doorgaans 'meer succes bereiken in het leven'. Dat zijn de mensen die meer energie hebben, vertelde ze me. 'Dat zijn de mensen die schreeuwen.' Ik kan op geen enkele manier beoordelen hoe succesvol de mensen naast me zijn, maar ze vinden het in elk geval enig dat ze erbij zijn. Bij het aanschouwen van Tony, die uitgekiend wordt belicht zodat zijn expressieve gezicht goed uitkomt, schreeuwen ze het uit en drommen naar het gangpad alsof ze bij een popconcert zijn.

Ik voeg me al gauw bij hen. Ik heb dansen altijd leuk gevonden en ik moet toegeven dat samen swingen op klassiekers uit de top veertig een prima tijdverdrijf is. Ontketende macht komt voort uit een hoog energieniveau, zo beweert Tony, en ik snap wat hij bedoelt. Geen wonder dat mensen van heinde en verre hierheen reizen om hem in eigen persoon te aanschouwen (naast me zit, nee springt, een beeldschone vrouw uit Oekraïne met een extatische glimlach). Als ik straks weer in New York ben, moet ik nodig weer naar aerobics, besluit ik.

* * *

Wanneer de muziek eindelijk ophoudt, spreekt Tony ons toe met een schorre stem, deels Muppet, deels Don Juan, om een inleiding te geven over zijn theorie over 'praktische psychologie'. De kern daarvan is dat kennis pas nut heeft als je er daden aan verbindt. Hij heeft een verleidelijke, snelle spreekstijl waar handelsreiziger Willy Loman nog een puntje aan kan zuigen. Om de praktische psychologie in de praktijk te tonen, geeft Tony ons opdracht om een partner te vinden en elkaar te begroeten alsof je je minderwaardig voelt en bang bent voor sociale afwijzing. Ik vorm een koppel met een bouwvakker uit het centrum van Atlanta. We geven elkaar voorzichtig een hand en kijken bedeesd naar de grond terwijl op de achtergrond het nummer 'I Want You to Want Me' wordt gedraaid.

Dan roept Tony een reeks listig geformuleerde vragen:
'Was je ademhaling diep of oppervlakkig?'
'OPPERVLAKKIG!' schreeuwt het publiek als uit één mond.
'Was je aarzelend of ging je rechtstreeks naar de ander?'
'AARZELEND!'
'Zat er spanning in je lijf of was je relaxed?'
'SPANNING!'

Tony vraagt ons om de oefening nog een keer te doen, maar onze partner nu te begroeten alsof de indruk die we in de eerste drie tot vijf seconden maken bepaalt of de ander met ons in zee wil. Als die dat niet wil, 'zullen alle mensen die je liefhebt creperen als varkens in de hel'.

Ik ben onthutst door de nadruk die Tony legt op zakelijk succes. Dit seminar gaat immers over persoonlijke kracht, niet over verkoopmethoden. Maar dan bedenk ik dat Tony niet alleen een levenscoach is, maar ook een uitzonderlijk zakenman. Hij is begonnen als vertegenwoordiger en is tegenwoordig directeur van zeven bedrijven. *BusinessWeek* heeft zijn inkomen ooit op 80 miljoen per jaar geschat. Nu lijkt hij te proberen, met alle macht van zijn ontzagwekkende persoonlijkheid, om zijn flair als verkoper op ons over te dragen. Hij wil niet alleen dat we ons geweldig voelen, maar dat we energiegolven uitstralen, dat we niet gewoon aardig gevonden worden, maar héél aardig gevonden worden; hij wil ons leren hoe je jezelf verkoopt. Ik had al advies van de Anthony Robbins Companies gekregen, in de vorm van een persoonlijk rapport van 45 pagina's dat was gegenereerd na een persoonlijkheidstest die ik online had gedaan ter voorbereiding op dit weekend: 'Susan' moet werken aan haar neiging om over haar ideeën te vertellen, in plaats van ze te verkopen. (Het rapport was in de derde persoon gesteld, alsof het was bestemd voor een denkbeeldige manager die mijn sociale vaardigheden moest beoordelen.)

De toeschouwers vormen opnieuw paren, stellen zich enthousiast aan elkaar voor en geven elkaar een stevige hand. Wanneer we klaar zijn, worden de vragen herhaald.

'Voelde dat beter, ja of nee?'
'JA!'

'Gebruikten jullie je lichaam anders, ja of nee?'
'JA!'
'Gebruikten jullie meer gezichtsspieren, ja of nee?'
'JA!'
'Aarzelden jullie of ging je recht op de ander af, ja of nee?'
'JA!'

De oefening lijkt bedoeld om te laten zien hoe je fysiologische toestand je gedrag en emoties beïnvloedt, maar ook om duidelijk te maken dat het koopmanschap zelfs de meest neutrale interacties beïnvloedt. Ze impliceert dat elke ontmoeting een spel is waarbij er veel op het spel staat en waarbij je de gunst van de ander kunt winnen of verliezen. Ze spoort je aan om zo extravert mogelijk om te gaan met sociale angsten. Je moet energiek en zelfverzekerd zijn, je moet niet aarzelend overkomen, je moet glimlachen zodat je gesprekspartner ook naar jou glimlacht. Als je die dingen doet, voel je je goed. En hoe beter je je voelt, hoe beter je jezelf kunt verkopen.

Tony lijkt de ideale man om deze vaardigheden te demonstreren. Hij komt op mij over als iemand met een 'hyperthymisch' temperament: een soort hyperactieve extraversie die volgens een psychiater wordt gekenmerkt door 'uitbundige, opgewekte, overdreven energieke en overdreven zelfverzekerde karaktertrekken die levenslang standhouden' en die in het zakenleven, en vooral in de verkoop, als een pluspunt worden beschouwd. Mensen met deze eigenschappen zijn vaak uitstekend gezelschap, net als Tony op het podium.

Maar stel nu dat je hyperthymische mensen bewondert, maar ook bent gesteld op je kalme en nadenkende ik? Stel dat je houdt van kennis als doel op zich, niet per se als blauwdruk voor daden? Stel dat je wilde dat er juist meer, en niet minder bespiegelend ingestelde types op de wereld waren?

Tony verwacht dat soort vragen blijkbaar. 'Maar ik ben helemaal geen extravert type, zeg je!' hield hij ons aan het begin van het seminar voor. 'Nou en? Je hoeft niet extravert te zijn om het gevoel te hebben dat je leeft!'

Dat is waar. Maar volgens Tony kun je je beter gedragen alsof je het wel bent, als je je verkooppraatje niet wilt verknallen en toezien hoe je familieleden creperen als varkens in de hel.

* * *

De avond bereikt een hoogtepunt met de Firewalk, een van de iconische momenten van het UPW-seminar, waarbij we worden uitgedaagd om over een bed hete kolen van drie meter lang te lopen zonder onze voeten te branden. Veel mensen gaan naar UPW omdat ze van de vuurloop hebben gehoord en die zelf willen proberen. Het achterliggende idee is dat je jezelf tot een zo angstloze geestesgesteldheid brengt dat je zelfs bestand bent tegen 650 graden Celsius.

Om naar dat moment toe te werken, oefenen we urenlang op Tony's technieken: oefeningen, dansbewegingen, visualisaties. Ik merk op dat de mensen in de zaal elke beweging en gelaatsuitdrukking van Tony beginnen na te bootsen, inclusief zijn karakteristieke gebaar van met zijn arm stoten alsof hij een honkbal werpt. De avond bouwt toe naar een crescendo totdat we eindelijk, tegen middernacht, met bijna vierduizend mensen die op het ritme van een tribale beat 'JA' scanderen in een fakkeloptocht naar de parkeerplaats marcheren. Dit lijkt de andere UPW'ers in vervoering te brengen, maar dit gezang met trommelbegeleiding – JA! Ba-da-da-da, JA! Dum-dum-dum-DUM, JA! BA-da-da-dá – klinkt als het zingen dat een Romeinse generaal zou ensceneren wanneer hij een stad binnenrijdt die hij gaat plunderen. De begroeters die eerder op de dag bij de deuren stonden om high fives te geven en te glimlachen, zijn getransformeerd tot de poortwachters van de vuurloop, en hun armen gebaren in de richting van de vlammenbrug.

Voor zover ik weet, hangt het succes van een vuurloop niet zozeer af van je geestesgesteldheid als van de dikte van je voetzolen, dus ik kijk vanaf een veilige afstand toe. Maar ik lijk de enige te zijn die afstand bewaart. De meeste UPW'ers maken de oversteek en gillen het daarbij uit.

'Ik heb het gehaald!' roepen ze wanneer ze aan de overkant van de vuurbak zijn aangekomen. 'Ik heb het gehaald!'

Ze zijn overgegaan tot het Tony Robbins-denken. Maar waar bestaat dat eigenlijk uit?

Het is in de allereerste plaats een superieure geest – het tegengif voor het minderwaardigheidscomplex van Alfred Adler. Tony gebruikt liever het woord *kracht* dan *superioriteit* (we zijn tegenwoordig te geraffineerd om onze zoektocht naar zelfverbetering te betitelen als onverbloemde sociale ambitie, zoals mensen in de begintijd van de persoonlijkheidscultuur deden), maar alles wat hij doet is een vertoon van superioriteit, van de manier waarop hij af en toe het publiek als 'meisjes en jongens' aanspreekt, de verhalen die hij vertelt over zijn grote huizen en machtige vrienden, tot de manier waarop hij letterlijk boven de menigte uittorent. Zijn bovenmenselijke fysieke gestalte is een belangrijk onderdeel van zijn handelsmerk. De titel van zijn bestseller, *Awaken the Giant Within*, spreekt wat dat betreft boekdelen.

Zijn intelligentie is ook indrukwekkend. Hoewel hij gelooft dat het hoger onderwijs wordt overschat (op de universiteit leer je niets over je emoties en je lichaam, zegt hij) en hij zijn volgende boek nog steeds niet heeft geschreven (omdat volgens Tony niemand nog een boek leest), heeft hij het klaargespeeld om het werk van academische psychologen op te zuigen en te verpakken in een wervelende show, vol ware inzichten die het publiek zich eigen kan maken.

Een deel van Tony's genialiteit is gelegen in zijn onuitgesproken belofte dat hij de toeschouwers laat deelnemen aan zijn eigen reis van minderwaardigheid naar superioriteit. Hij is niet altijd zo grandioos geweest, vertelt hij ons. Als kind was hij een scharminkel. Voordat hij aan sport ging doen, had hij overgewicht. En voordat hij zijn kasteel in Del Mar, Californië betrok, woonde hij in een huurflatje dat zo klein was dat hij zijn borden in de badkuip moest opbergen. Daarmee impliceert hij dat we allemaal onze obstakels kunnen overwinnen, dat zelfs introverte mensen kunnen leren om over hete kolen te lopen terwijl ze uit volle borst 'JA!' schreeuwen.

Het tweede onderdeel van het Tony-denken is goedmoedigheid. Hij zou niet zo veel mensen kunnen inspireren als hij hun niet het gevoel gaf dat hij het echt belangrijk vindt om bij elk van hen de innerlijke kracht te ontketenen. Als Tony op het podium staat, krijg je het gevoel dat hij met zijn hele hebben en houden zingt, danst en zijn emoties uit. Wanneer de menigte opstaat en als uit één mond zingt en danst, zijn er momenten dat je niet anders kunt dan van hem houden, net zoals veel mensen met een gechoqueerde vreugde van Obama hielden toen ze hem hoorden spreken over het slechten van de grenzen tussen Democraten en Republikeinen. Op een bepaald moment spreekt Tony over de verschillende behoeften die mensen hebben – aan liefde, aan zekerheid, aan afwisseling, enzovoorts. Hij wordt door liefde gedreven, vertelt hij, en wij geloven hem.

Maar er gebeurt ook iets anders. Het hele seminar lang probeert hij ons samen met zijn verkoopteam voortdurend duurdere producten aan te smeren. Ze gebruiken het UPW-evenement, waarvoor de aanwezigen al een fors bedrag hebben neergeteld, om reclame te maken voor meerdaagse seminars met nog aanlokkelijker klinkende namen en nog duurdere prijskaartjes. *Date with Destiny*, rond de vijfduizend dollar; *Mastery University*, pakweg tienduizend dollar; en het platinapartnership waarmee je samen met nog elf platinapartners het recht krijgt om voor slechts 45.000 dollar samen met Tony op vakantie te gaan naar een exotische locatie.

Tijdens de middagpauze blijft Tony op het podium hangen met zijn blonde en zeer aantrekkelijke vrouw Sage. Hij kijkt haar diep in de ogen, streelt haar haar en fluistert in haar oor. Ik ben gelukkig getrouwd, maar Ken zit in New York terwijl ik hier in Atlanta zit, en zelfs ik voel me eenzaam als ik dit schouwspel gadesla. Hoe zou het zijn als ik single was of een slecht huwelijk had? Dat zou 'een gretige behoefte in mij doen ontwaken', zoals Dale Carnegie vertegenwoordigers jaren geleden al adviseerde te doen bij potentiële klanten. En ja hoor, na de pauze wordt een langdurige video vertoond op het gigantische scherm, een reclame voor Tony's seminar over het krijgen van relaties.

In een ander, geniaal bedacht onderdeel van het seminar geeft Tony uitleg over de financiële en emotionele voordelen van jezelf omringen met de juiste 'groep van gelijken', waarna een medewerker een verkooppraatje houdt over het platinaprogramma à raison van 45.000 dollar. De mensen die een van die twaalf plaatsen kopen, zullen toetreden tot de 'ultieme groep van gelijken' zo wordt ons voorgehouden, de 'crème de la crème', de 'elite van de elite van de elite'.

Ik vraag me onwillekeurig af waarom geen van de andere UPW'ers zich blijkbaar aan deze verkooptrucs ergert. Inmiddels hebben velen van hen een boodschappentas aan hun voeten liggen, vol spullen die ze in de foyer hebben aangeschaft: dvd's, boeken en zelfs glossy foto's van Tony, klaar om in te lijsten.

Maar de truc van Tony, en de reden waarom mensen zijn producten kopen, is dat hij, zoals elke goede vertegenwoordiger, werkelijk gelooft in het product dat hij aan de man brengt. Hij lijkt geen tegenstelling te zien tussen andere mensen het beste toewensen en zijn eigen behoefte om in een villa te wonen. Hij overtuigt ons ervan dat hij zijn verkoopvaardigheden niet alleen voor zijn eigen gewin gebruikt, maar ook om alle mensen die hij kan bereiken te helpen. Een zeer bedachtzame, introverte kennis van me, een geslaagde vertegenwoordiger die zelf trainingen aan vertegenwoordigers geeft, zweert dat Tony Robbins hem niet alleen aan een hogere omzet heeft geholpen, maar hem ook tot een beter mens heeft gemaakt. Toen hij evenementen als UPW begon bij te wonen, concentreerde hij zich op de persoon die hij wilde worden. Wanneer hij tegenwoordig zelf trainingen geeft, ís hij die persoon. 'Tony geeft me energie,' zegt hij, 'en nu kan ik energie creëren voor andere mensen wanneer ik zelf op het podium sta.'

* * *

In de begintijd van de persoonlijkheidscultuur werden mensen aangespoord om een extraverte persoonlijkheid te ontwikkelen om redenen die openlijk egoïstisch waren. Het was een manier om op te vallen in een samenleving die anoniemer en meer concurrentiegericht was geworden. Maar tegenwoordig zijn we geneigd te denken dat extraverter worden er niet alleen voor zorgt dat je succesvoller wordt, maar ook een beter mens van je maakt. We zien koopmanschap ook als een manier om je talenten met de wereld om je heen te delen.

Daarom wordt Tony's gedrevenheid om zichzelf te verkopen en te worden bewonderd door duizenden mensen tegelijk niet als narcisme of commerciële doortraptheid gezien, maar als eersteklas leiderschap. Als Abraham Lincoln de belichaming van de deugdzaamheid in de tijd van de karaktercultuur was, dan is Tony Robbins zijn evenknie in die van de persoonlijkheidscultuur. Wanneer Tony zegt dat hij wel eens heeft overwogen om zich kandidaat te stellen voor het Amerikaanse presidentschap, juicht het publiek dan ook luid.

Maar is het altijd logisch om leiderschap gelijk te stellen met extreme extraversie? Om dat uit te zoeken, bezocht ik de faculteit Bedrijfskunde op Harvard, een instituut dat zich laat voorstaan op zijn vermogen om de meest vooraanstaande zakelijke en politieke leiders van onze tijd te selecteren en op te leiden.

De Harvard Business School en daar voorbij

Het eerste wat me opvalt aan de campus van de Harvard Business School is hoe mensen er lopen. Niemand kuiert, wandelt of dwaalt. Ze lopen met ferme pas, in volle vaart vooruit. In de week van mijn bezoek is het kraakhelder herfstweer en de lichamen van de studenten lijken te trillen van de najaarselektriciteit terwijl ze over de campus marcheren. Wanneer ze elkaars pad kruisen, knikken ze niet gewoon: ze begroeten elkaar levendig en vragen elkaar hoe hun zomerstage bij J.P. Morgan of hun tocht door de Himalaya is geweest.

Ze gedragen zich precies hetzelfde in de sociale broeikas die Spangler Center heet, de zeer luxueus aangeklede studentensociëteit. Spangler heeft zeeschuimgroene zijden gordijnen van de vloer tot aan het plafond, chique leren banken, enorme HD-tv's van Samsung die geluidloos universiteitsnieuws tonen en torenhoge plafonds die zijn opgesierd met kandelaars met een hoog wattage. De tafels en banken staan voornamelijk langs de buitenrand van de zaal en creëren daarmee een hel verlichte catwalk in het midden, waarover de studenten vlot paraderen, schijnbaar onbewust van het feit dat alle ogen op hen gericht zijn. Ik bewonder hun nonchalance.

De studenten zijn zo mogelijk nog fraaier dan hun omgeving. Niemand heeft meer dan twee kilo overgewicht, een slechte huid of de verkeerde modeaccessoires. De vrouwen zien eruit als een kruising tussen een cheerleader en 'grootste belofte voor de toekomst'. Ze dragen designerjeans, ragfijne blouses en peeptoepumps waarmee ze een aangenaam klikklakgeluid maken op het gepolitoerde parket van Spangler. Sommigen van hen paraderen alsof ze een mannequin zijn, alleen ogen ze eerder sociaal en stralend dan afstandelijk en onverstoorbaar. De mannen zijn gladgeschoren en sportief. Ze ogen als mensen die verwachten dat zij gaan leidinggeven, maar op een vriendelijke, scoutingachtige manier. Het gevoel bekruipt me dat als je een van hen de weg zou vragen, hij of zij je met een zelfverzekerde glimlach zou begroeten en zich volledig zou storten op de opgave om jou naar je bestemming te brengen, ongeacht of hij of zij de weg wist.

Ik ga zitten bij een groepje studenten dat druk in de weer is met de voorbereidingen voor een autotochtje: HBS-studenten zijn voordurend kroegentochten en feestjes aan het organiseren of aan het vertellen over een extreme, geheel verzorgde vakantie waarvan ze onlangs zijn teruggekomen. Wanneer ze vragen wat mij naar de campus voert, vertel ik dat ik mensen interview voor een boek over introversie en extraversie. Ik vertel er niet bij dat een vriend van me, die zelf op de HBS heeft gestudeerd, dit instituut ooit heeft beschreven als de 'spirituele hoofdstad van de extraversie'. Maar dat hoef ik hun helemaal niet uit te leggen.

'Nou, veel succes met het vinden van introverte mensen hier,' zegt een van hen.

'Deze opleiding berust volledig op extraversie,' vult een ander aan. 'Je cijfers en sociale status hangen ervan af. Dat is hier gewoon de norm. Iedereen om je heen trekt zijn mond open, doet gezellig mee en gaat stappen.'

'Is er niemand die wat rustiger is?' vraag ik.

Ze kijken me verwonderd aan.

'Dat zou ik u niet kunnen zeggen,' zegt de eerste student uit de hoogte.

* * *

De Harvard Business School is bepaald geen doorsnee opleiding. Deze faculteit Bedrijfskunde werd opgericht in 1908, het jaar waarin Dale Carnegie als handelsreiziger op pad ging en slechts drie jaar voordat hij zijn eerste cursus 'spreken in het openbaar' gaf, en vindt van zichzelf dat ze 'leiders opleidt die iets betekenen voor de wereld'. President George W. Bush is er afgestudeerd, evenals een indrukwekkende reeks presidenten van de Wereldbank, Amerikaanse ministers van Financiën, burgemeesters van New York, directeuren van bedrijven als General Electric, Goldman Sachs, Procter and Gamble en de beruchte Jeffrey Skilling, de boosdoener van het Enron-schandaal. Tussen 2004 en 2006 was 20 procent van de hoogste drie managers bij bedrijven uit de *Fortune* 500-lijst een alumnus van de HBS.

HBS-alumni hebben je leven waarschijnlijk op meer manieren beïnvloed dan je weet. Ze hebben bepaald wie er ten oorlog moest trekken en wanneer; ze hebben beslist over het lot van de autofabrieken in Detroit; en ze spelen een hoofdrol in vrijwel elke crisis die de beurs, de gewone man en de politiek treft. Als je in het Amerikaanse bedrijfsleven werkt, is er een goede kans dat oudstudenten van de Harvard Business School ook je dagelijkse leven hebben vormgegeven, door te bepalen hoeveel privacy je nodig hebt op je werkplek, hoeveel teambuildingsessies je per jaar moet bijwonen, en of creativiteit het best bereikt wordt via brainstormen of zelfstandig werk. Gezien de reikwijdte van hun invloed is het de moeite waard om een blik te werpen op de mensen die zich voor deze opleiding inschrijven en te kijken welke dingen ze belangrijk vinden wanneer ze afstuderen.

De student die me veel succes wenste met mijn zoektocht naar introverte mensen op de HBS dacht ongetwijfeld dat die er niet zijn. Blijkbaar kent hij de eerstejaars student Don Chen niet. Ik maak kennis met Don in Spangler, waar hij op een paar banken afstand van de reisplannenmakers zit. Hij komt op mij over als een gemiddelde HBS-student, lang en met hoffelijke omgangsvormen, hoge jukbeenderen, een aantrekkelijke glimlach en een modieus stekelig, surferachtig kapsel. Hij zou na zijn afstuderen graag gaan werken in de particuliere beleggingssector. Maar als je even met Don spreekt, merk je al gauw dat zijn stem zachter klinkt dan die van zijn jaargenoten, dat hij zijn hoofd een klein beetje schuin houdt en dat hij tamelijk aftastend grijnst. Don is 'een verbitterd introvert mens', zoals hij dat opgewekt noemt. Verbitterd, omdat hij er tijdens zijn verblijf op de HBS steeds meer van overtuigd is geraakt dat hij maar beter zijn leven kan omgooien.

Don vindt het prettig om veel tijd in zijn eentje door te brengen, maar dat kan eigenlijk niet op de HBS. Zijn dag begint 's ochtends vroeg met een anderhalf uur durende bijeenkomst van zijn 'leerteam', een studiegroep waaraan hij is toegewezen en waaraan deelname verplicht is (studenten op de HBS gaan bijna per groep naar de wc). De rest van de ochtend volgt hij college, met negentig studenten in een gelambriseerd, U-vormig amfitheater met stadionstoeltjes. Doorgaans laat de docent aan het begin van het college een student het gevalsonderzoek van de dag beschrijven, dat berust op een levensecht scenario, zoals een CEO die overweegt om de salarisstructuur van haar bedrijf te veranderen. De centrale figuur van het gevalsonderzoek, in dit geval de CEO, wordt de 'hoofdpersoon' genoemd. 'Als jij de hoofdpersoon was,' vraagt de docent, en dat ben je binnenkort, impliceert hij, 'wat zou jij dan doen?'

De essentie van deze studie bedrijfskunde is dat leidinggevenden zelfverzekerd moeten handelen en een beslissing moeten nemen, ook wanneer ze niet over alle informatie beschikken. De onderwijsmethode speelt met een eeuwenoude vraag: Als je niet over alle feiten beschikt – en die zul je vaak niet hebben – moet je dan wachten met handelen tot je zo veel mogelijk informatie hebt vergaard? Of loop je het risico om het vertrouwen van anderen te verliezen als je aarzelt en niet op je eigen kracht vertrouwt? Het antwoord is niet klip en klaar. Als je een stellige uitspraak doet op basis van slechte informatie, kun je je medewerkers in rampspoed meeslepen. Maar als je onzekerheid uitstraalt, is dat slecht voor het moreel, zullen beleggers niet investeren en kan je organisatie instorten.

De onderwijsmethode van de HBS kiest impliciet partij voor de stelligheid. De algemeen directeur weet misschien niet wat de beste aanpak is, maar ze moet hoe dan ook handelen. Van de HBS-studenten wordt op hun beurt verwacht dat ze hun mening hierover geven. In het ideale geval heeft de student die wordt verzocht om het voorbeeld onvoorbereid te bespreken dit reeds van tevoren besproken met zijn leerteam, en staat hij dus in de starthouding om een verhaal af te steken over de maatregelen die de hoofdpersoon het best kan treffen. Als hij is uitgesproken, moedigt de docent de andere studenten aan om hun mening ten beste te geven. De helft van hun eindcijfer, en een veel groter deel van hun sociale status, hangt af ervan af of ze zich in het strijdgewoel storten. Een student die vaak en krachtig spreekt, telt mee; wie dat niet doet, hangt erbij.

Veel studenten passen zich prima aan dit systeem aan. Maar Don niet. Hij vindt het moeilijk om zijn ellebogen te gebruiken tijdens de discussies in de collegezaal. Tijdens sommige colleges zegt hij nauwelijks iets. Hij wil eigenlijk alleen iets zeggen wanneer hij vindt dat hij iets van belang te melden heeft of het hartgrondig met iemand oneens is. Dat klinkt redelijk, maar Don heeft het idee dat hij het makkelijker zou moeten vinden om zijn zegje te doen, zodat hij zijn deel van de beschikbare zendtijd kan vullen.

Dons vrienden op de HBS, overwegend ernstige, bespiegelende types zoals hijzelf, spreken onderling vaak over het woord nemen tijdens colleges. Hoeveel participatie is te veel? Hoeveel is te weinig? Wanneer is er sprake van een gezond debat als je het openlijk oneens bent met een jaargenoot en wanneer maak je een streberige en negatieve indruk? Een van Dons vriendinnen maakt zich zorgen omdat haar docent in een groepsmail bekend heeft gemaakt dat iedereen die in het echte leven te maken heeft gehad met het voorbeeld van de dag, dat vooraf aan hem moet melden. Ze weet zeker dat die aankondiging van de docent een poging was om domme opmerkingen zoals zij die vorige week tijdens het college maakte te beperken. Een ander is bang dat hij zijn stem niet genoeg verheft. 'Ik spreek van nature gewoon zacht,' zegt hij, 'dus wanneer mijn stem volgens anderen normaal klinkt, heb ik het gevoel dat ik aan het schreeuwen ben. Daar moet ik aan werken.'

De opleiding spant zich ook in om stille studenten te veranderen in praters. De docenten zitten zelf ook in 'leerteams' waarin ze elkaar aanmoedigen met technieken om terughoudende studenten uit de tent te lokken. Wanneer studenten in de collegezaal hun mond niet opendoen, wordt dat niet alleen opgevat als een tekortkoming van henzelf, maar ook van hun docent. 'Als iemand aan het eind van het semester niet is gaan praten, hebben we een probleem,' zei professor Michel Anteby tegen me. 'Dat betekent dat ik mijn werk niet goed heb gedaan.'

Het instituut organiseert zelfs voorlichtingsbijeenkomsten en publiceert webpagina's over effectieve deelname aan colleges. Dons vrienden sommen in volle ernst op welke tips ze het best hebben onthouden.

'Spreek met overtuiging. Zelfs als je iets voor maar 35 procent gelooft, moet je het zeggen alsof je er voor 100 procent in gelooft.'

'Als je je in je eentje op een college voorbereidt, pak je het verkeerd aan. Niets op de HBS is bedoeld om in je eentje te doen.'

'Vraag je niet af wat het volmaakte antwoord is. Het is beter om iets te zeggen dan om niet gehoord te worden.'

De schoolkrant, *The Harbus*, verstrekt ook adviezen, in artikelen met titels als 'Goed denken en spreken – voor de vuist weg!', 'Ontwikkel je podiumuitstraling' en 'Arrogant of gewoon zelfverzekerd?'

Deze opdrachten strekken zich uit tot buiten de collegezaal. Na het college gaan de meeste studenten lunchen in de eetzaal van Spangler die, zoals een oud-student me vertelde, 'er meer uitziet als een middelbare school dan een echte middelbare school'. En elke dag worstelt Don met zichzelf. Moet hij teruggaan naar zijn flat om zich op te laden tijdens een rustige lunch, wat hij graag zou doen, of moet hij met zijn jaargenoten meegaan? Zelfs als hij zich dwingt om naar Spangler te gaan, is de sociale druk daarmee nog niet ten einde. In de loop van de dag doen zich nog veel meer van zulke dilemma's voor. Zal hij aan het eind van de middag naar het happy hour gaan? Op kroegentocht gaan en tot laat op de avond met veel rumoer stappen? Studenten op de HBS gaan meerdere keren per week in grote groepen uit, vertelt Don. Deelname is niet verplicht, maar voor mensen die niet op hun best zijn tijdens groepsactiviteiten voelt dat wel zo.

'Het sociale leven hier is een vorm van extreme sportbeoefening,' vertelde een van Dons vrienden aan me. 'Mensen gaan hier voortdurend uit. Als je een avondje niet meegaat, vragen ze de volgende dag: waar zat je nou? Ik ga 's avonds uit alsof het mijn baan is.' Het is Don opgevallen dat de mensen die gezelligheidsbijeenkomsten organiseren – happy hours, etentjes, drinkgelagen – aan de top van de sociale hiërarchie staan. 'De docenten zeggen dat onze jaargenoten de mensen zijn die op onze trouwerij zullen komen,' zegt Don. 'Als je de HBS verlaat zonder een groot sociaal netwerk te hebben opgebouwd, is het alsof je bent gezakt voor je HBS-ervaring.'

Wanneer Don 's avonds op zijn bed neerploft, is hij doodop. Soms vraagt hij zich af waarom hij eigenlijk zo zijn best moet doen om sociabel te worden. Don is Chinees-Amerikaans en heeft onlangs een vakantiebaantje in China gehad. Het viel hem op dat de omgangsvormen daar heel anders waren en dat hij zich er veel meer op zijn gemak voelde. In China lag er meer nadruk op luisteren en vragen stellen dan op zelf oreren, en op de behoeften van anderen voor laten gaan. In de Verenigde Staten draait het er volgens hem tijdens gesprekken om hoe goed je je ervaringen in een verhaal kunt verpakken, terwijl een Chinees bang zou zijn om met onbelangrijke informatie te veel beslag op andermans tijd te leggen.

'Die zomer zei ik tegen mezelf: nu weet ik waarom dit mijn volk is,' vertelde Don.

Maar dat was China en dit is Cambridge, Massachusetts. Als je de HBS beoordeelt met als maatstaf hoe goed ze studenten op de 'echte wereld' voorbereidt, lijkt deze het prima te doen. Per slot van rekening zal Don Chen toetreden tot een bedrijfscultuur waarin spreekvaardigheid en sociabiliteit je succes bepalen, volgens onderzoek van de Stanford Business School zelf. Het is een wereld waarin, zoals een afdelingsmanager van General Electrics me ooit vertelde, 'de mensen je niet eens willen spreken als je geen powerpointpresentatie en een "pitch" voor ze hebt. Zelfs als je gewoon een collega advies wilt geven, kun je niet zomaar bij iemand op zijn werkkamer gaan zitten en zeggen wat je denkt. Je moet een presentatie maken, met voors en tegens en kant-en-klare conclusies.'

Veel volwassenen die geen eigen baas zijn of kunnen thuiswerken, werken in een kantoorgebouw waar ze ervoor moeten zorgen dat ze op de gang hun collega's hartelijk en zelfverzekerd begroeten. 'Het zakenleven,' zo vermeldt een artikel uit 2006 uit het Wharton Program for Working Professionals, 'stikt van de werkomgevingen zoals het kantoor dat een bedrijfstrainer uit Atlanta omschreef: "Hier weet iedereen dat het belangrijk is om extravert te zijn en dat het lastig is als je introvert bent. Dus mensen doen hun uiterste best om op extraverte mensen te lijken, of ze dat nu prettig vinden of niet. Het is net zoiets als ervoor zorgen dat je dezelfde single malt whisky drinkt als de algemeen directeur en in de juiste fitnessclub traint."'

Zelfs bedrijven die veel kunstenaars, ontwerpers en andere fantasierijke types in dienst hebben, hebben vaak een voorkeur voor extraversie. 'We willen creatieve mensen aantrekken,' vertelde het hoofd personeelszaken van een groot mediabedrijf aan me. Toen ik informeerde wat ze met 'creatief' bedoelde, antwoordde ze zonder blikken of blozen: 'Je moet sociabel, leuk en swingend zijn om hier te werken.'

Hedendaagse, op zakenmensen gerichte advertenties laten de aloude advertenties van het scheerschuim van Williams ver achter zich. In een reeks tv-spotjes op de zakelijke zender CNBC zag je een kantoormedewerker die een leuke klus aan zijn neus voorbij zag gaan.

> CHEF TEGEN TED EN ALICE: Ted, ik stuur Alice naar het salescongres omdat ze sneller kan improviseren dan jij.
>
> (TED is met stomheid geslagen.)
>
> CHEF: Dus Alice, we sturen jou dinsdag...
>
> TED: Dat is niet waar!

In andere advertenties worden producten expliciet als 'extraversieverbeteraars' voorgesteld. In 2000 moedigde de spoorwegmaatschappij Amtrak toeristen aan met de leus: VERTREK UIT JE REMMINGEN. Nike werd onder meer zo'n bekend merk vanwege de campagne met de slogan *Just Do It*. En in 1999 en 2000 beloofde een reeks advertenties voor het antidepressivum Paxil dat het extreme verlegenheid, ook wel 'sociale angststoornis' genoemd, kon genezen met Assepoesterverhalen over persoonlijkheidsverandering. Een van die Paxil-advertenties toonde een directeur in een strak pak die iemand de hand schudde na het sluiten van een zakelijke overeenkomst. 'Ik kan het succes ruiken,' was het onderschrift. Een andere advertentie toonde wat er zonder het medicijn gebeurt: een zakenman zit in zijn eentje op zijn kamer, met zijn voorhoofd neerslachtig rustend op een samengebalde vuist. 'Ik had vaker mee moeten doen' stond eronder.

* * *

Toch zijn er zelfs op de Harvard Business School aanwijzingen dat er iets mis is met de stijl van leidinggeven die snelle en assertieve antwoorden hoger aanslaat dan stille, trage besluitvorming.

Elk najaar spelen de nieuwe studenten een zeer uitvoerig rollenspel, de Subarctic Survival Situation. 'Het is 5 oktober rond half drie 's middags,' krijgen de studenten te horen. 'Jullie zijn zojuist met een watervliegtuig neergestort op de oostelijke oever van het Laura-meer in een subpolair gebied op de noordelijke grens tussen Quebec en Newfoundland.' De studenten worden in groepjes ingedeeld en moeten zich voorstellen dat hun groep vijftien voorwerpen uit het vliegtuig heeft weten te redden: een kompas, een slaapzak, een bijl, enzovoorts. Daarna moeten ze die voorwerpen rangschikken op basis van hun belang voor de overlevingskansen van de groep. Eerst bepalen de studenten de volgorde individueel; daarna doen ze dat groepsgewijs. Vervolgens vergelijken ze deze volgordes met die van een deskundige om te zien hoe goed ze het gedaan hebben. Ten slotte bekijken ze video-opnamen van het groepsoverleg om te zien wat er goed of mis ging.

Het doel van deze oefening is om iets te leren over groepssynergie. Als er succesvolle synergie was, scoort het team als geheel hoger dan de afzonderlijke leden. De groep faalt wanneer een van zijn leden een hogere score heeft gehaald dan het team als geheel. En falen is precies wat er kan gebeuren wanneer studenten te veel waarde hechten aan assertiviteit.

Een van de jaargenoten van Don zat in een groep die het geluk had dat er een jongeman deel van uitmaakte die veel ervaring had in de noordelijke oerbossen. Hij had veel goede ideeën over de volgorde waarin de vijftien geredde voorwerpen geplaatst moesten worden. Maar zijn groep luisterde niet naar hem, omdat hij zijn opvattingen te rustig presenteerde.

'Ons actieplan draaide om wat de meest uitgesproken mensen voorstelden,' herinnert de jaargenoot zich. 'Toen de minder verbale mensen hun ideeën te berde brachten, werden die terzijde geschoven. De ideeën die gedachteloos werden weggewuifd, zouden onze redding hebben betekend en ons uit de problemen hebben gehaald, maar ze werden afgewezen vanwege het aplomb waarmee de meer uitgesproken types hun ideeën presenteerden. Na afloop lieten ze ons de video-opname zien. Het was echt tenenkrommend.'

De Subarctic Survival Situation klinkt misschien als een ongevaarlijk spel dat in de ivoren toren wordt gespeeld, maar als je terugdenkt aan vergaderingen die je hebt bijgewoond, weet jij waarschijnlijk ook nog wel een moment, of een heleboel momenten, waarop de mening van de meest dynamische of spraakzame persoon de doorslag gaf, tot ieders nadeel. Misschien stond er in dat geval niet heel veel op het spel, zoals toen de oudercommissie moest kiezen tussen maandag en dinsdag als vaste vergaderavond. Of misschien was het wél belangrijk: crisisoverleg van de topmannen van Enron, die zich afvroegen of ze hun dubieuze boekhoudpraktijken wel of niet openbaar zouden maken. (In hoofdstuk 7 vertel ik meer over Enron.) Of een rechtbankjury die overlegt over de vraag of ze een alleenstaande moeder wel of geen gevangenisstraf zal opleggen.

Ik besprak de Subarctic Survival Situation met HBS-docent Quinn Mills, een deskundige op het gebied van leidinggeven. Mills is een hoffelijke man die op de dag dat wij elkaar spraken een krijtstreeppak met een gele stippeldas droeg. Hij heeft een welluidende stem en weet die te gebruiken. De HBS-methode 'berust op het principe dat leiders hun stem moeten verheffen,' vertelde hij onomwonden, 'en volgens mij is dat een onderdeel van de werkelijkheid.'

Maar Mills wees ook op het veel voorkomende verschijnsel dat bekend staat als de 'vloek van de winnaar'. Dat betekent dat twee bedrijven die een derde bedrijf willen overnemen, tegen elkaar opbieden tot de prijs zo hoog is gestegen dat het geen zakelijke kwestie meer is, maar een strijd tussen grote ego's. De winnende koper gunt zijn tegenstander de hoofdprijs niet, dus koopt hij het begeerde bedrijf voor een opgeblazen prijs. 'Daarbij zijn het doorgaans de assertieve mensen die winnen,' zegt Mills. 'Dat zie je voortdurend. Achteraf vragen ze zich af: hoe heeft dat kunnen gebeuren, waarom hebben we daar zoveel voor betaald? Meestal zeggen ze dan dat ze zich door de situatie lieten meeslepen, maar dat klopt niet. Vaak laten ze zich op sleeptouw nemen door mensen die assertief en dominant zijn. Het gevaar met onze studenten is dat ze erg goed zijn in hun zin doordrijven. Maar dat betekent nog niet dat ze de juiste kant op gaan.'

Als je ervan uitgaat dat stille en luidruchtige mensen ongeveer evenveel goede (en slechte) ideeën hebben, is het een verontrustend idee dat de verbaal assertievere en meer krachtdadige mensen altijd winnen. Dat zou namelijk betekenen dat akelig veel slechte ideeën doorgang vinden, terwijl de goede worden vertrapt. Toch blijkt uit onderzoek naar groepsdynamiek dat dat precies is wat er gebeurt. Praters komen intelligenter over dan stille types, ook al blijkt uit hun cijfers voor universitaire toelatingexamens en de uitslag van IQ-tests dat die perceptie onjuist is. In een experiment waarin twee onbekenden via de telefoon met elkaar kennismaakten, werden mensen die spraakzamer waren als intelligenter, aantrekkelijker en aardiger beoordeeld. We zien praters ook als leiders. Hoe meer iemand praat, hoe meer andere groepsleden hun aandacht op hem richten, waardoor hij meer macht krijgt naarmate de vergadering langer voortduurt. Het helpt ook als je snel spreekt: mensen vinden snelle praters capabeler en aansprekender dan trage praters.

Dat zou allemaal niet zo erg zijn als er een verband bestond tussen meer praten en meer inzicht hebben, maar volgens wetenschappelijk onderzoek is dat verband er niet. In een van die onderzoeken werd aan groepjes studenten gevraagd om samen wiskundesommen te maken en vervolgens elkaars intelligentie en oordeelkunde een cijfer te geven. De studenten die als eerste en het vaakst het woord voerden, kregen consequent de hoogste beoordelingen, ook al waren hun suggesties (en hun cijfers voor het wiskundeonderdeel van hun universitaire toelatingsexamen) niet beter dan die van de minder spraakzame studenten. Diezelfde studenten kregen ook hoge cijfers voor hun creativiteit en analytische vermogens tijdens een afzonderlijke oefening over het ontwikkelen van een businessplan voor een nieuw bedrijf.

Tijdens een bekend onderzoek dat hoogleraar Organisatiegedrag Philip Tetlock deed op UC Berkeley bleek dat tv-deskundigen – de mensen die hun geld verdienen door zelfverzekerd te orakelen op basis van beperkte informatie – slechtere voorspellingen doen over politieke en economische ontwikkelingen dan zuivere willekeur. En de allerslechtste voorspellers zijn doorgaans de beroemdste en meest zelfverzekerde: uitgerekend de mensen die in een collegezaal van de HBS als geboren leiders worden beschouwd.

Het Amerikaanse leger heeft een naam voor een vergelijkbaar fenomeen: 'de bus naar Abilene'. 'Elke legerofficier kan je zeggen wat dat betekent,' vertelde kolonel b.d. Stephen J. Gerras, hoogleraar gedragswetenschappen op het U.S. Army War College, in 2008 aan *Yale Alumni Magazine*. 'Het gaat over een gezin dat op een warme zomerdag in Texas op de veranda zit. Iemand zegt: "Ik verveel me. Laten we naar Abilene gaan." Wanneer ze in Abilene aankomen, zegt een van hen: "Weet je, ik had eigenlijk helemaal niet zo'n zin om te gaan." En een ander zegt: "Ik hoefde ook niet zo nodig. Ik dacht dat jij dat wilde," enzovoorts. Wanneer je in een groep militairen zit en iemand roept "Volgens mij stappen we nu allemaal op de bus naar Abilene", dan is dat een waarschuwingssignaal. Je kunt er een discussie mee stopzetten. Het is een heel krachtig onderdeel van onze cultuur.'

De anekdote over de bus naar Abilene toont onze neiging om mensen te volgen die een handeling in gang zetten, wat die handeling ook is. Op eenzelfde wijze zijn we geneigd om macht toe te kennen aan dynamische sprekers. Een zeer succesvolle durfkapitalist die regelmatig 'pitches' van jonge ondernemers krijgt, vertelde me hoe frustrerend hij het vindt dat zijn collega's geen onderscheid kunnen maken tussen goede presentatievaardigheden en echt leiderschapsvermogen. 'Ik vind het zorgwekkend dat er mensen in verantwoordelijke functies worden aangesteld omdat ze goed van de tongriem zijn gesneden, terwijl ze geen goede ideeen hebben,' zei hij. 'Het is zo makkelijk om het vermogen om te smoezen te verwarren met talent. Iemand komt over als een goede presentator en is prettig in de omgang, en die eigenschappen worden beloond. Hoe komt dat? Het zijn waardevolle eigenschappen, maar we hechten te veel waarde aan presentatie en te weinig aan inhoud en kritisch denken.'

In zijn boek *Iconoclast* onderzoekt neuro-econoom Gregory Berns wat er gebeurt wanneer bedrijven te veel afgaan op de presentatie bij het schiften van goede en slechte ideeën. Hij beschrijft een softwarebedrijf, Rite-Solutions, dat zijn werknemers met veel succes heeft verzocht om ideeën met anderen te delen via een online 'ideeënmarkt', een manier om je meer op de inhoud dan op de presentatie te richten. Joe Marino, de bestuursvoorzitter van Rite-Solutions, en Jim Lavoie, de CEO van het bedrijf, bedachten dit systeem in reactie op problemen die ze elders hadden ondervonden. 'Als je in mijn vorige bedrijf,' zo vertelde Lavoie aan Berns, 'een geweldig idee had, zeiden we tegen je: "Oké, we maken een afspraak voor je om de 'moordcommissie' toe te spreken", een groep die was belast met het keuren van nieuwe ideeën.' Marino beschreef wat er vervolgens gebeurde:

> Een of andere techneut komt binnenlopen met een goed idee. Uiteraard worden er vragen aan hem gesteld waar hij geen antwoord op heeft, zoals: 'Hoe groot is de afzetmarkt? Hoe wil je dat product in de markt zetten? Wat is je businessplan daarvoor? Wat moet het product gaan kosten?' Het is gênant. De meeste mensen hebben geen antwoord op dat soort vragen. De mensen die deze ballotage overleefden, waren niet de mensen met de beste ideeën. Het waren de beste presentatoren.

Ondanks het mondig leiderschapsmodel van de Harvard Business School blijken er onder de succesvolle CEO's veel introverte mensen te zitten als Charles Schwab, Bill Gates, Brenda Barnes, de CEO van Sara Lee, en James Copeland, de voormalige CEO van Deloitte Touche Tohmatsu. 'Van de zeer effectieve leiders die ik heb ontmoet en met wie ik in de loop van een halve eeuw heb samengewerkt,' schreef managementgoeroe Peter Drucker, 'sloten sommigen zich op in hun werkkamer, terwijl anderen extreem sociabel waren. Sommigen van hen waren vlug en impulsief, terwijl anderen problemen uitvoerig bestudeerden en een eeuwigheid nodig hadden om tot een besluit te komen. [...] Werkelijk het enige persoonlijkheidskenmerk dat de successen die ik heb ontmoet met elkaar gemeen hadden, was iets wat ze níét hadden: ze hadden weinig of geen "charisma" en weinig interesse voor dat begrip of waar het voor staat.' Deze stelling van Drucker wordt ondersteund door de conclusies van een recent onderzoek van hoogleraar bestuurskunde Bradley Agle. Van de CEO's van 128 grote bedrijven bleken degenen die door hun topbestuurders als charismatisch werden beoordeeld een hoger salaris te hebben, maar ze behaalden geen betere bedrijfsresultaten.

Mensen overschatten vaak hoe extravert leiders moeten zijn. 'Het meeste bedrijfsmatig leidinggeven gebeurt tijdens kleinschalige vergaderingen en op afstand, via schriftelijke en videocommunicatie,' vertelde professor Mills mij. 'Het gebeurt niet ten overstaan van grote groepen. Je moet dat wel af en toe kunnen; je kunt als bedrijfsleider niet een kamer vol analisten binnenkomen, vervolgens lijkbleek wegtrekken en dan weglopen. Maar je hoeft dat niet heel vaak te doen. Ik heb een heleboel topmannen uit het bedrijfsleven gekend die zeer introspectief zijn en die zich er echt toe moesten zetten om die openbare dingen te doen.'

Mills wijst op Lou Gerstner, de legendarische directeur van IBM. 'Die heeft hier gestudeerd,' zegt hij. 'Ik weet niet hoe hij zichzelf zou omschrijven. Hij moet belangrijke toespraken houden, en dat doet hij, en dan maakt hij een rustige indruk. Maar ik heb het gevoel dat hij zich in kleiner gezelschap veel beter op zijn gemak voelt. Dat geldt eigenlijk voor veel van die mannen. Niet voor iedereen. Maar wel voor ontzettend veel van hen.'

Volgens een beroemd onderzoek van de invloedrijke bestuurskundige Jim Collins werden veel topbedrijven aan het eind van de twintigste eeuw zelfs geleid door wat hij 'leiders op niveau 5' noemt. Deze uitzonderlijke CEO's stonden niet bekend om hun flair of charisma, maar om hun enorme bescheidenheid in combinatie met een intense beroepsmatige wilskracht. In zijn invloedrijke boek *Good to Great* vertelt Collins over Darwin Smith, die in de twintig jaar dat hij de leiding voerde over Kimberly-Clark dit bedrijf tot de grootste papierproducent ter wereld uitbouwde en vier keer zoveel dividend genereerde als het marktgemiddelde.

Smith was een verlegen en vriendelijke man, die pakken van J.C. Penney droeg, een nerd-achtige bril met een zwart montuur op had en tijdens zijn vakanties in zijn eentje wat rommelde op zijn boerderij in Wisconsin. Toen een journalist van de *Wall Street Journal* hem vroeg om zijn manier van leidinggeven te typeren, staarde Smith hem een tijdje ongemakkelijk aan en gaf één enkel woord ten antwoord: 'Excentriek.' Maar achter dat vriendelijke gedrag ging een felle vastberadenheid schuil. Kort na zijn aanstelling als CEO nam Smith het radicale besluit om de fabrieken waar het belangrijkste product van het bedrijf, gecoat papier, werd geproduceerd te verkopen en in plaats daarvan te investeren in de fabrieken die papierproducten voor de consumentenmarkt maakten, waarvan hij geloofde dat die economisch gezonder waren en betere toekomstperspectieven boden. Dat werd alom als een enorme vergissing gezien en de waarde van aandelen Kimberly-Clark op Wall Street daalde. Maar Smith, die lak had aan wat de meute vond, deed wat hij juist achtte. Daardoor werd het bedrijf sterker en liet het al gauw de concurrentie achter zich. Toen hem later werd gevraagd wat zijn strategie was, antwoordde Smith dat hij nooit was opgehouden met zijn streven om geschikt te worden voor het uitoefenen van zijn functie.

Collins was oorspronkelijk niet van plan om iets te bewijzen over stil leiderschap. Toen hij aan zijn onderzoek begon, wilde hij gewoon weten welke kenmerken ervoor zorgen dat een bedrijf de concurrentie achter zich laat. Hij koos elf excellente bedrijven die hij grondig wilde doorlichten. Aanvankelijk negeerde hij de kwestie van het leiderschap volkomen, omdat hij simplistische antwoorden wilde vermijden. Maar toen hij analyseerde wat de bedrijven met de beste resultaten met elkaar gemeen hadden, viel het type CEO dat er werkte wel heel erg op. Werkelijk elk bedrijf werd geleid door iemand met weinig kapsones, zoals Darwin Smith. De mensen die met deze leiders samenwerkten, omschreven hen met de volgende woorden: rustig, nederig, bescheiden, gereserveerd, verlegen, hoffelijk, vriendelijk, zichzelf wegcijferend, onnadrukkelijk.

De les, zegt Collins, is duidelijk. We hebben geen enorme persoonlijkheden nodig om bedrijven om te vormen. We hebben leiders nodig die niet aan hun eigen ego bouwen, maar aan de organisatie die ze besturen.

* * *

Wat doen introverte leiders dan anders, en soms beter, dan extraverte leiders?

Eén antwoord op die vraag wordt geboden door Adam Grant, een hoogleraar bedrijfskunde aan Wharton University die veel tijd heeft gestoken in het coachen en adviseren van directeuren van bedrijven uit de *Fortune* 500-lijst, van Google tot de Amerikaanse Landmacht en Marine. Toen wij elkaar de eerste keer spraken, doceerde Grant aan de Ross School of Business aan de University of Michigan, waar hij ervan overtuigd zou raken dat het bestaande onderzoek, dat een correlatie tussen extraversie en leiderschap liet zien, niet het hele verhaal vertelde.

Grant vertelde me over een commandant van een Amerikaanse luchtgevechtseenheid die maar één rang lager dan generaal was, het bevel voerde over duizenden mensen en verantwoordelijkheid droeg voor een zwaar beveiligde raketbasis. Hij was een van de meest klassiek introverte mensen en een van de beste leiders die Grant ooit had ontmoet. Deze man kon zich niet concentreren als hij met te veel mensen tegelijk van doen had, en daarom nam hij de tijd om na te denken en te recupereren. Hij sprak rustig, zonder veel variatie in zijn intonatie en gelaatsuitdrukking. Hij was meer geïnteresseerd in luisteren en informatie verzamelen dan in het opleggen van zijn eigen mening of het hoogste woord voeren tijdens besprekingen.

Hij werd ook alom bewonderd. Wanneer hij sprak, luisterde iedereen. Dat was op zichzelf niet opmerkelijk: als je aan de top van de militaire pikorde staat, worden mensen geacht naar je te luisteren. Maar bij deze commandant respecteerde men volgens Grant niet alleen zijn formele gezag, maar ook zijn manier van leidinggeven: door initiatieven van zijn werknemers te steunen. Hij liet ondergeschikten meedenken over belangrijke beslissingen, en gaf uitvoering aan de ideeën die logisch waren, terwijl hij duidelijk maakte dat hij de eindverantwoordelijkheid behield. Hij maakte zich niet druk over het krijgen van waardering of zelfs maar de leiding hebben; hij kende werkzaamheden gewoon toe aan de persoon die er het meest geschikt voor was. Daardoor delegeerde hij sommige van zijn interessantste, zinvolste en belangwekkendste werkzaamheden: werk dat andere leiders voor zichzelf gehouden zouden hebben.

Waarom zag je in het onderzoek de talenten van mensen zoals deze commandant niet terug? Grant dacht te weten wat het probleem was. Om te beginnen merkte hij, toen hij de bestaande onderzoeken over persoonlijkheid en leiderschap nader bekeek, dat er geen sterke correlatie is tussen extraversie en leiderschap. Ten tweede berustten deze onderzoeken vaak op de perceptie van mensen over wie een goed leider was, en niet op feitelijke resultaten. En persoonlijke meningen zijn vaak weinig meer dan een weerspiegeling van culturele vooroordelen.

Maar het intrigerendste vond Grant dat het bestaande onderzoek geen onderscheid maakte tussen de verschillende problemen waar een leider mee te maken kan krijgen. Het was denkbaar dat bepaalde organisaties of omgevingen meer geschikt zijn voor introverte vormen van leidinggeven, redeneerde hij, en andere voor een extraverte benadering. De onderzoeken maakten dit onderscheid echter niet.

Grant had een theorie over de situaties waarin introvert leiderschap nodig is. Die hypothese luidde dat extraverte leiders de groepsprestatie verbeteren wanneer werknemers passief zijn, maar dat introverte leiders effectiever zijn als werknemers initiatiefrijk zijn. Om dat idee op de proef te stellen, voerde hij samen met zijn collega's, Francesca Gino van de Harvard Business School en David Hofman van de UNC Kenan-Flagler Business School, zelf een tweetal onderzoeken uit.

In het eerste onderzoek analyseerden Grant en zijn collega's data van een van de grootste vijf pizzaketens in de Verenigde Staten. Ze merkten dat de weekomzet van filialen met een extraverte bedrijfsleider 16 procent hoger was dan de omzet van filialen met een introverte bedrijfsleider, mits de werknemers passieve types waren die doorgaans hun werk deden zonder zelf initiatief te tonen. Voor introverte leiders gold precies het omgekeerde. Als zij werknemers hadden die actief probeerden het werkproces te verbeteren, was de opbrengst van hun filiaal ruim 14 procent hoger dan die van filialen die door extraverte mensen werden gerund.

In het tweede onderzoek verdeelde het team van Grant 163 studenten over teams voor een wedstrijd waarbij in tien minuten zo veel mogelijk T-shirts moesten worden opgevouwen. Zonder dat de deelnemers het wisten, zaten er in elk team twee acteurs. In sommige teams stelden de twee acteurs zich passief op en volgden ze de aanwijzingen van de leider. In andere teams zei een van de acteurs: 'Volgens mij moet dat efficiënter kunnen.' De andere acteur antwoordde dan dat hij een Japanse kennis had die een snellere manier wist om T-shirts op te vouwen. 'Het duurt misschien een minuut of twee om jullie dat te leren,' zei de acteur tegen de leider, 'maar zullen we dat proberen?'

De uitkomst was opmerkelijk. De introverte leiders gingen gemiddeld 20 procent vaker in op het voorstel en het resultaat van hun teams was gemiddeld 24 procent hoger dan dat van de teams met extraverte leiders. Wanneer de volgers echter geen initiatief toonden, en alleen deden wat de leider opdroeg, zonder hun eigen opvouwmethode aan te dragen, presteerden de teams met een extraverte leider 22 procent beter dan teams met een introverte leider.

Maar waarom draaide het succes van deze leiders om de vraag of hun ondergeschikten passief of initiatiefrijk waren? Volgens Grant is het logisch dat introverte mensen erg goed zijn in leiding geven aan initiatiefrijke mensen. Omdat ze geneigd zijn naar anderen te luisteren en minder behoefte hebben om in gezelschap te overheersen, is er een grotere kans dat introverte mensen suggesties opmerken en overnemen. Nadat ze hun voordeel hebben gedaan met het talent van hun ondergeschikten, zullen ze hen waarschijnlijk motiveren om nog meer initiatief te tonen. Met andere woorden: introverte leiders creëren een positieve cyclus van een rijkdom aan initiatieven. Deelnemers aan het T-shirts-opvouwonderzoek vertelden dat de introverte leiders meer openstonden voor hun voorstellen, wat hen motiveerde om meer inzet te tonen en meer T-shirts te vouwen.

Extraverte mensen daarentegen zijn er soms zo op gebrand om hun stempel op een gebeurtenis te drukken dat goede ideeën van anderen dreigen te sneuvelen en werkers tot passiviteit vervallen. 'Vaak zijn de leiders uitvoerig aan het woord,' zegt Francesca Gino, 'en luisteren ze helemaal niet naar de ideeën die volgers proberen aan te dragen.' Maar met hun aangeboren vermogen om anderen te inspireren, zijn extraverte leiders beter in het genereren van resultaat uit hun passievere werknemers.

Dit soort onderzoek staat nog in de kinderschoenen. Maar onder aanvoering van Grant – zelf een zeer initiatiefrijk type – zal het misschien snel groeien. (Een van zijn collega's omschreef Grant als iemand die 'ervoor kan zorgen dat dingen 28 minuten voordat ze gepland staan, plaatsvinden.') Grant is vooral enthousiast over de implicaties van deze bevindingen, omdat initiatiefrijke werknemers die gebruikmaken van de kansen die de snel veranderende 24-uurseconomie biedt, zonder te wachten op een leider die hun zegt wat ze moeten doen, steeds belangrijker zijn voor het succes van organisaties. Inzicht in methoden om de bijdragen van deze werknemers optimaal te benutten, is een belangrijk hulpmiddel voor alle leidinggevenden. Het is ook belangrijk dat bedrijven zowel luisteraars als praters klaarstomen voor leidinggevende functies.

De populaire media, zegt Grant, zitten vol aanwijzingen dat introverte leiders zich oefenen in spreken in het openbaar en vaker glimlachen. Maar het onderzoek van Grant geeft aan dat in minstens één belangrijk opzicht – werknemers aanmoedigen om initiatief te tonen – introverte leiders er goed aan zouden doen om door te gaan met wat hun vanzelf goed afgaat. Extraverte leiders daarentegen 'zouden misschien een meer terughoudende, rustige stijl kunnen hanteren,' schrijft Grant. Misschien moeten ze leren om te gaan zitten, zodat anderen kunnen staan.

En dat is precies wat een zekere Rosa Parks deed.

* * *

Jaren voor die dag in december 1955 dat Rosa Parks weigerde om haar zitplaats in een bus in Montgomery af te staan, was ze achter de schermen actief in de National Association for the Advancement of Colored People, en werd ze zelfs getraind in geweldloos verzet. Er waren veel dingen die haar politieke engagement hadden geïnspireerd. De ervaring in haar kindertijd dat de Ku Klux Klan langs haar huis marcheerde. De ervaring dat haar broer, die als soldaat in het Amerikaanse leger het leven van blanke militairen had gered, na zijn terugkeer uit de Tweede Wereldoorlog werd bespuugd. Het feit dat een zwarte besteljongen van achttien ten onrechte voor verkrachting werd veroordeeld en op de elektrische stoel belandde. Parks beheerde het archief van de NAACP, hield de ledencontributie bij en las voor aan jonge kinderen in haar wijk. Ze was secuur en fatsoenlijk, maar niemand zag haar als een leidersfiguur. Parks, zo leek het, was eerder een infanterist.

Weinig mensen weten dat ze twaalf jaar voor haar aanvaring met de buschauffeur uit Montgomery deze man al eens had ontmoet, misschien wel in dezelfde bus. Op een novembermiddag in 1943 was Parks ingestapt via het voorste busportier omdat het achterin te vol was. De chauffeur, een bekende racist die James Blake heette, zei haar dat ze het achterportier moest nemen en begon haar de bus uit te duwen. Parks vroeg hem om haar niet aan te raken. Ze zou zelf wel uitstappen, zei ze kalm. 'Van mijn bus af,' sputterde Blake ten antwoord.

Parks stapte uit, maar liet onderweg naar de uitgang opzettelijk haar handtas vallen en ging zitten op een 'blanke' zitplaats terwijl ze die opraapte. 'Ze beging intuïtief een daad van passief verzet, een grondregel die zijn naam kreeg van Leo Tolstoj en werd overgenomen door Mahatma Gandhi,' schrijft historicus Douglas Brinkley in zijn prachtige biografie van Parks. Het zou ruim tien jaar duren voordat King het idee van geweldloosheid algemene bekendheid zou geven in Amerika en lang voordat Parks zelf onderricht kreeg in burgerlijke ongehoorzaamheid, maar, zo schrijft Brinkley, 'die principes waren geknipt voor haar eigen persoonlijkheid'.

Parks walgde zo van Blake dat ze de volgende twaalf jaar weigerde om in zijn bus mee te rijden. Op de dag dat ze dat uiteindelijk toch deed, de dag dat ze de 'moeder van de burgerrechtenbeweging' werd, stapte ze volgens Brinkley uit pure verstrooidheid weer op die bus.

Wat Parks die dag deed, was dapper en uitzonderlijk, maar haar stille kracht schitterde pas echt tijdens de juridische nasleep ervan. De plaatselijke leiders van de burgerrechtenbeweging kozen haar als testcase om de gemeentelijke buswetten aan de kaak te stellen, en zetten haar onder druk om een rechtszaak aan te spannen. Dat was geen makkelijke beslissing. Parks had een zieke moeder die van haar afhankelijk was. Als ze een rechtszaak aanspande, zouden zij en haar man hun baan kwijtraken. Ze zou een heel reëel gevaar lopen om te worden gelyncht, opgeknoopt aan 'de hoogste telefoonpaal van de stad,' zoals haar man en moeder dat zeiden. 'Rosa, de blanken zullen je doodmaken,' smeekte haar echtgenoot. 'Het was één ding om gearresteerd te worden wegens een geïsoleerd voorval in de bus,' schrijft Brinkley, 'maar het was heel iets anders, zoals historicus Taylor Branch zou stellen, om "uit vrije wil opnieuw die verboden zone te betreden".'

Maar met haar temperament was Parks de ideale eiser. Niet alleen omdat ze een gelovig christen was, niet alleen omdat ze een fatsoenlijk burger was, maar ook omdat ze vriendelijk was. 'Dit keer hebben ze de verkeerde te grazen genomen!' verklaarden de boycotters, terwijl ze kilometers lang naar hun werk of naar school sjokten. Die uitdrukking werd een echte leus. Het mooie ervan was dat zij zo paradoxaal was. Doorgaans wordt er met deze uitdrukking bedoeld dat je de plaatselijke zware jongen, een of andere grote pestkop, tegen de haren hebt gestreken. Maar juist de kalme kracht van Parks maakte haar onaantastbaar. 'De leus herinnert ons eraan dat de vrouw die de boycot inspireerde het soort zachtmoedige martelaar was dat God niet in de steek zou laten,' schrijft Brinkley.

Parks deed er wel even over om tot een beslissing te komen, maar besloot uiteindelijk toch een rechtszaak aan te spannen. Ze was ook aanwezig tijdens de bijeenkomst op de avond na haar proces, de avond waarop de jonge Martin Luther King, het hoofd van de gloednieuwe Montgomery Improvement Association, alle leden van de zwarte gemeenschap in Montgomery opriep om de busmaatschappij te boycotten. 'Omdat dit een keer moest gebeuren,' zei King tegen de menigte, 'ben ik blij dat het iemand als Rosa Parks is overkomen, want niemand kan twijfelen aan de grenzeloze uitgestrektheid van haar integriteit. Niemand kan twijfelen aan haar morele onkreukbaarheid. Mrs. Parks is bescheiden, en toch heeft ze integriteit en karakter.'

Later dat jaar stemde Parks erin toe om met King en andere leiders van de burgerrechtenbeweging op tournee te gaan om fondsen te werven. Onderweg werd ze geplaagd door slapeloosheid, maagzweren en heimwee. Ze ontmoette haar idool, Eleanor Roosevelt, die over hun ontmoeting in een krantencolumn schreef: 'Ze is een heel stil, zachtaardig iemand en het is moeilijk voorstelbaar dat ze ooit zo'n stellig en onafhankelijk standpunt heeft ingenomen.' Toen de boycot een jaar later eindelijk voorbij was en de rassenscheiding in de bus werd opgeheven door een uitspraak van het hooggerechtshof, had de pers geen oog voor Parks. Op de voorpagina van *The New York Times* werd in twee artikelen de lof op King gezongen, maar haar naam vermeldden ze niet. Andere kranten toonden foto's van leiders van de boycot op de voorste zitplaatsen in de bus, maar Parks werd niet gevraagd om te poseren. Dat vond ze niet erg. Op de dag dat de rassenscheiding in de bus werd opgeheven, bleef ze liever thuis om voor haar moeder te zorgen.

* * *

Het verhaal van Parks brengt in herinnering dat er in de loop van de geschiedenis meer leiders zijn geweest die het voetlicht schuwden. Zo was Mozes volgens sommige interpretaties van het Bijbelverhaal niet het luidruchtige, spraakzame type dat autotochtjes organiseert en een heel verhaal afsteekt in een collegezaal van de Harvard Business School. Integendeel: naar moderne maatstaven gemeten, was hij afschuwelijk timide. Hij stotterde en beschouwde zichzelf als een slecht spreker. In het boek Numeri wordt hij omschreven als 'een zeer bescheiden man – niemand op de hele wereld was zo bescheiden als hij'.

Toen God voor het eerst aan hem verscheen, in de vorm van

een brandende braamstruik, werkte Mozes als herder voor zijn schoonvader. Hij had niet eens genoeg ambitie om zijn eigen schapen te hebben. En toen God aan Mozes zijn rol als bevrijder van de Joden openbaarde, greep Mozes die kans toen met beide handen aan? Stuur iemand anders om dat te doen, zei hij. 'Wie ben ik dat ik naar de farao zou gaan?' smeekte hij. 'Ik ben geen goed spreker. Ik kan nooit de juiste woorden vinden.'

Pas toen God hem koppelde aan zijn extraverte broer Aäron was Mozes bereid de opdracht te aanvaarden. Mozes zou de tekstschrijver zijn, zei God, de man achter de schermen, de Cyrano de Bergerac. Aäron zou het publieke gezicht van de onderneming worden. 'Hij zal jouw mond zijn,' zei God, 'jij zult zijn god zijn.'

Mozes, aangevuld door Aäron, voerde de Joden weg uit Egypte, hield hen vervolgens veertig jaar in leven in de woestijn en kwam met de Tien Geboden omlaag van de berg Sinaï. En dat deed hij allemaal met gebruikmaking van krachten die doorgaans met introversie worden geassocieerd: een berg beklimmen op zoek naar wijsheid en alles wat hij daar leerde nauwgezet op twee stenen tafelen noteren.

We hebben de neiging om de ware persoonlijkheid van Mozes weg te poetsen uit het Exodusverhaal. (In de klassieke film *The Ten Commandments* van Cecil B. DeMille wordt hij voorgesteld als een dynamische figuur die zelf het woord voert, zonder hulp van Aäron.) We vragen niet waarom God een stotteraar met angst voor spreken in het openbaar tot zijn profeet verkoos. Maar dat zouden we wel moeten doen. Het boek Exodus biedt weinig uitleg, maar de verhalen die het bevat, maken duidelijk dat introversie de yin was tegenover de yang van de extraversie; dat het medium niet altijd de boodschap is; en dat mensen Mozes volgden omdat zijn woorden weloverwogen waren, niet omdat hij ze zo goed voordroeg.

* * *

Zoals Parks via haar daden sprak, en zoals Mozes sprak via zijn broer Aäron, zo spreekt tegenwoordig een ander introvert leiderstype via internet.

In zijn boek *The Tipping Point* onderzocht Malcolm Gladwell de invloed van *connectors*: mensen die een 'bijzonder talent hebben voor het bijeenbrengen van de wereld' en 'een instinctieve en natuurlijke aanleg voor het leggen van sociale verbanden'. Hij omschrijft een 'klassieke connector' die Roger Horchow heet, een charmante en succesvolle zakenman die geld stak in musicalhits als *Les Misérables* en 'mensen verzamelt zoals andere mensen postzegels verzamelen.' 'Als je tijdens een intercontinentale vlucht naast Roger Horchow zat,' zo schrijft Gladwell, 'begon hij te praten zodra het vliegtuig naar de startbaan taxiede, moest je lachen toen de riemen los mochten, en vroeg je je tijdens de landing aan de overkant af hoe het mogelijk was dat de tijd zo snel voorbij was gevlogen.'

We stellen ons connectors in de regel voor als Horchow in de beschrijving van Gladwell: spraakzaam, prettig in de omgang en zelfs hypnotiserend. Maar kijk nu eens naar een bescheiden, intellectuele man die Craig Newmark heet. Newmark, een gedrongen, kalende man met een bril, was zeventien jaar lang systeembeheerder bij IBM. Vóór die tijd waren dinosauriërs, schaken en natuurkunde de hobby's waarmee hij zich hartstochtelijk bezighield. Als hij naast je in het vliegtuig zat, zat hij waarschijnlijk met zijn neus in een boek.

Toch is Newmark ook de oprichter en een grootaandeelhouder van Craigslist, de naar hem vernoemde website die, nou ja, mensen met elkaar in contact brengt. Op 28 mei 2011 was Craigslist de op zes na grootste Engelstalige website ter wereld. De gebruikers ervan in meer dan zevenhonderd steden in ruim zeventig landen vinden banen, potentiële partners en zelfs nierdonoren via de website van Newmark. Ze worden lid van een zangkoor. Ze lezen haiku's van elkaar. Ze biechten hun slippertjes op. Newmark noemt de website niet een bedrijf, maar een dorpsplein.

'Mensen met elkaar verbinden om de wereld mettertijd heel te maken, is de diepste spirituele waarde die je kunt bezitten,' heeft Newmark ooit gezegd. Na orkaan Katrina hielp Craigslist gestrande gezinnen om een nieuw huis te vinden. In 2005 was Craigslist tijdens de openbaarvervoersstaking in New York de aangewezen plaats voor carpooladvertenties. 'Alweer een crisis, en alweer domineert Craigslist de gemeenschap,' schreef een blogger over de rol van Craigslist tijdens de staking. 'Hoe is het mogelijk dat Craig op organische wijze het menselijke privéleven op zo veel niveaus kan beïnvloeden, en dat de gebruikers van Craig elkaars leven op zo veel niveaus kunnen raken?'

Een mogelijk antwoord luidt: de sociale media hebben nieuwe vormen van leiderschap mogelijk gemaakt voor tientallen mensen die niet in het sjabloon van de Harvard Business School passen.

Op 10 augustus 2008 twitterde Guy Kawasaki, de bestsellerauteur, spreker, serieondernemer en legende uit Silicon Valley: 'Je zult het misschien nauwelijks kunnen geloven, maar ik ben introvert. Ik moet een "rol" spelen, maar diep vanbinnen ben ik een eenling.' De tweet van Kawasaki gonsde door de sociale media. 'In die tijd,' schreef een blogger, 'werd Guy op zijn avatar getoond met een roze boa tijdens een groot feest bij hem thuis. Guy Kawasaki is introvert? Dat slaat nergens op.'

Op 15 augustus 2008 gaf Pete Cashmore, de oprichter van Mashable, de internetgids voor de sociale media, zijn mening. 'Zou het niet heel ironisch zijn,' vroeg hij zich af, 'als de grootste verspreider van de mantra "het draait allemaal om mensen" in het echte leven helemaal niet zo dol is op groot gezelschap? Misschien bieden de sociale media ons de controle die we ontberen tijdens de sociale omgang in het echte leven: het scherm als barrière tussen onszelf en de wereld.' Toen kwam Cashmore zelf uit de kast. 'Gooi mij maar helemaal in het kamp van de "introverte mensen", bij Guy,' schreef hij.

Onderzoek heeft zelfs aangetoond dat introverte mensen gemiddeld meer dan extraverte mensen intieme feiten over zichzelf prijsgeven via internet die hun familie en vrienden zouden verbazen, vaker zeggen dat ze hun 'ware ik' via internet kunnen uiten, en meer tijd besteden aan bepaalde internet-discussievormen. Ze verwelkomen de mogelijkheid om digitaal te communiceren. Iemand die in een collegezaal met tweehonderd mensen nooit zijn hand durft op te steken, blogt zonder blikken of blozen voor een lezersschare van tweeduizend of twee miljoen. Iemand die zich nauwelijks aan onbekenden durft voor te stellen kan op internet contact leggen om pas daarna die relaties uit te breiden naar de echte wereld.

* * *

Wat zou er gebeurd zijn als de Subactic Survival Situation online was gespeeld, met het voordeel dat iedereen zijn zegje kon doen: mensen als Rosa Parks, Craig Newmark en Darwin Smith? Stel dat het een groep initiatiefrijke drenkelingen was geweest onder aanvoering van een introvert type dat talent had om hen rustig aan te moedigen om iets bij te dragen? Stel dat een introvert en een extravert type samen de leiding hadden gehad, zoals Rosa Parks en Martin Luther King? Hadden ze dan het gewenste resultaat bereikt?

Dat valt onmogelijk te zeggen. Bij mijn weten heeft nog nooit iemand zo'n onderzoek gedaan, en dat is jammer. Het is begrijpelijk dat het leiderschapsmodel van de HBS zo veel waarde hecht aan zelfvertrouwen en snelle besluitvorming. Als assertieve mensen meestal hun zin krijgen, is dat een nuttige vaardigheid voor leiders wier werk bestaat uit het beïnvloeden van anderen. Doortastendheid schept vertrouwen, terwijl twijfel (of zelfs maar de indruk dat je twijfelt) het moreel kan ondergraven.

Maar je kunt die waarheden ook te ver doorvoeren; in sommige situaties zijn stille, bescheiden vormen van leiderschap net zo doeltreffend of zelfs doeltreffender. Toen ik de campus van de HBS verliet, maakte ik in de foyer van de Baker Library even pas op de plaats om een blik te werpen op een tentoonstelling van opmerkelijke spotprenten uit de *Wall Street Journal*. Op een daarvan keek een afgepeigerd directielid naar een grafiek van steil dalende winsten.

'Het komt allemaal door Fradkin,' zegt het ene directielid tegen het andere. 'Hij heeft totaal geen gevoel voor zaken, maar hij kan geweldig leiding geven, dus iedereen volgt hem naar de ondergang.'

Houdt God van introverte mensen?
Het dilemma van een evangelist

Na de Harvard Business School, een enclave voor de wereldelite aan de Amerikaanse oostkust, was mijn volgende halte een instituut dat in veel opzichten daarvan de tegenpool is. Het staat op een enorme campus die zich uitstrekt over 48 hectare in de voormalige woestijn en tegenwoordige buitenwijk Lake Forest in Californië. Anders dan de Harvard Business School laat deze instelling iedereen toe die zich aanmeldt. Gezinnen wandelen in gezellige groepjes over de door palmbomen omzoomde pleinen en stoepen. Kinderen spelen in kunstmatig aangelegde riviertjes en watervallen. Medewerkers zwaaien vriendelijk terwijl ze in golfkarretjes langsrijden. Je mag de kleren dragen die je wilt: sportschoenen en teenslippers zijn toegestaan. Deze campus wordt niet bestierd door parmantig geklede docenten die woorden als 'hoofdpersoon' en *case method* in de mond nemen, maar door een goedmoedige, kerstmanachtige figuur in een hawaïhemd en met een asblond sikje.

Met een gemiddeld wekelijks bezoekersaantal van ruim 22.000 is Saddleback Church een van de omvangrijkste en invloedrijkste evangelische kerken in de VS. Ze wordt geleid door Rick Warren, de schrijver van *The Purpose Driven Life*, een van de grootste bestsellers aller tijden en de man die het openingsgebed uitsprak tijdens de inhuldiging van president Obama. Saddleback leidt niet zulke wereldberoemde leiders op als de HBS, maar speelt een net zo grote rol in de Amerikaanse samenleving. Evangelische leiders hebben het oor van presidenten; ze vullen duizenden uren op tv; en ze runnen miljoenenbedrijven, waarvan de bekendste eigenaar zijn van productiebedrijven, opnamestudio's en distributieovereenkomsten met mediagiganten als Time Warner.

Saddleback heeft nog iets gemeen met de Harvard Business School: haar schatplichtigheid aan – en verkondiging van – de persoonlijkheidscultuur.

Op een zondagochtend in augustus 2006 sta ik op een druk knooppunt van wandelpaden op de campus van Saddleback. Ik raadpleeg een wegwijzer, van het soort dat je ook in Disney World hebt, met vrolijke pijlen die alle kanten op wijzen: Worship Center, Plaza Room, Terrace Café, Beach Café. Een nabij staand aanplakbord toont een stralende jongeman in een knalrood poloshirt op sneakers: 'Op zoek naar een nieuwe richting? Word verkeerspredikant!'

Ik ben op zoek naar de openluchtboekwinkel, waar ik heb afgesproken met Adam McHugh, een plaatselijke evangelische pastor met wie ik heb gecorrespondeerd. McHugh noemt zichzelf een introvert mens, en we hebben vanaf grote afstand besproken hoe het is om een stil en cerebraal type te zijn in de evangelische beweging, met name als leidersfiguur. Net als de HBS maken evangelische kerken extraversie vaak tot voorwaarde voor het leiderschap, soms expliciet. 'De pastor moet [...] een extravert mens zijn, die de gemeenteleden en nieuwkomers er enthousiast bij betrekt, een teamspeler,' vermeldt een advertentie voor de functie van hulppredikant bij een kerkgemeente met 1400 leden. Een oudere pastor van een andere kerk bekent online dat hij gemeenten die op zoek zijn naar een nieuwe predikant heeft aangeraden om te informeren naar diens Myers-Briggs-score. 'Als de eerste letter geen E [voor extravert] is,' zegt hij hun, 'denk er dan nog eens over na. [...] Ik weet zeker dat onze Heer het wel was [extravert].'

McHugh voldoet niet aan dat signalement. Hij ontdekte zijn introversie als eerstejaars student op Claremont McKenna College, toen hij besefte dat hij 's ochtends vroeg opstond, enkel om te genieten van het alleen-zijn met een kop dampende koffie. Hij vond feestjes wel leuk, maar merkte dat hij tijdig naar huis ging. 'Andere mensen werden steeds luidruchtiger en ik werd steeds stiller,' vertelde hij aan me. Hij deed een Myers-Briggs-persoonlijkheidstest en ontdekte dat er een woord was, 'introvert', dat het type mens beschreef dat het prettig vindt om zijn tijd te besteden zoals hij dat deed.

Aanvankelijk vond McHugh het prettig om meer tijd voor zichzelf te reserveren. Maar toen hij actief werd in de Evangelische Kerk begon hij zich schuldig te voelen over al dat alleen-zijn. Hij geloofde zelfs dat God zijn keuzes en daarmee hém afkeurde.

'De evangelische cultuur verbindt vroomheid met extraversie,' legde McHugh uit. 'De nadruk ligt op de gemeenschap, op het deelnemen aan steeds meer programma's en evenementen, op het ontmoeten van steeds meer mensen. Veel introverte mensen leven voortdurend onder spanning omdat ze dat niet kunnen opbrengen. En in de religieuze gemeenschap staat er meer op het spel als je die spanning voelt. Je hebt niet alleen het gevoel dat je minder presteert dan je zou willen. Het voelt alsof God niet blij met je is.'

Als je buiten de evangelische gemeenschap staat, is dat een verbijsterende uitspraak. Sinds wanneer is eenzaamheid een van de zeven doodzonden? Maar in de ogen van andere evangelisch protestanten is het gevoel van spiritueel tekortschieten dat McHugh ervaart volkomen logisch. Volgens de moderne Evangelische Kerk is elke mens die je niet ontmoet en bekeert een ziel die je had kunnen redden. Dit geloof benadrukt ook de stichting van een gemeenschap van gevormde gelovigen, terwijl veel kerken hun leden aanmoedigen (of zelfs van hen eisen) dat ze lid worden van werkgroepen over ieder denkbaar onderwerp: van koken en vastgoedbeleggingen tot skateboarden. Dus elk feestje dat McHugh bijtijds verliet, elke ochtend die hij in zijn eentje doorbracht, elke club waar hij geen lid van werd, was een gemiste kans om contact met anderen te leggen.

Maar als er één ding was dat McHugh zeker wist, dan was het gek genoeg dat hij helemaal niet alleen was. Als hij om zich heen keek, zag hij dat heel veel mensen in de evangelische kerkgemeenschap net zo innerlijke verscheurd waren als hij. Hij werd gewijd tot presbyteriaans predikant en werkte met een team van studentenbegeleiders op Claremont College, van wie er vele introvert waren. Het team groeide uit tot een soort proeftuin voor experimenten met introverte vormen van leiderschap en geestelijke bijstand. De begeleiders concentreerden zich op gesprekken onder vier ogen en in kleine groepen in plaats van grote groepen, en McHugh hielp de studenten om een ritme in hun leven te vinden dat hen in staat stelde om de eenzaamheid te scheppen die ze nodig hadden en prettig vonden, zodat ze sociale energie overhielden voor het leidinggeven aan anderen. Hij spoorde hen aan om de moed te vinden om hun mond open te doen en risico's te nemen wanneer ze nieuwe mensen ontmoetten.

Een paar jaar later, toen de sociale media op internet een grote vlucht namen en evangelische bloggers over hun ervaringen begonnen te schrijven, was er eindelijk schriftelijk bewijs van het schisma tussen introverte en extraverte mensen binnen de evangelische kerkgemeenschap. Een van die bloggers schreef over zijn 'hartenkreet over de vraag wat zijn plaats was binnen een Kerk die trots is op zijn extraverte bekeerdrift. Er zijn waarschijnlijk heel wat [onder jullie] die telkens een schuldgevoel krijgen wanneer [je] een persoonlijke evangelisatieduw van de Kerk krijgt. In het koninkrijk Gods is ook plaats voor sensitieve, bedachtzame types. Het is niet makkelijk om die ruimte op te eisen, maar die is er wel.' Een ander schreef over zijn simpele wens 'om de Heer te dienen, maar niet om lid te zijn van een kerkbestuur. In een universele Kerk zou ook ruimte moeten zijn voor minder sociaal gerichte mensen.'

McHugh liet ook zijn stem horen in dit koor, eerst via een blog dat opriep tot meer nadruk op religieuze gebruiken als eenzaamheid en bespiegeling, en later met een boek: *Introverts in the Church: Finding Our Place in an Extroverted Culture.* Hij betoogt dat evangelisatie zowel luisteren als spreken betekent, dat evangelische kerken stilte en het mysterie in de religieuze eredienst zouden moeten inbouwen, en dat ze ruimte zouden moeten creëren voor introverte leiders die wellicht een stillere weg naar God kunnen wijzen. Het gebed heeft toch altijd gedraaid om zowel contemplatie als gemeenschapszin? Religieuze leiders van Jezus tot Boeddha, evenals minder bekende heiligen, monniken, sjamanen en profeten hebben zich altijd afgezonderd om de openbaringen te ervaren waarvan ze vervolgens de rest van de wereld deelgenoot maakten.

* * *

Wanneer ik eindelijk de weg naar de boekwinkel gevonden heb, staat McHugh me met een serene gelaatsuitdrukking op te wachten. Hij is begin dertig, lang en breedgeschouderd, gekleed in een spijkerbroek, een zwart poloshirt en zwarte slippers. Met zijn korte bruine haar, rossige sikje en bakkenbaarden ziet McHugh eruit als een doodgewoon lid van Generation x, maar hij spreekt met de geruststellende, weloverwogen stembuigingen van een universitair docent. McHugh predikt niet in Saddleback en leidt er geen diensten, maar we hebben besloten om elkaar hier te treffen omdat deze kerk zo'n belangrijk symbool van de evangelische kerkcultuur is.

Aangezien de diensten op het punt staan te beginnen, is er weinig tijd om een praatje te maken. Saddleback biedt zes verschillende 'eredienstlocaties', die elk zijn gehuisvest in hun eigen gebouw of tent en elk hun eigen muzieksoort hebben: Worship Center, Traditional, OverDrive Rock, Gospel, Family en iets wat Ohana Island Style Worship heet. We koersen af op het belangrijkste eredienstcentrum, waar pastor Warren op het punt staat aan zijn preek te beginnen. Met zijn torenhoge plafond dat wordt doorkruist door jupiterlampen oogt het auditorium als een concertzaal voor rockconcerten, afgezien van het onopvallende houten kruis dat aan een zijmuur hangt.

Een zekere Skip warmt de kerkgemeente op met een lied. De liedtekst wordt getoond op vijf gigantische videoschermen, afgewisseld met foto's van glinsterende meren en Caraïbische zonsondergangen. Technici met oortelefoontjes zitten op een troonachtige verhoging midden in de zaal en richten hun videocamera's op de toehoorders. De camera's blijven hangen bij een tienermeisje met lang, zijdezacht haar, een prachtige glimlach en helderblauwe ogen dat de longen uit haar lijf zingt. Onwillekeurig moet ik terugdenken aan het seminar van Tony Robbins, 'Ontketen de innerlijke kracht'. Heeft Tony zijn programma gebaseerd op megakerken als Saddleback, vraag ik me af, of is het juist andersom?

'Goedemorgen, allemaal!' zegt Skip stralend, en spoort ons aan om degene die naast ons zit te begroeten. De meeste mensen voldoen aan dit verzoek met een brede glimlach en warme handen, onder wie McHugh, maar onder zijn glimlach vang ik een glimp van gespannenheid op.

Pastor Warren betreedt het podium. Hij draagt een poloshirt met korte mouwen en zijn beroemde sikje. Vandaag gaat de preek over het boek Jeremia, vertelt hij ons. 'Het zou onzinnig zijn om een bedrijf op te zetten zonder een bedrijfsplan,' zegt Warren, 'maar toch leven de meeste mensen zonder levensplan. Als je een bedrijf leidt, moet je het boek Jeremia lezen en herlezen, want hij was een geniale directeur.' Er liggen geen bijbels bij onze zitplaatsen, alleen potloden en opschrijfkaartjes, met voorbedrukte hoofdpunten van de preek en daartussen ruimte voor het maken van aantekeningen terwijl Warren verder vertelt.

Net als Tony Robbins lijkt pastor Warren het echt goed te bedoelen; hij heeft dit omvangrijke ecosysteem dat Saddleback heet uit het niets opgebouwd, en hij heeft over de hele wereld goede werken gedaan. Maar tegelijkertijd is zichtbaar hoe moeilijk het moet zijn voor de introverte mensen van Saddleback om in deze wereld van Hawaïaanse kerkdiensten en gebeden via het grote videoscherm een goed gevoel over zichzelf te hebben. Terwijl de dienst doordendert, ervaar ik het gevoel van vervreemding dat McHugh beschreef. Zulke evenementen geven mij niet het gevoel van verbondenheid dat andere mensen prettig lijken te vinden. Ik heb me juist altijd tijdens intieme bijeenkomsten verbonden gevoeld met de vreugde en het verdriet van de wereld, vaak in de vorm van vertrouwelijkheid met schrijvers en musici die ik nooit lijfelijk zal ontmoeten. Proust noemde deze momenten van verbondenheid tussen schrijver en lezer 'dat vruchtbare mirakel van communicatie te midden van de eenzaamheid'. Dat hij religieus getinte woorden gebruikte was ongetwijfeld geen toeval.

Alsof hij mijn gedachten leest, draait McHugh zich na afloop van de dienst naar me toe. 'Alles aan de dienst draaide om communicatie,' zegt hij licht wanhopig. 'Mensen begroeten, de lange preek, de samenzang. Er was geen nadruk op stilte, liturgie, ritueel of dingen die je ruimte bieden voor bespiegeling.'

Het ongemak van McHugh is extra triest omdat hij oprecht bewondering heeft voor Saddleback en alles waar de kerk voor staat. 'Saddleback doet verbazingwekkende dingen over de hele wereld en binnen de eigen gemeenschap,' zegt hij. 'Het is een vriendelijk, gastvrij oord dat werkelijk probeert om contact te leggen met nieuwkomers. Dat is een indrukwekkende missie als je bedenkt hoe kolossaal de kerk is, en hoe makkelijk het voor mensen zou zijn om geen enkel contact met anderen te maken. De begroeters, de informele sfeer, het ontmoeten van de mensen om je heen, dat wordt allemaal ingegeven door goede verlangens.'

Toch ervaart McHugh rituelen als het verplicht glimlachen en 'goedemorgen' zeggen aan het begin van de dienst als pijnlijk. En hoewel hij dat zelf wel wil verduren en zelfs het nut ervan inziet, vraagt hij zich bezorgd af hoeveel andere introverte mensen daar niet tegen kunnen.

'Het schept een extraverte sfeer die onaangenaam kan zijn voor introverte mensen als ik,' legt hij uit. 'Soms krijg ik het gevoel dat ik zuiver voor de vorm meedoe. Het uiterlijk enthousiasme en de hartstocht die onlosmakelijk verbonden lijken te zijn met de cultuur van Saddleback voelen onnatuurlijk aan. Introverte mensen kunnen best gretig en enthousiast zijn, maar dat uiten we minder openlijk dan extraverte mensen. In een oord als Saddleback kun je gaan twijfelen aan je eigen godsbeleving. Is die werkelijk net zo sterk als die van andere mensen die er meer als een vrome gelovige uitzien?'

De Evangelische Kerk heeft het extraverte ideaal doorgetrokken naar zijn logische conclusie, zo maakt McHugh ons duidelijk. Als je niet luidkeels van Jezus houdt, is het vast geen echte liefde. Het volstaat niet om je eigen spirituele band met het goddelijke op te bouwen: die moet publiekelijk getoond worden. Is het dan raar dat introverte mensen als pastor McHugh aan hun eigen gevoel gaan twijfelen?

Het is dapper van McHugh, wiens spirituele en professionele roeping afhangt van zijn relatie met God, om toe te geven dat hij aan zichzelf twijfelt. Dat doet hij omdat hij andere mensen de innerlijke verscheurdheid wil besparen waar hij zo mee heeft geworsteld, en omdat hij geeft om de Evangelische Kerk en wil dat die groeit door te leren van de introverte mensen die ertoe behoren.

Maar hij beseft dat een wezenlijke verandering traag op gang zal komen in een religieuze cultuur die extraversie niet alleen als een persoonlijkheidskenmerk ziet, maar ook als een bewijs van deugdzaamheid. Rechtschapenheid is niet zozeer het goede wat je achter gesloten deuren doet waar er niemand is om je te prijzen, maar wat je 'aan de wereld toont'. Net zoals de fans van Tony Robbins geen bezwaar hebben tegen zijn agressieve koppelverkoop, omdat het verspreiden van behulpzame ideeën onderdeel is van een goed mens zijn, en net zoals de HBS verwacht dat studenten spraakzaam zijn omdat dat wordt beschouwd als een vereiste voor het leiderschap, zo zijn veel mensen in de Evangelische Kerk godsvrucht gaan associëren met sociabiliteit.

3 – Als samenwerken de creativiteit doodt: de opkomst van het nieuwe groepsdenken en het voordeel van alleen werken

Ik ben een paard voor een enkel tuig, niet geschikt voor een tweespan of teamwerk. [...] want ik weet maar al te goed dat het, om een vast doel te bereiken, noodzakelijk is dat één persoon het denkwerk en het commanderen doet.
Albert Einstein

5 maart 1975. Een koude, regenachtige avond in Menlo Park, in Californië. Dertig niet erg aantrekkelijk ogende ingenieurs komen bijeen in de garage van een werkloze collega, Gordon French. Ze noemen zichzelf de Homebrew Computer Club, en dit is hun eerste bijeenkomst. Hun missie: computers toegankelijk maken voor gewone mensen. Geen geringe opgave in een tijd dat de meeste computers moeilijk tembare machines ter grootte van een SUV zijn en alleen universiteiten en grote concerns die kunnen betalen.

Het tocht in de garage, maar de ingenieurs laten de deuren openstaan voor de vochtige avondlucht zodat mensen naar binnen kunnen komen. Daar loopt een onzekere jongeman van vierentwintig naar binnen, een rekenmachineontwerper van Hewlett-Packard. Hij kijkt ernstig, draagt een bril en heeft schouderlang haar en een bruine baard. Hij gaat op een stoel zitten en luistert rustig terwijl de anderen zich verbazen over een nieuwe zelfbouwcomputer, de Altair 8800, die onlangs op het omslag van *Popular Electronics* stond. De Altair is niet echt een personal computer: hij is gebruiksonvriendelijk en spreekt alleen het soort mensen aan dat op een regenachtige woensdagavond naar een garage gaat om daar over microchips te praten. Maar hij is een belangrijke eerste stap.

De jongeman, Stephen Wozniak, is opgetogen over wat hij over de Altair hoort. Sinds zijn derde is hij geobsedeerd door elektronica. Op zijn elfde las hij een tijdschriftartikel over de eerste computer, de ENIAC, de Electronic Numerical Integrator and Computer, en sindsdien droomt hij ervan om een machine te bouwen die zo klein en gebruiksvriendelijk is dat je hem in huis kunt halen. En nu, in deze garage, hoort hij dat De Droom – hij denkt eraan met hoofdletters – misschien ooit werkelijkheid wordt.

Zoals hij later zal optekenen in zijn memoires, *iWoz*, waaraan het merendeel van dit verhaal ontleend is, vindt Wozniak het ook opwindend om omringd te zijn door gelijkgestemden. De Homebrew-groep beschouwt computers als een stuk gereedschap voor sociale rechtvaardigheid, en zo ziet hij dat ook. Niet dat hij tijdens deze eerste bijeenkomst met ook maar iemand een woord wisselt, daar is hij veel te verlegen voor. Maar als hij die avond weer thuis is, schetst hij zijn eerste ontwerp voor een pc, met een toetsenbord en scherm, precies zoals we dat nu nog gebruiken. Drie maanden later bouwt hij een prototype van die machine. En tien maanden daarna richt hij samen met Steve Jobs Apple Computer op.

Tegenwoordig is Steve Wozniak een alom gerespecteerd figuur in Silicon Valley – in San Jose, in Californië, is er een straat die Woz's Way heet – en soms wordt hij de nerd-ziel van Apple genoemd. In de loop der jaren heeft hij geleerd om wat openhartiger te zijn en in het openbaar te spreken. Hij nam zelfs deel aan 'Dancing with the Stars', waarbij hij een ontwapenend mengsel van stramheid en vrolijkheid tentoonspreidde. Ik heb Wozniak een keer een praatje zien houden in een boekwinkel in New York. Velen van de dicht opeengepakte toehoorders hadden hun Applehandleidingen uit de jaren zeventig meegenomen, als eerbetoon aan alles wat hij voor hen had betekend.

* * *

Maar Wozniak verdient niet alle krediet; die behoort ook Homebrew toe. Wozniak beschouwt die eerste bijeenkomst als het begin van de computerrevolutie en een van de belangrijkste avonden van zijn leven. Dus als je de omstandigheden wilt nabootsen die Woz zo productief maakten, zul je misschien naar Homebrew wijzen, met zijn verzameling gelijkgestemde geesten. Je zou concluderen dat de prestatie van Wozniak een lichtend voorbeeld was van de samenwerkingsgerichte benadering van creativiteit. Je zou misschien concluderen dat mensen die vernieuwend hopen te zijn, in een zeer sociale werkomgeving moeten werken.

En dan zou je het mis hebben.

Denk terug aan wat Wozniak onmiddellijk na de bijeenkomst in Menlo Park deed. Ging hij gezellig met de andere clubleden aan een computerontwerp werken? Nee. (Hoewel hij de bijeenkomsten bleef bijwonen, om de andere woensdag.) Ging hij op zoek naar een grote kantoorruimte, een vrolijke heksenketel waar een kruisbestuiving van ideeën kon plaatsvinden? Nee. Wanneer je het verhaal over zijn werk aan die eerste pc leest, is het meest opvallende daaraan dat hij altijd in zijn eentje werkte.

Wozniak verrichtte het merendeel van dit werk in zijn werkhokje bij Hewlett-Packard. Daar arriveerde hij rond half zeven en las vroeg op de ochtend tijdschriften over elektrotechniek, bestudeerde microchiphandboeken en bereidde zijn ontwerpen in gedachten voor. Na zijn werkdag ging hij naar huis, warmde vlug wat spaghetti of een kant-en-klaarmaaltijd op, en reed dan terug naar kantoor, waar hij tot laat in de avond doorwerkte. Hij noemt deze periode van rustige middernachten en eenzame zonsopgangen 'de grootste kick aller tijden'. Op de avond van 29 juni 1975, rond tien uur 's avonds, toen Woz de bouw van een prototype van zijn machine afrondde, bleek dat zijn harde werk had geloond. Hij deed een paar aanslagen op het toetsenbord en er verschenen letters op het scherm. Het was een doorbraak waar de meeste mensen alleen van kunnen dromen. En hij was op dat moment moederziel alleen.

Dat was ook de bedoeling. In zijn memoires geeft hij het volgende advies aan kinderen die grote creativiteit ambiëren:

> De meeste uitvinders en ingenieurs die ik ken, zijn net als ik: ze zijn verlegen en leven in hun hoofd. Het zijn bijna kunstenaars. Sterker nog: de allerbeste van hen zijn echt kunstenaars. En kunstenaars presteren het best in eenzaamheid, zodat ze de vormgeving van een uitvinding kunnen bepalen zonder dat een hoop andere mensen meeontwerpen met het oog op de markt of een of andere commissie. Volgens mij is er nog

nooit iets echt baanbrekends door een commissie ontworpen. Als jij die zeldzame ingenieur bent die zowel uitvinder als kunstenaar is, zal ik je een advies geven dat je misschien niet leuk vindt. Dat advies is: Werk in eenzaamheid. Je zult het best in staat zijn om revolutionaire producten en onderdelen te ontwerpen als je op jezelf werkt. Niet in een commissie. Niet in een team.

* * *

Van 1956 tot 1962, een periode die vooral bekend staat om haar verstikkend conformisme, deed het Institute of Personality Assessment and Research aan de University of California in Berkeley een reeks onderzoeken naar creativiteit. De onderzoekers probeerden vast te stellen wie de meest spectaculair creatieve mensen waren en vervolgens uit te zoeken in welke opzichten ze verschilden van alle andere mensen. Ze maakten een lijst met architecten, wiskundigen, wetenschappers, ingenieurs en schrijvers die een belangrijke bijdrage aan hun vakgebied hadden geleverd, en vroegen hen om naar Berkeley te komen voor een weekend vol persoonlijkheidstests, probleemoplossingsexperimenten en indringende vragen.

Daarna deden de onderzoekers iets vergelijkbaars met mensen uit dezelfde beroepsgroepen die een veel minder baanbrekende bijdrage hadden geleverd.

Een van de interessantste uitkomsten, die in latere onderzoeken is herhaald, was dat de creatievere mensen doorgaans sociaal vaardige, introverte mensen waren. Ze waren wel sociaal vaardig, maar hadden 'niet een bijzonder sociabel of groepsgericht temperament'. Ze noemden zichzelf onafhankelijk en individualistisch. Als tiener waren velen van hen verlegen en erg op zichzelf geweest.

Uit deze bevindingen volgt natuurlijk niet dat introverte mensen altijd creatiever zijn dan extraverte mensen, maar ze geven wel aan dat je in een groep mensen die hun hele leven extreem creatief zijn geweest waarschijnlijk veel introverte mensen zult aantreffen. Hoe komt dat? Hebben stille persoonlijkheden een ongrijpbare eigenschap die de creativiteit bevordert? Misschien wel, zoals we in hoofdstuk 6 zullen zien.

Maar er is een minder voor de hand liggende en toch verrassend goede verklaring voor de creatieve voorsprong van introverte mensen, een verklaring die iedereen van introverte mensen kan leren: ze werken bij voorkeur zelfstandig, en eenzaamheid kan een katalysator van innovatie zijn. Zoals de invloedrijke psycholoog Hans Eysenck ooit opmerkte: introversie 'richt de geest op het onderhavige werk en voorkomt dat de energie wordt verdeeld over sociale en seksuele zaken die aan de werkzaamheden gerelateerd zijn'. Met andere woorden: als jij in de achtertuin onder een boom zit terwijl de anderen op het terras het glas heffen, is er meer kans dat er een appel op je hoofd valt. (Newton was een van de grote introverte mensen van de wereld. De dichter William Wordsworth omschreef hem als 'Een geest die eeuwig / Eenzaam reist over de vreemde zeeën van het denken'.)

* * *

Als dat zo is, als eenzaamheid een belangrijke sleutel tot creativiteit is, dan zou iedereen de smaak daarvan te pakken kunnen krijgen. Dan zouden we onze kinderen willen leren om zelfstandig te werken. We zouden werknemers volop privacy en autonomie willen geven. Toch doen we steeds vaker precies het tegenovergestelde.

We maken onszelf graag wijs dat we leven in een tijd van creatief individualisme. We blikken terug op het midden van de twintigste eeuw, toen de onderzoekers op Berkeley hun onderzoek naar creativiteit deden, en voelen ons boven hen verheven. In tegenstelling tot die stijve conformisten van de jaren vijftig, hangen wij wél affiches van Einstein aan de muur, waarop hij provocerend zijn tong uitsteekt. Wij consumeren alternatieve popmuziek en filmhuisfilms en schrijven op ons blog. Wij 'denken anders' (ook al hebben we die gedachte ontleend aan de beroemde reclamecampagne van Apple).

Maar de manier waarop we veel van onze belangrijkste instituties organiseren – onze opleidingen en werkomgeving – is een heel ander verhaal. Dat is het verhaal van een hedendaags verschijnsel dat ik 'het nieuwe groepsdenken' noem, dat de productiviteit op het werk kan verstikken en schoolkinderen kan beroven van de vaardigheden die ze nodig zullen hebben om zich te onderscheiden in een wereld waarin steeds harder wordt geconcurreerd.

Het nieuwe groepsdenken verheft teamwork boven al het andere. Het eist dat creativiteit en intellectuele prestaties voortkomen uit sociabiliteit. Het heeft veel machtige pleitbezorgers. 'Vernieuwing, de kern van de kenniseconomie, is in de kern sociaal,' schrijft de bekende journalist Malcolm Gladwell. 'Geen van ons is zo slim als iedereen bij elkaar,' stelt organisatieadviseur Warren Bennis in zijn boek *Organizing Genius*. In zijn eerste hoofdstuk verkondigt hij de opkomst van de 'grote groep' en 'het einde van de grote mens'. 'Veel functies die wij als het domein van één enkele geest beschouwen, vereisen in werkelijkheid een menigte,' mijmert Clay Shirky in zijn invloedrijke boek *Here Comes Everybody*. Zelfs 'Michelangelo liet het plafond van de Sixtijnse Kapel deels door assistenten beschilderen.' (Hij vergeet gemakshalve dat de assistenten waarschijnlijk inwisselbaar waren, maar Michelangelo niet.)

Het nieuwe groepsdenken wordt onderschreven door veel bedrijven, die in toenemende mate hun werknemers in teams groeperen, een praktijk die in het begin van de jaren negentig aan populariteit won. In 2000 maakte naar schatting de helft van alle Amerikaanse organisaties gebruik van teams, en tegenwoordig doen ze dat volgens hoogleraar bestuurskunde Frederick Morgeson vrijwel allemaal. Volgens een recente enquête gelooft 91 procent van de hogere managers dat teams de sleutel tot het succes zijn. Bedrijfsconsultant Stephen Harvill vertelde me dat van de dertig grote organisaties die hij in 2010 heeft geadviseerd, waaronder J.C. Penney, Wells Fargo, Dell Computers en Prudential, hij geen enkel bedrijf kon noemen dat geen teams gebruikte.

Sommige van die teams zijn virtuele teams, met leden die op afstand met elkaar samenwerken, maar andere vereisen een enorme hoeveelheid persoonlijke interactie in de vorm van oefeningen en retraites voor teambuilding, gemeenschappelijke internetagenda's die de beschikbaarheid van werknemers voor vergaderingen vermelden, en fysieke werkruimten met weinig privacy. Moderne bedrijven hebben vaak kantoortuinen waarin niemand zijn eigen kamer heeft, waar de enige scheidingswanden de muren zijn die het gebouw overeind houden, en waar de hogere managers opereren vanuit het centrum van de grenzeloze werkvloer die ze met iedereen delen. Tegenwoordig werkt meer dan 70 procent van de Amerikaanse werknemers in een kantoortuin. Onder de bedrijven die deze inrichting hanteren, bevinden zich Procter & Gamble, Ernst & Young, GlaxoSmith-Kline, Alcoa en H. J. Heinz.

De hoeveelheid ruimte per werknemer is gekrompen van 46 vierkante meter in de jaren zeventig tot 18 vierkante meter in 2010, volgens Peter Miscovich, een directeur van makelaardij Jones Lang Lasalle. 'Er is een verschuiving van "ik werk" naar "wij werken" opgetreden,' vertelde James Hackett, de CEO van Steelcase, in 2005 aan het tijdschrift *Fast Company*. 'Werknemers werkten vroeger zelfstandig in een "ik"-omgeving. Tegenwoordig wordt het werken in teams en groepen hoog aangeslagen. Wij ontwerpen producten die dat mogelijk maken.' De concurrent, kantoorartikelenfabrikant Herman Miller, heeft niet alleen nieuwe meubels geïntroduceerd die 'de verschuiving naar samenwerking en teamwork op kantoor' vergemakkelijken, maar heeft ook zijn eigen topmannen verhuisd van hun eigen werkkamer naar een open ruimte. In 2006 heeft de Ross School of Business op de University of Michigan een prima collegezaal gesloopt, onder meer omdat die niet optimaal was ingericht voor groepsdiscussie.

Het nieuwe groepsdenken wordt ook beoefend op Amerikaanse scholen, via een steeds populairdere lesmethode die 'samenwerkend leren' of groepsgewijs leren wordt genoemd. Op veel basisscholen is de traditionele opstelling van rijen bankjes tegenover de onderwijzer vervangen door clusters van vier of meer tafeltjes die tegen elkaar aan zijn geschoven om talloze groepsgewijze onderwijsactiviteiten mogelijk te maken. Zelfs vakken als rekenen en opstellen schrijven, waarvan je zou denken dat ze draaien om zelfstandig denken, worden vaak groepsgewijs onderwezen. In een groep zes die ik bezocht, verkondigde een groot bord de 'Regels voor groepswerk', waaronder JE MAG EEN LERAAR NIET OM HULP VRAGEN TENZIJ IEDEREEN IN JE GROEPJE DEZELFDE VRAAG HEEFT.

Volgens een landelijke enquête uit 2002 onder ruim 1.200 docenten die lesgaven aan groep zes van de basisschool en de tweede klas van de middelbare school, gaf 55 procent van de groep-zesdocenten de voorkeur aan samenwerkend leren, tegenover slechts 26 procent die de voorkeur gaf aan door docenten aangestuurde lesvormen. Slechts 35 procent van de groep-zesdocenten en 29 procent van de tweede-klasleraren besteden meer dan de helft van hun lestijd aan traditionele onderwijsmethoden, terwijl 42 procent van de groep-zesdocenten en 41 procent van de tweede-klasleraren minstens een kwart van de lestijd besteden aan groepswerk. Onder jongere docenten zijn lesvormen met kleine groepen zelfs nog populairder, wat aangeeft dat deze trend nog wel even zal standhouden.

De coöperatieve benadering heeft haar wortels in de progressieve politiek. De theorie luidt dat leerlingen zich verantwoordelijk gaan voelen voor hun onderwijs wanneer ze van elkaar leren. Maar volgens de basisschooldocenten die ik op openbare en particuliere scholen in New York, Michigan en Georgia sprak, leren kinderen hierdoor ook om zich te uiten overeenkomstig de teamcultuur van het Amerikaanse bedrijfsleven. 'Deze onderwijsmethode weerspiegelt het zakenleven,' vertelde een docent van groep zeven op een openbare school in Manhattan aan me, 'waarbij mensen hun respect voor anderen baseren op hun spreekvaardigheid, en niet op hun originaliteit of inzichten. Je moet goed kunnen spreken en de aandacht op jezelf vestigen. Het is een elitair denken dat berust op iets anders dan verdienste.' 'In het zakenleven wordt er tegenwoordig in teams gewerkt, dus nu doen de kinderen dat op school ook,' legde een docent van groep vijf uit Decatur in de staat Georgia uit. 'Samenwerkend leren is goed voor de vorming van vaardigheid in werken in teamverband – vaardigheden waar het bedrijfsleven keihard om schreeuwt,' schrijft onderwijskundig adviseur Bruce Williams.

Williams ziet het oefenen in leiderschap ook als een belangrijk voordeel van samenwerkend leren. De docenten die ik sprak, leken de bestuurlijke vaardigheden van hun leerlingen zelfs nauwlettend in de gaten te houden. Op een openbare school in het centrum van Atlanta die ik bezocht, wees een docent van groep vijf me op een stille leerling die graag 'zijn eigen plan trekt'. 'Maar we geven hem één ochtend de leiding over de beveiligingspatrouille, zodat ook hij de kans krijgt om een leider te zijn,' zo verzekerde ze mij.

Deze docent was vriendelijk en bedoelde het goed, maar toch vraag ik me af of leerlingen zoals die jonge beveiliger beter af zouden zijn als we het zouden waarderen dat niet iedereen ambieert om een leider in de gebruikelijke zin te zijn: dat sommige mensen harmonieus in de groep willen passen, en dat anderen onafhankelijk willen zijn. De creatiefste mensen behoren vaak tot de tweede groep. Zoals Janet Farrall en Leonie Kronborg schrijven in 'Leadership Development for the Gifted and Talented':

> Terwijl extraverte mensen doorgaans leiders worden in de openbare sfeer, worden introverte mensen vaak leidinggevend op het theoretische en kunstzinnige vlak. Uitmuntende introverte leidersfiguren als Charles Darwin, Marie Curie, Patrick White en Arthur Boyd, die ofwel nieuwe denkwijzen hebben ontwikkeld ofwel bestaande kennis hebben gereorganiseerd, hebben grote delen van hun leven in eenzaamheid doorgebracht. Daarom is leiderschap niet alleen van toepassing op sociale situaties, maar treedt het ook op in meer solitaire situaties zoals het ontwikkelen van nieuwe schildertechnieken, het bedenken van nieuwe filosofieën, het schrijven van diepgaande boeken en het forceren van wetenschappelijke doorbraken.

Het nieuwe groepsdenken is niet op één bepaald moment ontstaan. Samenwerkend leren, bedrijfsmatig teamwork en kantoortuinen verschenen op verschillende momenten en om verschillende redenen. Maar de machtige factor die ervoor zorgde dat deze trends zich samenvoegden, was de opkomst van internet, dat het idee van samenwerken aanlokkelijk maakte en gewicht verleende. Op internet waren via gebundelde denkkracht wonderbaarlijke scheppingen tot stand gekomen: Linux, het besturingssysteem met de open broncode; Wikipedia, de internetencyclopedie; MoveOn.org, de beweging van politiek geëngageerde burgers. Deze collectieve voortbrengselen, waarbij het geheel groter was dan de samenstellende delen, waren zo indrukwekkend dat we ontzag kregen voor het groepsdenken, de wijsheid van de massa en het wonder van crowdsourcing. Samenwerking werd een heilig begrip – de belangrijkste vermeerderaar van succes.

Maar toen gingen we een stap verder dan de feiten rechtvaardigden. We gingen transparantie waarderen en braken muren af – niet alleen op internet, maar ook in onze fysieke omgeving. We beseften niet dat iets wat logisch is voor de asynchrone, betrekkelijk anonieme interactie op internet misschien minder goed zou werken in de confronterende, politiek beladen, lawaaiige omgeving van de kantoortuin. In plaats van onderscheid te maken tussen de communicatie via internet en de persoonlijke omgang, gebruikten we de lessen van de één voor onze gedachtevorming over de andere.

Dat is de reden waarom mensen die spreken over aspecten van het nieuwe groepsdenken zoals kantoortuinen vaak ook naar internet verwijzen. 'Werknemers zetten hun hele leven toch al op Facebook, Twitter en dergelijke. Er is geen reden waarom ze zich in een werkhokje zouden moeten verschuilen,' zei Dan Lafontaine, de financieel directeur van het sociale-marketingbedrijf Mr. Youth in een radioprogramma. Een andere managementconsultant zei iets vergelijkbaars tegen mij: 'Een kantoormuur is precies zoals hij klinkt: een barrière. Hoe nieuwer je manier van denken is, hoe minder barrières je wilt hebben. De bedrijven die kantoortuinen gebruiken, zijn jonge bedrijven, net als het wereldwijde web, dat ook pas een tiener is.'

Het is extra wrang dat internet het fysiek groepsgewijs werken heeft bevorderd, omdat internet aanvankelijk een medium was dat bendes veelal introverte individualisten – vergelijkbaar met de naar eenzaamheid snakkende intellectuele leiders die Farrall en Kronberg beschrijven – in staat stelde om bijeen te komen om de gangbare methoden voor probleemoplossing te ondergraven en te overstijgen. Volgens een onderzoek naar 1229 computerdeskundigen die tussen 1982 en 1984 in de VS, Groot-Brittannië en Australië werkten, bestond een significante meerderheid van de eerste computerliefhebbers uit introverte mensen. 'In de technologische industrie is het een cliché dat een open broncode introverte mensen aantrekt,' zegt Dave W. Smith, een consultant en softwareontwerper uit Silicon Valley, onder verwijzing naar de gewoonte om software te ontwikkelen door de broncode open te stellen voor het internetpubliek en iedereen toestemming te geven die te kopieren, te verbeteren en te verspreiden.

De eerste ontwikkelaars van open broncodes deelden geen kantoorruimte met elkaar, en vaak woonden ze niet eens in hetzelfde land. Hun samenwerking verliep grotendeels via de ether. Dat is geen onbeduidend detail. Als je de mensen die Linux hebben ontwikkeld, een jaar lang in een enorme vergaderzaal had neergepoot en had gevraagd om een nieuw besturingssysteem te ontwikkelen, is het maar zeer de vraag of er iets zo revolutionairs was gebeurd – om redenen die we in de rest van dit hoofdstuk zullen bekijken.

* * *

Toen onderzoekspsycholoog Anders Ericsson vijftien was, begon hij met schaken. Hij was er behoorlijk goed in, dacht hij, en maakte tijdens de lunchpauzes al zijn klasgenoten in. Maar op een dag begon een jongen die een van de slechtste schakers van de klas was geweest, elke partij te winnen.

Ericsson vroeg zich af wat er gebeurd was. 'Daar heb ik echt veel over nagedacht,' vertelt hij in een interview met Daniel Coyle, de schrijver van *The Talent Code*. 'Waarom kon die jongen, die ik zo gemakkelijk had verslagen, mij nu met evenveel gemak inmaken? Ik wist dat hij oefende en dat hij op een schaakclub zat, maar wat was er werkelijk gebeurd, onder de oppervlakte?'

Die vraag is de motor achter het werk van Ericsson: hoe worden mensen die uitzonderlijke prestaties leveren zo goed in wat ze doen? Ericsson heeft gezocht naar antwoorden op sterk uiteenlopende gebieden als schaken, tennissen en klassiek-pianospelen.

In een experiment dat inmiddels beroemd is, vergeleek hij samen met enkele collega's drie groepen klassiek geschoolde violisten op het prestigieuze conservatorium in West-Berlijn. De onderzoekers vroegen de docenten om de studenten in drie groepen te verdelen: de 'beste violisten,' die een belofte inhielden voor een internationale carrière als soloviolist, de 'goede violisten' en een derde groep die eerder werd opgeleid tot vioolleraar dan uitvoerend musicus. Vervolgens voerden ze interviews met de musici en vroegen hen om hun tijdbesteding in een dagboek gedetailleerd bij te houden.

Ze vonden een opvallend verschil tussen de groepen. Alle drie de groepen besteedden evenveel tijd – ruim vijftig uur per week – aan muziekgerelateerde bezigheden. Ze hadden alle drie vergelijkbare lesuren, waar een deel van hun tijd aan op ging. Maar de twee beste groepen besteedden het merendeel van hun muziekgerelateerde tijd aan zelfstandig studeren: 24,3 uur per week, oftewel 3,5 uur per dag voor de beste groep, tegenover slechts 9,3 uur per week, oftewel 1,3 uur per dag, voor de slechtste groep. De beste violisten beschouwden 'zelfstandig studeren' als hun allerbelangrijkste muziekgerelateerde activiteit. Topmusici, ook leden van een ensemble, noemen repetities met hun kamermuziekgezelschap 'vrijetijdsbesteding', vergeleken met zelfstandig studeren, dat het echte werk is.

Ericsson en consorten vonden vergelijkbare effecten van alleen-zijn toen ze andere hoog opgeleide presteerders bekeken. Zo is 'serieuze zelfstudie' de sterkste voorspeller van de vaardigheid van wedstrijdschakers. Grootmeesters besteden doorgaans wel vijfduizend uur – bijna vijf keer zoveel als spelers op het middenniveau – aan het zelfstandig bestuderen van het schaakspel gedurende de eerste tien jaar dat ze leren schaken. Studenten op de universiteit die doorgaans zelfstandig studeren, leren door de jaren heen meer dan zij die dat groepsgewijs doen. Zelfs topsporters die een teamsport beoefenen, besteden vaak buitengewoon veel tijd aan zelfstandig trainen.

Wat is er zo magisch aan eenzaamheid? Op veel terreinen, zo vertelde Ericsson me, kun je alleen in eenzaamheid aan *deliberate practice* of doelbewust oefenen doen, wat volgens hem de sleutel is tot uitzonderlijke prestaties. Wanneer je doelbewust oefent, stel je vast welke vaardigheid of kennis er nét buiten je bereik ligt, probeer je om je prestatie te verbeteren, bewaak je je vooruitgang, en stuur je jezelf zo nodig bij. Oefensessies die niet aan die norm voldoen, zijn niet alleen minder doeltreffend, maar zelfs contraproductief. Ze versterken bestaande cognitieve mechanismen in plaats van die te verbeteren.

Er zijn een aantal redenen waarom je doelbewust oefenen het

best in je eentje kunt doen. Het vereist veel concentratie, en andere mensen kunnen je afleiden. Het vereist diepe motivatie, die je vaak zelf moet opbrengen. Maar het allerbelangrijkste is dat je moet werken aan een aspect dat voor jou het grootste probleem is. Alleen wanneer je alleen bent, zo vertelde Ericsson, 'kun je meteen aan de slag gaan met het onderdeel waar je moeite mee hebt. Als je ergens beter in wilt worden, moet je zelf degene zijn die de verandering teweegbrengt. Ga maar na hoe een groepsles in zijn werk gaat: je bent maar een klein gedeelte van de tijd degene die verandering veroorzaakt.'

Om doelbewust oefenen in de praktijk te zien, hoeven we niet verder te kijken dan het levensverhaal van Stephen Wozniak. De Homebrew-bijeenkomst was de katalysator die hem aanzette tot de bouw van de eerste pc, maar de basiskennis en werkgewoonten die dit mogelijk maakten, kwamen heel ergens anders vandaan. Woz had zich reeds als klein jongetje doelbewust toegelegd op elektrotechniek. (Ericsson zegt dat er ongeveer tienduizend uur doelbewust oefenen voor nodig is om werkelijk deskundig te worden, dus het is handig als je op tijd begint.)

In *iWoz* beschrijft Wozniak zijn jeugdige passie voor elektrotechniek en somt daarbij onbedoeld alle aspecten van doelbewust oefenen op die Ericsson benadrukt. Om te beginnen was hij gedreven: zijn vader, een ingenieur bij Lockheed, had Woz bijgebracht dat ingenieurs het leven van mensen konden veranderen en 'tot de belangrijkste mensen op de wereld' behoorden. Ten tweede ontwikkelde hij zijn deskundigheid nauwgezet, stap voor stap. Omdat hij naar talloze wetenschapsbeurzen ging, zegt hij,

> verwierf ik een basisvaardigheid die me gedurende mijn hele carrière goed van pas zou komen: geduld opbrengen. Ik meen het. Geduld wordt meestal zwaar onderschat. Voor al die werkstukken, van groep vijf tot en met de tweede klas van de middelbare school, leerde ik gewoon dingen stap voor stap, zocht uit hoe je elektronische apparaten in elkaar kon zetten zonder zelfs maar een boek open te slaan. [...] Ik leerde om me niet zo druk te maken over het eindresultaat, maar me te richten op de stap waar ik mee bezig was en te proberen om die zo perfect mogelijk uit te voeren terwijl ik eraan werkte.

Ten derde werkte Woz vaak alleen. Dat was niet helemaal uit vrije keus. Zoals veel kinderen die technisch onderlegd zijn, deelde hij op pijnlijke wijze in de sociale pikorde toen hij naar de middelbare school ging. Als klein jochie was hij bewonderd om zijn wetenschappelijke kunststukjes, maar nu leek niemand daar nog om te malen. Hij had een hekel aan gesprekjes aanknopen en zijn hobby's sloten niet aan op die van zijn klasgenoten. Op een zwart-witfoto uit die periode staat Woz met kortgeknipt haar en een brede grijns, terwijl hij vol trots wijst naar zijn 'opteller/aftrekker, waarmee ik een wetenschapsbazaar heb gewonnen', een kistvormig geval met draden, knoppen en apparaten. Maar zijn sociale onhandigheid in die jaren weerhield hem er niet van om zijn droom na te jagen, en waarschijnlijk werd dat juist daardoor gestimuleerd. Hij zou nooit zoveel over computers hebben geleerd, zegt Woz achteraf, als hij niet te verlegen was geweest om het huis te verlaten.

Niemand zou uit zichzelf voor zo'n pijnlijke puberteit kiezen, maar het is onmiskenbaar dat de eenzaamheid van Woz in zijn tienerjaren en de fanatieke gerichtheid op wat zijn levenslange passie zou blijken te zijn, typerend zijn voor zeer creatieve mensen. Volgens psycholoog Mihaly Csikszentmihalyi, die tussen 1990 en 1995 onderzoek deed naar het leven van 91 uitzonderlijk creatieve kunstenaars, wetenschappers en politici, bevonden velen van zijn proefpersonen zich als puber in de sociale marge, deels omdat hun 'leeftijdgenoten grote nieuwsgierigheid of gerichte belangstelling maar raar vonden'. Tieners die te sociabel zijn voor eenzame tijdsbestedingen laten vaak na om hun talent te ontwikkelen, 'want muziekstukken instuderen of wiskunde leren vereist een eenzaamheid die ze verafschuwen.' Madeleine L'Engle, de schrijfster van de klassieke jeugdroman *A Wrinkle in Time* en ruim zestig andere boeken, zegt dat ze zich nooit tot zo'n vrijzinnig denker had kunnen ontwikkelen als ze niet zo'n groot deel van haar jeugd alleen met boeken en ideeën had doorgebracht. Als jonge jongen knoopte Charles Darwin makkelijk vriendschappen aan, maar hij maakte liever in zijn eentje lange wandelingen door de natuur. (Als volwassene was hij niet anders. 'Mijn beste Mr. Babbage,' schreef hij aan een wiskundige die hem voor een etentje uitnodigde, 'ik ben u zeer erkentelijk dat u me kaartjes stuurt voor uw feesten, maar ik ben bang om de uitnodigingen te accepteren, want dan zou ik daar sommige mensen aantreffen die ik bij hoog en bij laag heb bezworen dat ik nooit uitga.')

Maar uitzonderlijke prestaties hangen niet uitsluitend af van de basis die je met doelbewust oefenen legt. Ook de werkomgeving moet goed zijn. En op de hedendaagse werkvloer is dat verrassend weinig het geval.

* * *

Een van de bijkomende voordelen van consultant zijn, is dat je intieme toegang krijgt tot allerlei werkomgevingen. Tom DeMarco, een van de topconsultants van Atlantic Systems Guild, heeft tijdens zijn werkzame leven in heel wat kantoren rondgewandeld, en merkte daarbij dat sommige werkruimtes veel voller ingericht waren dan andere. Hij vroeg zich af welke invloed al die sociale interactie zou hebben op de arbeidsprestaties.

Om daar achter te komen, zetten DeMarco en zijn collega Timothy Lister een onderzoek op dat ze Coding War Games noemden. Het doel van die spelen was om te bepalen wat de karaktereigenschappen van de beste en slechtste computerprogrammeurs waren; ruim zeshonderd softwareontwikkelaars van 92 verschillende bedrijven namen eraan deel. Elk van hen schreef, codeerde en testte een programma, in zijn of haar normale kantooromgeving en onder werktijd. Elke deelnemer kreeg ook een partner bij hetzelfde bedrijf toegewezen. De partners werkten echter zelfstandig, zonder met elkaar te communiceren, een aspect van de Spelen dat van doorslaggevend belang bleek te zijn.

Toen de resultaten binnenkwamen, toonden die een gapende prestatiekloof. De besten overtroffen de slechtsten met een verhouding van 10 op 1. De beste programmeurs waren ook ongeveer 2,5 keer zo goed als het gemiddelde. Toen DeMarco en Lister probeerden te achterhalen wat de reden voor deze opmerkelijke verschillen was, bleken de factoren waarvan je zou verwachten dat ze belangrijk waren – zoals het aantal jaren ervaring, het salaris en zelfs de tijd die aan het werk was besteed – nauwelijks een relatie met het resultaat hebben. Programmeurs met tien jaar ervaring presteerden niet beter dan zij met twee jaar ervaring. De helft die bovengemiddeld presteerde, verdiende nog geen tien procent meer dan de helft eronder, ook al waren ze bijna tweemaal zo goed. De programmeurs die werk met 'nul defecten' inleverden, hadden iets minder tijd gebruikt, en niet meer, dan degenen die wel fouten hadden gemaakt.

Het was een raadsel, met één intrigerende aanwijzing: programmeurs die bij hetzelfde bedrijf werkten presteerden ongeveer even goed, ook al hadden ze niet samengewerkt. De reden daarvoor was dat de toppresteerders in overgrote meerderheid zaten bij bedrijven die hun werknemers de meeste privacy, de meeste persoonlijke ruimte en invloed op hun fysieke omgeving gaven, waar ze ongestoord konden werken. 62 procent van de toppresteerders zei dat hun werkruimte voldoende privacy bood, tegenover slechts 19 procent van de slechtste presteerders; 76 procent van de slechtste presteerders, maar slechts 38 procent van de toppresteerders zei dat ze vaak onnodig werden gestoord.

De Coding War Games zijn in technische kringen erg bekend, maar het belang van de bevindingen van DeMarco en Lister strekt zich uit tot ver buiten de wereld van de computerprogrammeurs. Een berg recente data over kantoortuinen in diverse bedrijfstakken bevestigt de uitkomsten van de spelen. Kantoortuinen verlagen de productiviteit en verslechteren de geheugenfunctie. Ze vertonen een relatie met groot personeelsverloop. Ze maken mensen ziek, vijandig, ongemotiveerd en onzeker. Mensen die in een kantoortuin werken, hebben meer kans op hoge bloeddruk, stress en griep; ze maken vaker ruzie met collega's; ze zijn bang dat collega's hun telefoongesprekken afluisteren en op hun computerscherm spieden. Ze voeren minder persoonlijke en vertrouwelijke gesprekken met collega's. Ze worden vaak blootgesteld aan luid en oncontroleerbaar lawaai, dat de hartslag verhoogt; dat zorgt voor de afgifte van cortisol, het vecht-of-vluchthormoon dat het lichaam bij stress aanmaakt; en dat mensen sociaal afstandelijk, licht ontvlambaar, agressief maakt en ongenegen om anderen te helpen.

Bovenmatige prikkeling lijkt zelfs het leren te hinderen. Tijdens een recent onderzoek werd geconstateerd dat mensen beter kunnen leren na een rustige boswandeling dan na een wandeling door een rumoerige straat in de stad. Een ander onderzoek, van 38.000 mensen die intellectuele arbeid verrichtten in diverse bedrijfstakken, concludeerde dat tijdens het werk gestoord worden een van de grootste obstakels voor productiviteit is. Zelfs multitasken, dat hooggewaardeerde kunstje van moderne kantoortijgers, blijkt een mythe te zijn. Wetenschappers weten inmiddels dat de hersenen niet de aandacht op twee dingen tegelijk kunnen richten. Wat er als multitasken uitziet, is niets anders dan heen en weer schakelen tussen verschillende bezigheden, waardoor de productiviteit vermindert en het aantal fouten tot 50 procent stijgt.

Veel introverte mensen lijken die dingen intuïtief te beseffen en verzetten zich ertegen om als vee bijeen gedreven te worden. Backbone Entertainment, een videogameontwikkelingsbedrijf in Oakland, Californië, had aanvankelijk een kantoortuin, maar merkte dat zijn gameontwikkelaars, onder wie veel introverte mensen, dat onprettig vonden. 'Het was één grote opslagruimte, met alleen tafels en zonder muren, waarin iedereen elkaar kon zien,' vertelt Mike Mika, de voormalig creative director. 'We schakelden over naar werkhokjes en maakten ons daar zorgen over. Je zou denken dat mensen in een creatieve omgeving daar de pest aan zouden hebben. Maar het bleek dat ze liever hoeken en gaten hadden waarin ze zich konden verstoppen en bij iedereen vandaan konden zijn.'

Iets vergelijkbaars gebeurde bij Reebok International toen dit bedrijf in 2000 1.250 werknemers bijeenbracht in het nieuwe hoofdkantoor in Canton, Massachusetts. De directeuren dachten dat hun schoenenontwerpers een werkruimte zouden willen hebben waarin ze vrije toegang tot elkaar hadden om te kunnen brainstormen (een idee dat ze waarschijnlijk hebben opgepikt toen ze voor hun MBA studeerden). Gelukkig raadpleegden ze eerst de schoenenontwerpers zelf, die vertelden dat ze in werkelijkheid rust en kalmte nodig hadden om zich te kunnen concentreren.

Daar zou Jason Fried, medeoprichter van het internetapplicatiesbedrijf 37signals, niet van hebben opgekeken. Vanaf 2000 vroeg Fried tien jaar lang aan honderden mensen (hoofdzakelijk ontwerpers, programmeurs en schrijvers) waar ze het liefst zouden werken als ze iets gedaan moesten krijgen. Hij ontdekte dat ze overal heen gingen, behalve naar hun werkruimte, die lawaaiig was en waar ze voortdurend werden gestoord. Daarom wonen er van Frieds zestien werknemers maar acht in Chicago, waar 37signals is gevestigd, en zelfs zij hoeven niet op kantoortijden of zelfs tijdens vergaderingen verplicht aanwezig te zijn. Vooral niet tijdens vergaderingen, die Fried als 'gif' beschouwt. Fried is geen tegenstander van samenwerken: de homepage van 37signals verkondigt het vermogen van zijn producten om het samenwerken productief en aangenaam te maken. Maar hij geeft de voorkeur aan passieve vormen van samenwerking zoals mailen, msn'en en chatten. Zijn advies voor andere werkgevers? 'Je volgende vergadering afblazen,' raadt hij aan. 'Zet hem niet op een andere datum. Wis hem uit je geheugen.' Hij pleit ook voor 'zwijgzame donderdagen', één dag in de week waarop werknemers niet met elkaar mogen praten.

De mensen die Fried interviewde, verwoordden wat creatieve mensen altijd al hebben geweten. Kafka verdroeg bijvoorbeeld zelfs de nabijheid van zijn bewonderende verloofde niet terwijl hij werkte:

> Je hebt wel eens gezegd dat je naast me zou willen zitten terwijl ik schrijf. Luister, in dat geval zou ik helemaal niet schrijven. Want schrijven betekent jezelf buitensporig blootgeven; die volledige zelfonthulling en overgave, waarbij een mens die verbonden is met anderen het gevoel zou krijgen dat hij zichzelf kwijtraakt, en waarvoor hij derhalve altijd zal terugschrikken zolang hij bij zijn verstand is. [...] Daarom kun je nooit alleen genoeg zijn wanneer je schrijft, daarom kan het nooit stil genoeg zijn wanneer je schrijft, daarom is zelfs de nacht er niet nacht genoeg voor.

Zelfs de aanzienlijk opgewektere Theodor Geisel, beter bekend als Dr. Seuss, sloot zich tijdens werkdagen op in zijn privéatelier, dat was behangen met schetsen en tekeningen, in een klokkentoren buiten zijn huis in La Jolla, Californië. Geisel was een veel rustiger mens dan zijn humoristische rijmpjes suggereren. Hij verscheen maar zelden in het openbaar om zijn jonge lezertjes te begroeten. Hij was bang dat kinderen een vrolijke Kat met de Hoed-achtige figuur verwachtten, en teleurgesteld zouden worden door zijn gereserveerde persoonlijkheid. 'In grote aantallen boezemen [kinderen] mij doodsangst in,' bekende hij.

* * *

Terwijl een eigen ruimte hebben van levensbelang is voor de creativiteit, geldt dat ook voor de afwezigheid van *peer pressure* of groepsdwang. Neem nu het verhaal van de legendarische reclameman Alex Osborn. Tegenwoordig zegt de naam Osborn weinig mensen nog iets, maar in de eerste helft van de twintigste eeuw was hij een meer dan levensgrote alleskunner die zijn tijdgenoten fascineerde. Osborn was een van de oprichters van reclamebureau Batten, Barton, Durstine and Osborn (BBDO), maar hij heeft vooral als schrijver naam gemaakt. Dat begon op de dag in 1938 waarop een tijdschriftredacteur hem op de lunch uitnodigde en vroeg wat zijn hobby was.

'De verbeelding,' antwoordde Osborn.

'Mr. Osborn,' zei de redacteur, 'daar moet u een boek over schrijven. Dat is iets wat al jaren geleden gedaan had moeten worden. Er bestaat geen onderwerp dat van groter belang is. Daar moet u de tijd, energie en diepgang in steken die het verdient.'

En dat deed Mr. Osborn. Hij schreef in de jaren veertig en vijftig zelfs meerdere boeken, die allemaal gingen over een probleem waaraan hij zich had geërgerd als directeur van BBDO: zijn werknemers waren niet creatief genoeg. Ze hadden goede ideeën, dacht Osborn, maar ze waren weinig genegen om ze aan anderen te vertellen, uit angst voor de kritiek van hun collega's.

Volgens Osborn was de oplossing niet om zijn werknemers zelfstandig te laten werken, maar juist om de dreiging van het krijgen van kritiek uit de samenwerking te verwijderen. Hij bedacht het brainstormen, een procedé waarbij groepsleden in een niet-kritische sfeer ideeën genereren. Brainstormen had vier regels:

1 – Veroordeel of bekritiseer ideeën niet.
2 – Wees een vrijbuiter. Hoe wilder het idee, hoe beter.
3 – Kies voor kwantiteit. Hoe meer ideeën je hebt, hoe beter.
4 – Borduur voort op de ideeën van andere groepsleden.

Osborn geloofde hartstochtelijk dat groepen, als ze eenmaal waren bevrijd uit de ketenen van het sociale oordeel, meer en betere ideeën zouden voortbrengen dan personen die in eenzaamheid werkten, en hij deed hoogdravende beweringen omtrent zijn geliefde methode. 'De kwantitatieve resultaten van groepsgewijs brainstormen zijn boven alle twijfel verheven,' schreef hij. 'Eén groep kwam met vijfenveertig suggesties voor een advertentie voor een huishoudelijk apparaat, zesenvijftig ideeën voor een fondsenwervingscampagne, en 124 ideeën over hoe je meer dekens kunt verkopen. In een ander geval brainstormden vijftien groepen over een en hetzelfde probleem en produceerden bij elkaar ruim achthonderd ideeën.'

De theorie van Osborn sloeg aan en bedrijfsleiders gingen enthousiast brainstormen. Tot op heden is het voor iedereen die zich in het Amerikaanse bedrijfsleven bevindt de normaalste zaak van de wereld om af en toe met collega's op elkaar gepakt te zitten in een kamer vol whiteboards, markeerpennen en een buitensporig opgewekte begeleider die iedereen aanspoort om vrij te associëren.

Het baanbrekende idee van Osborn heeft maar één nadeel: brainstormen met een groep werkt eigenlijk niet. Een van de eerste onderzoeken die dit heeft aangetoond, werd gedaan in 1963. Marvin Dunnette, een hoogleraar psychologie op de University of Minnesota, verzamelde een groep van 48 wetenschappelijke onderzoekers en 48 directeuren van reclamebureaus, allemaal mannelijke werknemers van Minnesota Mining and Manufacturing (ook wel bekend als 3M, de uitvinders van de Post-it). Hij vroeg hun om deel te nemen aan brainstormsessies, zowel afzonderlijk als met een groep. Dunnette was ervan overtuigd dat de leidinggevenden voordeel zouden hebben bij het groepsproces. Hij was er minder zeker van dat de wetenschappelijk onderzoekers, die hij als introverter inschatte, van groepswerk zouden profiteren.

Dunnette verdeelde elke groep van 48 mannen in twaalf groepen van vier. Elk viertal kreeg een probleem om over te brainstormen, zoals de voor- of nadelen van geboren worden met een extra duim. Elke man kreeg ook een vergelijkbaar probleem waarover hij in zijn eentje moest brainstormen. Vervolgens telden Dunnette en zijn medewerkers alle ideeën, waarbij ze die van de groepen vergeleken met de ideeën die mensen afzonderlijk hadden bedacht. Om appels met appels te kunnen vergelijken, telde Dunnette de ideeën van elk individu op bij die van drie andere individuen, alsof ze in een 'theoretische' groep van vier hadden samengewerkt. De onderzoekers maten ook de kwaliteit van de ideeën, en waardeerden die op een 'waarschijnlijkheidsschaal' van 0 t/m 4.

De resultaten waren niet mis te verstaan. In 23 van de 24 groepen produceerden de mannen zelfstandig meer ideeën dan in groepsverband. Ze produceerden ook ideeën van gelijke of hogere kwaliteit wanneer ze afzonderlijk werkten. En de directeuren van reclamebureaus waren niet beter in groepswerk dan de vermeend introverte wetenschappelijk onderzoekers.

Sindsdien heeft pakweg veertig jaar onderzoek tot dezelfde onthutsende conclusie geleid. De prestaties verslechteren naarmate de groepsomvang toeneemt: groepen van negen personen brengen minder en minder goede ideeën voort dan groepen van zes, die het op hun beurt weer slechter doen dan groepjes van vier. Het 'wetenschappelijk bewijs geeft aan dat zakenmensen wel gek moeten zijn dat ze brainstormgroepen gebruiken,' schrijft organisatiepsycholoog Adrian Furnham. 'Als je getalenteerde en gemotiveerde medewerkers hebt, moet je hen aanmoedigen om zelfstandig te werken wanneer creativiteit of efficiency de hoogste prioriteit is.'

De enige uitzondering op deze regel is online brainstormen. Mits in goede banen geleid, presteren groepen die via internet brainstormen niet alleen beter dan individuen, zo blijkt uit onderzoek; hoe groter de groep, hoe beter die presteert. Hetzelfde geldt voor academisch onderzoek: hoogleraren die via internet samenwerken, vanaf verschillende fysieke locaties, produceren in de regel invloedrijker onderzoek dan zij die ofwel solistisch werken of in elkaars fysieke nabijheid.

Dat zou ons niet moeten verbazen. Zoals gezegd, was het juist de wonderlijke kracht van de elektronische samenwerking die heeft bijgedragen aan het nieuwe groepsdenken. Linux en Wikipedia zijn toch ook ontstaan uit een gigantische elektronische brainstormsessie? Maar we zijn zo onder de indruk van de kracht van de samenwerking via internet dat we ál het groepswerk zijn gaan overschatten, ten koste van het solistisch denken. We beseffen onvoldoende dat deelnemen aan een werkgroep via internet een heel aparte vorm van alleen-zijn is. In plaats daarvan denken we dat het succes van samenzweringen via internet kan worden herhaald in de wereld van de persoonlijke omgang.

Ook al is het jarenlang geleden bewezen dat conventionele brainstormgroepen niet werken, ze blijven populair. Deelnemers aan brainstormsessies geloven doorgaans dat hun groep veel beter presteerde dan die feitelijk deed, wat wijst op een waardevolle reden voor hun voortdurende populariteit: groepsgewijs brainstormen geeft mensen een gevoel van verbondenheid. Een lovenswaardig doel, zolang je bedenkt dat brainstormen vooral de sociale cohesie bevordert, en niet de creativiteit.

* * *

Psychologen dragen doorgaans drie verklaringen aan waarom brainstormen niet werkt. De eerste is sociale luiheid: sommige leden van een groep hebben de neiging om achterover te leunen en anderen het werk te laten doen. De tweede is productieblokkering: er kan maar één tegelijk spreken of een idee voortbrengen, terwijl de andere groepsleden er noodgedwongen passief bij zitten. En de derde is angst voor kritiek, oftewel de angst dat je een domme indruk maakt op je groepsgenoten.

De 'regels' van Osborn voor het brainstormen dienden om die angstgevoelens weg te nemen, maar uit onderzoek blijkt juist dat de angst om af te gaan een sterke invloed uitoefent. Zo speelden in het basketbalseizoen 1988-89 twee NCAA-teams elf wedstrijden zonder toeschouwers, vanwege een mazelenuitbraak waardoor hun universiteiten alle studenten in quarantaine deden. Beide ploegen speelden veel beter (meer punten uit vrije worpen bijvoorbeeld) toen er geen supporters, ook geen bewonderende supporters van de thuisploeg, bij waren die hen zenuwachtig konden maken.

Gedragseconoom Dan Ariely nam een vergelijkbaar verschijnsel waartoe hij in het kader van een onderzoek 39 deelnemers vroeg om anagrammenpuzzels op te lossen, ofwel alleen aan hun bureau of terwijl andere mensen toekeken. Ariely voorspelde dat de deelnemers in de openbaarheid beter zouden presteren, omdat ze gemotiveerder zouden zijn. Maar ze presteerden juist slechter. De aanwezigheid van publiek mag dan opzwepend zijn, maar zorgt ook voor stress.

Het probleem met deze angst voor sociale beoordeling is dat je er weinig tegen kunt doen. Je zou denken dat je die angst met wilskracht, oefening of een aantal groepsregels zoals die van Alex Osborn kunt wegnemen. Maar neurotechnisch onderzoek wijst uit dat de angst voor kritiek veel dieper zit en veel verdergaande consequenties heeft dan we ooit hadden kunnen vermoeden.

Tussen 1951 en 1956, in de tijd dat Osborn de deugden van het brainstormen verkondigde, voerde psycholoog Solomon Asch een beroemd geworden reeks experimenten uit over de gevaren van groepsbeïnvloeding. Asch deelde studentenvrijwilligers in groepen in die hij een visuele proef liet doen. Hij toonde een afbeelding van drie lijnen van verschillende lengte en stelde vragen over de verschillen tussen de lijnen: welke lijn was het langst, welke was even lang als een vierde lijn, enzovoorts. Zijn vragen waren zo eenvoudig dat 95 procent van de studenten elke vraag goed beantwoordde.

Maar toen Asch stiekem acteurs aan de groepen toevoegde, en die acteurs zelfverzekerd allebei hetzelfde foute antwoord voorstelden, kelderde het aantal studenten dat alleen juiste antwoorden gaf naar 25 procent. Een verbijsterende 75 procent van de deelnemers ging dus bij minstens één vraag mee met het foute antwoord van de groep.

De experimenten van Asch lieten zien hoe sterk het conformisme is, terwijl Osborn ons in dezelfde tijd daarvan probeerde te bevrijden. De experimenten maakten echter niet duidelijk waarom mensen zo'n sterke neiging tot conformisme hebben. Wat gebeurde er in de gedachten van de inschikkelijken? Was hun waarneming van de lengte van de lijnen onder de groepsdruk veranderd of gaven ze willens en wetens verkeerde antwoorden uit angst om buiten de boot te vallen? Over die vraag hebben psychologen zich decennialang het hoofd gebroken.

Maar dankzij de techniek van de hersenscanner zijn we nu misschien dichter bij het antwoord. In 2005 besloot Gregory Berns, een neurotechnisch onderzoeker die werkt op Emory University, een gemoderniseerde versie van de experimenten van Asch uit te voeren. Berns en zijn medewerkers rekruteerden 32 vrijwilligers, mannen en vrouwen tussen de 19 en 41. De vrijwilligers speelden een spel waarbij elk groepslid twee verschillende driedimensionale voorwerpen op een computerscherm te zien kreeg en werd gevraagd om te bepalen of het object zo gedraaid kon worden dat het op het tweede leek. De onderzoekers gebruikten een fMRI-scanner om kiekjes te nemen van de hersenen van de proefpersonen terwijl die zich conformeerden aan de mening van de groep of zich er juist van losmaakten.

De uitkomsten waren zowel verontrustend als verhelderend. Om te beginnen, bevestigden ze de bevindingen van Asch. Wanneer de vrijwilligers het spel in hun eentje speelden, gaven ze maar in 13,8 procent van de gevallen een fout antwoord. Maar wanneer ze speelden met een groep waarvan de leden unaniem foute antwoorden gaven, waren ze het in 41 procent van de gevallen met de groep eens.

Het onderzoek van Berns wierp echter ook licht op de vraag waaróm mensen zulke conformisten zijn. Toen de proefpersonen in hun eentje speelden, was op de hersenscans activiteit te zien in een netwerk van hersengebieden, waaronder de occipitale cortex en de pariëtale cortex, die verband houden met visuele en ruimtelijke waarneming, en in de frontale cortex, die verband houdt met bewuste besluitvorming. Maar wanneer de proefpersonen meegingen met het foute antwoord van de groep, onthulde hun hersenactiviteit iets heel anders.

Asch probeerde indertijd te achterhalen of mensen zich conformeerden terwijl ze wisten dat de groep het mis had, of dat de groep hun waarneming had veranderd. Als het eerstgenoemde het geval was, zo redeneerden Berns en zijn medewerkers, dan moesten ze meer hersenactiviteit in de besluitvormende prefrontale cortex waarnemen. Met andere woorden: de hersenscans zouden aangeven dat de vrijwilligers opzettelijk besloten om hun eigen opvattingen los te laten en zich naar die van de groep te voegen. Maar als de hersenscans verhoogde activiteit lieten zien in gebieden die verband hielden met visuele en ruimtelijke waarneming, zou dat aangeven dat de groep op een of andere manier de waarneming van het individu had beïnvloed.

En dat laatste is wat er gebeurde: de conformisten hadden minder hersenactiviteit in de frontale, besluitvormende gebieden en meer in de hersengebieden die verband houden met perceptie. Anders gezegd: groepsdruk is niet alleen onaangenaam, maar kan letterlijk je kijk op een probleem veranderen.

Deze eerste bevindingen geven aan dat groepen lijken te werken als geestverruimende middelen. Als de groep denkt dat A het juiste antwoord is, is er een veel grotere kans dat jij dat ook gelooft. Je denkt niet bewust: 'Hm, ik weet het niet zeker, maar zij denken allemaal dat antwoord A goed is, dus dan zeg ik dat ook maar.' En je denkt ook niet: 'Ik wil dat ze me aardig vinden, dus ik doe maar alsof A het juiste antwoord is.' Nee, je doet iets dat veel onverwachter en gevaarlijker is. De meeste vrijwilligers van Berns meldden dat ze met de mening van de groep mee waren gegaan omdat 'ze dachten dat ze gelukkigerwijs op hetzelfde juiste antwoord waren gekomen.' Ze waren dus volkomen blind voor het feit dat hun groepsgenoten hen hadden beïnvloed.

Wat heeft dat met sociale angsten te maken? Bedenk dat de vrijwilligers in de onderzoeken van Asch en Berns zich niet altijd aanpasten aan de meerderheid. Soms kozen ze het juiste antwoord, ondanks de invloed van hun groepsgenoten. En Berns en zijn team ontdekten iets heel interessants over die momenten. Ze vertoonden een relatie met verhoogde activatie in de amygdala, een klein orgaan in de hersenen dat zich bezighoudt met verwarrende emoties zoals de angst voor afwijzing.

Berns noemt dit verschijnsel 'de pijn van de onafhankelijkheid' en het heeft ernstige implicaties. Veel van de belangrijkste Amerikaanse burgerlijke instituties, van verkiezingen en juryrechtspraak tot het idee van democratisch bestuur door de meerderheid, hangen af van dissidente stemmen. Maar als een groep letterlijk de menselijke waarneming kan beïnvloeden, en als het verzet daartegen primitieve, krachtige en onbewuste gevoelens van afwijzing activeert, dan is het goed functioneren van deze instituties veel kwetsbaarder dan we dachten.

* * *

Maar uiteraard heb ik het pleidooi tegen samenwerking in elkaars nabijheid iets te eenvoudig voorgesteld. Per slot van rekening werkte Steve Wozniak samen met Steve Jobs; zonder dit duo had Apple nooit bestaan. Elke tweepersoonsrelatie tussen moeder en vader, tussen ouder en kind, is een vorm van creatieve samenwerking. Onderzoek heeft zelfs aangetoond dat persoonlijke interactie vertrouwen kan scheppen op een manier die interactie via internet niet vermag. Uit onderzoek blijkt ook dat de bevolkingsdichtheid een correlatie vertoont met de mate van innovatie; ondanks de voordelen van rustige boswandelingen doen mensen in de stad hun voordeel met het sociale netwerk dat het stadsleven biedt.

Ik heb dat fenomeen persoonlijk ervaren. Toen ik me voorbereidde op het schrijven van dit boek, richtte ik thuis een uitnodigende werkkamer in, inclusief een leeg bureaublad, archiefkasten, een vrij werkblad en veel natuurlijk daglicht – en voelde me vervolgens te zeer van de wereld afgesneden om daar ook maar één toets aan te slaan. In plaats daarvan schreef ik het merendeel van dit boek op een laptop in mijn favoriete, dichtbevolkte espressobar in de buurt. Dat deed ik om dezelfde redenen die pleitbezorgers van het nieuwe groepsdenken zouden aandragen: alleen al de aanwezigheid van andere mensen hielp me om associatieve gedachtesprongen te maken. De espressobar zat vol mensen die over hun eigen computer gebogen zaten, en te oordelen naar hun blik van intense concentratie was ik niet de enige die daar een hoop werk gedaan kreeg.

Maar de espressobar was een goede werkruimte voor me vanwege een aantal eigenschappen die in veel moderne onderwijs- en werkomgevingen ontbreken. Het was er gezellig, en de informele sfeer en de mogelijkheid om naar believen te komen en te gaan ontsloeg me van ongewenste verplichtingen, waardoor ik mijn schrijven 'doelbewust kon oefenen'. Ik kon heen en weer pendelen tussen observator en sociaal deelnemer zijn zoveel ik maar wilde. En ik had mijn omgeving zelf in de hand. Elke dag koos ik voor een tafeltje op een bepaalde plek – in het midden van de ruimte of aan de rand – afhankelijk van de vraag of ik niet alleen wilde kijken maar ook gezien wilde worden. En het stond me vrij om weg te gaan als ik behoefte had aan rust tijdens het redigeren van wat ik die dag geschreven had. Doorgaans was ik al na een paar uur zo ver om dat recht uit te oefenen, niet na de acht, tien of veertien uur die veel kantoorbewoners maken.

De weg voorwaarts, zo stel ik voor, is niet om te stoppen met het samenwerken in elkaars fysieke nabijheid, maar om de manier waarop we dat doen fijner af te stemmen. Om te beginnen moeten we actief op zoek gaan naar symbiotische relaties tussen introverte en extraverte mensen, waarbij het leiderschap wordt verdeeld in overeenstemming met hun natuurlijke kracht en temperament. De best functionerende teams, zo blijkt uit onderzoek, bevatten een gezond mengsel van introverte en extraverte mensen, en dat geldt ook voor veel leiderschapsstructuren. Silicon Valley biedt veel voorbeelden van dit model. Naast Woz en Jobs, vormde de introverte Mark Zuckerberg van Facebook een bekend koppel met zijn operationeel directeur, 'mensenmens' Sheryl Sandberg. Een ander voorbeeld is Larry Page van Google, die introverter is dan zijn medeoprichter Sergey Brin.

We moeten omgevingen creëren waarin mensen zich vrij kunnen bewegen in een voortdurend veranderende caleidoscoop van contacten en zich op hun werkkamer kunnen terugtrekken wanneer ze zich willen concentreren of gewoon alleen willen zijn. Onze scholen moeten kinderen bijbrengen hoe je met anderen samenwerkt – groepsgewijs leren kan effectief zijn, mits goed en met mate beoefend – maar hun ook de tijd en ruimte geven die ze nodig hebben om doelbewust te oefenen. Het is ook van levensbelang om te erkennen dat veel mensen – vooral introverte mensen zoals Steve Wozniak – extra rust en privacy nodig hebben om optimaal te kunnen functioneren.

Sommige bedrijven beginnen in te zien hoe waardevol stilte en eenzaamheid zijn en creëren een 'flexibele' kantoorinrichting die bestaat uit een mix van eenpersoonswerkruimtes, stiltezones, informele ontmoetingsplekken, koffiebars, leeszalen, computercentra en zelfs 'straatjes' waar mensen informeel met elkaar kunnen kletsen zonder anderen te storen bij hun werkzaamheden. De campus van animatiestudio Pixar, die zes hectare beslaat, is gebouwd rond een atrium zo groot als een voetbalveld, dat ruimte biedt aan brievenbussen, een restaurant en zelfs toiletten. Het idee daarachter is om zo veel mogelijk terloopse, toevallige ontmoetingen te creëren. Tegelijkertijd worden de werknemers gestimuleerd om zich hun werkkamer, werkhokje, bureau en werkomgeving helemaal toe te eigenen en naar eigen inzicht aan te kleden. Op eenzelfde manier hebben bij Microsoft veel werknemers een eigen werkruimte, die echter schuifdeuren, beweegbare muren en andere faciliteiten heeft die de bewoners de mogelijkheid bieden om te bepalen wanneer ze willen samenwerken en wanneer ze eenzaam willen nadenken. Zowel introverte als extraverte mensen hebben voordeel bij deze variabele werkruimten, vertelde systeemontwerponderzoeker Matt Davis me, omdat ze meer gelegenheid bieden om je terug te trekken dan de traditionele kantoortuinen.

Ik vermoed dat Wozniak die ontwikkeling zou toejuichen. Voordat hij de personal computer van Apple bedacht, ontwierp Woz rekenmachines bij Hewlett-Packard, werk dat hij onder andere zo leuk vond omdat het bij HP zo makkelijk was om een praatje met collega's te maken. Elke dag liet de directie om tien uur en twee uur donuts en koffie aanrukken, en gingen de werknemers met elkaar praten en ideeën uitwisselen. Het bijzondere van deze contacten was hoe informeel en ontspannen ze waren. In *iWoz* beschrijft hij HP als een meritocratie waarin het niet uitmaakte hoe je eruitzag, waar je geen sociale spelletjes hoefde te spelen, en waarin niemand hem pushte om zijn geliefde technische bezigheden in te ruilen voor een leidinggevende functie. Dat is pas echte samenwerking, vindt Woz: de mogelijkheid om een donut te eten en een goede inval te delen met relaxte, niet-oordelende, onmodieus geklede collega's – die het helemaal niet erg vonden als hij weer in zijn werkhokje verdween om zich op het echte werk te storten.

Deel 2 – Je biologische aanleg, is dat wie je bent?

4 – Is je temperament je noodlot? Aanleg, opvoeding en de orchideeënhypothese

Sommige mensen zijn zekerder over alles dan ik dat ben over wat dan ook.
Robert Rubin, *In an Uncertain World*

Bijna tien jaar geleden. Het is twee uur 's nachts. Ik kan de slaap niet vatten en ik wil dood.

Ik ben anders nooit suïcidaal, maar dit is de nacht voor een belangrijke toespraak, en er spoken afschuwelijke rampenscenario's door mijn kop. Stel dat ik een kurkdroge mond krijg en geen woord kan uitbrengen? Stel dat ik mijn toehoorders verveel? Stel dat ik op het podium moet overgeven?

Mijn vriend (nu mijn echtgenoot) Ken ziet hoe ik lig te draaien en te woelen. Hij snapt niets van mijn angsten. Hij is als lid van de VN-vredesmacht in Somalië een keer in een hinderlaag gelopen, en toch denk ik dat hij toen niet zo doodsbang was als ik nu.

'Probeer aan fijne dingen te denken,' zegt hij en strijkt me over mijn voorhoofd.

Ik tuur naar het plafond en voel de tranen opwellen. Welke fijne dingen? Wie kan er gelukkig zijn in een wereld met podia en microfoons?

'Er zijn een miljard mensen in China die jouw toespraak volslagen onbelangrijk vinden,' leeft Ken met me mee.

Dat helpt, ongeveer vijf seconden lang. Ik draai me om en tuur naar de wekker. Eindelijk is het half zeven. Nu is het ergste, de nacht ervoor, achter de rug. Morgen om deze tijd ben ik vrij. Maar eerst moet ik deze dag zien door te komen. Ik trek chagrijnig mijn kleren en mijn jas aan. Ken overhandigt me een bidon met Baileys Irish Cream. Ik ben geen grote drinker, maar ik vind Baileys lekker omdat het smaakt als chocolademilkshake. 'Drink dit een kwartier voordat je op moet,' zegt hij, en kust me ten afscheid.

Ik neem de lift naar beneden en stap in de auto die klaarstaat om me naar mijn bestemming te brengen, het hoofdkantoor van een groot bedrijf in een voorstad van New Jersey. De autorit biedt me alle tijd om me af te vragen hoe ik het allemaal zo ver heb kunnen laten komen. Ik ben onlangs gestopt met mijn werk als advocaat op Wall Street en heb een eigen consultancybedrijf opgezet. Ik heb hoofdzakelijk personen of kleine groepen geadviseerd, wat ik prettig vind. Maar wanneer een kennis die het hoofd is van de juridische afdeling van een groot mediabedrijf me vraagt om een seminar te geven aan zijn hele directieteam, zeg ik daar – zelfs enthousiast – ja op, om redenen die ik nu niet snap. Ik merk dat ik zit te bidden om een ramp – een overstroming of een aardbevinkje – zolang ik dit maar niet hoef te doen. Vervolgens voel ik me schuldig omdat ik de andere stadsbewoners bij mijn drama betrek.

De auto stopt bij het kantoor van de klant en ik stap uit, terwijl ik de opgewekte zelfverzekerdheid van een succesvolle consultant probeer uit te stralen. De organisator van het evenement begeleidt me naar de gehoorzaal. Ik vraag hem waar de wc is en in de beslotenheid van het hokje neem ik een slok uit de bidon. Ik sta een paar tellen stil, om te wachten tot de alcohol zijn werk begint te doen. Maar er gebeurt niets – ik ben nog steeds doodsbang. Misschien moet ik nog een teug nemen. Nee, het is pas negen uur 's ochtends. Stel je voor dat ze de alcohol in mijn adem ruiken? Ik stift mijn lippen nogmaals en ga terug naar de vergaderzaal, waar ik mijn kaarten met aantekeningen rangschik op het podium terwijl de zaal volloopt met gewichtig ogende zakenmannen. Wat je ook doet, probeer niet over te geven, houd ik mezelf voor.

Een paar van de directieleden werpen een blik op mij, maar de meesten van hen turen geconcentreerd naar hun BlackBerry. Het is duidelijk dat ik hen van hun zeer spoedeisende werkzaamheden afhoud. Hoe moet ik hun aandacht lang genoeg vasthouden om te zorgen dat ze stoppen met het intikken van dringende berichten op hun minuscule typemachientjes? Ik neem me ter plekke voor om nooit meer een lezing te geven.

* * *

Nou ja, ik heb er sindsdien nog een heleboel gegeven. Ik ben mijn angsten niet volledig de baas geworden, maar in de loop der jaren heb ik strategieën ontdekt die ieder mens met plankenkoorts die moet spreken in het openbaar van pas kunnen komen. Meer daarover in hoofdstuk 5.

Intussen heb ik je het verhaal over mijn doodsangsten verteld omdat die angst de kern vormt van een paar van mijn prangendste vragen over introversie. Op een diep niveau lijkt mijn angst om te spreken in het openbaar verband te houden met andere aspecten van mijn persoonlijkheid die ik waardeer, vooral mijn liefde voor alles wat zachtaardig en verstandelijk is. Dat lijkt me geen ongewone combinatie van eigenschappen. Maar is er echt verband tussen die eigenschappen, en zo ja, wat is dat dan? Zijn ze een product van mijn opvoeding? Mijn ouders zijn allebei zachtmoedige, beschouwelijke types; mijn moeder houdt ook niet van toespraken geven. Of zijn ze een gevolg van mijn 'aanleg', iets dat diep in mijn genen verborgen zit?

Deze vragen houden me al mijn hele volwassen leven bezig. Gelukkig geldt dat ook voor onderzoekers op Harvard, waar wetenschappers menselijke hersenen doorlichten om de biologische oorsprong van het menselijk temperament te vinden.

Een van hen is een man van 82: Jerry Kagan, een van de grote ontwikkelingspsychologen van de twintigste eeuw. Kagan heeft zijn hele carrière gewijd aan de bestudering van de emotionele en cognitieve ontwikkeling van kinderen. In een reeks baanbrekende longitudinale onderzoeken volgde hij kinderen vanaf hun vroege kindertijd tot en met de adolescentie, en documenteerde en passant hun fysiologie en persoonlijkheid. Zulke longitudinale onderzoeken zijn tijdrovend en duur, en worden daarom zelden gedaan, maar wanneer ze iets opleveren, zoals het onderzoek van Kagan deed, dan is het ook heel veel.

In het kader van een onderzoek dat in 1989 van start ging en nog steeds loopt, lieten professor Kagan en zijn medewerkers vijfhonderd baby's van vier maanden naar zijn Laboratory for Child Development op Harvard komen. Ze voorspelden dat ze op basis van een onderzoek dat drie kwartier duurde konden zeggen welke baby's meer kans hadden om introvert of extravert te worden. Als je onlangs nog een baby van vier maanden hebt gezien, zul je dat misschien een stoutmoedige bewering vinden. Maar Kagan had het temperament al lange tijd bestudeerd, en hij had een theorie.

Kagan en zijn medewerkers stelden de baby's van vier maanden bloot aan een reeks zorgvuldig geselecteerde nieuwe ervaringen. De baby's hoorden geluidsopnamen van stemmen en knallende ballonnen, zagen kleurrijke mobiles voor hun ogen dansen en roken de geur van alcohol op wattenstaafjes. Ze reageerden heel verschillend op die nieuwe prikkels. Ongeveer 20 procent huilde uit volle borst en bewoog zijn armen en benen. Kagan noemde deze groep 'hoogreactief'. Ongeveer 40 procent bleef stil en vredig, en bewoog af en toe zijn armen of benen, maar zonder al dat dramatische gezwaai met ledematen. Kagan noemde deze groep 'laagreactief'. De resterende 40 procent bevond zich ergens tussen die twee uitersten in. Kagan had een onthutsend contra-intuïtieve hypothese: hij voorspelde dat de kinderen in de hoogreactieve groep – de energieke armzwaaiers – de grootste kans maakten om uit te groeien tot stille tieners.

Toen ze twee, vier, zeven en elf jaar oud waren, keerden veel van deze kinderen terug naar het laboratorium van Kagan voor een vervolgonderzoek van hun reactie op nieuwe mensen en gebeurtenissen. Op tweejarige leeftijd maakten de kinderen kennis met een vrouw met een gasmasker in een laboratoriumjas, een man in een clownspak en een radiogestuurde robot. Op hun zevende werd hun gevraagd om te spelen met kinderen die ze nog nooit hadden ontmoet. Toen ze elf waren, stelde een onbekende volwassene hun vragen over hun privéleven. Het team van Kagan observeerde hoe de kinderen op deze onbekende situaties reageerden, maakten aantekeningen over hun lichaamstaal en legden vast hoe vaak en hoe spontaan ze lachten, praatten en glimlachten. Ze ondervroegen de kinderen en hun ouders ook over het gedrag van de kinderen buiten het laboratorium. Prefereerden ze een of twee goede vriendjes of vriendinnetjes boven drukke groepen? Vonden ze het leuk om nieuwe steden te bezoeken? Namen ze risico's of waren ze eerder voorzichtig? Vonden ze zichzelf verlegen of dapper?

Veel van de kinderen ontwikkelden zich precies zoals Kagan had verwacht. De hoogreactieve baby's, de 20 procent die had geschreeuwd naar de mobielen die boven hun hoofd wiebelden, ontwikkelden gemiddeld vaker een ernstige, zorgvuldige persoonlijkheid. De laagreactieve baby's, die rustig waren gebleven, ontwikkelden zich eerder tot ontspannen en zelfverzekerde types. Anders gezegd: hoog- en laagreactiviteit correspondeerden doorgaans met introversie en extraversie. Zoals Kagan mijmerde in zijn boek uit 1998, *Galen's Prophecy*: 'De beschrijvingen van de introverte en extraverte mens door Carl Jung, die hij ruim vijfenzeventig jaar geleden schreef, zijn met een onwaarschijnlijke precisie van toepassing op een deel van onze hoog- en laagreactieve adolescenten.'

Kagan beschrijft twee van die adolescenten – de gereserveerde Tom en de extraverte Ralph – en de verschillen tussen hen zijn treffend. Tom, die als kind uitzonderlijk verlegen was, doet het goed op school, is waakzaam en rustig, verknocht aan zijn vriendin en ouders, geneigd om te tobben, en vindt het heerlijk om in zijn eentje te leren en na te denken over intellectuele vraagstukken. Hij wil wetenschapper worden. 'Net als [...] andere beroemde introverte mensen die als kind verlegen waren,' schrijft Kagan, die Tom vergelijkt met de dichter T.S. Eliot en de wiskundige en filosoof Alfred North Whitehead, heeft Tom 'gekozen voor een leven van de geest'.

Ralph daarentegen is ontspannen en zelfverzekerd. Hij benadert de interviewer uit het team van Kagan als een gelijke, niet als een gezagsfiguur die vijfentwintig jaar ouder is. Hoewel Ralph heel intelligent is, heeft hij onlangs onvoldoendes gehaald voor taal en rekenen, omdat hij gekkigheid had uitgehaald. Maar er zijn weinig dingen waar Ralph echt mee zit. Hij geeft zijn tekortkomingen opgewekt toe.

Psychologen discussiëren vaak over het verschil tussen 'temperament' en 'persoonlijkheid'. Met temperament wordt gedoeld op aangeboren, biologisch bepaalde gedrags- en emotiepatronen die kunnen worden waargenomen in de baby- en vroege kindertijd; persoonlijkheid is het complexe brouwsel dat ontstaat nadat hier culturele invloeden en persoonlijke ervaringen aan zijn toegevoegd. Sommigen beweren dat het temperament het fundament is, en de persoonlijkheid het gebouw. Het werk van Kagan heeft geholpen om bepaalde temperamenten bij baby's in verband te brengen met adolescente persoonlijkheidsstijlen zoals die van Tom en Ralph.

* * *

Maar hoe kon Kagan weten dat de baby's die woest met hun armpjes zwaaiden meer kans hadden om zich te ontpoppen tot voorzichtige, bedachtzame tieners zoals Tom, of dat de rustige baby's meer kans hadden om uit te groeien tot spontane, spijbelende jongens zoals Ralph? Het antwoord is gelegen in hun lichaamsbouw.

Het team van Kagan observeerde niet alleen het gedrag van kinderen in onbekende situaties, maar deed ook metingen van hun hartslag, bloeddruk, vingertemperatuur en andere eigenschappen van het zenuwstelsel. Kagan koos voor deze meeteenheden omdat hij geloofde dat ze werden aangestuurd door een klein, maar machtig orgaan in de hersenen: de amygdala. De amygdala bevindt zich diep in het limbische systeem, een oeroud hersennetwerk dat zelfs primitieve dieren als muizen en ratten hebben. Dit netwerk – dat soms het 'emotionele brein' wordt genoemd – ondersteunt veel basisinstincten die we gemeen hebben met deze dieren, zoals honger, voortplantingsdrift en angst.

De amygdala doet dienst als het emotionele schakelbord van de hersenen. Het ontvangt informatie van de zintuigen en geeft aan de rest van de hersenen en het zenuwstelsel aan hoe ze moeten reageren. Een van haar functies is om onmiddellijk nieuwe of bedreigende dingen in de omgeving op te merken – van een zwevende frisbee tot een sissende slang – en razendsnel signalen door het lichaam heen te sturen die de vecht-of-vluchtreactie activeren. Wanneer een frisbee direct op je neus af vliegt, zegt je amygdala jou dat je moet bukken. Wanneer een ratelslang zich opmaakt om te bijten, zorgt de amygdala ervoor dat je wegrent.

Kagans hypothese was dat baby's die zijn geboren met een zeer prikkelbare amygdala zouden wriemelen en blèren als er onbekende voorwerpen aan hen werden getoond – en zouden uitgroeien tot kinderen die meer kans hadden om op hun hoede te zijn tijdens de kennismaking met nieuwe mensen. En dat is precies wat hij constateerde. Met andere woorden: de baby's van vier maanden die als punkers met hun armpjes zwiepten, deden dat niet omdat ze extraverte mensen in de dop waren, maar omdat ze 'hoogreactief' waren en hun lichaampje sterk reageerde op nieuwe beelden, geluiden en geuren. De rustige baby's waren niet stil omdat ze introverte mensen zouden worden, maar juist omdat ze een zenuwstelsel bezaten dat niet zo gevoelig was voor onbekende dingen.

Hoe reactiever de amygdala van een kind is, hoe sneller zijn hartslag is, hoe meer het zijn pupillen verwijdt, hoe strakker zijn stembanden worden gespannen, hoe meer cortisol (een stresshormoon) er in zijn speeksel zit – en hoe meer het in de stress schiet wanneer het wordt geconfronteerd met nieuwe en prikkelende dingen. Als hoogreactieve baby's groot worden, blijven ze in allerlei situaties kennismaken met onbekende dingen, van hun eerste bezoek aan een attractiepark tot de kennismaking met nieuwe klasgenootjes op hun eerste schooldag. Doorgaans letten we het meest op de reactie van een kind op onbekende mensen: hoe gedraagt het zich op zijn eerste schooldag? Is het onzeker op verjaardagsfeestjes met veel kinderen die het niet kent? Maar wat je dan eigenlijk ziet is de gevoeligheid van een kind voor alles wat nieuw is, niet alleen voor nieuwe mensen.

Hoog- en laagreactiviteit zijn waarschijnlijk niet de enige biologische wegen die naar introversie en extraversie leiden. Er zijn veel introverte mensen die niet de gevoeligheid van een klassiek hoogreactief type hebben, en een kleine groep hoogreactieve kinderen groeit uit tot een extraverte volwassene. Toch is de reeks ontdekkingen van Kagan, die al tientallen jaren voortduurt, een dramatische doorbraak in ons inzicht in deze verschillende persoonlijkheden, inclusief onze waardeoordelen over hen. Extraverte mensen worden soms geprezen omdat ze 'sociaal' zijn, in de zin dat ze om anderen geven, terwijl introverte mensen worden afgeserveerd als types die niet om andere mensen geven. Maar de reacties van de baby's in de onderzoeken van Kagan hadden niets met mensen te maken. Deze baby's gilden (of gilden niet) om wattenstaafjes. Ze zwaaiden met hun ledematen (of bleven rustig) in reactie op knallende ballonnen. De hoogreactieve baby's waren geen mensenhaters in de dop; ze waren gewoon gevoelig voor hun omgeving.

De gevoeligheid van het zenuwstelsel van deze kinderen vertoont niet alleen verband met het opmerken van enge dingen, maar met opmerken in het algemeen. Hoogreactieve kinderen zijn 'alert' op mensen en dingen, zoals een psycholoog dat heeft genoemd. Ze maken letterlijk meer oogbewegingen dan anderen tijdens het vergelijken van de opties voordat ze een beslissing nemen. Het lijkt erop dat ze informatie omtrent de wereld diepgaander verwerken, soms bewust, soms onbewust. In een van zijn eerste onderzoeken vroeg Kagan een groep kinderen uit groep drie om een visueel herkenningsspel te spelen. Elk kind kreeg een plaatje te zien van een teddybeer die op een stoel zat, plus zes andere plaatjes die erop leken, waarvan er slechts één exact hetzelfde was. De hoogreactieve kinderen deden langer dan de andere over het afwegen van alle mogelijkheden en maakten gemiddeld vaker de juiste keus. Toen Kagan diezelfde kinderen vroeg om woordspelletjes te spelen, ontdekte hij dat ze ook nauwkeuriger lezen dan impulsieve kinderen.

Hoogreactieve kinderen zijn ook vaak geneigd om dingen die ze hebben opgemerkt diep te doordenken en doorvoelen, en alledaagse ervaringen extra genuanceerd te beleven. Dat kan zich op verschillende manieren uiten. Als een kind sociaal ingesteld is, besteedt het bijvoorbeeld veel tijd aan het analyseren van zijn waarnemingen van anderen: waarom wilde Jason vandaag zijn speelgoed met niemand delen? Waarom werd Mary zo boos op Nicholas toen hij per ongeluk tegen haar opbotste? Als hij een speciale hobby heeft zoals puzzelen, schilderen of zandkastelen bouwen, zal hij zich daar met ongewoon veel aandacht op concentreren. Als een hoogreactieve kleuter per ongeluk een stuk speelgoed van een ander kind kapotmaakt, voelt het zich vaak schuldiger en verdrietiger dan een minder reactief kind zou doen. Uiteraard hebben alle kinderen oog voor hun omgeving en ervaren ze allemaal emoties, maar hoogreactieve kinderen lijken dingen scherper te zien en sterker te voelen. Als je een hoogreactief kind van zeven vraagt hoe een groep kinderen een felbegeerd stuk speelgoed moet delen, zo schrijft wetenschapsjournalist Winifred Gallagher, zal het doorgaans geraffineerde strategieën voorstellen zoals: 'Zet hun achternaam in alfabetische volgorde, en dan mag degene die het dichtst bij de A zit als eerste.'

'De theorie in de praktijk brengen is moeilijk voor ze,' schrijft Gallagher, 'omdat hun gevoelige aard en ingewikkelde plannen slecht geschikt zijn voor de veelvormige eisen van het schoolplein.' Maar zoals we in de volgende hoofdstukken zullen zien, zijn deze eigenschappen – oplettendheid, gevoeligheid voor nuance, complexe emotionaliteit – zwaar onderschatte vermogens.

* * *

Kagan heeft zorgvuldig gedocumenteerd bewijs geleverd dat hoogreactiviteit een van de biologische fundamenten van introversie is (in hoofdstuk 7 zullen we een ander fundament bekijken), maar zijn bevindingen zijn vooral belangrijk omdat ze iets bevestigen wat al lange tijd vermoed werd. Sommige van Kagans onderzoeken wagen zich zelfs op het terrein van de culturele mythe. Zo gelooft hij op basis van zijn onderzoeksresultaten dat hoogreactiviteit een relatie heeft met lichaamskenmerken als blauwe ogen, allergieën en hooikoorts, en dat hoogreactieve mensen vaker dan gemiddeld een slank lichaam en een smal gezicht hebben. Die conclusies zijn speculatief en doen denken aan het negentiende-eeuwse gebruik om de ziel van iemand te voorspellen aan de hand van diens schedelvorm. Maar of die voorspellingen nu wel of niet juist zijn, het is interessant dat dit uitgerekend de lichaamskenmerken zijn die we aan fictieve personages geven als we willen suggereren dat ze rustig, introvert en cerebraal zijn. Het lijkt wel of deze fysiologische neigingen diep in ons culturele onbewuste begraven liggen.

Neem nu Disneyfilms. Kagan en zijn collega's speculeren dat de animators van Disney een onbewust besef van hoogreactiviteit hadden toen ze gevoelige figuren als Assepoester, Pinokkio en Dopey (Stoetel in het Nederlands) blauwe ogen gaven, en meer assertieve personages als de stiefzusters van Assepoester, Grumpie en Peter Pan donkere ogen. Ook in veel boeken, Hollywoodfilms en tv-programma's is het clichépersonage van een dunne, zijn neus snuitende jongeman stereotiep voor de onfortuinlijke, maar nadenkende jongen die hoge cijfers haalt, niet goed tegen sociale drukte kan en talent heeft voor introspectieve bezigheden als poëzie of astrofysica. (Denk aan Ethan Hawke in *Dead Poets Society.*). Kagan speculeert zelfs dat sommige mannen de voorkeur geven aan vrouwen met een lichte huid en blauwe ogen omdat ze onbewust denken dat die gevoelig zijn.

Ook andere persoonlijkheidsonderzoeken ondersteunen de aanname dat extraversie en introvertheid een fysiologische en zelfs genetische basis hebben. Een van de meest gebruikte manieren om aanleg en opvoeding te ontwarren is de vergelijking van de persoonlijkheidskenmerken van eeneiige en twee-eiige tweelingen. Eeneiige tweelingen ontwikkelen zich uit één bevrucht eitje en hebben daarom precies dezelfde genen, terwijl twee-eiige tweelingen uit verschillende eitjes zijn ontstaan en gemiddeld maar 50 procent van hun genen gemeen hebben. Dus als je een meting doet van de mate van introversie of extraversie bij tweelingparen en een sterkere correlatie aantreft bij identieke tweelingen dan bij niet-identieke paren – wat wetenschappers in het ene na het andere onderzoek doen, zelfs bij tweelingen die in verschillende gezinnen waren opgegroeid – kun je in alle redelijkheid concluderen dat het persoonlijkheidskenmerk voor een deel genetisch bepaald is.

Geen van deze onderzoeken is volmaakt, maar de uitkomsten hebben voortdurend aangegeven dat introversie en extraversie, net als andere belangrijke persoonlijkheidskenmerken zoals vriendelijkheid en zorgvuldigheid, voor ongeveer 40 tot 50 procent genetisch bepaald zijn.

Maar zijn de biologische verklaringen van introversie echt bevredigend? Toen ik het boek van Kagan, *Galen's Prophecy*, voor de eerste keer las, vond ik het zo spannend dat ik er niet van kon slapen. Hier, op deze pagina's, stonden mijn vrienden, vriendinnen, mijn familie, ikzelf – de hele mensheid eigenlijk – keurig gesorteerd via het prisma van een inactief zenuwstelsel tegenover een actief zenuwstelsel. Het was alsof eeuwen filosofisch onderzoek naar het raadsel van de menselijke persoonlijkheid had geleid tot dit schitterende moment van wetenschappelijk inzicht. Er was dus toch een simpel antwoord op de vraag over aanleg en opvoeding: wij mensen worden geboren met een voorverpakt temperament dat onze volwassen persoonlijkheid in vergaande mate bepaalt.

Maar zo simpel kon het toch niet zijn? Kun je een introverte of extraverte persoonlijkheid werkelijk reduceren tot het zenuwstelsel waarmee iemand wordt geboren? Ik zou van mezelf zeggen dat ik een hoogreactief zenuwstelsel heb geërfd, maar mijn moeder zegt heel stellig dat ik een makkelijke baby was, niet zo eentje die gaat schoppen en janken wanneer er een ballon knapt. Ik word soms overvallen door de wildste twijfels aan mezelf, maar heb ook veel vertrouwen in mijn overtuigingen. Ik voel me erg ongemakkelijk tijdens mijn eerste dag in een stad waar ik de weg niet ken, maar ben dol op reizen. Als kind was ik verlegen, maar daar ben ik grotendeels overheen gegroeid. Bovendien denk ik dat die tegenstellingen helemaal niet zo ongewoon zijn. Veel mensen hebben dissonante aspecten in hun persoonlijkheid. En mensen kunnen door de jaren heen toch ingrijpend veranderen? En hoe zit het met de vrije wil? Hebben we geen macht over wie we zijn en hoe we ons ontwikkelen?

Ik besloot om professor Kagan op te sporen om hem deze vragen zelf voor te leggen. Ik voelde me tot hem aangetrokken, niet alleen omdat de conclusies van zijn onderzoek zo fascinerend waren, maar ook vanwege zijn bijdragen aan de discussie over aanleg en opvoeding. In 1954, aan het begin van zijn carrière, geloofde hij rotsvast in de opvoeding, een opvatting waarmee hij toen in de pas liep met de gevestigde wetenschappelijk orde. In die tijd was het idee dat het temperament aangeboren was politiek explosief, want het riep schrikbeelden op van eugenetica en de rassenleer van de nazi's. Het idee dat kinderen een schone lei waren, voor wie alles mogelijk was, was verlokkelijk in een land dat op een democratische grondslag berust.

Maar Kagan was gaandeweg van gedachten veranderd. 'Ik ben helemaal tegen mijn zin door mijn onderzoeksresultaten gedwongen,' zegt hij nu, 'te erkennen dat het temperament meer invloed heeft dan ik dacht en zou willen geloven.' De publicatie van zijn eerste bevindingen over hoogreactieve kinderen in het tijdschrift *Science* in 1988 droegen bij aan de rechtvaardiging van de gedachte dat het temperament aangeboren is, deels omdat zijn reputatie als iemand uit het 'opvoeding'-kamp zo sterk was.

Als er iemand was die mij kon helpen met het ontwarren van het vraagstuk over aanleg en opvoeding, zo hoopte ik, dan was het wel Jerry Kagan.

* * *

Kagan laat me binnen in zijn werkkamer in de William James Hall op Harvard. Terwijl ik ga zitten, bekijkt hij me zonder met zijn ogen te knipperen: niet onvriendelijk, maar beslist met een kennersblik. Ik had me hem voorgesteld als een zachtaardige, in een witte laboratoriumjas gestoken wetenschapper uit een tekenfilm, die chemicaliën uit de ene reageerbuis in de andere overgiet en dan zegt: 'Poef! Nu weet je precies wie je bent, Susan.' Maar dit is niet de aardige oude professor uit mijn fantasie. Het is wel wrang voor een wetenschapper wiens boeken zijn doordesemd met menselijkheid en die over zichzelf schrijft dat hij als jongen bangelijk en schrikachtig was, dat ik hem regelrecht intimiderend vind. Ik begin ons interview door hem een vraag te stellen over zijn achtergrond, maar hij tekent protest aan tegen de veronderstelling waar die op berust. 'Nee, nee, nee!' buldert hij, alsof ik niet vlak tegenover hem zit.

De hoogreactieve kant van mijn persoonlijkheid draait op volle toeren. Ik praat toch al niet zo luid, maar nu moet ik mezelf dwingen om harder te spreken dan fluistersterkte (op de geluidsopname van ons gesprek klinkt de stem van Kagan krachtig en gezwollen, de mijne veel rustiger). Ik ben me ervan bewust dat ik mijn spieren aanspan, een onmiskenbare aanwijzing dat ik hoogreactief ben. Het voelt vreemd om te weten dat Kagan dit ook opmerkt. Dat zegt hij ook met zoveel woorden, terwijl hij me toeknikt en zegt dat veel hoogreactieve mensen schrijver worden of andere intellectuele beroepen kiezen waarin 'je de baas bent: je trekt de deur dicht, laat de luxaflex zakken en gaat aan het werk. Je bent beschermd tegen het stuiten op onverwachte zaken.' (Lager opgeleide mensen worden doorgaans archiefmedewerker of vrachtwagenchauffeur, zegt hij, om dezelfde redenen.)

Ik breng een jong meisje uit mijn vriendenkring ter sprake van wie ik weet dat ze afwachtend is ingesteld. Ze bestudeert nieuwe mensen in plaats van hen te begroeten. Het gezin gaat elk weekend naar het strand, maar het duurde een eeuwigheid voordat ze durfde te pootjebaden. Een klassiek geval van hoogreactiviteit, zeg ik.

'Nee!' roept Kagan. 'Elke vorm van gedrag heeft meer dan één oorzaak. Vergeet dat nooit! Kinderen die de kat uit de boom kijken, ja, daar zullen statistisch meer hoogreactieve kinderen tussen zitten, maar je kunt ook de kat uit de boom kijken vanwege de manier waarop de eerste drieënhalf jaar van je leven zijn verlopen! Schrijvers en journalisten die me spreken, willen graag een één-op-éénrelatie: één gedrag, één oorzaak. Maar het is heel belangrijk om in te zien dat er bij gedrag als afwachtendheid, verlegenheid en impulsiviteit vele wegen zijn die daarheen kunnen leiden.'

Hij ratelt een reeks voorbeelden af van omgevingsfactoren die een introverte persoonlijkheid kunnen vormen, maar losstaan van of juist samengaan met een reactief zenuwstelsel. Zo kan een kind het leuk vinden om nieuwe ideeën over de wereld te bedenken en daarom vaak in gedachten verzonken zijn. Of gezondheidsproblemen zorgen ervoor dat een kind meer naar binnen gekeerd raakt en zich richt op wat er in zijn lichaam gebeurt.

Mijn eigen angst voor spreken in het openbaar is misschien wel net zo ingewikkeld. Vind ik het eng omdat ik een hoogreactief introvert type ben? Misschien niet. Sommige hoogreactieve mensen vinden het leuk om lezingen te geven en op te treden, terwijl er veel extraverte mensen met plankenkoorts zijn. Spreken in het openbaar is de grootste angst in Amerika, en komt veel vaker voor dan angst voor de dood. De fobie voor spreken in het openbaar heeft vele oorzaken, waaronder tegenslagen in de vroege jeugd die verband houden met iemands unieke levensgeschiedenis, en niet met een aangeboren temperament.

Angst voor spreken in het openbaar is misschien zelfs een oerangst die zeer menselijk is, en niet beperkt is tot mensen die met een hoogreactief zenuwstelsel zijn geboren. Volgens een theorie die berust op de geschriften van sociobioloog E.O. Wilson kon in de tijd dat onze voorouders op de steppe leefden, het feit dat er intensief naar je gekeken werd maar één ding betekenen: dat een wild beest je achtervolgde. En als je denkt dat je op het punt staat te worden opgegeten, ga je dan je rug rechten en zelfverzekerd een verhaal afsteken? Nee, je rent weg. Anders gezegd: honderdduizenden jaren geleden spoorde de evolutie ons aan om als de sodemieter het podium te verlaten, waar je de blikken van de toeschouwers kunt aanzien voor de glanzende ogen van een roofdier. Toch verwacht het publiek niet alleen van jou dat je blijft staan, maar ook dat je een ontspannen en zelfverzekerde indruk maakt. Deze spanning tussen biologische aanleg en het protocol is een van de redenen waarom toespraken geven zo enerverend kan zijn. Het is ook de reden waarom de suggestie om je in te beelden dat je publiek geen kleren aan heeft, zenuwachtige sprekers niet helpt. Naakte leeuwen zijn net zo gevaarlijk als elegant geklede.

Maar ook al zijn alle mensen geneigd om toehoorders aan te zien voor roofdieren, toch heeft ieder mens een andere drempel voor de activatie van de vlucht-of-vechtreactie. Hoe dreigend moeten de ogen van de toehoorders worden toegeknepen voordat je het gevoel krijgt dat je wordt besprongen? Gebeurt dat al voordat je het podium betreedt, of zijn er een paar heel kritische vragenstellers nodig om jou een adrenalinestoot te bezorgen? Het is duidelijk dat een hoogsensitieve amygdala je vatbaarder maakt voor het fronsen en de verveelde zuchten van mensen die hun BlackBerry raadplegen terwijl jij halverwege een zin bent. En onderzoek heeft inderdaad aangetoond dat introverte mensen een significant grotere kans hebben om spreken in het openbaar te vrezen dan extraverte mensen.

Kagan vertelt me over de keer dat hij een collega-wetenschapper een geweldige speech zag houden tijdens een congres. Na afloop vroeg die spreker of ze samen konden gaan lunchen. Kagan vond dat best, en de wetenschapper vertelde hem vervolgens dat hij elke maand lezingen geeft en dat hij ondanks zijn capabele podiumpersona iedere keer doodsangsten uitstaat. Het lezen van

Kagans onderzoek had echter enorm veel invloed op hem gehad.
'U hebt mijn leven veranderd,' vertelde hij aan Kagan. 'Ik heb al die tijd mijn moeder de schuld gegeven, maar nu geloof ik dat ik hoogreactief ben.'

* * *

Ben ik nu introvert omdat ik hoogreactieve genen van mijn ouders heb geërfd, omdat ik hun gedrag heb gekopieerd, of allebei? Vergeet niet dat de erfbaarheidsstatistieken uit de tweelingen- en adoptieonderzoeken aantonen dat introversie en extraversie voor maar 40 tot 50 procent door erfelijke factoren worden bepaald. Dat betekent dat in een groep mensen gemiddeld de helft van de variabiliteit in introversie en extraversie door genetische factoren wordt veroorzaakt. Om de zaak nog ingewikkelder te maken, zijn er waarschijnlijk meerdere genen in het spel, terwijl Kagans kader van hoogreactiviteit waarschijnlijk slechts een van vele fysiologische wegen is die naar introversie leiden. Bovendien moet je uitkijken met gemiddelden. Een erfelijkheidspercentage van 50 procent betekent niet automatisch dat ik mijn introversie voor 50 procent van mijn ouders heb geërfd, of dat de helft van het verschil op het punt van extraversie tussen mijn beste vriendin en mij genetisch bepaald is. Het is mogelijk dat mijn introvertheid voor 100 procent door mijn genen veroorzaakt is, of voor nul procent – en waarschijnlijk door een onmogelijk vast te stellen combinatie van genen en ervaring. De vraag stellen of aanleg of opvoeding de reden is, is net zoiets als vragen of een sneeuwstorm wordt veroorzaakt door de temperatuur of de vochtigheidsgraad. Juist de subtiele wisselwerking tussen de twee maakt ons tot wie we zijn.

Misschien heb ik dus de verkeerde vraag gesteld. Misschien is het raadsel welk deel van je persoonlijkheid op aanleg berust en welk deel op opvoeding minder belangrijk dan de vraag hóé de wisselwerking tussen je aangeboren temperament, je omgeving en je vrije wil verloopt. In hoeverre is je temperament je noodlot?

Enerzijds hebben volgens de theorie over de wisselwerking tussen aanleg en omgeving mensen die bepaalde eigenschappen hebben geërfd de neiging om op zoek te gaan naar levenservaringen die deze eigenschappen versterken. Zo zoeken de meeste laagreactieve kinderen vanaf hun kleutertijd het gevaar op, waardoor ze niet bang zijn voor volwassen risico's wanneer ze groot zijn. Ze 'klimmen over een paar hekken, worden minder gevoelig en klauteren het dak op,' zoals psycholoog David Lykken het uitlegde in een artikel in het tijdschrift *Atlantic*. 'Ze beleven allerlei dingen die andere kinderen niet meemaken. Chuck Yeager (de eerste piloot die door de geluidsbarrière heen ging) was in staat om vanuit het ruim van de bommenwerper in het rakettoestel af te dalen en daar op die knop te drukken, niet omdat hij was geboren met dat verschil tussen hem en mij, maar omdat zijn temperament hem in de dertig jaar die daaraan voorafgingen had aangemoedigd om zich op te werken van in bomen klimmen tot een steeds hoger niveau van gevaar en opwinding.'

Anderzijds hebben hoogreactieve kinderen meer kans om uit te groeien tot kunstenaars, schrijvers, wetenschappers en denkers, omdat hun afkeer van nieuwe dingen ervoor zorgt dat ze tijd doorbrengen binnen de vertrouwde – en intellectueel vormende – omgeving van hun eigen gedachten. 'De universiteit zit vol introverte mensen,' volgens psycholoog Jerry Miller, directeur van het Center for the Child and the Family op de University of Michigan. 'Het stereotype beeld van de professor klopt voor heel veel mensen op de campus: ze houden van lezen; ze vinden niets zo spannend als ideeën. Dat heeft deels te maken met wat ze als kind deden. Als je druk bezig bent met rondrennen, houd je minder tijd over om te lezen en te leren. Je hebt een beperkte hoeveelheid tijd in je leven.'

Aan de andere kant is er voor elk temperament een breed scala van mogelijke uitkomsten. Laagreactieve, extraverte kinderen die met begripvolle ouders en in een veilige omgeving opgroeien, kunnen zich ontwikkelen tot energieke presteerders met een groot ego – mensen als Richard Branson en Oprah. Maar als diezelfde kinderen nalatige opvoeders of een slechte woonomgeving treffen, kunnen ze volgens sommige psychologen ook pestkoppen, jeugdige delinquenten of criminelen worden. Lykken deed een omstreden uitspraak waarin hij psychopaten en helden omschreef als 'twijgen aan dezelfde genetische tak'.

Denk bijvoorbeeld aan het mechanisme waarmee kinderen een besef van goed en kwaad ontwikkelen. Veel psychologen denken dat kinderen een geweten vormen wanneer ze iets stouts doen en een standje krijgen van hun opvoeders. Die afkeuring bezorgt hun angstgevoelens, en aangezien angst onprettig is, leren ze om asociaal gedrag te mijden. Dit wordt het internaliseren van de gedragsnormen van de ouders genoemd, en angst is de kern daarvan.

Maar stel nu dat sommige kinderen minder snel angstgevoelens krijgen dan andere, zoals het geval is bij extreem laagreactieve kinderen? Die kinderen kun je vaak het best normen en waarden bijbrengen door hun positieve rolmodellen aan te bieden en hun gebrek aan angst in goede banen te leiden. Een laagreactief kind in een ijshockeyteam krijgt respect van zijn ploeggenoten als hij een tegenstander met een laaghangende schouder aanvalt, wat een 'legale' tackle is. Maar als hij te ver gaat door zijn elleboog op te tillen en de ander een hersenschudding bezorgt, krijgt hij een time-out. Gaandeweg leert hij om zijn zucht naar gevaar en assertiviteit met beleid te gebruiken.

Stel je nu voor dat ditzelfde kind opgroeit in een gevaarlijke buurt met weinig sportactiviteiten of andere constructieve uitlaatkleppen voor zijn gebrek aan angst. Je kunt je indenken dat hij in de criminaliteit verzeild raakt. Volgens de opvatting van sommigen, hebben sommige probleemkinderen in achterstandswijken niet alleen te lijden onder armoede en verwaarlozing, maar ook onder de tragedie van een onverschrokken en uitbundig temperament dat is verstoken van gezonde uitlaatkleppen.

* * *

Het levenslot van de sterkst hoogreactieve kinderen wordt ook beïnvloed door de wereld die hen omringt, misschien nog meer dan het geval is bij een gemiddeld reagerend kind, volgens een baanbrekende nieuwe theorie die David Dobbs in een prachtig artikel in *The Atlantic* 'de orchideeënhypothese' noemde. Deze theorie stelt dat veel kinderen lijken op paardenbloemen, die in vrijwel elk omgeving gedijen. Maar anderen, onder wie de hoogreactieve types die Kagan bestudeerde, lijken eerder op orchideeën: ze verleppen makkelijk, maar onder de juiste omstandigheden kunnen ze sterk worden en schitterend bloeien.

Volgens Jay Belsky, een belangrijke verkondiger van deze opvatting, een docent psychologie aan de University of London die is gespecialiseerd in kinderverzorging, zorgt de reactiviteit van het zenuwstelsel van deze kinderen ervoor dat ze snel overspoeld raken door tegenslag, maar dat ze ook een ondersteunende omgeving beter kunnen benutten dan minder reactieve kinderen. Anders gezegd: orchideeënkinderen worden sterker geraakt door alle ervaringen, zowel positieve als negatieve.

Wetenschappers weten al een poos dat er risico's kleven aan een hoogreactief temperament. Deze kinderen zijn met name kwetsbaar voor problematiek zoals spanning binnen het huwelijk, het overlijden van een ouder of misbruik. De kans is bij hen groter dan bij hun leeftijdgenootjes dat ze op die gebeurtenissen reageren met depressiviteit, angstgevoelens en verlegenheid. Sterker nog: ongeveer een kwart van de hoogreactieve kinderen van Kagan lijden in zekere mate aan een aandoening die 'sociale angststoornis' wordt genoemd, een chronische en zeer hinderlijke vorm van verlegenheid.

Wetenschappers beseffen pas sinds kort dat deze risicofactoren ook een positieve keerzijde hebben. Anders gezegd: deze gevoeligheden en sterke kanten zijn onlosmakelijk met elkaar verbonden. Hoogreactieve kinderen die een goede opvoeding, goede verzorging en een stabiele thuisomgeving treffen, hebben volgens onderzoek gemiddeld minder emotionele problemen en betere sociale vaardigheden dan hun lagerreactieve leeftijdgenoten. Vaak zijn ze zeer meelevend, zorgzaam en coöperatief. Ze kunnen goed met anderen samenwerken. Ze zijn vriendelijk, gewetensvol, en raken snel verontrust over wreedheid, onrechtvaardigheid en onverantwoordelijkheid. Ze boeken succes in de dingen die zij belangrijk vinden. Ze worden niet altijd klassenvertegenwoordiger of hoofdrolspeler in de schoolmusical, zo vertelde Belsky mij, hoewel ook dat mogelijk is: 'Voor sommigen is het klassenvertegenwoordiger worden, maar voor anderen goede cijfers op school halen. Voor weer anderen is het aardig gevonden worden.'

De positieve kanten van het hoogreactieve temperament zijn geboekstaafd in spraakmakend onderzoek dat wetenschappers pas kortgeleden hebben gestart. Een van de interessantste bevindingen, die ook wordt vermeld in het artikel van Dobbs in *The Atlantic*, werd gedaan in de wereld van de resusapen, een diersoort die ongeveer 95 procent van zijn DNA met de mens gemeen heeft en ingewikkelde sociale structuren kent die op de onze lijken. Zowel bij deze apen als bij mensen vervult een gen dat het serotoninetransporter-gen (SERT) of 5-HTTLPR heet, een rol bij de regulering van de verwerking van serotonine, een neurotransmitter die de stemming beïnvloedt. Men denkt dat een specifieke variant of allel van dit gen, soms het 'korte' allel genoemd, verband houdt met hoogreactiviteit en introversie, en met een hogere kans op depressiviteit bij mensen die een emotioneel zwaar leven hebben gehad. Wanneer apenbaby's met een vergelijkbaar allel aan stress werden blootgesteld – in een van de experimenten werden ze bij hun moeder weggehaald en als wees grootgebracht – verwerkten ze serotonine minder goed (een risicofactor voor depressiviteit en angststoornissen) dan apen met het lange allel die dezelfde ontberingen doormaakten. Maar jonge apen met datzelfde riskante genetische profiel die door zorgzame moeders werden opgevoed, presteerden net zo goed als of zelfs beter dan hun broertjes en zusjes met een lang allel, zelfs als die in een vergelijkbare omgeving waren grootgebracht, tijdens sociale activiteiten als het vinden van speelkameraadjes, het smeden van bondgenootschappen en het hanteren van conflicten. Ze werden vaak leider van hun groep. Ze verwerkten serotonine ook beter.

Stephen Suomi, de wetenschapper die deze onderzoeken uitvoerde, heeft gespeculeerd dat deze hoogreactieve apen hun succes te danken hadden aan de enorme hoeveelheden tijd die ze besteedden aan het observeren van de groep in plaats van eraan deelnemen, waarbij ze de regels van de groepsdynamiek goed in zich opnamen. (Deze hypothese zal sommige ouders van hoogreactieve kinderen waarschijnlijk bekend voorkomen: ook die kinderen blijven soms weken- of maandenlang aan de buitenrand van groepen leeftijdsgenootjes hangen en toekijken, voordat ze zich er voorzichtig en met succes bij voegen.)

Tijdens onderzoeken met mensen is geconstateerd dat pubermeisjes met het korte allel van het SERT-gen 20 procent meer kans hebben om te lijden aan depressiviteit dan meisjes met een lang allel wanneer ze zijn blootgesteld aan een stressvolle gezinsomgeving, maar juist 25 procent minder kans hebben om depressief te worden wanneer ze in een stabiel gezin opgroeien. Op eenzelfde wijze is aangetoond dat volwassenen met een kort allel 's avonds meer angstgevoelens hebben dan anderen wanneer ze een zware dag hebben gehad, maar op rustige dagen juist minder angstgevoelens hebben. Bij hoogreactieve kinderen van vier is geconstateerd dat ze socialer reageren wanneer morele dilemma's aan hen worden voorgelegd, terwijl dat verschil op vijfjarige leeftijd alleen blijft bestaan als hun moeder hun milde en geen strenge straffen gaf. Hoogreactieve kinderen die in een ondersteunende omgeving opgroeien, zijn resistenter dan andere kinderen tegen verkoudheid en andere luchtwegaandoeningen, maar worden eerder ziek als ze onder belastende emotionele omstandigheden zijn opgegroeid. Het korte allel van het SERT-gen vertoont ook verband met betere prestaties tijdens een breed scala aan cognitieve opdrachten.

Deze resultaten zijn zo dramatisch dat het opmerkelijk genoemd mag worden dat ze pas zo kort geleden zijn gevonden. Opmerkelijk, maar misschien niet verbazingwekkend. Psychologen worden opgeleid om mensen beter te maken, dus hun onderzoek richt zich vanzelfsprekend op problematiek en pathologie. 'Het lijkt wel of, overdrachtelijk gesproken, zeelieden – terecht – zo druk in de weer zijn om onder de waterlijn te zoeken naar uitlopers van ijsbergen die hun schip tot zinken kunnen brengen,' schrijft Belsky, 'dat ze niet doorhebben dat je vanaf de top van die ijsberg misschien een vrije doorgang tussen de met ijsschotsen bezaaide zee kunt zien.'

De ouders van hoogreactieve kinderen boffen maar, vertelde Belsky. 'De tijd en energie die ze in hun kinderen steken levert echt iets op. In plaats van deze kinderen te beschouwen als kwetsbaar voor tegenslag, zouden ouders hen als plooibaar moeten zien, zowel in ongunstige als gunstige zin.' Hij geeft een beeldende beschrijving van de ideale ouder van een hoogreactief kind: iemand die 'je signalen kan lezen en je eigenheid respecteert; die hartelijk is en duidelijke eisen aan je stelt, zonder hardvochtig of vijandig te zijn; die nieuwsgierigheid, schoolprestaties, uitgestelde bevrediging en zelfbeheersing aanmoedigt; en die niet hard, onachtzaam of inconsequent is.' Dat is uiteraard een prima advies voor alle ouders, maar voor de opvoeding van een hoogreactief kind is het van onmisbaar belang. (Als je vermoedt dat je kind hoogreactief is, vraag je jezelf waarschijnlijk al af wat je nog meer kunt doen om je zoon of dochter goed op te voeden. Hoofdstuk 11 biedt hierop een paar antwoorden.)

Maar zelfs orchideeënkinderen kunnen wel wat tegenslag weerstaan, zegt Belsky. Zoals een scheiding. Over het algemeen zal een scheiding orchideeënkinderen sterker ontregelen dan andere kinderen: 'Als de ouders veel ruzie maken en hun kind bij hun conflicten betrekken, kijk dan maar uit. Daar kan zo'n kind aan onderdoor gaan.' Maar als de scheidende ouders met elkaar overweg kunnen, als ze hun kind de andere emotionele voedingsstoffen bieden die het nodig heeft, kan zelfs een orchideeënkind daar prima uit tevoorschijn komen.

De meeste mensen kunnen de flexibiliteit van deze boodschap volgens mij wel waarderen. Bijna niemand heeft een probleemloze jeugd gehad.

Maar er is een ander soort flexibiliteit waarvan we allemaal hopen dat die van toepassing is op de vraag wie we zijn en wat we worden. We willen de vrijheid hebben om ons eigen lot te bepalen. We willen de gunstige aspecten van ons temperament behouden en de aspecten waar we niet zo blij mee zijn, zoals afkeer van spreken in het openbaar, verhelpen of zelfs kwijt zien te raken. Bovenop ons aangeboren temperament, voorbij onze door toeval bepaalde jeugdervaringen, willen we blijven geloven dat we – als volwassenen – onszelf kunnen vormen en ons leven kunnen vormgeven zoals we dat wensen.

Kunnen we dat?

5 – Het temperament voorbij: de rol van de vrije wil (en het geheim van spreken in het openbaar voor introverte mensen)

Genot verschijnt op het snijvlak van verveling en angst, wanneer de uitdagingen precies in evenwicht worden gehouden door iemands handelsbekwaamheid.
Mihaly Csikszentmihalyi

Diep in de catacomben van het Athinoula A. Martinos Center for Biomedical Imaging van het algemeen ziekenhuis in Massachusetts zijn de gangen kleurloos en zelfs groezelig. Ik sta buiten de afgesloten deur van een raamloze kamer met dr. Carl Schwartz, de directeur van het onderzoekslaboratorium voor ontwikkelingskundige neuroimaging en psychopathologie. Schwartz heeft heldere, priemende ogen, grijzend bruin haar en een rustige maar enthousiaste manier van doen. Ondanks de weinig imposante omgeving bereidt hij zich met enig aplomb voor op het openen van de deur.

De ruimte huisvest een fMRI-machine (*functional magnetic resonance imaging*) die vele miljoenen kost en enkele van de grootste doorbraken in het moderne neurotechnisch onderzoek mogelijk heeft gemaakt. Een fMRI-machine kan meten in welke delen van de hersenen er activiteit optreedt wanneer je een bepaalde gedachte hebt of een bepaalde activiteit verricht. Daardoor kunnen wetenschappers iets doen wat vroeger ondenkbaar was: de functies van het menselijk brein in kaart brengen. Een belangrijke ontwikkelaar van de fMRI-techniek, zegt dr. Schwartz, is Kenneth Kwong, een geniale, maar bescheiden wetenschapper die ook in dit gebouw werkt. Het hele gebouw zit vol stille en bescheiden mensen die bijzondere dingen doen, voegt Schwartz daaraan toe, terwijl hij vol waardering met zijn hand naar de uitgestorven gang zwaait.

Voordat Schwartz de deur opent, vraagt hij me om mijn grote gouden oorringen uit te doen en de metalen cassetterecorder die ik heb meegebracht om ons gesprek op te nemen apart te leggen. Het magnetische veld van de fMRI-machine is honderdduizend keer zo sterk als de aantrekkingskracht van de aarde – zo sterk, zegt Schwartz, dat dit de oorbellen uit mijn oren zou kunnen rukken alsof ze magnetisch waren en ze door de ruimte kan laten vliegen. Ik maak me zorgen over de metalen haakjes van mijn bh, maar vind het te gênant om daarnaar te vragen. In plaats daarvan wijs ik op de gespen van mijn schoenen, waarvan ik vermoed dat ze net zo veel metaal bevatten als mijn bh. Maar volgens Schwartz geeft dat niet, en we betreden de ruimte.

We kijken vol ontzag naar de fMRI-scanner, die eruitziet als een glanzend rakettoestel dat op zijn kant ligt. Schwartz legt uit dat hij zijn proefpersonen – oudere tieners – vraagt om met hun hoofd in de scanner te gaan liggen en foto's van gezichten te bekijken terwijl de machine bijhoudt hoe hun hersenen reageren. Hij is vooral geïnteresseerd in activiteit in de amygdala, dat krachtige orgaan in de hersenen dat volgens Kagan zo'n belangrijke rol speelt bij de persoonlijkheidsontwikkeling van bepaalde introverte en extraverte mensen.

Schwartz is een collega en protegé van Kagan, en zijn werk gaat verder waar de longitudinale persoonlijkheidsonderzoeken van Kagan ophouden. De baby's die Kagan ooit als hoog- en laagreactief inschatte, zijn nu groot en Schwartz gebruikt de fMRI-machine om in hun hersenen te kijken. Kagan volgde zijn proefpersonen van hun babytijd tot in de puberteit, maar Schwartz wilde zien wat er daarna gebeurde. Zou het stempel van het temperament na zoveel jaren nog naspeurbaar zijn in de volwassen hersenen van Kagans hoog- en laagreactieve baby's? Of zou het zijn uitgewist door een combinatie van omgevingsfactoren en doelbewuste inspanning?

Het is interessant dat Kagan Schwartz heeft afgeraden om dit onderzoek te doen. In de competitief ingestelde wetenschap moet je geen tijd verdoen met onderzoek dat misschien geen significante uitkomsten oplevert. Kagan vreesde dat er geen resultaten te vinden zouden zijn, dat het verband tussen temperament en levensloop verbroken zou zijn wanneer een baby tot een volwassene is uitgegroeid.

'Hij wilde me beschermen,' vertelt Schwartz aan me. 'Het was een interessante paradox. Want Jerry had tijdens al die waarnemingen bij kleine baby's gezien dat bij de extreme gevallen niet alleen hun sociale gedrag afweek: alles aan die kinderen was anders. Hun pupillen verwijdden zich meer wanneer ze een probleem oplosten, hun stembanden spanden zich meer aan tijdens het uitspreken van woorden, hun hartslagpatronen waren uniek. Er waren allerlei aanwijzingen dat deze kinderen in fysiologisch opzicht afweken. Maar ik geloof dat hij desondanks, vanwege zijn intellectuele achtergrond, het gevoel had dat omgevingsfactoren zo complex zijn dat het ontzettend moeilijk zou worden om het stempel van het temperament op hogere leeftijd vast te stellen.'

Maar Schwartz, die zichzelf als hoogreactief beschouwt en zich deels door zijn eigen ervaringen liet leiden, vermoedde dat hij dat stempel op nog hogere leeftijd bij proefpersonen zou vinden dan Kagan had gedaan.

Hij demonstreert zijn onderzoek door mij voor een proefpersoon van hem te laten spelen, ook al lig ik daarbij niet in de fMRI-scanner. Terwijl ik aan een bureau zit, flitst een computermonitor foto's of me af, de een na de ander, elk van een onbekend gezicht: lichaamsloze zwart-withoofden zweven voor een donkere achtergrond. Ik meen te voelen dat mijn hart sneller gaat slaan terwijl de foto's steeds sneller op me af komen. Ik merk ook dat Schwartz er een paar herhalingen tussen heeft gestopt en dat ik me meer ontspan naarmate de gezichten er vertrouwd uit gaan zien. Ik vertel Schwartz over mijn reacties en hij knikt. Hij vertelt dat deze diavoorstelling is opgezet om een omgeving na te bootsen die lijkt op het gevoel dat hoogreactieve mensen krijgen als ze een kamer vol onbekenden binnenkomen en denken: 'Jemig, wie zijn al die mensen?'

Ik vraag me af of ik me mijn reacties inbeeld of dat ik overdrijf, maar Schwartz vertelt dat hij onlangs de eerste verzameling data binnen heeft gekregen over een groep hoogreactieve kinderen die Kagan vanaf vier maanden heeft bestudeerd. En ja, hoor: de amygdala van deze kinderen, die nu volwassen zijn, bleek gevoeliger te zijn voor de foto's van onbekende gezichten dan die van mensen die moedige peuters waren geweest. Beide groepen reageerden op de foto's, maar zij die als kind verlegen waren geweest, reageerden sterker. Met andere woorden: het stempel van een hoog- of laagreactief temperament verdwijnt op volwassen leeftijd nooit helemaal. Sommige hoogreactieve kinderen hebben zich ontwikkeld tot sociaal vaardige tieners die schijnbaar niet de kluts kwijtraken bij de confrontatie met nieuwe dingen, maar ze zijn hun genetische erfenis nooit kwijtgeraakt.

Het onderzoek van Schwartz bewijst iets belangrijks: mensen kunnen hun persoonlijkheid oprekken, maar niet voorbij een bepaald punt. Ons aangeboren temperament beïnvloedt ons, wat voor leven we ook leiden. Wie we zijn, wordt grotendeels bepaald door onze genen, onze hersenen en door ons zenuwstelsel. En toch wijst de elasticiteit die Schwartz bij sommige hoogreactieve tieners aantrof ook op het tegendeel: we hebben een vrije wil en kunnen die gebruiken om onze persoonlijkheid vorm te geven.

Die principes lijken misschien tegenstrijdig, maar dat is niet zo. Met de vrije wil kun je een heel eind komen, zo suggereert het onderzoek van dr. Schwartz, maar niet oneindig ver voorbij je genetische grenzen. Bill Gates zal nooit Bill Clinton worden, hoe hard hij ook aan zijn sociale vaardigheden werkt. En Bill Clinton zal nooit Bill Gates worden, hoe lang hij ook in zijn eentje achter een computer gaat zitten.

Dat zou je de 'elastiektheorie' van de persoonlijkheid kunnen noemen. We zijn elastiekjes in ruste. We zijn elastisch en kunnen onszelf oprekken, maar niet eindeloos.

* * *

Om te begrijpen waarom dat bij hoogreactieve mensen misschien zo werkt, is het ook zinvol om te kijken naar wat er in de hersenen gebeurt wanneer je een onbekende tijdens een borrel begroet. Bedenk daarbij dat de amygdala en het limbische systeem waarvan die een belangrijk onderdeel is, een oud deel van de hersenen is, zo oud dat ook primitieve zoogdieren een versie van dit systeem hebben. Maar toen zoogdieren complexer werden, ontstond er een hersengebied om het limbische systeem heen: de neocortex. De neocortex, en vooral de frontale cortex bij mensen, vervult een verbijsterend scala aan functies, van beslissen welk merk tandpasta je koopt en het plannen van een vergadering tot het overpeinzen van de aard van de werkelijkheid. Een van deze functies is het temperen van ongefundeerde angsten.

Als je een hoogreactieve baby was, zal je amygdala tijdens de rest van je leven telkens een beetje opspelen als jij jezelf op een borrel voorstelt aan een onbekende. Maar als jij je redelijk competent voelt in gezelschap, komt dat deels doordat je frontale cortex je vertelt dat je rustig moet blijven, de ander een hand moet geven en moet glimlachen. Een recent fMRI-onderzoek heeft zelfs laten zien dat wanneer mensen tegen zichzelf praten om ontregelende situaties te herbeoordelen, de activiteit in hun prefrontale cortex toeneemt in een hoeveelheid die overeenstemt met de afname van activiteit in hun amygdala.

Maar de frontale cortex is niet almachtig. Hij kan de amygdala niet helemaal uitzetten. In een onderzoek conditioneerden wetenschappers ratten zodanig dat ze een bepaald geluid associeerden met een elektrische schok. Vervolgens speelden ze dat geluid telkens weer af, zonder de schok toe te dienen, totdat de ratten hun angst verloren.

Dat 'afleren' bleek echter toch niet zo volledig te zijn als de wetenschappers aanvankelijk dachten. Toen ze de zenuwbanen tussen de cortex en amygdala van de ratten doorsneden, werden de ratten opnieuw bang voor het geluid. Dat kwam doordat de geconditioneerde angst door activiteit van de cortex werd onderdrukt, maar in de amygdala aanwezig bleef. Bij mensen met ongefundeerde angsten zoals hoogtevrees gebeurt iets vergelijkbaars. Meerdere bezoekjes aan de top van het Empire State Building kunnen de angst schijnbaar wegnemen, maar die kan in volle glorie terugkeren in tijden van stress, wanneer de cortex wel meer te doen heeft dan het kalmeren van een snel geagiteerde amygdala.

Dat verklaart waarom veel hoogreactieve kinderen een aantal angstige aspecten van hun temperament als volwassene behouden, ondanks hun grote sociale ervaring en de uitoefening van hun vrije wil. Mijn collega Sally is een mooi voorbeeld van dit verschijnsel. Sally is een bedachtzaam en begaafd redacteur. Ze beschouwt zichzelf als een verlegen en introvert mens en is een van de charmantste en welsprekendste mensen die ik ken. Als je haar op je feestje uitnodigt en achteraf aan de andere gasten vraagt wie ze het aardigst vonden, is er een goede kans dat ze Sally noemen. Ze is zo sprankelend, zeggen ze dan. Zo geestig! Zo charmant!

Sally weet welke goede indruk ze op anderen maakt – je kunt niet zo aantrekkelijk zijn als zij zonder dat je dat weet. Maar dat wil nog niet zeggen dat haar amygdala het ook weet. Wanneer ze op een feestje arriveert, zou Sally zich vaak het liefst achter de dichtstbijzijnde bank verstoppen – tot haar prefrontale cortex weer de leiding neemt en ze zich herinnert wat voor een goede gesprekspartner ze is. Maar zelfs dan wint haar amygdala het soms, met zijn levenslange verzameling associaties van onbekende gezichten met angstgevoelens. Sally geeft toe dat ze soms een uur naar een feestje onderweg is geweest, maar al vijf minuten na aankomst weer opstapt.

Wanneer ik mijn eigen ervaringen bezie in het licht van de bevindingen van Schwartz, besef ik dat het niet klopt dat ik niet verlegen meer ben. Ik heb gewoon geleerd om mezelf kalmerend toe te spreken (bedankt, frontale cortex!). Inmiddels doe ik dat zo volautomatisch dat ik nauwelijks nog besef dat ik dat doe. Wanneer ik een onbekende of een groep mensen spreek, glimlach ik breeduit en ben ik openhartig, maar een fractie van een seconde voel ik me alsof ik op het slappe koord stap. Inmiddels heb ik door duizenden sociale ervaringen geleerd dat het slappe koord een hersenspinsel is en dat ik niet doodga als ik struikel. Ik stel mezelf zo razendsnel gerust dat ik nauwelijks nog besef dat ik dat doe. Maar die geruststellingsmethode is nog altijd nodig en soms werkt ze niet. Het woord dat Kagan aanvankelijk gebruikte om hoogreactieve mensen te omschrijven was 'geremd', en dat is precies hoe ik me soms tijdens etentjes voel.

* * *

Ook extraverte mensen bezitten dit vermogen om zichzelf op te rekken, binnen bepaalde grenzen. Een van mijn cliënten, Alison, is een bedrijfsconsultant, moeder en echtgenote met het soort extraverte persoonlijkheid – vriendelijk, rechtdoorzee en voortdurend in beweging – dat ervoor zorgt dat mensen haar een 'natuurverschijnsel' noemen. Ze heeft een goed huwelijk, twee dochters van wie ze zielsveel houdt en een eigen consultancybedrijf dat ze uit het niets heeft opgebouwd. Ze is met recht trots op wat ze heeft bereikt.

Maar zo tevreden is ze niet altijd geweest. In haar eindexamenjaar keek ze eens goed naar zichzelf en was niet blij met wat ze zag. Alison is heel intelligent, maar aan haar examencijfers was dat niet te merken. Het was haar ambitie geweest om naar een topuniversiteit te gaan, maar die kans had ze vergooid.

En ze wist hoe. Haar hele middelbareschooltijd had ze het druk gehad met sociale activiteiten. Alison had meegedaan aan vrijwel iedere buitenschoolse activiteit die haar school organiseerde en daardoor bleef er weinig tijd over voor leren. Voor een deel verweet ze dat haar ouders, die zo trots waren op de sociale vaardigheden van hun dochter dat ze er niet op hadden gehamerd dat ze harder blokte. Maar ze nam het vooral zichzelf kwalijk.

Als volwassene is Alison vastbesloten om niet dezelfde fout te maken. Ze weet hoe makkelijk ze zich zou kunnen storten in een wervelwind van vergaderingen van de oudercommissie en zakelijke netwerkbijeenkomsten. Daarom besloot Alison de oplossing te zoeken in de aanpassingsstrategieën van haar familieleden. Ze is namelijk enig kind van twee introverte ouders, is getrouwd met een introverte man, terwijl haar jongste dochter ook zeer introvert is.

Alison heeft methoden ontwikkeld om zich af te stemmen op de golflengte van de stille types om haar heen. Wanneer ze haar ouders bezoekt, gaat ze mediteren en in haar dagboek schrijven, net zoals haar moeder doet. Thuis geniet ze van rustige avondjes met haar man, die een huismus is. En haar jongste dochter, die het fijn vindt om in de achtertuin intieme gesprekken met haar moeder te voeren, zorgt dat Alison haar middagen met bedachtzame gesprekken vult.

Alison heeft zelfs een compleet netwerk opgebouwd van stille, bedachtzame vrienden en vriendinnen. Hoewel haar boezemvriendin Amy een zeer energieke extraverte vrouw is, net als zijzelf, zijn de meesten van haar andere vrienden en vriendinnen introvert. 'Ik ben zo gesteld op mensen die goed kunnen luisteren,' zegt Alison. 'Dat zijn de vrienden met wie ik ga koffiedrinken. Ze doen zulke rake uitspraken. Soms heb ik zelf niet in de gaten dat ik contraproductief bezig ben, en dan zeggen mijn introverte vrienden: "Dit is wat je doet, en dit zijn vijftien gevallen waarin je dat ook hebt gedaan." Terwijl mijn vriendin Amy dat helemaal niet door zou hebben. Maar mijn introverte vrienden observeren dingen van een afstandje en daar kunnen we goed over praten.'

Alison blijft haar onstuimige zelf, maar heeft daarbij ontdekt hoe je stil kunt zijn en daar je voordeel mee kunt doen.

* * *

Ook al kun je reiken naar de buitengrens van je temperament, toch is het vaak beter om ruim binnen je veilige grenzen te blijven.

Neem nu het verhaal van mijn cliënt Esther, een fiscaal jurist bij een groot advocatenkantoor. Esther was een kleine brunette met een verende tred en knalblauwe ogen, die niet verlegen was en dat ook nooit was geweest. Maar ze was beslist introvert. Haar lievelingsmoment van de dag was de rustige wandeling van tien minuten naar de bushalte door de lommerrijke straten in haar wijk. Haar op één na favoriete moment was als ze de deur van haar werkkamer dichttrok en ze zich op haar werk kon storten.

Esther had het juiste beroep gekozen. Als dochter van een wiskundige schepte ze plezier in het puzzelen op angstaanjagend ingewikkelde fiscale vraagstukken en kon daar vlot over discussiëren. (In hoofdstuk 7 bespreek ik waarom introverte mensen zo goed zijn in complexe, geconcentreerde probleemoplossing.) Ze was het jongste lid van een hecht team binnen een veel groter advocatenkantoor. Er zaten nog vijf fiscaal juristen in dit team, die elkaar allemaal bij hun werkzaamheden hielpen. Esthers werk bestond uit het diepgaand bestuderen van vraagstukken die haar fascineerden en nauw samenwerken met collega's die ze vertrouwde.

Maar af en toe moest Esthers clubje van fiscaal juristen een presentatie doen voor de rest van het advocatenkantoor. Deze praatjes waren een bron van ellende voor Esther, niet omdat ze bang was voor spreken in het openbaar, maar omdat ze het onprettig vond om voor de vuist weg te spreken. Esthers collega's, allemaal extraverte types, waren spontane sprekers die pas besloten wat ze gingen zeggen terwijl ze naar de presentatie toe wandelden. Op een of andere manier waren ze in staat om hun gedachten op een begrijpelijke en aansprekende manier te presenteren wanneer ze daar waren aangekomen.

Esther deed het prima als ze de kans had gekregen om zich voor te bereiden, maar soms zeiden haar collega's pas dat ze een praatje moesten houden wanneer ze 's ochtends op kantoor arriveerde. Ze dacht dat hun vermogen om uit de losse pols te spreken voortkwam uit hun grotere inzicht in fiscale wetgeving en dat zij dat ook zo losjes zou kunnen doen wanneer ze meer ervaring had. Maar toen Esther promotie had gemaakt en meer kennis had opgedaan, kon ze het nog steeds niet.

Laten we ons, om het probleem van Esther op te lossen, richten op een ander verschil tussen introverte en extraverte mensen: hun behoefte aan prikkeling.

Tientallen jaren lang, vanaf het eind van de jaren zestig, heeft Hans Eysenck, een invloedrijk onderzoekspsycholoog, gesteld dat mensen op zoek zijn naar een prikkelingsniveau dat 'precies goed' is – niet te veel en niet te weinig. Prikkeling is de hoeveelheid informatie die je vanuit de buitenwereld binnenkrijgt. Die kan allerlei vormen aannemen, van lawaai en sociale drukte tot flitslichten. Eysenck geloofde dat extraverte mensen prikkeling aangenamer vinden dan introverte mensen, en dat dit veel verschillen tussen hen verklaart: sommige introverte mensen vinden het prettig om de deur van hun werkkamer dicht te trekken en zich op hun werk te storten, omdat dat soort rustige, intellectuele arbeid voor hen optimaal prikkelend is, terwijl extraverte mensen het best functioneren wanneer ze dingen onder hoogspanning doen, zoals het organiseren van workshops voor teambuilding of vergaderingen voorzitten.

Eysenck dacht ook dat deze verschillen berustten op een hersenstructuur: het *ascending reticular activating system* (ARAS). Het ARAS is een deel van de hersenstam waarvandaan zenuwbanen omhooglopen naar de cerebrale cortex en andere hersengebieden. De hersenen hebben activeringsmechanismen die ervoor zorgen dat we ons wakker, alert en energiek voelen, wat psychologen *aroused* of geactiveerd noemen. Ze hebben ook kalmerende mechanismen die het tegenovergestelde doen. Eysenck vermoedde dat de ARAS het evenwicht tussen over- en onderactivatie reguleert door de hoeveelheid zintuiglijke prikkels die naar de hersenen gaat te bepalen; soms staan de kanalen wijd open, zodat er veel prikkeling naar binnen kan, en soms zijn ze vernauwd, zodat de hersenen minder worden geprikkeld. Eysenck dacht dat het ARAS bij introverte en extraverte mensen verschillend functioneerde: introverte mensen hebben wijd openstaande informatiekanalen, die ervoor zorgen dat ze met prikkels worden overstroomd en overgeactiveerd raken, terwijl extraverte mensen nauwere kanalen hebben, waardoor ze eerder onderprikkeld raken. Overactivatie veroorzaakt niet zozeer angstgevoelens als wel het gevoel dat je niet goed kunt nadenken – dat je er geen zin meer in hebt en naar huis wilt. Onderactivatie is een soort lusteloosheid. Er gebeurt niet genoeg: je voelt je kriebelig, rusteloos en sloom, alsof je hoognodig de deur uit moet.

Tegenwoordig weten we dat het eigenlijk veel ingewikkelder is. Om te beginnen zet het ARAS de prikkeling niet aan en uit als een brandweerslang, die de hersenen ineens volspuit; verschillende delen van de hersenen worden op verschillende momenten meer geactiveerd dan andere. Ook stemt het prikkelingsniveau in de hersenen niet altijd overeen met hoe geprikkeld je je vóélt. En er bestaan allerlei vormen van activatie: activatie door harde muziek is niet hetzelfde als activatie door mortiervuur, en dat is weer anders dan activatie doordat je een vergadering voorzit; het kan zijn dat je gevoeliger bent voor de ene vorm van prikkeling dan voor de andere. Het is ook simplistisch om te zeggen dat mensen altijd op zoek zijn naar een gematigd prikkelingsniveau: opgewonden supporters bij een voetbalwedstrijd snakken naar overprikkeling, terwijl mensen die naar een kuuroord gaan voor ontspannende behandelingen op zoek zijn naar een laag prikkelingsniveau.

Toch zijn er over de hele wereld meer dan duizend onderzoeken gedaan naar de theorie van Eysenck dat het activatieniveau van de cortex een belangrijke aanwijzing biedt over de oorzaak van introversie en extraversie, en het lijkt erop dat de theorie in een aantal zeer belangrijke opzichten 'half juist' is, zoals ontwikkelingspsycholoog David Funder dat noemt. Wat de onderliggende oorzaak ook is, er is volop bewijs dat introverte mensen inderdaad gevoeliger zijn dan extraverte mensen voor allerlei prikkels, van koffie en een harde klap tot het duffe gezoem van een netwerkbijeenkomst – en dat introverte en extraverte mensen vaak een sterk verschillend prikkelingsniveau nodig hebben om optimaal te kunnen presteren.

In een bekend experiment, dat al in 1967 werd gedaan en nog steeds geliefd is als praktijkdemonstratie tijdens colleges psychologie, plaatste Eysenck citroensap op de tong van introverte en extraverte volwassenen om te bepalen wie van hen meer speeksel produceerde. En ja, hoor: bij de introverte mensen, die sterker werden geactiveerd door zintuiglijke prikkeling, liep er meer water in de mond.

In een ander beroemd onderzoek werd aan introverte en extraverte mensen gevraagd om een ingewikkeld woordspel te spelen, waarbij ze de spelregels met vallen en opstaan moesten leren. Terwijl ze het speelden, kregen ze een koptelefoon op, waar op willekeurige momenten lawaai uit opklonk. Hun werd gevraagd om hun koptelefoon af te stellen op het volume dat 'precies goed' was. De extraverte mensen kozen gemiddeld een geluidsniveau van 72 decibel, terwijl de introverte slechts 55 decibel kozen. Toen ze werkten met het volume dat ze hadden gekozen – hard bij de extraverte mensen, zacht bij de introverte mensen – waren de twee types ongeveer even sterk geactiveerd (zoals gemeten aan hun hartslag en andere aanwijzingen). Ze speelden het spel ook ongeveer even goed.

Toen de introverte mensen werd verzocht om te werken met het geluidsniveau dat de extraverte mensen prettig vonden, en andersom, werd alles anders. Niet alleen raakten de introverte mensen overgeactiveerd door het harde geluid, maar ze presteerden ook onder de maat: ze hadden gemiddeld 9,1 pogingen nodig om het spel te leren, in plaats van 5,8. Voor de extraverte mensen gold het tegenovergestelde: zij waren ondergeactiveerd (en mogelijk verveeld) door de stillere spelsituatie en hadden gemiddeld 7,3 pogingen nodig, tegenover de 5,4 die ze onder meer lawaaiige omstandigheden gemiddeld nodig hadden.

* * *

Wanneer je deze tak van onderzoek combineert met Kagans bevindingen over hoogreactiviteit, biedt dit onderzoeksterrein een zeer krachtige lens waardoor je naar je persoonlijkheid kunt kijken. Als je introversie en extraversie eenmaal opvat als een voorkeur voor een bepaald prikkelingsniveau, kun je jezelf bewust gaan situeren in omgevingen die gunstig zijn voor jouw persoonlijkheid: niet te veel en niet te weinig prikkelend, niet saai en niet angstwekkend. Je kunt je leven organiseren volgens wat ontwikkelingspsychologen een 'optimaal activatieniveau' noemen en wat ik 'trefpunten' noem en je daardoor energieker en levendiger voelen dan eerst.

Je trefpunt is het punt waarop je optimaal geprikkeld wordt. Waarschijnlijk zoek je dat uit jezelf al op, zonder dat je het beseft. Stel je voor dat je tevreden in een hangmat een klassieke roman ligt te lezen. Dat is een trefpunt. Maar na een half uur besef je dat je dezelfde zin vijf keer hebt gelezen; nu ben je onderprikkeld. Dus je belt een vriendin en gaat samen koffiedrinken. Met andere woorden: je verhoogt je activatieniveau, en terwijl je samen lacht, roddelt en appeltaart eet, zit je, goddank, weer op je trefpunt. Maar deze aangename toestand duurt slechts totdat je vriendin, een extravert type dat veel meer behoefte aan prikkeling heeft dan jij, je overhaalt om mee te gaan naar een buurtfeest, waar je op harde muziek en een zee van onbekende gezichten stuit.

De buren van je vriendin lijken best aardige mensen, maar je wordt gedwongen om een praatje te maken door die keiharde muziek heen. En nu, pats boem, ben je uit je trefpunt gevallen, alleen ben je dit keer juist overprikkeld. En dat blijft waarschijnlijk zo tot je iemand aan de periferie van het feest treft, met wie je een diepgaand gesprek kunt voeren, of helemaal afscheid neemt en weer terugkeert naar je roman.

Stel je voor hoeveel beter je zult worden in dit trefpuntenspel als je door hebt dat je het speelt. Je kunt je werk, je hobby's en je sociale leven zodanig inrichten dat je zo veel mogelijk tijd op je trefpunt doorbrengt. Mensen die weet hebben van hun trefpunten bezitten het vermogen om een baan die hen uitput op te zeggen en een eigen bedrijf te starten waar ze warm voor lopen. Ze kunnen hun huizenjacht baseren op het temperament van hun gezinsleden – met knusse vensternissen en andere hoekjes en gaatjes voor de introverte mensen, en grote open woon- en eetkamers voor de extraverte mensen.

Inzicht in je trefpunt kan je tevredenheid op ieder terrein van je leven vergroten, maar dat is nog niet alles. Er zijn aanwijzingen dat trefpunten zelfs bepalend kunnen zijn voor leven of dood. Volgens een recent onderzoek onder legerpersoneel dat werd verricht door het Walter Reed Army Institute of Research, functioneren introverte mensen beter dan extraverte mensen wanneer ze een slaaptekort hebben, wat een corticaal de-stimulerende situatie is (omdat mensen van slaaptekort minder alert, minder actief en minder energiek worden). Vooral slaperige extraverte mensen achter het stuur moeten uitkijken, in elk geval tot ze hun activatieniveau verhogen door koffie te slurpen of de radio hard te zetten. Omgekeerd moeten introverte mensen die in luid, te prikkelrijk verkeerslawaai rijden hun best doen om geconcentreerd te blijven, aangezien het lawaai hun denkvermogen kan belemmeren.

Nu we van het optimale prikkelingsniveau af weten, wordt ook het probleem van Esther – improviseren op het podium – begrijpelijk. Overactivatie stoort de aandacht en het kortetermijngeheugen, en dat zijn belangrijke aspecten van het improvisatievermogen. En aangezien spreken in het openbaar op zichzelf al een prikkelende activiteit is, zelfs voor mensen als Esther die niet aan plankenkoorts lijden, zullen introverte mensen vaak merken dat hun aandacht wordt belemmerd, juist wanneer ze die keihard nodig hebben. Ook al wordt Esther een jurist van honderd jaar oud met de meeste beroepservaring van iedereen, toch zal ze het nooit prettig vinden om voor de vuist weg te spreken. Tijdens presentaties zal ze altijd onmachtig blijven om te putten uit de enorme hoeveelheid gegevens die in haar langetermijngeheugen zit opgeslagen.

Maar als Esther snapt hoe ze in elkaar steekt, kan ze van haar collega's eisen dat die haar ruim van tevoren inseinen wanneer ze een praatje moeten houden. Dan kan ze haar toespraak instuderen en bevindt ze zich waarschijnlijk ruim binnen haar 'sweet spot' wanneer ze eindelijk het podium betreedt. Ze kan zich op dezelfde manier voorbereiden op bijeenkomsten met cliënten, netwerkbijeenkomsten en zelfs informele besprekingen met collega's – elke situatie met verhoogde intensiteit waarbij haar kortetermijngeheugen en het improvisatievermogen iets meer worden belemmerd dan gebruikelijk.

* * *

Esther wist haar probleem vanuit haar 'sweet spot' op te lossen. Toch word je soms gedwongen om je daarbuiten te begeven. Een paar jaar geleden besloot ik dat ik mijn angst voor spreken in het openbaar wilde overwinnen. Na lang wikken en wegen gaf ik me op voor een workshop bij het Public Speaking-Social Anxiety Center of New York. Ik had mijn twijfels. Ik had het gevoel dat ik een doodnormaal verlegen mens was, en de pathologische klank van de term 'sociale angst' stond me tegen. Maar de cursus was gebaseerd op desensitisatietraining, een benadering die me logisch voorkwam. Desensitisatie, een methode die vaak wordt gebruikt bij de bestrijding van fobieën, draait om het herhaaldelijk blootstellen van jezelf (en je amygdala) aan datgene waar je bang voor bent, in hanteerbare doses. Dat is iets heel anders dan de goed bedoelde maar weinig behulpzame raad dat je in het diepe moet springen en proberen te zwemmen, een benadering die soms kan werken, maar vaker paniek zal veroorzaken, waardoor er nogmaals een cyclus van vrees, angst en schaamte in je hersenen wordt ingeprent.

Ik bevond me in goed gezelschap. Er waren een stuk of vijftien deelnemers aan de cursus, die werd gegeven door Charles di

Cagno, een pezige, compacte man met warmbruine ogen en een subtiel gevoel voor humor. Charles heeft zelf vroeger ook desensitisatietherapie ondergaan. De angst voor spreken in het openbaar bezorgt hem niet langer slapeloze nachten, vertelt hij. Maar angst is een sluwe vijand die voortdurend probeert je te grazen te nemen.

De cursus liep al een paar weken toen ik me erbij voegde, maar Charles verzekerde me dat nieuwkomers welkom waren. De groep was gemengder dan ik had verwacht. Er was een modeontwerpster met lang krullend haar, felle lippenstift en slangenleren laarzen met scherpe punten; een secretaresse met een dikke bril en een afgebeten, zakelijke manier van doen, die het regelmatig had over haar lidmaatschap van Mensa; een paar lange en sportieve beleggingsbankiers; een acteur met zwart haar en sprekende blauwe ogen die op zijn Puma-sportschoenen opgewekt door de kamer stuiterde, maar beweerde dat hij voortdurend doodsangsten uitstond; een Chinese softwareontwikkelaar met een lieve glimlach en een zenuwachtig lachje. Een echte doorsnee van de bevolking van New York, eigenlijk. Het had net zo goed een cursus digitale fotografie of Italiaans koken kunnen zijn.

Maar dat was het niet. Charles legde uit dat ieder van ons een praatje voor de groep ging houden, maar op een angstniveau dat we aankonden.

Die avond was Lateesha, een vechtsportdocent, als eerste aan de beurt. Lateesha had opdracht gekregen om een gedicht van Robert Frost voor te dragen voor de andere deelnemers. Met haar dreadlocks en brede glimlach zag Lateesha eruit alsof ze voor de dood niet bang was. Maar terwijl ze zich gereedmaakte om te gaan spreken, met haar boek opengeslagen op het podium, vroeg Charles aan haar hoe bang ze was op een schaal van één tot tien.

'Minstens zeven,' zei Lateesha.

'Doe het rustig aan,' zei hij. 'Er zijn maar een paar mensen op de wereld die hun angst volledig de baas zijn, en die wonen allemaal in Tibet.'

Lateesha droeg het gedicht duidelijk en rustig voor, met slechts een lichte beving in haar stem. Toen ze klaar was, straalde Charles vol trots.

'Lisa, wil je opstaan?' vroeg hij en richtte zich tot een aantrekkelijke jonge directeur marketing met glanzend zwart haar en een glimmende verlovingsring. 'Het is jouw beurt om feedback te geven. Vond je dat Lateesha er zenuwachtig uitzag?'

'Nee,' zei Lisa.

'Ik was anders doodsbang,' zei Lateesha.

'Maak je niet druk, dat kon niemand zien,' zo stelde Lisa haar gerust.

De anderen knikten energiek. 'Ik merkte er niets van,' zeiden ze allemaal. Lateesha ging tevreden zitten.

Toen was ik aan de beurt. Ik stond op een geïmproviseerde verhoging, een dirigentenpodium eigenlijk, tegenover de groep. Het enige geluid dat in de zaal te horen viel, was het tikken van de plafondventilator en het verkeersgeruis van buiten. Charles vroeg of ik mezelf wilde voorstellen. Ik haalde diep adem.

'Hallooooo,' riep ik, in de hoop wat dynamisch te klinken.

Charles keek bezorgd. 'Wees gewoon jezelf,' zei hij.

Mijn eerste oefening was eenvoudig. Ik hoefde alleen maar een paar vragen van de groep te beantwoorden. Waar woon je? Wat voor werk doe je? Wat heb je het afgelopen weekend gedaan?

Ik beantwoordde de vragen op mijn normale, vriendelijke manier. De groep luisterde aandachtig.

'Heeft er nog iemand vragen voor Susan?' vroeg Charles. De groepsleden schudden van nee.

'Nou, Dan,' zei Charles, en knikte in de richting van een potige vent met rood haar die eruitzag als zo'n CNBC-journalist die rechtstreeks vanaf de effectenbeurs in New York verslag doet. 'Jij bent bankier en hanteert strenge maatstaven. Zeg eens, vond jij dat Susan zenuwachtig overkwam?'

'Helemaal niet,' zei Dan.

De rest van de groep knikte. 'Helemaal niet zenuwachtig,' mompelden ze, net zoals ze dat voor Lateesha hadden gedaan.

'Je lijkt zo extravert,' zeiden ze vervolgens.

'Je kwam heel zelfverzekerd over!'

'Je boft maar dat je nooit met je mond vol tanden staat.'

Ik ging zitten met een heel goed gevoel over mezelf. Maar al gauw begreep ik dat Lateesha en ik niet de enigen waren die zulke feedback kregen. Een paar anderen kregen dat ook. 'Je kwam zo rustig over!' kregen deze sprekers te horen, tot hun zichtbare opluchting. 'Niemand zou het in de gaten hebben als ze het niet wisten! Wat doe je op deze cursus?'

Aanvankelijk vroeg ik me af waarom ik zoveel prijs stelde op deze geruststellingen. Toen besefte ik dat ik naar de workshop was gegaan omdat ik mezelf wilde oprekken tot de buitengrenzen van mijn temperament. Ik wilde een zo goed en zo dapper mogelijke spreker worden. De geruststellingen bewezen dat ik op weg was om mijn doel te bereiken. Ik vermoedde dat de feedback die ik kreeg wel erg welwillend was, maar dat kon me niet schelen. Het ging erom dat ik een publiek had toegesproken dat me goed had ontvangen, en dat ik een positief gevoel over die ervaring had. Ik had een begin gemaakt met mezelf ongevoeliger te maken voor de gruwelen van het spreken in het openbaar.

Sindsdien heb ik heel wat praatjes afgestoken, voor clubjes van tien en menigten van honderden mensen. Ik ben de macht van het podium gaan aanvaarden. Om dat te kunnen, moet ik bepaalde stappen doorlopen, zoals elke toespraak benaderen als een creatief project, zodat ik tijdens de voorbereiding op de grote dag dat gevoel van diepgang ervaar dat ik zo fijn vind. Ik spreek ook over onderwerpen die me na aan het hart liggen en heb gemerkt dat ik veel steviger in mijn schoenen sta als ik werkelijk om mijn onderwerp geef.

Dat kan uiteraard niet altijd. Soms moeten sprekers een verhaaltje houden over een onderwerp dat hen niet bijzonder boeit, vooral op hun werk. Volgens mij is dat moeilijker voor introverte mensen, omdat die slecht zijn in het uitstralen van geveinsd enthousiasme. Maar er kleeft een verborgen voordeel aan die onbuigzaamheid: die kan je aanzetten tot een moeilijke, maar waardevolle carrièreswitch wanneer je merkt dat je te vaak wordt gedwongen om te spreken over onderwerpen die je koud laten. Niemand is zo moedig als degene die spreekt vanuit de moed van zijn overtuiging.

6 – ‘Franklin was een politicus, maar Eleanor sprak vanuit haar geweten’: waarom koelbloedigheid wordt overschat

Een verlegen man gruwt er ongetwijfeld van te worden opgemerkt door vreemden, maar je kunt bezwaarlijk zeggen dat hij bang voor hen is. Hij kan op het slagveld heldenmoed tonen en toch in het gezelschap van vreemden onzeker zijn over trivialiteiten.
Charles Darwin

Paaszondag 1939. Het Lincolnmonument in Washington. Marian Anderson, een van de meest uitzonderlijke zangeressen van haar generatie, betreedt het podium, terwijl het standbeeld van de zestiende president hoog achter haar oprijst. Deze koninklijk ogende vrouw met een toffeekleurige huid overziet haar publiek van 75.000 mensen: mannen met hoeden, dames op hun paasbest, een grote zee zwarte en blanke gezichten. ‘*My country ’tis of thee*,’ begint ze, terwijl haar zuivere zangstem helder articulerend de hoogte in gaat, ‘*sweet land of liberty*.’ De toehoorders zijn opgetogen en tot tranen geroerd. Ze hadden nooit gedacht dat deze dag zou komen.

En zonder Eleanor Roosevelt was die er ook nooit gekomen. Eerder dat jaar had Anderson zullen zingen in de Constitution Hall in Washington, maar de Daughters of the American Revolution, de vereniging die eigenaar van de zaal was, wees haar af vanwege haar huidskleur. Eleanor Roosevelt, wier voorouders in die revolutie hadden gevochten, zegde haar lidmaatschap van de DAR op, regelde dat Anderson bij het Lincolnmonument mocht zingen en wekte daarmee verontwaardiging in het hele land. Roosevelt was niet de enige die had geprotesteerd, maar zij maakte in deze zaak gebruik van haar politieke invloed en zette daarmee haar eigen reputatie op het spel.

Voor Eleanor Roosevelt, die domweg niet in staat leek om weg te kijken van de problemen van anderen, was het niet ongewoon om te handelen vanuit haar maatschappelijk verantwoordelijkheidsbesef. Maar andere mensen beseften wel hoe opmerkelijk dit was. 'Dit was iets unieks,' zei James Farmer, een leider van de Afrikaans-Amerikaanse burgerrechtenbeweging, over het dappere verzet van Roosevelt. 'Franklin was een politicus. Hij dacht na over de politieke consequenties van elke stap die hij zette. Hij was ook een goed politicus. Maar Eleanor sprak vanuit haar geweten en handelde als een gewetensvol mens. Dat was anders.'

Het was een rol die ze gedurende hun hele huwelijksleven vervuld had, als adviseur en geweten van Franklin. Misschien had hij haar juist om die reden uitgekozen; in andere opzichten waren ze een erg onwaarschijnlijk paar.

Ze leerden elkaar kennen toen hij twintig was. Franklin was een verre neef van haar, een beschermd opgegroeide student op Harvard uit een zeer aanzienlijke familie. Eleanor was pas negentien en kwam ook uit een rijk geslacht, maar had gekozen om zich te verdiepen in het leed van de armen, ondanks de afkeuring van haar familie. Als vrijwilliger in een buurthuis in de armoedige Lower East Side van Manhattan had ze kinderen ontmoet die in fabrieken zonder ramen kunstbloemen naaiden tot ze uitgeput raakten. Op een dag nam ze Franklin met zich mee. Hij kon niet bevatten dat mensen onder zulke erbarmelijke omstandigheden leefden – of dat een jonge vrouw uit zijn eigen klasse degene was die hem de ogen had geopend voor deze kant van Amerika. Hij viel meteen voor haar.

Maar Eleanor was niet het vlotte, gevatte type dat zijn familie voor ogen had als echtgenote van Franklin. Integendeel: ze was niet goedlachs, had een hekel aan roddelen en was ernstig en verlegen. Haar moeder, een frêle, levenslustige aristocrate, had haar de bijnaam 'oma' meegegeven. Haar vader, de charmante en populaire jongere broer van Theodore Roosevelt, was dol op haar, de enkele keer dat hij haar zag. Hij was meestal dronken en overleed toen Eleanor negen was. Toen Eleanor kennismaakte met Franklin, kon ze ternauwernood bevatten dat iemand als hij belangstelling voor haar toonde. Franklin was in alles haar tegenpool:

moedig en levenslustig, met een brede, onstuitbare grijns, even vlot in de omgang als zij behoedzaam was. 'Hij was jong, opgewekt en knap,' herinnerde Eleanor zich, 'en ik was verlegen en onhandig en door het dolle heen toen hij me ten dans vroeg.'

Tegelijkertijd zeiden veel mensen tegen Eleanor dat Franklin niet goed genoeg voor háár was. Sommigen zagen hem als een lichtgewicht, een matige student, een frivole dandy. En ook al had Eleanor geen erg hoge pet van zichzelf op, ze had volop bewonderaars die haar ernst konden waarderen. Sommigen van haar vrijers schreven met frisse tegenzin felicitatiebrieven aan Franklin toen hij zich met haar verloofde. 'Ik heb meer respect en bewondering voor Eleanor dan voor elk ander meisje dat ik ooit heb ontmoet,' schreef een van hen. 'Je hebt machtig veel geluk gehad. Je toekomstige echtgenote is iemand zoals weinig mannen het voorrecht hebben die te huwen,' schreef een ander.

Maar voor Franklin en Eleanor was de publieke opinie niet relevant. Ze bezaten allebei goede eigenschappen die de ander ontbeerde: haar inlevingsvermogen en zijn bravoure. 'E is een engel,' noteerde Franklin in zijn dagboek. Toen ze in 1903 zijn huwelijksaanzoek accepteerde, verklaarde hij dat hij de gelukkigste mens op aarde was. Zij reageerde met een vloedgolf aan liefdesbrieven. Ze trouwden in 1905 en kregen vervolgens zes kinderen.

Ondanks de opwinding van hun hofmakerij zorgde hun verschillend temperament van meet af aan voor problemen. Eleanor had behoefte aan intimiteit en gesprekken met diepgang; Franklin hield van feestjes, flirten en roddelen. De man die later zou verklaren dat hij niets vreesde behalve de vrees zelf, had geen begrip voor de worsteling van zijn vrouw met haar verlegenheid. Toen Franklin in 1913 tot staatsecretaris voor Marinezaken werd benoemd, werd zijn sociale leven steeds hectischer en zijn omgeving steeds chiquer – elitaire clubs, de landhuizen van zijn studievrienden van Harvard. Hij feestte tot steeds dieper in de nacht. Eleanor ging steeds vroeger naar huis.

Intussen merkte Eleanor dat haar agenda vol stond met sociale plichtplegingen. Er werd van haar verwacht dat ze visites bracht aan de echtgenotes van andere kopstukken in Washington, haar visitekaartje bij hun voordeur afgaf en in eigen huis ontvangsten hield. Ze beleefde weinig plezier aan deze sociale rol, en nam daarom een privésecretaresse in dienst, Lucy Mercer, om haar bij te staan. Dat leek een goed idee, totdat Eleanor in 1917 de zomer met de kinderen doorbracht in Maine, terwijl Franklin met Mercer achterbleef in Washington. De twee begonnen een affaire die de rest van hun leven voortduurde. Lucy was precies het soort levendige schoonheid dat Franklin aanvankelijk had verwacht te zullen trouwen.

Eleanor ontdekte de ontrouw van Franklin toen ze in zijn koffer een bundeltje liefdesbrieven aantrof. Ze was er kapot van, maar verliet hem niet. En hoewel het romantische aspect van hun relatie nooit nieuw leven werd ingeblazen, wisselden zij en Franklin die in voor iets dat onverslaanbaar was: een verbond van zijn zelfvertrouwen en haar gewetensvolheid.

* * *

We spoelen de band vooruit naar onze tijd, waar we een andere vrouw met een vergelijkbaar temperament gaan ontmoeten, die ook vanuit uit haar geweten handelt. Dr. Elaine Aron is een onderzoekspsycholoog die sinds haar eerste wetenschappelijke publicatie in 1997 eigenhandig een nieuw kader heeft gecreëerd voor iets wat Jerome Kagan en anderen hoogreactiviteit (en soms 'negativisme' of 'geremdheid') noemen. Zij noemt het 'sensitiviteit' en met die nieuwe benaming voor dit persoonlijkheidskenmerk heeft ze ons begrip ervan getransformeerd en verdiept.

Wanneer ik hoor dat Aron zal spreken tijdens een jaarlijks weekend voor 'hoog sensitieve personen' op Walker Creek Ranch in Marin County, in Californië, boek ik als de wiedeweerga een vlucht. Jacquelyn Strickland, de psychotherapeut die de bedenker en organisator van dit evenement is, legt uit dat ze deze weekends heeft opgezet om te zorgen dat sensitieve personen profijt kunnen hebben van elkaars aanwezigheid. Ze stuurt me een programmafolder waarin wordt uitgelegd dat we zullen overnachten in kamers die zijn bestemd voor 'een dutje doen, in je dagboek schrijven, aanrommelen, mediteren, organiseren, schrijven en bespiegelen'.

'Houd gezellige bijeenkomsten op je kamer (met toestemming van je kamergenoot) zeer rustig, of bij voorkeur in de groepsruimtes tijdens wandelingen en maaltijden,' zegt de programmafolder. Het congres is afgestemd op mensen die houden van zinnige discussie en soms 'een gesprek naar een dieper niveau voeren, om vervolgens te merken dat wij de enigen zijn die dat doen'. Er zal tijdens dit weekend alle tijd zijn voor serieuze gesprekken, zo wordt ons verzekerd. Maar het staat ons ook vrij om naar believen te komen en te gaan. Strickland weet dat de meeste deelnemers een leven van verplichte groepsactiviteiten hebben doorstaan, en ze wil ons een ander sjabloon aanbieden, al is het maar voor een paar dagen.

Walker Creek Ranch bevindt zich op een kleine hectare ongerepte wildernis in het noorden van Californië. Je hebt hier wandelroutes, wilde dieren en weidse, kristalheldere luchten, maar het centrum is een knus, op een schuur lijkend congrescentrum waar we met zijn dertigen bijeenkomen op een donderdagmiddag in juni. De Buckeye Lodge is voorzien van grijs industrieel tapijt, grote whiteboards en ramen die een weids uitzicht bieden op sequoiabossen. Naast de gebruikelijke stapels registratieformulieren en naambadges staat een flip-over waarop we onze naam plus ons persoonlijkheidstype volgens de Myers-Briggstest moeten noteren. Ik werp een blik op de lijst. Iedereen is introvert, behalve Strickland, die hartelijk, gastvrij en expressief is. (Volgens het onderzoek van Aron zijn de meeste, maar niet alle sensitieve personen introvert.)

De tafels en stoelen in de zaal staan in een groot vierkant opgesteld, zodat we elkaar allemaal kunnen zien wanneer we daar zitten. Strickland nodigt ons uit – deelname is niet verplicht – om te vertellen wat ons hierheen voert. Tom, een softwareontwikkelaar, bijt het spits af en beschrijft hartstochtelijk hoe ontzettend opgelucht hij was toen hij ontdekte dat er 'een fysiologische reden bestond voor het persoonlijkheidskenmerk sensitiviteit. Hier is het onderzoek! Dit is hoe ik in elkaar steek! Ik hoef niet langer aan iedereen z'n verwachtingen te voldoen. Ik hoef me op geen enkele manier meer te verontschuldigen of te verdedigen.' Met zijn lange, smalle gezicht, weelderig bruine haardos en bijpassende baard doet Tom me aan Lincoln denken. Hij stelt zijn vrouw aan ons voor. Zij vertelt hoe goed zij en Tom bij elkaar passen en hoe ze samen op de boeken van Aron zijn gestuit.

Wanneer ik aan de beurt ben, vertel ik dat ik me nog nooit in een groep heb bevonden waar ik me niet verplicht voelde om een onnatuurlijke blablaversie van mezelf te presenteren. Ik zeg dat mijn interesse uitgaat naar de relatie tussen introversie en sensitiviteit. Veel mensen knikken instemmend.

Op zaterdagochtend verschijnt dr. Aron in de Buckeye Lodge. Ze wacht speels achter een ezel met daarop een flip-over terwijl Strickland een inleiding over haar houdt voor het publiek. Dan verschijnt ze glimlachend – ta-da! – van achter de ezel, degelijk gekleed in een blazer, coltrui en ribfluwelen rok. Ze heeft kort, veerachtig bruin haar en vriendelijke blauwe ogen met lachrimpeltjes die eruitzien alsof niets hen ontgaat. Je ziet onmiddellijk dat Aron tegenwoordig een achtenswaardige wetenschapper is, en ook dat ze vroeger een onhandig schoolmeisje geweest moet zijn. Je kunt ook zien dat ze respect voor haar toehoorders heeft.

Ze komt meteen ter zake en vertelt dat ze vijf verschillende deelonderwerpen heeft die ze kan bespreken, en vraagt ons om onze hand op te steken om te stemmen voor het onderwerp dat onze eerste, tweede en derde keus is. Daarna doet ze razendsnel een ingewikkelde rekensom, op grond waarvan ze bepaalt op welke drie deelonderwerpen we met zijn allen hebben gestemd. De menigte accepteert het gemoedelijk. Het maakt eigenlijk niet zoveel uit welke deelonderwerpen we hebben gekozen. We weten hoe dan ook dat Aron hier is om te spreken over hoogsensitiviteit en dat ze onze voorkeuren in overweging neemt.

Sommige psychologen vestigen hun naam door ongebruikelijke onderzoeksexperimenten te doen. De bijdrage van Aron is dat ze anders, radicaal anders nadenkt over de experimenten die anderen hebben gedaan. Als meisje kreeg Aron vaak te horen dat ze 'gevoeliger was dan goed voor haar was'. Ze had een oudere broer en zus en was thuis het enige kind dat graag dagdroomde, binnen speelde en zich snel gekwetst voelde. Toen ze ouder werd en zich buiten de familiekring begaf, bleef ze dingen over zichzelf opmerken die van de norm afweken. Ze kon urenlang in haar eentje autorijden zonder ooit de radio aan te zetten. 's Nachts had ze hevige, soms verontrustende dromen. Ze was 'wonderlijk intens' en werd vaak overvallen door hevige emoties, zowel positieve als negatieve. Ze had moeite om het heilige in alledaagse dingen te ontdekken; dat leek alleen te bestaan als ze zich uit de wereld terugtrok.

Aron groeide op, werd psycholoog en trouwde met een robuuste man die deze eigenschappen zeer waardeerde. Haar echtgenoot Art vond Aron creatief, intuïtief en een diepzinnig denker. Ze waardeerde die dingen ook wel aan zichzelf, maar beschouwde ze als 'aanvaardbare, oppervlakkige uitingen van een verschrikkelijke, verborgen tekortkoming waarvan ik me mijn hele leven bewust was geweest'. Ze vond het wonderbaarlijk dat Art ondanks die tekortkomingen van haar hield.

Maar toen een van haar collega-psychologen Aron terloops 'hoog sensitief' noemde, ging er bij haar een licht op. Deze twee woorden leken haar mysterieuze tekortkoming te beschrijven, alleen had de psycholoog het helemaal niet over een tekortkoming gehad. Het was een neutrale omschrijving.

Aron overdacht dit nieuwe inzicht en ging vervolgens onderzoek doen naar de karaktereigenschap die 'sensitiviteit' heette. Dat leverde nauwelijks iets op, dus richtte ze zich op de omvangrijke literatuur over introversie, die hieraan nauw verwant leek: het onderzoek van Kagan over hoogreactieve kinderen en de lange reeks experimenten over de hogere gevoeligheid van introverte mensen voor sociale en zintuiglijke prikkeling. Deze onderzoeken boden haar een glimp van wat ze zocht, maar Aron dacht dat er een stukje ontbrak in dit opdoemende portret van introverte mensen.

'Het probleem voor wetenschappers is dat wij gedrag proberen te observeren, en dat je deze dingen niet kunt observeren,' legt ze uit. Wetenschappers kunnen prima rapporteren over het gedrag van extraverte mensen, van wie je vaak kunt waarnemen dat ze lachen, praten of gebaren maken. Maar 'aan iemand die in de hoek van een kamer staat, kun je pakweg vijftien motieven toeschrijven. Je weet niet echt wat er vanbinnen gebeurt.'

Toch was innerlijk gedrag ook gedrag, dacht Aron, al was het lastig te rubriceren. Dus wat ís dan het innerlijke gedrag van mensen van wie de meest zichtbare eigenschap is dat ze het niet fijn vinden als je ze meeneemt naar een feestje? Ze besloot dat uit te gaan zoeken.

Eerst interviewde Aron 39 mensen die van zichzelf zeiden dat ze introvert waren of snel overspoeld raakten door prikkeling. Ze ondervroeg hen over hun lievelingsfilms, hun eerste herinneringen, de band met hun ouders, vriendschappen, liefdesleven, creatieve bezigheden en levensbeschouwelijke en religieuze overtuiging. Op basis van die interviews maakte ze een omvangrijke vragenlijst die ze aan meerdere grote groepen mensen voorlegde. Vervolgens destilleerde ze uit hun antwoorden een verzameling van 27 kenmerken. De mensen die deze eigenschappen bezaten, noemde ze 'hoog sensitief'.

Sommige van die 27 persoonlijkheidskenmerken waren bekend uit het onderzoek van Kagan en anderen. Zo zijn hoog sensitieve personen in de regel scherpe waarnemers die niet zo gauw in het diepe springen. Ze organiseren hun leven zodanig dat het aantal verrassingen beperkt blijft. Ze zijn vaak gevoelig voor beelden, klanken, geuren, pijn en koffie. Ze vinden het vervelend om bekeken te worden (op hun werk bijvoorbeeld, of tijdens een concert), of te worden beoordeeld op hun algemene bestaansrecht (daten, sollicitatiegesprekken).

Maar er waren ook nieuwe inzichten. Hoog sensitieve personen zijn doorgaans filosofisch of religieus ingesteld, in plaats van materialistisch of hedonistisch. Ze praten niet graag over koetjes en kalfjes. Ze omschrijven zichzelf vaak als creatief of intuïtief (precies zoals Arons echtgenoot haar had omschreven). Ze hebben levendige dromen en kunnen zich vaak de volgende dag hun dromen herinneren. Ze houden van muziek, de natuur, kunst en fysieke schoonheid. Ze ervaren uitzonderlijk sterke emoties: soms abrupte uitbarstingen van vreugde, maar ook van verdriet, melancholie en angst.

Hoog sensitieve mensen verwerken ook informatie over hun omgeving, zowel hun fysieke als hun emotionele omgeving, ongewoon diepgaand. Ze merken vaak nuances op die anderen over het hoofd zien, zoals een omslag in de stemming van iemand of een lichtpeertje dat iets te helder straalt.

Onlangs heeft een groep wetenschappers op Stony Brook University deze bevinding getest door achttien mensen die in een fMRI-machine lagen telkens twee paren foto's te laten zien (van een schutting en een paar balen hooi). Het ene paar foto's was duidelijk verschillend en bij het andere paar was het verschil veel subtieler. Van elk paar foto's vroegen de wetenschappers of de tweede foto dezelfde was als de eerste. Ze merkten dat sensitieve mensen meer tijd namen om de foto's met de subtiele verschillen te bekijken. Er was bij hen ook meer activiteit in de hersengebieden die helpen om verband te leggen tussen beelden en andere opgeslagen informatie. Met andere woorden: de sensitieve mensen verwerkten de foto's uitvoeriger dan andere proefpersonen, en dachten dieper na over die schuttingen en hooibalen.

Dit onderzoek is erg recent en de conclusies zijn nog niet gerepliceerd en in andere situaties onderzocht. Het doet echter sterk denken aan de bevinding van Jerome Kagan dat hoogreactieve kinderen uit groep drie meer tijd nemen dan andere kinderen voor het vergelijken van de keuzemogelijkheden wanneer ze herkenningsspelletjes speelden of onbekende woorden lazen. En volgens Jadzia Jagiellowicz, de hoofdonderzoeker op Stony Brook, geeft dat aan dat sensitieve types op een buitengewoon complexe manier denken. Het verklaart misschien ook waarom koetjes en kalfjes hen niet kunnen boeien. 'Als je op complexere manieren denkt,' vertelde ze me, 'dan is een praatje over het weer of de afgelopen vakantie niet zo interessant als een gesprek over morele waarden.'

Aron ontdekte ook dat sensitieve mensen soms zeer empathisch zijn. Het lijkt wel of er bij hen dunnere grenzen zijn tussen henzelf en de gevoelens van anderen en het leed en de wreedheid op de wereld. Ze hebben vaak een ongewoon sterk geweten. Ze mijden gewelddadige films en tv-programma's; ze zijn zich scherp bewust van de gevolgen van hun eigen wangedrag. Tijdens gezelligheidsbijeenkomsten zijn ze vaak gericht op privéproblemen die andere mensen 'te zwaar' vinden.

Aron besefte dat ze iets belangrijks op het spoor was. Veel kenmerken van sensitieve mensen die ze had benoemd, zoals hun inlevingsvermogen en gevoeligheid voor schoonheid, werden door psychologen beschouwd als uitingen van andere persoonlijkheidskenmerken zoals 'vriendelijkheid' en 'openheid voor ervaringen'. Maar Aron zag dat ze tevens een wezenlijk onderdeel van sensitiviteit waren. Haar bevindingen ondergroeven impliciet de heersende geloofsartikelen van de ontwikkelingspsychologie.

Ze begon over haar onderzoeksresultaten te publiceren in wetenschappelijke tijdschriften en boeken, en in het openbaar over haar onderzoek te spreken. In het begin viel dat niet mee. Toehoorders vonden haar ideeën fascinerend, maar vertelden haar dat haar onzekere presentatie erg afleidde. Aron had echter een sterke behoefte om haar boodschap uit te dragen. Ze hield vol en leerde om te spreken als de autoriteit die ze was. Toen ik haar op Walker Creek Ranch tegenkwam, was ze inmiddels ervaren, to the point en zelfverzekerd. Het enige verschil tussen haar en de doorsnee spreker was hoe gewetensvol ze leek te zijn tijdens het beantwoorden van werkelijk iedere vraag uit de zaal. Ze bleef na afloop een praatje maken met de deelnemers, ook al zal ze als extreem introvert mens hebben gepopeld om weer naar huis te gaan.

Arons beschrijving van hoog sensitieve mensen klinkt alsof ze het over Eleanor Roosevelt heeft. Sinds de eerste publicaties van Aron over haar bevindingen hebben wetenschappers inderdaad ontdekt dat als je mensen wier genetisch profiel voorzichtig in verband is gebracht met sensitiviteit en introversie (mensen met de gen-variant 5-HTTLPR die de resusapen uit hoofdstuk 3 kenmerkte) in een fMRI-machine legt en foto's van angstige gezichten, slachtoffers van ongelukken, verminkte lichamen en vervuilde landschappen toont, hun amygdala – het deel van de hersenen dat zo'n belangrijke rol speelt bij de verwerking van emoties – sterk geactiveerd wordt. Aron en een team van wetenschappers hebben ook geconstateerd dat bij sensitieve personen die gezichten zien van mensen die sterke gevoelens ervaren, meer dan bij andere mensen de hersengebieden worden geactiveerd die verband houden met empathie en met pogingen om sterke emoties te beheersen.

Het lijkt wel of ze, net als Eleanor Roosevelt, geen andere keuze hebben dan te voelen wat andere mensen voelen.

* * *

In 1921 kreeg Franklin D. Roosevelt polio. Dat was een grote klap, en hij overwoog om zich terug te trekken in de provincie en daar de rest van zijn leven te slijten als ziekelijke landjonker. Maar Eleanor hield zijn contacten met de Democraten warm terwijl hij herstelde, en toonde zich zelfs bereid een toespraak te houden tijdens een partijbijeenkomst. Ze vond het doodeng om in het openbaar te spreken en was er niet heel goed in – ze had een hoge stem en lachte nerveus op de verkeerde momenten. Maar ze oefende voor het evenement en worstelde zich door de toespraak heen.

Daarna bleef Eleanor onzeker, maar ze begon te werken aan het rechtzetten van de misstanden die ze overal om zich heen zag. Ze werd een pleitbezorger van de vrouwenemancipatie en smeedde bondgenootschappen met andere serieuze mensen. In 1928, toen Franklin tot gouverneur van New York werd verkozen, was zij directeur van het bureau voor vrouwenactiviteiten van de Democraten en een van de invloedrijkste vrouwen in de Amerikaanse politiek. Zij en Franklin waren nu een volledig functionerend partnerschap van zijn *savoir-faire* en haar sociale geweten. 'Ik was op de hoogte van de maatschappelijke omstandigheden, misschien wel beter dan hij,' vertelde Eleanor later met de bescheidenheid die haar kenmerkte. 'Maar hij had verstand van besturen en wist hoe je de overheid kon gebruiken om misstanden recht te zetten. En ik geloof dat we begonnen door te krijgen hoe je samenwerkt.'

In 1933 werd Roosevelt tot president verkozen. De crisis was op zijn dieptepunt en Eleanor reisde door het hele land – in drie maanden tijd legde ze 65.000 kilometer af – om de verhalen van gewone mensen over hun tegenslag aan te horen. Mensen waren openhartiger tegen haar dan tegen gezagsfiguren. Voor Franklin werd zij de stem van de berooiden. Toen ze na haar reizen thuiskwam, vertelde ze hem veelvuldig wat ze had gezien en preste hem om in actie te komen. Ze hielp hem bij het opzetten van een hulpprogramma voor de uitgehongerde mijnwerkers in Appalachia. Ze spoorde hem aan om vrouwen en zwarte Amerikanen in zijn werkgelegenheidsbeleid op te nemen. En ze regelde dat Marian Anderson bij het Lincolnmonument kon zingen. 'Ze richtte zijn aandacht op kwesties die hij mogelijk, in de hectiek, had willen negeren,' schreef de historicus Geoff Ward. 'Ze hanteerde hoge maatstaven voor hem. Iedereen die heeft meegemaakt hoe ze hem diep in de ogen keek en zei: "Franklin, eigenlijk zou je..." is dat nooit vergeten.'

De schuchtere jonge vrouw die het doodeng vond om in het openbaar te spreken, leerde van het openbare leven te genieten. Eleanor Roosevelt werd de eerste First Lady die een persconferentie gaf, een landelijk partijcongres toesprak, een column schreef en in een praatprogramma op de radio te horen was. Later was ze Amerikaanse afgevaardigde in de Verenigde Naties, waar ze met haar ongebruikelijke politieke vaardigheid en zwaarbevochten stelligheid hielp om de Universele Verklaring van de Rechten van de Mens erdoor te krijgen.

Ze is nooit over haar kwetsbaarheid heen gegroeid; ze heeft haar hele leven last gehouden van sombere 'Griselda-buien,' zoals zij die noemde (naar een prinses uit een middeleeuwse legende die zich in zwijgen hulde), en moeite gehad om 'een huid te ontwikkelen die zo hard is als die van een neushoorn'. 'Ik geloof dat verlegen mensen altijd verlegen blijven, maar ermee om leren gaan,' zei ze. Maar misschien was het juist haar gevoeligheid die haar in staat stelde om zich zo verbonden te voelen met de berooiden, en haar zo gewetensvol maakte dat ze voor hen opkwam. FDR, die aan het begin van de crisis tot president werd verkozen, leeft in de herinnering voort vanwege zijn mededogen. Maar Eleanor was degene die ervoor zorgde dat hij wist hoe de lijdende Amerikanen zich voelden.

* * *

Het verband tussen sensitiviteit en het geweten is al lange tijd waargenomen. Maak je een voorstelling van het volgende experiment, dat door ontwikkelingspsycholoog Grazyna Kochanska werd gedaan. Een lieve vrouw geeft een stuk speelgoed aan een kleuter en legt het kind uit dat het er heel voorzichtig mee moet zijn, omdat het haar lievelingsspeelgoed is. Het kind knikt plechtig van ja en gaat met het speelgoed spelen. Kort daarop breekt het op dramatische wijze doormidden, omdat het opzettelijk is gesaboteerd.

De vrouw lijkt te schrikken en roept 'Lieve hemel!' Vervolgens wacht ze af wat het kind doet.

Sommige kinderen blijken zich veel schuldiger te voelen over hun (vermeende) overtreding dan andere. Ze kijken opzij, slaan hun armen om zich heen, stamelen een bekentenis of verbergen hun gezicht. En de kinderen die je de meest sensitieve, de meest hoogreactieve zou noemen, die hoogstwaarschijnlijk introvert zijn, voelen zich het schuldigst. Omdat ze buitengewoon gevoelig zijn voor alle ervaringen, zowel positieve als negatieve, lijken ze zowel het verdriet te voelen van de vrouw wier speelgoed is gebroken als angstgevoelens omdat ze stout zijn geweest. (Maak je niet ongerust: in de experimenten kwam de vrouw vlug weer de kamer in met het 'gerepareerde' stuk speelgoed en stelde het kind gerust dat het helemaal niets verkeerd had gedaan.)

In onze cultuur is 'schuld' een vies woord, maar het is waarschijnlijk een van de bouwstenen van het geweten. De angstgevoelens die deze hoog sensitieve kleuters ervaren wanneer ze schijnbaar het speelgoed kapotmaken, sporen hen aan om er de volgende keer op te letten dat ze het speelgoed van een ander niet stukmaken. Op vierjarige leeftijd doen deze kinderen volgens Kochanska gemiddeld minder aan vals spelen of regels overtreden dan hun leeftijdsgenootjes, zelfs wanneer ze geloven dat ze niet betrapt kunnen worden. Wanneer ze zes of zeven zijn, is er meer kans dat hun ouders zeggen dat ze morele eigenschappen zoals inlevingsvermogen in hoge mate bezitten. Ze vertonen ook over de hele linie minder gedragsproblemen.

'Functionele, gematigde schuldgevoelens,' schrijft Kochanska, 'bevorderen toekomstig altruïsme, verantwoordelijkheidsgevoel, gepast gedrag op school en harmonieuze, competente en prosociale relaties met ouders, leraren, vriendjes en vriendinnetjes.' Dat is een heel belangrijke verzameling eigenschappen in een tijd dat een onderzoek uit 2010 aan de University of Michigan aangeeft dat universitaire studenten van nu 40 procent minder empathisch zijn dan die van dertig jaar geleden, waarbij die daling grotendeels na het jaar 2000 heeft plaatsgevonden. (De auteurs van het onderzoek speculeren dat de verminderde empathie verband houdt met de dominantie van sociale media, reality-tv en 'hyper-concurrentiedrang'.)

Uiteraard betekent het bezit van deze eigenschappen niet dat sensitieve kinderen engeltjes zijn. Net als iedereen hebben ze egoïstische eigenschappen. Soms doen ze afstandelijk en onaardig. En wanneer ze overspoeld raken door negatieve emoties als schaamte of angstgevoelens, zegt Aron, kunnen ze volslagen blind zijn voor de behoeften van anderen.

Maar deze ontvankelijkheid voor ervaringen die het leven van hoog sensitieve mensen moeilijk kan maken, vormt ook hun geweten. Aron vertelt over een sensitieve tiener die zijn moeder overhaalde om eten te geven aan een dakloze die hij in het park had ontmoet, en over een sensitief meisje van acht dat niet alleen huilde wanneer zij zich zelf opgelaten voelde, maar ook wanneer haar klasgenootjes werden geplaagd.

We kennen dit type goed uit de literatuur, waarschijnlijk omdat zo veel schrijvers zelf sensitieve, introverte mensen zijn. Hij 'was door het leven gegaan met één huid minder dan de meeste mensen,' schrijft Eric Malpass over zijn stille en cerebrale hoofdpersoon, eveneens een schrijver, in zijn roman *The Long Long Dances*. 'De problemen van andere mensen ontroerden hem meer, net als de welige schoonheid van het leven: ontroerde hem, noopte hem de pen ter hand te nemen en erover te schrijven. [Hij raakte ontroerd door] wandelen over de heuvels, luisteren naar een impromptu van Schubert, 's avonds vanuit zijn luie stoel kijken naar het verpletteren van botten en vlees waar het negenuurjournaal voor zo'n groot deel uit bestond...'

Als over zulke personages wordt geschreven dat ze een dunne huid hebben, is dat metaforisch bedoeld, maar een dunne huid blijkt letterlijk te bestaan. Onder de tests die onderzoekers gebruiken om persoonlijkheidskenmerken te meten, bevinden zich geleidingstests, waarbij wordt gemeten hoe sterk mensen zweten in reactie op geluiden, sterke emoties en andere prikkels. Hoogreactieve introverte mensen zweten meer; laagreactieve extraverte mensen zweten minder. Hun huid is letterlijk 'dikker', minder gevoelig voor prikkels en voelt koeler aan. Volgens sommige wetenschappers die ik heb gesproken, is dit zelfs de herkomst van het sociale begrip 'cool': hoe laagreactiever je bent, hoe koeler je letterlijk bent. (Overigens bevinden psychopaten zich aan het uiterste eind van de koelheidbarometer, met extreem lage niveaus van activatie, huidgeleiding en angstgevoelens. Er zijn enige aanwijzingen dat psychopaten een beschadigde amygdala hebben.)

Leugendetectors (polygrafen) zijn voor een deel een huidgeleidingsproef. Ze berusten op het idee dat liegen angstgevoelens opwekt, waardoor de huid onmerkbaar gaat zweten. In mijn studietijd heb ik een keer gesolliciteerd naar een baantje bij een grote juwelier. In het kader van het sollicitatieproces moest ik toen een leugendetectortest doen. De test werd in een kleine, slecht verlichte ruimte met linoleum vloerbedekking afgenomen door een magere, sigaretten paffende man met een pokdalige, vale huid. Hij stelde me een reeks opwarmvragen over mijn naam, mijn adres en dergelijke om het basisniveau van mijn huidgeleiding te bepalen. Daarna werden de vragen indringender en de houding van de ondervrager onvriendelijker: Was ik ooit aangehouden? Had ik ooit winkeldiefstal gepleegd? Had ik cocaïne gebruikt? Bij die laatste vraag keek mijn ondervrager me indringend aan. Nu had ik nooit cocaïne gesnoven. Maar hij leek te denken van wel. Zijn beschuldigende blik was vergelijkbaar met de oude politietruc om een verdachte te zeggen dat er onweerlegbaar bewijs is en dat het geen zin meer heeft om te ontkennen.

Ik wist dat de man ongelijk had, maar toch voelde ik mezelf blozen. En ja, hoor: op de testuitslag stond dat ik gelogen had over de cocaïnevraag. Mijn huid is blijkbaar zo dun dat die gaat zweten in reactie op denkbeeldige misdaden!

We denken meestal aan 'cool' als een pose die je aanneemt met een zonnebril, een nonchalante houding en een glas in de hand. Maar misschien zijn die sociale accessoires niet willekeurig gekozen. Misschien hebben we een zonnebril, ontspannen lichaamstaal en alcohol juist als signaal gekozen omdat ze de aanwijzingen van een gestrest zenuwstelsel camoufleren. Een zonnebril zorgt ervoor dat anderen niet kunnen zien dat je pupillen zich uit verrassing of angst verwijden. Dankzij het onderzoek van Kagan weten we dat een ontspannen lichaam een kenmerk van laagreactiviteit is. En alcohol neemt remmingen weg en verlaagt het prikkelingsniveau. Wanneer je naar een voetbalwedstrijd gaat en iemand biedt je een biertje aan, zegt ontwikkelingspsycholoog Brian Little, 'dan zegt die eigenlijk: Neem een glas extraversie.'

Tieners weten instinctief hoe de lichamelijke kant van cool-zijn werkt. In de roman *Prep* van Curtis Sittenfeld, waarin de puberale rituelen van het leven op een kostschool akelig nauwkeurig worden beschreven, wordt de hoofdpersoon Lee onverwacht uitgenodigd op de slaapkamer van Aspeth, het coolste meisje van de school. Het eerste wat haar opvalt, is hoe fysiek prikkelend de wereld van Aspeth is: 'Vanaf de gang hoor ik bonkende muziek,' merkt ze op. 'Witte kerstlichtjes, die nu aanstonden, waren op grote hoogte met tape langs alle muren geplakt, en op de noordelijke muur hadden ze een enorm oranjegroen tapijt opgehangen. [...] Ik voelde me overprikkeld en vagelijk geïrriteerd. De kamer die ik met [mijn kamergenoot] deelde, leek zo rustig en saai, ons leven leek zo rustig en saai. Was Aspeth cool geboren, vroeg ik me af, of had ze dat van iemand anders geleerd, zoals een oudere zus of nicht?'

Ook stoere-mannenculturen hebben gevoel voor de laagreactieve fysiologie van koelbloedigheid. Onder de eerste Amerikaanse astronauten was het een statussymbool om een trage hartslag te hebben, die wijst op laagreactiviteit. Luitenant-kolonel John Glenn, die als eerste Amerikaan een ruimtereis om de aarde maakte en zich later kandidaat stelde als president, werd door zijn kameraden bewonderd vanwege zijn supercoole hartslag tijdens de lancering (slechts 110 slagen per minuut).

* * *

Maar een fysiek gebrek aan koelbloedigheid heeft meer sociaal nut dan je zou denken. Dat hevige blozen wanneer een bikkelharde leugentester zijn gezicht vlak bij het jouwe houdt en vraagt of je wel eens cocaïne hebt gesnoven, blijkt een sociaal bindmiddel te zijn. In een recent experiment vroeg een team psychologen onder leiding van Corine Dijk een stuk of zestig proefpersonen om verhalen voor te lezen over mensen die moreel verwerpelijke dingen hadden gedaan, zoals doorrijden na een aanrijding, of iets gênants, zoals koffie op iemand morsen. De deelnemers kregen foto's te zien van de boosdoeners, met een van de volgende vier gezichtsuitdrukkingen: schaamte of gêne (gebogen hoofd en terneergeslagen ogen); schaamte/gêne plus een blos; neutraal; of neutraal met blos. Daarna werd hun gevraagd hoe sympathiek en betrouwbaar ze de boosdoeners vonden.

De boosdoeners die bloosden, werden veel positiever beoordeeld dan zij die dat niet deden. Dat kwam doordat blozen een aanwijzing is van bezorgdheid om anderen. Zoals Dacher Keltner, een psycholoog op de University of California in Berkeley, die is gespecialiseerd in positieve emoties, in *The New York Times* stelde: 'Een blos verschijnt binnen twee of drie seconden en zegt: "Het raakt me; ik weet dat ik het sociale contract heb geschonden."'

Sterker nog: dat wat de meeste hoogreactieve mensen het meest irritant vinden aan blozen – dat je het niet in de hand hebt – maakt het sociaal zo nuttig. 'Omdat je blozen onmogelijk bewust kunt beheersen,' zo speculeert Dijk, is het een authentiek teken van gêne. En gêne is volgens Keltner een morele emotie. Ze is een bewijs van nederigheid, bescheidenheid en de behoefte om agressie te vermijden en vrede te sluiten. Blozen dient niet om degene die zich schaamt te isoleren (zoals het voor snelle blozers soms voelt), maar juist om mensen dichter tot elkaar te brengen.

Keltner is de wortels van de menselijke schaamtegevoelens gevolgd en heeft ontdekt dat veel primaten na een conflict vrede proberen te sluiten. Dat doen ze deels door te gebaren dat ze zich schamen, net als mensen: ze kijken opzij, waarmee ze hun fout en de intentie om ermee te stoppen aangeven; ze laten het hoofd hangen, waarmee ze zich klein maken; en ze drukken hun lippen op elkaar, een teken van geremdheid. Bij mensen worden deze gebaren 'daden van toewijding' genoemd, schrijft Keltner. Keltner, die is geoefend in het lezen van mensengezichten, heeft een studie gemaakt van foto's van morele helden als Gandhi en de Dalai Lama en ontdekte dat zij precies dezelfde beheerste glimlach en afgewende blik tonen.

In zijn boek *Born to Be Good* beweert Keltner zelfs dat als hij een partner moest kiezen door één vraag te stellen tijdens het speeddaten, die vraag zou luiden: 'Wat is je meest recente gênante ervaring?' Vervolgens zou hij gespitst zijn op samengeknepen lippen, blozen en een afgewende blik. 'De elementen van de schaamte zijn vluchtige uitingen van een individu omtrent zijn of haar respect voor het oordeel van anderen,' schrijft hij. 'Schaamte onthult hoeveel belang het individu hecht aan de regels die ons met elkaar verbinden.'

Met andere woorden, je wilt zeker weten dat je mogelijke partner waarde hecht aan het oordeel van anderen. Het is beter om daar te veel waarde aan te hechten dan te weinig.

* * *

Ondanks de voordelen van het blozen, roept het verschijnsel hoogsensitiviteit een voor de hand liggende vraag op. Hoe zijn die hoog sensitieve mensen erin geslaagd om het keiharde selectieproces van de evolutie te overleven? Als de dapperen en de agressieven doorgaans de overhand hebben, waarom zijn de sensitieven dan niet duizenden jaren geleden uit de mensenpopulatie geselecteerd, net als oranjekleurige boomkikkers? Want misschien word je, net als de hoofdpersoon van *The Long Long Dances*, meer ontroerd dan anderen door de openingsakkoorden van een impromptu van Schubert, en schrik je meer dan anderen van het stukhakken van botten en vlees, en misschien ben je zo iemand die vreselijk in de rats zit wanneer je denkt dat je het speelgoed van een ander kapotgemaakt hebt, en bloos je als volwassene nog steeds snel. Maar de evolutie schat zulke dingen niet naar waarde.

Of toch wel?

Elaine Aron heeft daar een idee over. Zij denkt dat er niet is geselecteerd op hoogsensitiviteit als zodanig, maar op het zorgvuldige, nadenkende gedrag dat er doorgaans mee gepaard gaat. 'Het type dat "sensitief" of "reactief" is, weerspiegelt dan een strategie van nauwkeurig waarnemen alvorens te handelen,' schrijft ze, 'en daarmee gevaren, mislukkingen en energieverspilling te mijden, waarvoor een zenuwstelsel nodig is dat erop is ingesteld om subtiele verschillen waar te nemen en te bespeuren. Het is een strategie van "voor het zekere kiezen" of "goed kijken voor je de sprong waagt". De actieve strategie van het [andere type] daarentegen is om er als eerste bij te zijn, zonder volledige informatie en met alle risico's van dien – de strategie van "de gok wagen", want "wie niet waagt, die niet wint" en "je moet het ijzer smeden wanneer het heet is"."

In feite hebben veel mensen die Aron als hoog sensitief beschouwt een aantal van de 27 karaktereigenschappen die met het persoonlijkheidskenmerk in verband zijn gebracht, maar nooit allemaal. Ze zijn bijvoorbeeld wel gevoelig voor licht en geluid, maar niet voor koffie of pijn; of ze zijn niet zintuiglijk overgevoelig, maar wel diepzinnige denkers met een rijk gevoelsleven. Soms zijn ze niet eens introvert: slechts 70 procent ván de hoog sensitieve personen zijn dat volgens Aron, terwijl de andere 30 procent extravert is (hoewel leden van deze groep doorgaans melden dat ze meer behoefte hebben aan recuperatietijd en alleen-zijn dan doorsnee extraverte mensen). Dat komt, zo speculeert Aron, doordat sensitiviteit is ontstaan als bijproduct van een overlevingsstrategie, en je hebt slechts enkele, niet alle kenmerken nodig om die strategie met succes te kunnen toepassen.

Er is veel bewijs voor de visie van Aron. Evolutionair biologen geloofden vroeger dat elke diersoort zodanig is geëvolueerd dat die in een ecologisch hokje past, dat er één ideale verzameling gedragingen voor dat hokje is, en dat leden van de soort wier gedrag van dat ideaal afwijkt zullen uitsterven. Maar het blijkt dat niet alleen mensen verdeeld zijn in types die 'eerst denken, dan doen' en anderen die 'eerst doen, dan denken'. Het blijkt dat ruim honderd diersoorten op ongeveer dezelfde manier zijn georganiseerd.

Over fruitvliegjes, katten, berggeiten, zonnebaarzen, oormaki's en Euraziatische mezen hebben wetenschappers ontdekt dat ongeveer 20 procent van hen 'traag op gang komt', terwijl de andere 80 procent bestaat uit 'haastige' types die zich dapper in het ongewisse storten zonder veel acht te slaan op wat er om hen heen gebeurt. (Het is intrigerend dat, zoals je nog weet, van de baby's in het lab van Kagan ook rond de 20 procent hoogreactief geboren was.)

Als 'snelle' en 'trage' dieren een feestje hielden, zo schrijft evolutionair bioloog David Sloan Wilson, 'zouden sommige van de snelle dieren iedereen vervelen met hun luidruchtige geklets, terwijl andere in hun biertje zouden mompelen dat niemand respect voor ze heeft. Trage dieren kun je het best als verlegen, sensitieve types beschrijven. Ze laten zichzelf niet gelden, maar zijn opmerkzaam en zien dingen die de pestkoppen niet opvallen. Zij zijn de schrijvers en artiesten op het feest die interessante gesprekken voeren, buiten gehoorsafstand van de pestkoppen. Zij zijn de uitvinders, die nieuwe vormen van gedrag verzinnen terwijl de pestkoppen van hun ouders stelen door hun gedrag na te apen.'

Eens in de zoveel tijd verschijnt er in de krant of op tv een bericht over de persoonlijkheid van dieren, waarbij verlegen gedrag als onbetamelijk en moedig gedrag als aantrekkelijk en bewonderenswaardig wordt voorgesteld. ('Zo zien we onze fruitvliegjes graag!') Maar Wilson gelooft net als Aron dat beide types bij diersoorten voorkomen omdat ze radicaal verschillende overlevingsstrategieën hanteren, die elk op verschillende manieren en op verschillende momenten voordeel bieden. Dit is de zogenoemde compromis-evolutietheorie, volgens welke een bepaalde eigenschap niet volledig goed of slecht is, maar een mengsel van voor- en nadelen waarvan het nut voor de overleving met de omstandigheden wisselt.

'Verlegen' dieren gaan minder vaak en minder ver op zoek naar voedsel. Daarmee besparen ze energie, blijven ze langs de zijlijn en blijven ze in leven wanneer er roofdieren op bezoek komen. Dieren die moediger zijn, wagen zich vrolijk in het ongewisse, worden regelmatig opgepeuzeld door dieren die hoger in de voedselketen zitten, maar overleven ook wanneer het voedsel schaars is en ze meer risico moeten nemen. Toen Wilson metalen vallen zonder aas liet vallen in een vijver vol zonnebaarzen, een gebeurtenis waarvan hij zegt dat die voor de vissen net zo onthutsend moet zijn als voor ons een vliegende schotel die op aarde landt, konden de moedige vissen niet anders doen dan op onderzoek uit gaan – en zwommen regelrecht in de vallen van Wilson. De verlegen vissen waren zo verstandig om aan de rand van vijver te blijven, waardoor Wilson hen niet kon vangen.

Aan de andere kant: nadat Wilson erin was geslaagd om met een ingewikkeld nettensysteem beide typen van deze vis te vangen en die naar zijn laboratorium meenam, waren de moedige vissen snel aan hun nieuwe omgeving gewend en gingen ze maar liefst vijf dagen eerder weer eten dan hun verlegen soortgenoten. 'Er bestaat niet één beste [dierlijke] persoonlijkheid,' schrijft Wilson, 'maar eerder een scala aan persoonlijkheden die door de natuurlijke selectie in stand wordt gehouden.'

Een ander voorbeeld van de compromis-evolutietheorie is de guppy. Guppy's ontwikkelen een persoonlijkheid – verbazingwekkend snel, voor evolutionaire begrippen – om zich aan te passen aan het microklimaat waarin ze verkeren. De karper is hun natuurlijke vijand. Maar in sommige guppybuurten, stroomopwaarts van een waterval bijvoorbeeld, wonen geen karpers. Als je als guppy in zo'n beschermde omgeving bent opgegroeid, is er een grote kans dat je een dappere en zorgeloze persoonlijkheid hebt die zeer geschikt is voor *la dolce vita*. Maar als je guppyfamilie uit een 'slechte buurt' komt, stroomafwaarts van de waterval, waar karpers dreigend de waterwegen doorkruisen, gedraag je je waarschijnlijk veel omzichtiger, wat precies goed is voor het vermijden van de boeven.

Het interessante is nu dat die verschillen erfelijk zijn en niet aangeleerd, zodat het nageslacht van moedige guppy's die naar een slechte buurt verhuizen de dapperheid van hun ouders erven, ook al zijn ze daardoor sterk in het nadeel ten opzichte van hun waakzame soortgenoten. Hun genen muteren echter al snel, en nakomelingen die erin slagen te overleven, zijn overwegend voorzichtige types. Hetzelfde gebeurt bij waakzame guppy's wanneer de karpers opeens verdwijnen: het duurt ongeveer twintig jaar voordat hun afstammelingen zich evolueren tot vissen die zich gedragen alsof er geen wolkje aan de lucht is.

* * *

De compromistheorie lijkt ook voor mensen op te gaan. Wetenschappers hebben geconstateerd dat nomaden die de versie van een bepaald gen hebben geërfd die in verband is gebracht met extraversie (vooral met de behoefte aan nieuwigheid) beter gevoed zijn dan zij die deze versie van het gen niet hebben. Maar in populaties met een vaste woonplaats zijn mensen met deze versie van het gen juist slechter gevoed. Eigenschappen die een nomade slagvaardig genoeg maken om te jagen en vee tegen rovers te beschermen kunnen hinderlijk zijn bij meer plaatsgebonden activiteiten als de landbouw, waren op de markt verkopen en je concentreren op school.

Of denk eens aan dit compromis: extraverte mensen hebben meer seksuele partners dan introverte mensen – een voordeel voor elke soort die zichzelf wil voortplanten –, maar ze plegen meer overspel en scheiden vaker, wat ongunstig is voor de nakomelingen uit al die paringen. Extraverte mensen sporten meer, maar introverte mensen hebben minder ongelukken en traumatische verwondingen. Extraverte mensen hebben misschien een groter sociaal netwerk, maar plegen ook meer misdaden. Zoals Jung bijna een eeuw geleden over deze twee types speculeerde: 'Het ene [extraversie] bestaat uit een hoge mate van vruchtbaarheid, met weinig verdedigingsvermogens en een korte levensduur voor het afzonderlijke individu; het andere [introversie] bestaat uit het toerusten van het individu met talloze methoden tot zelfbehoud plus een laag nakomelingengetal.'

De compromis-evolutietheorie geldt misschien wel voor hele soorten. Onder evolutionair biologen, die in meerderheid de opvatting huldigen dat het eenzame individu erop gebrand is om zijn eigen DNA door te geven, wordt fel gediscussieerd over het idee dat er individuen tot een soort kunnen behoren wier eigenschappen de overlevingskans van de groep vergroten. Niet eens zo lang geleden kon je vanwege die opvatting bijna uit de academische wereld worden verstoten. Maar deze opvatting wint langzaamaan terrein. Sommige wetenschappers speculeren zelfs dat het grotere medeleven met het leed van andere soortgenoten, vooral van directe familieleden, de evolutionaire reden voor kenmerken als sensitiviteit is.

Maar zo ver hoef je niet eens te gaan. Zoals Aron uitlegt, is het logisch dat diergroepen voor hun overleving afhankelijk zijn van hun sensitieve leden. 'Stel dat een antilopenkudde [...] een paar leden heeft die voortdurend stoppen met grazen en hun scherpe zintuigen gebruiken om naar roofdieren te speuren,' schrijft ze. 'Kudden met zulke gevoelige, oplettende individuen hebben een betere kans om te overleven en zich voort te planten, en daarom worden er steeds een paar sensitieve individuen in die groep geboren.'

Waarom zou dat voor mensen anders zijn? Wij hebben mensen als Eleanor Roosevelt net zo hard nodig als grazende kuddes afhankelijk zijn van hun sensitieve antilopen.

Naast 'verlegen' en 'moedige' dieren, en naast 'snel' en 'traag' spreken biologen soms ook van de 'haviken' en 'duiven' van een bepaalde soort. Zo gedragen koolmezen, waarvan sommige veel agressiever zijn dan andere, zich vaak als de voorbeeldgevallen uit colleges over internationale betrekkingen. Deze vogels eten noten van de berkenboom, en in jaren dat die noten schaars zijn, doen de havikachtige vrouwen het beter, precies zoals je zou verwachten, omdat ze noten etende concurrenten snel tot een duel uitdagen. Maar in seizoenen dat er volop berkennoten zijn, doen de 'duiven' – die trouwens zorgzamere moeders zijn – het beter dan de 'haviken', omdat de haviken hun tijd verdoen en hun fysieke gezondheid schaden met gevechten waar geen goede reden voor is.

Mannelijke koolmezen vertonen precies het tegenovergestelde patroon. Dat komt deels doordat hun belangrijkste taak in het leven niet voedsel zoeken, maar hun territorium verdedigen is. In de jaren dat het voedsel schaars is, sterven er zo veel mezen van de honger dat er genoeg ruimte voor iedereen is. De havikachtige mannen lopen dan in dezelfde val als hun vrouwelijke kameraden tijdens de notentijd: ze vechten en verspillen kostbare energie met elk bloederig gevecht. Maar in de vette jaren, wanneer er fel wordt geconcurreerd om nestterritorium, is die agressie lonend voor de havikachtige koolmeesman.

* * *

In tijden van oorlog of angst – het menselijke equivalent van een slecht notenseizoen voor vrouwelijke koolmezen – zou je denken dat mensen vooral behoefte hebben aan agressieve, heldhaftige types. Maar als onze hele populatie uit krijgers bestond, zou niemand oog hebben voor, laat staan de strijd aangaan met potentieel dodelijke, maar veel stillere bedreigingen als virusziekten of klimaatverandering.

Neem nu de tientallen jaren durende kruistocht van vicepresident Al Gore om de bewustwording omtrent het broeikaseffect te vergroten. Volgens velen is Gore een introverte man. 'Als je een introvert iemand naar een receptie of een evenement met honderd andere mensen stuurt, heeft hij minder energie als hij ervandaan komt dan toen hij erheen ging,' zegt een voormalig medewerker. 'Gore moet na een evenement bijkomen.' Gore erkent dat zijn vaardigheden niet bevorderlijk zijn voor campagne voeren en toespraken geven. 'De meeste politici krijgen energie van elkaar schouderklopjes geven, handen geven en dergelijke,' heeft hij gezegd. 'Ik krijg energie van discussies over ideeën.'

Maar als je die passie voor bespiegeling combineert met aandacht voor nuances – allebei gangbare kenmerken van introverte mensen – krijg je een machtig brouwsel. In 1968, toen Gore op Harvard studeerde, liep hij college bij een invloedrijke oceanograaf die de eerste aanwijzigen presenteerde van een mogelijk verband tussen de verbranding van fossiele brandstoffen en het broeikaseffect. Gore spitste de oren.

Hij probeerde anderen te vertellen wat hij wist. Maar hij merkte dat niemand wilde luisteren. Het leek alsof anderen de alarmbel die zo luid in zijn oren rinkelde niet konden horen.

'Toen ik halverwege de jaren zeventig congreslid werd, hielp ik mee aan het organiseren van de eerste debatten over het broeikaseffect,' vertelt hij in de Oscarwinnende film *An Inconvenient Truth*, waarin de meest opwindende actiescènes bestaan uit de eenzame Gore die 's nachts met zijn koffer op wieltjes over een vliegveld loopt. Gore lijkt oprecht verbaasd dat niemand er toen notie van nam: 'Ik dacht werkelijk dat het verhaal fascinerend genoeg was om te zorgen voor een radicale omslag in de manier waarop het Congres met dit vraagstuk omging. Ik dacht dat de anderen ook zouden opschrikken. Maar dat gebeurde niet.'

Als Gore toen had geweten wat wij nu weten over het onderzoek van Kagan en Aron, had hij zich misschien minder verbaasd over de reactie van zijn collega's. Dan had hij zelfs zijn inzicht in de ontwikkelingspsychologie kunnen aanwenden om gehoord te worden. Het Congres, zo had hij gerust mogen aannemen, wordt bevolkt door een aantal van de minst sensitieve mensen in het land: mensen die, als ze kinderen waren geweest in een van Kagans experimenten, onbevreesd waren afgelopen op vreemd uitgedoste clowns en rare vrouwen met een gasmaker op zonder één keer naar hun moeder om te kijken. Denk even terug aan de introverte Tom en de extraverte Ralph van Kagan. Het Congres zit vol met mensen als Ralph, het is gemaakt voor mensen als Ralph. De meeste mensen zoals Tom willen niet elke dag campagnes plannen en met lobbyisten smoezen.

Deze Ralph-achtige congresleden kunnen geweldige mensen zijn – uitbundig, onbevreesd en overtuigend –, maar ze zullen waarschijnlijk niet verontrust raken door een barstje in een gletsjer ergens ver weg. Er zijn sterkere prikkels nodig om te zorgen dat ze luisteren. Dat is de reden waarom Gore zijn boodschap pas wist over te brengen toen hij de samenwerking was aangegaan met flitsende Hollywoodtypes die zijn waarschuwing konden verpakken in een met special effects gevulde presentatie die uitgroeide tot de film *An Inconvenient Truth.*

Gore maakte ook gebruik van zijn eigen sterke kanten zoals zijn aangeboren concentratievermogen en nauwgezetheid om de film onvermoeibaar te promoten. Hij bezocht door heel Amerika tientallen bioscopen, waar hij met toeschouwers sprak, en gaf talloze tv- en radio-interviews. Over de klimaatverandering spreekt Gore met een helderheid die hij als politicus miste. Het kost hem geen enkele moeite om zich onder te dompelen in een gecompliceerde wetenschappelijke puzzel. Het kost hem geen enkele moeite om zich te concentreren op één passie in plaats van te tapdansen van het ene onderwerp naar het andere. Zelfs grote mensenmassa's spreekt hij moeiteloos toe als het over de klimaatsverandering gaat. Wanneer Gore over het broeikaseffect spreekt, heeft hij een relaxte uitstraling en maakt hij meer contact met zijn toehoorders dan hij als presidentskandidaat deed. Dat komt doordat deze missie in zijn ogen niet draait om politiek of persoonlijkheid. Ze draait volledig om de stem van zijn geweten. 'Het gaat om het voortbestaan van onze planeet,' zegt hij. 'Het zal niemand iets kunnen schelen wie er een verkiezing heeft gewonnen of verloren als de aarde onbewoonbaar is.'

Als je een sensitief type bent, heb je misschien de gewoonte ontwikkeld om je diplomatieker uit te drukken of jezelf minder voorzichtig of monomaan voor te doen dan je eigenlijk bent. Maar in dit hoofdstuk vraag ik je om die benadering te heroverwegen. Zonder mensen zoals jij zullen we letterlijk verdrinken.

* * *

Intussen wordt op Walker Creek Ranch tijdens de bijeenkomst voor hoog sensitieve personen het extraverte ideaal en zijn nadruk op koelbloedigheid op zijn kop gezet. Als 'cool' zijn gelijkstaat met laagreactiviteit, die maakt dat iemand neigt naar dapperheid of nonchalance, dan is de menigte die is gekomen om Elaine Aron te ontmoeten verre van cool.

De sfeer is ontregelend, alleen al omdat hij zo ongebruikelijk is. Je zou deze sfeer kunnen aantreffen op een yogacursus of in een boeddhistisch klooster, alleen is er hier geen verbindende religie of wereldvisie, maar slechts een gemeenschappelijk temperament. Het is goed te zien wanneer Aron haar verhaal vertelt. Het is haar vaak opgevallen dat tijdens het toespreken van groepen hoog sensitieve mensen de zaal stiller en respectvoller is dan gangbaar is tijdens openbare bijeenkomsten, en dat is ook hier tijdens haar hele presentatie het geval. Maar het duurt het hele weekend.

Ik heb nog nooit zo vaak 'na jou' en 'bedankt' gehoord als hier. Tijdens de maaltijden, aan lange gemeenschappelijke tafels in de buitenlucht als op een zomerkamp, storten de mensen zich gretig op diepgravende gesprekken. Er worden veel één-op-ééngesprekken gevoerd over intieme onderwerpen als jeugdervaringen en volwassen liefdeslevens, en sociale vraagstukken zoals de gezondheidszorg en de klimaatverandering; er worden weinig verhalen verteld met het doel te amuseren. Mensen luisteren zorgvuldig naar elkaar en antwoorden weloverwogen. Aron heeft opgemerkt dat sensitieve mensen doorgaans zacht spreken omdat ze graag willen dat anderen op die manier met hen communiceren.

'In de rest van de wereld,' zegt Michelle, een webdesigner die voorover hangt alsof ze zich schrap zet voor een denkbeeldige windvlaag, 'doe je een uitspraak en discussiëren andere mensen daar vervolgens wel of niet over. Als je hier een uitspraak doet, zegt iemand: "Wat wil je daarmee zeggen?" En als je dat aan iemand anders vraagt, geeft die ook echt antwoord.'

Er wordt volgens Strickland, de organisator van de bijeenkomst, heus wel over koetjes en kalfjes gekletst. Alleen gebeurt dat niet aan het begin van een gesprek maar aan het eind. De meeste mensen gebruiken oppervlakkige praatjes als een manier om het ijs te breken en maken pas echt contact wanneer ze zich op hun gemak voelen. Sensitieve mensen lijken dat andersom te doen. Ze 'beleven pas plezier aan oppervlakkig geklets nadat ze de diepte in zijn geweest,' zegt Strickland. 'Wanneer sensitieve mensen in een omgeving verkeren die hun authenticiteit ondersteunt, lachen en kletsen ze net zoveel als andere mensen.'

Op de eerste avond verdwijnen we naar onze slaapkamers in een slaapzaalachtig gebouw. Ik zet mezelf instinctief schrap. Dat is het moment dat ik wil lezen of slapen, maar gedwongen word tot een kussengevecht (zomerkamp) of een luidruchtig en vervelend drinkspelletje (universiteit). Maar op Walker Creek Ranch gaat mijn kamergenoot, een secretaresse met grote, reebruine ogen die schrijver wil worden, 's avonds liever vredig in haar dagboek schrijven. Ik volg haar voorbeeld.

Uiteraard is het weekend niet geheel vrij van spanningen. Sommige mensen zijn zó gereserveerd dat ze nors overkomen. Soms dreigt de doe-het-zelfmentaliteit te ontaarden in wederzijdse eenzaamheid terwijl iedereen zijn eigen gangetje gaat. Er is zelfs zo weinig sociaal gedrag dat we 'cool' noemen, dat ik begin te denken dat er iemand grapjes moet gaan maken, de boel een beetje opstoken en rum-cola moet gaan serveren. Zou dat geen goed plan zijn?

Eerlijk is eerlijk: hoeveel ik ook verlang naar ademruimte voor sensitieve types, ik houd ook erg van joviale mensen. Ik ben blij met de 'coole' mensen om me heen en mis hen tijdens dit weekend. Ik begin zo zachtjes te praten dat ik het gevoel krijg dat ik mezelf in slaap wieg. Ik vraag me af of de anderen dat diep vanbinnen ook zo ervaren.

Tom, de softwareontwikkelaar die zo op Abraham Lincoln lijkt, vertelt me over een ex van hem die altijd vrienden en onbekenden in huis haalde. Ze was in alle opzichten avontuurlijk: ze hield van nieuwe gerechten, nieuwe seksuele ervaringen, nieuwe mensen. Hun relatie was geen succes. Tom had uiteindelijk behoefte aan een partner die zich meer op hun relatie richtte en minder op de buitenwereld, en hij is nu gelukkig getrouwd met zo'n vrouw. Toch is hij dankbaar voor de tijd met zijn ex-vriendin.

Terwijl Tom praat, bedenk ik hoe vreselijk ik Ken mis, mijn man die in ons huis in New York zit en ook bepaald geen sensitief type is. Soms is dat lastig: als iets mij roert tot tranen van empathie of angst vindt hij het ook wel ontroerend, maar verliest zijn geduld als ik daar te lang mee doorga. Maar ik weet ook dat zijn hardere houding goed voor mij is, en beleef eindeloos veel plezier aan zijn gezelschap. Ik houd van zijn moeiteloze charme. Ik vind het heerlijk dat hij altijd iets te vertellen heeft. Ik vind het fijn dat hij zich met hart en ziel stort op alles wat hij doet, en op iedereen om wie hij geeft, vooral ons gezin.

Maar ik houd vooral van de manier waarop hij laat merken dat hij met andere mensen meeleeft. Ken mag dan agressief zijn, agressiever in een week tijd dan ik in mijn hele leven ben, maar hij gebruikt die agressie in dienst van anderen. Voordat wij elkaar leerden kennen, werkte hij bij de VN in oorlogsgebieden over de hele wereld, waar hij onder meer onderhandelde over de vrijlating van krijgsgevangenen en gedetineerden. Hij marcheerde bedompte gevangenissen binnen en ging de discussie aan met kampcommandanten met een omgegord machinegeweer totdat die instemden met de vrijlating van jonge meisjes wier enige misdaad was dat ze een verkrachte vrouw waren. Na vele jaren in die functie ging hij naar huis en schreef over de dingen waarvan hij getuige was geweest, in boeken en artikelen die overliepen van de woede. Hij schreef niet in de stijl van een sensitief persoon, en hij maakte veel mensen kwaad. Maar hij schreef als iemand die wanhopig betrokken is.

Ik had verwacht dat Walker Creek Ranch mij zou doen verlangen naar een wereld van hoog sensitieve mensen, een wereld waarin iedereen zachtjes praat en niemand agressief doet. Maar ik kreeg juist een groter verlangen naar evenwicht. Dat evenwicht is wat Elaine Aron volgens mij onze natuurlijke toestand zou noemen, in elk geval in Indo-Europese culturen als de onze, die volgens haar langdurig zijn opgesplitst in 'strijdende vorsten' en 'priesterlijke raadslieden', in de uitvoerende macht en de rechterlijke macht, in doortastende, vlotte mensen als Franklin en sensitieve, gewetensvolle mensen als Eleanor Roosevelt.

7 – Waarom stortte Wall Street in terwijl Warren Buffett goed boerde? De verschillende denkwijzen (en dopamineverwerking) van introverte en extraverte mensen

Tocqueville zag dat het leven van voortdurend handelen en beslissen dat voortvloeide uit het democratische en commerciële karakter van het Amerikaanse leven grote waarde toekende aan grove maar doeltreffende denkgewoonten, snel beslissen en kansen direct grijpen – en dat al die bedrijvigheid niet bevorderlijk was voor overweging, uitwijding of precisie in het denken.
Richard Hofstadter, *Anti-Intellectualism in America*

Op 11 december 2008, in het jaar dat de aandelenmarkten instortten, ging even na half acht 's ochtends de telefoon van dr. Janice Dorn. De markten aan de Amerikaanse oostkust waren al geopend voor de zoveelste slachting. De huizenprijzen kelderden, de kredietmarkten werden bevroren en General Motors wankelde op het randje van een faillissement.

Dorn beantwoordde het telefoontje in haar slaapkamer, zoals ze dat vaak doet, met een headset op haar hoofd en zittend op haar groene dekbed. De kamer was spaarzaam ingericht. Het kleurrijkste in de kamer was Dorn zelf, die er met haar golvende rode haar, ivoorblanke huid en slanke postuur uitzag als een middelbare versie van Lady Godiva. Dorn is een gepromoveerd neurotechnisch onderzoeker die is gespecialiseerd in hersenanatomie. Ze is ook arts en psychiater, een actieve handelaar op de goudtermijnmarkt en een 'financieel psychiater' die naar schatting zeshonderd beurshandelaars in therapie heeft gehad.

'Hoi, Janice!' zegt de beller van deze ochtend, een zelfverzekerd klinkende man die Alan heet. 'Heb je tijd voor een gesprek?'

Dr. Dorn had geen tijd. Als beurshandelaar die er trots op is dat ze elk halfuur haar transacties bijhoudt, had ze zin om te gaan handelen. Maar Dorn bespeurde een zweem van wanhoop in de stem van Alan. Ze besloot het gesprek aan te nemen.

Alan was een man van zestig uit het Midwesten die op Dorn overkwam als een hardwerkend en loyaal type dat het zout der aarde was. Hij had de joviale en assertieve manier van doen van een extravert iemand, en zijn toon bleef opgewekt, ondanks het verhaal vol rampspoed dat hij vervolgens vertelde. Alan en zijn vrouw hadden hun hele leven gewerkt en hadden een miljoen dollar voor hun pensioen weten te sparen. Maar vier maanden geleden had hij het in zijn hoofd gekregen dat hij, ondanks zijn gebrek aan ervaring op de beurs, voor honderdduizend dollar aandelen in General Motors moest kopen op basis van nieuwsberichten over het feit dat de Amerikaanse overheid misschien de auto-industrie ging redden. Hij was ervan overtuigd dat het een veilige belegging was.

Na zijn koop meldden de media dat de redding misschien toch niet doorging. De handelaars stootten GM af en de aandelenprijs daalde. Maar Alan kreeg fantasieën over de opwindende mogelijkheid om een grote slag te slaan. Dat voelde zo reëel dat hij het bijna kon proeven. Hij hield voet bij stuk. Het aandeel daalde nogmaals, en nog een keer, en bleef dalen totdat Alan uiteindelijk besloot zijn aandelen met een fors verlies te verkopen.

Maar daar bleef het niet bij. Toen de volgende nieuwscyclus erop wees dat de reddingsoperatie alsnog zou doorgaan, raakte Alan opnieuw helemaal opgewonden en belegde nog eens honderdduizend dollar, en kocht aandelen tegen de lagere prijs. Toen gebeurde echter hetzelfde: de reddingsactie begon er onzeker uit te zien.

Alan 'redeneerde' (ik zet dit woord tussen aanhalingstekens omdat Alans gedrag volgens Dorn weinig met rationeel denken te maken had) dat de prijs niet veel verder kon zakken. Hij hield vast aan zijn aandelen en verheugde zich alvast op het plezier waarmee hij en zijn vrouw al het geld dat ze zouden verdienen gingen uitgeven. Opnieuw daalden de aandelen. Toen de prijs ten slotte tot zeven dollar per aandeel gedaald was, verkocht Alan ze. En hij kocht ze nóg een keer, in een uitbarsting van enthousiasme, toen hij hoorde dat de reddingsoperatie mogelijk toch doorging...

Toen de prijs van aandelen GM bij twee dollar per aandeel was beland, had Alan maar liefst 700.000 dollar verloren, oftewel 70 procent van zijn opgespaarde pensioengeld.

Hij was er kapot van. Hij vroeg Dorn of ze hem kon helpen om zijn verliezen terug te winnen. Dat kon ze niet. 'Het is weg,' zei ze hem. 'Je zult dat geld nooit meer terugverdienen.'

Hij vroeg wat hij verkeerd had gedaan.

Daar had Dorn wel een paar ideeën over. Om te beginnen had Alan als amateur niet in aandelen moeten gaan handelen. En hij had veel te veel geld op het spel gezet; hij had zijn risicokapitaal moeten beperken tot 5 procent van zijn netto waarde, oftewel 50.000 dollar. Maar het grootste probleem had Alan misschien niet in de hand gehad. Dorn geloofde dat hij een overmaat had ervaren van iets wat psychologen 'beloningsgevoeligheid' noemen.

Een beloningsgevoelig persoon is sterk gedreven om op zoek te gaan naar beloningen, van een hogere functie en de jackpot van de loterij tot een gezellig avondje uit met vrienden. Beloningsgevoeligheid zet mensen aan om te mikken op doelen als seks, geld, aanzien en macht. Ze spoort hen aan om ladders te beklimmen en te reiken naar moeilijk bereikbare boomtakken om de verrukkelijkste vruchten van het leven te plukken.

Maar soms zijn mensen té gevoelig voor beloningen. Beloningsgevoeligheid in de turbostand zorgt ervoor dat mensen in allerlei problemen verzeilen. Je kunt zo opgewonden raken door het vooruitzicht van een sappige beloning, zoals een grote slag slaan op de aandelenbeurs, dat je enorme risico's neemt en duidelijke waarschuwingstekens negeert.

Veel van die signalen werden aan Alan getoond, maar hij was zo enthousiast over het vooruitzicht van de grote slag die hij ging slaan dat hij ze niet zag. Hij volgde het klassieke patroon van ontspoorde beloningsgevoeligheid: juist toen de alarmsignalen aangaven dat hij het kalm aan moest doen, gaf hij plankgas en verspilde zo het geld dat hij slecht kon missen aan een reeks speculatieve transacties.

De financiële geschiedenis bevat vele voorbeelden van gokkers die versnellen wanneer ze eigenlijk moeten afremmen. Gedragseconomen hebben al jarenlang opgemerkt dat bestuurders die bedrijven opkopen soms zo opgetogen zijn dat ze hun concurrent een hak kunnen zetten, dat ze vergeten acht te slaan op aanwijzingen dat ze te veel betalen. Dit gebeurt zo regelmatig dat dit verschijnsel een naam gekregen heeft: 'contractkoorts', die wordt gevolgd door 'de vloek van de winnaar'. De fusie van AOL en Time Warner, waarbij 200 miljard aan waarde van aandelen Time-Warner werd weggevaagd, is er een klassiek voorbeeld van. Er waren veel waarschuwingstekens dat de aandelen AOL, de valuta voor de fusie, gigantisch overgewaardeerd waren, en toch gaven de directeuren van Time Warner unaniem hun goedkeuring aan het contract.

'Ik deed het met evenveel of meer opwinding en enthousiasme als toen ik zo'n vierenveertig jaar geleden voor het eerst de liefde bedreef,' riep Ted Turner, een van die directeuren en de grootste individuele aandeelhouder van het bedrijf. TED TURNER: HET IS BETER DAN SEKS, kopte de *New York Post* de dag nadat de deal was beklonken. Ik zal op die kop terugkomen omdat hij zo goed verklaart waarom slimme mensen soms té beloningsgevoelig zijn.

* * *

Je vraagt je misschien af wat dit allemaal met introversie en extraversie te maken heeft. We laten ons toch allemaal wel eens het hoofd op hol brengen?

Dat klopt, alleen geldt dat voor de een meer dan voor de ander. Dorn heeft gemerkt dat haar extraverte cliënten vaker zeer beloningsgevoelig zijn, terwijl introverte mensen in de regel meer oog hebben voor alarmsignalen. Ze zijn beter in het reguleren van hun gevoelens van verlangen of opwinding. Ze beschermen zich beter tegen de schaduwkant van de handel. 'Mijn introverte handelaars zijn veel beter in staat om te zeggen: "Janice, ik voel die opwinding bij me opkomen, maar ik snap dat ik daar niet naar moet handelen." Introverte mensen zijn veel beter in een plan trekken en daaraan vasthouden, omdat ze heel gedisciplineerd zijn.'

Om te begrijpen waarom introverte en extraverte mensen verschillend reageren op het vooruitzicht van beloningen, zegt Dorn, moet je iets weten over de hersenstructuur. Zoals we in hoofdstuk 4 zagen, is ons limbische systeem, dat wij gemeen hebben met de primitiefste zoogdieren en dat Dorn de 'oude hersenen' noemt, emotioneel en instinctief. Het bevat verschillende structuren, waaronder de amygdala en wordt via veel zenuwbanen verbonden met de nucleus accumbens, die soms het 'genotscentrum' van de hersenen wordt genoemd. Toen we bekeken welke rol de amygdala speelt bij hoogreactiviteit en introvertheid, hebben we het gehad over de angstige kant van de oude hersenen. Nu gaan we kennismaken met hun hebzuchtige kant.

De oude hersenen zeggen volgens Dorn voortdurend: 'Ja, ja, ja! Eet meer, drink meer, vrij meer, neem meer risico, kies voor al het genot dat je kunt beleven en denk vooral niet na!' Dorn denkt dat het beloningzoekende, genotzuchtige deel van de oude hersenen Alan aanspoorde om met zijn spaarcenten om te gaan alsof het fiches in het casino waren.

We hebben ook 'nieuwe hersenen' in de vorm van de neocortex, die vele duizenden jaren na het limbische systeem is ontstaan. De nieuwe hersenen zijn verantwoordelijk voor denken, plannen maken, taal en besluitvorming: een paar van de vermogens die ons echt menselijk maken. Hoewel de nieuwe hersenen ook een belangrijke rol spelen in ons gevoelsleven, zijn ze de zetel van het verstand. Volgens Dorn is het hun taak om te zeggen: 'Nee, nee, nee! Doe dat niet, want dat is gevaarlijk, is niet logisch, is niet in jouw belang, of in dat van je gezin, of van de samenleving.'

Dus waar hing de neocortex van Alan uit terwijl hij op winst op de aandelenbeurs jaagde?

De oude hersenen en de nieuwe hersenen werken samen, maar niet altijd even goed. Soms zijn ze het regelrecht met elkaar oneens en dan hangt je beslissing er maar net van af welk hersendeel sterkere signalen uitzendt. Toen Alans oude hersenen hun opgewonden boodschappen naar zijn nieuwe hersenen stuurden, reageerden die waarschijnlijk zoals de neocortex hoort te doen: ze zeiden tegen zijn oude hersenen dat ze het rustig aan moesten doen. Ze riepen 'Kijk uit!' en verloren vervolgens het potje touwtrekken.

We hebben uiteraard allemaal oude hersenen. Maar net zoals de amygdala van een hoogreactief persoon bovengemiddeld gevoelig is voor nieuwe dingen, zo lijken extraverte mensen vatbaarder te zijn dan introverte mensen voor de hang naar beloning van de oude hersenen. Sommige wetenschappers zijn zelfs de mogelijkheid gaan bekijken dat beloningsgevoeligheid niet alleen een interessant aspect van extraversie is, maar precies datgene is wat iemand tot een extravert mens maakt. Anders gezegd: extraverte mensen worden gekenmerkt door de neiging om op zoek te gaan naar beloningen, in de vorm van hoge status en seksuele pieken tot geld. Ze blijken hogere economische, politieke en hedonistische ambities te hebben dan introverte mensen. En zelfs hun sociabiliteit wordt volgens deze opvatting door beloningsgevoeligheid ingegeven: extraverte mensen houden van gezelligheid omdat contact met mensen op zichzelf prettig is.

Wat is de reden voor die zoektocht naar beloningen? Positieve emoties spelen hierbij een sleutelrol. Extraverte mensen ervaren doorgaans meer genot en opwinding dan introverte mensen. Deze emoties worden geactiveerd, zo legt psycholoog Daniel Nettle uit in zijn verhelderende boek over persoonlijkheid, 'in reactie op de jacht op of vangst van goederen die waardevol worden gevonden. De opwinding stijgt wanneer de verwachte vangst van de goederen dichterbij komt. Vreugde volgt op de vangst.' Anders gezegd: extraverte mensen bevinden zich vaak in een emotionele toestand die je *buzz* of 'roes' kunt noemen: ze kicken op energieke, enthousiaste gevoelens. Dat is een ervaring die we allemaal kennen en aangenaam vinden, maar niet in dezelfde mate of met dezelfde regelmaat: extraverte mensen lijken een extra kick te halen uit het nastreven en bereiken van hun doel.

Buzz lijkt te worden veroorzaakt door een hoog activiteitenniveau in een netwerk van hersenstructuren dat vaak het 'beloningssysteem' wordt genoemd, en waar de orbitofrontale cortex, de nucleus accumbens en de amygdala deel van uitmaken. De taak van het beloningssysteem is om mensen opgewonden te maken over potentiële geneugten. Uit fMRI-experimenten is gebleken dat het systeem wordt geactiveerd door alle voorstelbare genietingen, van je verheugen op frisdrank op je tong en geld in je portemonnee tot foto's van mooie mensen.

De neuronen die binnen dit beloningsnetwerk informatie overdragen, doen dat deels via een neurotransmitter – een stof die informatie tussen hersencellen vervoert – die dopamine heet. Dopamine is de 'beloningsstof' die wordt afgegeven in reactie op verwachte geneugten. Hoe sterker je hersenen op dopamine reageren of hoe meer dopamine je kunt afgeven, zo denken sommige wetenschappers, hoe groter de kans dat je op jacht zult gaan naar beloningen als seks, chocola, geld en status. Het stimuleren van de dopamineactiviteit in de middenhersenen van muizen zorgt ervoor dat ze opgewonden rondrennen in een lege kooi tot ze uiteindelijk uitgehongerd dood neervallen. Cocaïne en heroïne, die bij mensen neuronen prikkelen die voor de afgifte van dopamine zorgen, maken mensen euforisch.

De dopamineroutes van extraverte mensen lijken actiever te zijn dan die van introverte mensen. Hoewel de precieze relatie tussen extraversie, dopamine en het beloningssysteem in de hersenen nog niet definitief is vastgesteld, zijn de eerste bevindingen intrigerend. In een experiment gaf Richard Depue, een neurobioloog op Cornell University, een amfetamine die het dopaminesysteem activeert aan een groep introverte en extraverte mensen, en merkte dat de extraverte mensen sterker reageerden. Een ander onderzoek wees uit dat er bij extraverte mensen die kansspelen winnen meer activiteit optreedt in de beloningsgevoelige hersengebieden dan bij introverte mensen die winnen. Weer ander onderzoek heeft laten zien dat de mediale orbitofrontale cortex, een belangrijk onderdeel van het door dopamine aangestuurde beloningssysteem van de hersenen, bij extraverte mensen groter is dan bij introverte mensen.

Introverte mensen daarentegen 'vertonen een minder sterke reactie' in het beloningssysteem, schrijft psycholoog Nettle, 'en doen daarom minder moeite om te reageren op signalen [van beloningen].' Ze zullen zich, 'zoals iedereen, af en toe voelen aangetrokken tot seks, feestjes en status, maar zij beleven daar een betrekkelijk kleine kick aan, dus ze zullen niet alles op alles zetten om dat te bereiken.' Kortom, introverte mensen raken gewoon niet zo snel in een roes.

* * *

In sommige opzichten hebben extraverte mensen geluk gehad; buzz bezorgt je een heerlijke, champagneachtige lichtheid. Die spoort je aan om hard te werken en hard te feesten. Die geeft je de moed om risico's te nemen. Buzz zorgt er ook voor dat je dingen doet die je anders te moeilijk zouden vinden, zoals een speech afsteken. Stel je voor dat je hard werkt aan de voorbereiding voor een praatje over een onderwerp dat je aan het hart gaat. Je doet je verhaal en wanneer je bent uitgesproken, geeft het publiek je een staande ovatie, en klapt langdurig en oprecht. De ene persoon verlaat de zaal met de gedachte: 'Ik vind het fijn dat ik mijn verhaal heb kunnen doen, maar ik ben ook blij dat het achter de rug is; nu kan ik weer verder met de rest van mijn leven.' Maar iemand anders, die gevoeliger voor buzz is, denkt achteraf: 'Dat was kicken! Heb je dat applaus gehoord? Zag je de uitdrukking op hun gezicht toen ik die levensveranderende opmerking maakte? Dit is super!'

Maar buzz heeft ook aanzienlijke nadelen. 'Iedereen denkt dat het goed is om positieve emoties te benadrukken, maar dat is onjuist,' verteld hoogleraar psychologie Richard Howard aan me, en wijst op het voorbeeld van gewonnen voetbalwedstrijden die uitlopen in geweld en vernieling. 'Veel asociaal en destructief gedrag is afkomstig van mensen die positieve emoties uitvergroten.'

Een ander nadeel van buzz is zijn connectie met het nemen van risico's, soms enorme risico's. Buzz kan mensen aansporen om alarmsignalen te negeren waar ze acht op zouden moeten slaan. Toen Ted Turner (die extreem extravert lijkt te zijn) de fusie van AOL-Time Warner vergeleek met zijn eerste seksuele ervaring, vertelde hij ons misschien dat hij in net zo'n roes verkeerde als een adolescent die het zo spannend vindt dat hij voor het eerst de nacht gaat doorbrengen met zijn nieuwe vriendinnetje, dat hij nauwelijks stilstaat bij de gevolgen. Die blindheid voor gevaar verklaart wellicht waarom extraverte mensen meer kans hebben dan introverte mensen om bij een auto-ongeluk om te komen, in het ziekenhuis te worden opgenomen ten gevolge van ongelukken of verwondingen, te roken, onveilig te vrijen, deel te nemen aan gevaarlijke sporten, vreemd te gaan en vaak te hertrouwen. Het verklaart ook waarom extraverte mensen meer dan introverte mensen geneigd zijn tot zelfoverschatting, die wordt gedefinieerd als het hebben van een groter zelfvertrouwen dat niet berust op grotere vaardigheid. Buzz is het presidentschap van John F. Kennedy, maar het is tevens de vloek van de familie Kennedy.

* * *

Deze theorie over extraversie is nog jong en geldt niet absoluut. Je kunt niet zeggen dat alle extraverte mensen voortdurend naar beloningen snakken of dat alle introverte mensen altijd op de rem trappen bij problemen. Toch geeft de theorie aan dat we anders moeten gaan denken over de rol die introverte en extraverte mensen spelen in hun eigen leven en in organisaties. Wanneer een groep mensen een beslissing moet nemen, zouden extraverte mensen er goed aan doen om naar introverte mensen te luisteren, vooral wanneer die problemen in de toekomst voorzien.

In de nasleep van de kredietcrisis van 2008, een financiële ramp die voor een deel werd veroorzaakt door het nemen van niet ingecalculeerde risico's en blindheid voor gevaar, raakte het in zwang om te speculeren of we beter af zouden zijn geweest met meer vrouwen en minder mannen – dus minder testosteron – op Wall Street. Maar misschien moeten we ons ook afvragen wat er gebeurd zou zijn als er wat meer introverte mensen aan het roer hadden gestaan – met veel minder dopamine in hun lijf.

Meerdere onderzoeken geven indirect antwoord op die vraag. Professor Camelia Kuhnen van de Kellogg School of Management heeft geconstateerd dat de variatie van een dopamineregulerend gen (het DRD4-gen), dat gerelateerd is aan een sterk opwindingzoekende versie van extraversie, een sterke aanwijzing is voor financieel riskant gedrag. Anderzijds blijken mensen met een genetische variant die verband vertoont met introversie en sensitiviteit 28 procent minder financieel risico te nemen dan anderen. Ze zijn ook beter dan anderen in kansspelen waarbij spelers ingewikkelde beslissingen moeten nemen. (Wanneer er een kleine kans is dat ze winnen, zijn mensen met deze genetische variant doorgaans risicoafkerig; wanneer er een hoge kans op winst is, worden ze relatief risicozoekend.) Uit een ander onderzoek, onder 64 beurshandelaars van een beleggingsbank, bleek dat de best presterende handelaars doorgaans emotioneel stabiele, introverte mensen zijn.

Introverte mensen lijken ook beter te zijn dan extraverte mensen in het uitstellen van bevrediging, een belangrijke levensvaardigheid die gerelateerd is aan hogere eindexamencijfers en salarissen en een lagere BMI (body mass index). Tijdens een onderzoek lieten wetenschappers hun proefpersonen kiezen tussen een kleine beloning die ze meteen kregen (een cadeaubon van webwinkel Amazon) of een grotere cadeaubon op een termijn van twee tot vier weken. Objectief gezien was de grotere beloning in de nabije, maar niet onmiddellijke toekomst de meest wenselijke optie. Veel mensen kozen echter voor de 'nu meteen'-optie, en wanneer ze dat deden, liet een hersenscanner zien dat hun beloningsnetwerk was geactiveerd. Bij mensen die wilden wachten op de grotere beloning over twee weken was er meer activiteit in de prefrontale cortex: het deel van de nieuwe hersenen dat jou en mij weerhoudt van onbezonnen mails versturen en te veel chocoladetaart eten. (Een vergelijkbaar onderzoek wijst erop dat de eerste groep overwegend uit extraverte mensen bestond en de tweede uit introverte mensen.)

In de jaren negentig, toen ik nog bij een advocatenkantoor op Wall Street werkte, behoorde ik tot een juridisch team dat optrad namens een bank die overwoog om een portefeuille te kopen van gebundelde hypotheken die door andere kredietverstrekkers waren verleend. Mijn taak was om nauwgezet te werk te gaan, om de documentatie te bestuderen en te bepalen of de hypotheken van de juiste documentatie waren voorzien. Waren de hypotheeknemers geïnformeerd welke rentetarieven ze moesten betalen? En dat die tarieven in de loop der jaren zouden stijgen?

De documenten bleken tjokvol onregelmatigheden te zitten. Als ik in de schoenen van de bankiers had gestaan, was ik daar doodnerveus van geworden. Maar toen ons juristenteam tijdens een telefonische vergadering die stijf stond van de waarschuwingen de gevaren samenvatte, leken de bankiers zich helemaal niet ongerust te maken. Ze zagen de winst die ze konden behalen door deze hypotheken goedkoop over te nemen en wilden de deal doorzetten. Toch heeft juist dit soort miscalculatie van risico's en winsten bijgedragen aan het omvallen van vele banken tijdens de kredietcrisis van 2008.

In de periode dat ik die leningenbundel evalueerde, hoorde ik een verhaal dat op Wall Street de ronde deed over een strijd tussen beleggingsbankiers om een prestigieuze opdracht. Alle grote banken stuurden een ploeg van hun beste werknemers om offerte te doen. Elk team gebruikte de gangbare hulpmiddelen: spreadsheets, 'pitch-boeken' en powerpointpresentaties. Maar het winnende team voegde een portie theater toe: ze renden de kamer binnen met bij elkaar passende honkbalpetjes en T-shirts met daarop de letters FUD, een acroniem van *Fear, Uncertainty and Doubt* – angst, onzekerheid en twijfel. In dit geval was FUD doorgestreept met een nadrukkelijk rode letter X; FUD was een onheilige drie-eenheid. Dat team, de overweldigers van FUD, won de prijsvraag.

Minachting voor angst, onzekerheid en twijfel – en voor het type persoon dat deze doorgaans ervaart – heeft de kredietcrisis mede veroorzaakt, zegt Boykin Curry, een bestuurder van beleggingsmaatschappij Eagle Capital die de kredietcrisis in 2008 vanaf een stoel op de eerste rij aanschouwde. Er lag te veel macht bij agressieve risiconemers. 'In twintig jaar tijd heeft het DNA van vrijwel elke financiële instelling [...] een gevaarlijke transformatie ondergaan,' vertelde hij het tijdschrift *Newsweek* toen de crisis op haar ergst was. 'Elke keer dat iemand aan de onderhandelingstafel aandrong op meer kredietspeculatie en het nemen van grotere risico's, werd in de daaropvolgende jaren bewezen dat hij "gelijk" had. Deze mensen werden vermeteler, kregen promotie en kregen zeggenschap over nóg meer kapitaal. Intussen werd van iedereen aan de top die aarzelde en maande tot voorzichtigheid, bewezen dat ze het "mis" hadden. De voorzichtige types werden steeds meer geïntimideerd en gepasseerd tijdens promoties. Ze verloren hun greep op het kapitaal. Dat gebeurde elke dag in vrijwel elke financiële organisatie, telkens weer, totdat uiteindelijk iemand met een zeer specifieke persoonlijkheidsstijl de leiding voerde.'

Curry heeft aan de Harvard Business School gestudeerd en is met zijn vrouw Celerie Kemble, een binnenhuisarchitect uit Palm

Beach, een geziene figuur in de beau monde van New York. Je zou denken dat hij daarmee behoort tot wat hij de 'agressieve hup-hupclub' noemt en niet bepaald een pleitbezorger van het belang van introverte mensen is. Maar één ding waarover hij niet verlegen is, is zijn stelling dat de wereldomspannende financiële crisis is veroorzaakt door krachtdadige extraverte mensen.

'Mensen met een bepaald persoonlijkheidstype kregen kapitaal, instituties en de macht in handen,' vertelde Curry aan me. 'En mensen die van nature voorzichtiger, introverter en meer statistisch denken, werden in diskrediet gebracht en terzijde geschoven.'

Vincent Kaminski, een docent aan de faculteit Economie van Rice University en een voormalig onderzoeksdirecteur bij Enron, het bedrijf dat in 2001 met veel publiciteit failliet ging wegens roekeloze bedrijfsvoering, vertelde *The Washington Post* een vergelijkbaar verhaal over een bedrijfscultuur waarin agressieve waaghalzen veel meer status genoten dan behoedzame, introverte mensen. Kaminski, een vriendelijke en nauwgezette man, was een van de weinige helden van het Enron-schandaal. Hij probeerde herhaaldelijk de noodklok te luiden bij topbestuurders omdat het bedrijf riskante contracten had afgesloten die zijn voortbestaan konden bedreigen. Toen ze niet wilden luisteren, weigerde hij deze gevaarlijke transacties te accorderen en gaf zijn medewerkers opdracht om ze niet in behandeling te nemen. Het bedrijf ontnam hem het gezag om transacties voor het gehele bedrijf te evalueren.

'Vince, er wordt geklaagd dat je de mensen niet helpt om contracten rond te krijgen,' zei de voorzitter van de raad van bestuur van Enron tegen hem, volgens *Conspiracy of Fools*, een boek over het Enron-schandaal. 'In plaats daarvan speel je de hele tijd voor politieagent.' Daarna volgde een korte stilte. 'We hebben geen politieagenten nodig, Vince.'

Maar die hadden ze wel nodig, en dat is nog steeds zo. Toen de kredietcrisis in 2007 het voortbestaan van enkele van de grootste banken op Wall Street bedreigde, zag Kaminski hetzelfde opnieuw gebeuren. 'Laten we maar zeggen dat niet alle demonen van Enron zijn uitgebannen,' zei hij in november van dat jaar tegen de *Post*. Het probleem, zo legde hij uit, was niet alleen dat veel mensen niet hadden ingezien welke risico's de banken namen.

Het probleem was ook dat degenen die deze risico's wél begrepen consequent werden genegeerd – deels omdat ze de verkeerde persoonlijkheidsstijl hadden: 'Ik heb herhaaldelijk aan de onderhandelingstafel gezeten tegenover een belegger in energiebedrijven en gezegd: "Uw aandelenportefeuille zal imploderen wanneer deze specifieke situatie zich voordoet." En dan begon die belegger mij uit te schelden en te roepen dat ik een malloot was en dat die situatie zich nooit zou voordoen. Het probleem is dat je enerzijds een regenmaker hebt, die bergen geld voor het bedrijf verdient en als een superster wordt behandeld, en aan de andere kant heb je een introverte nerd. Dus wie denk je dat er wint?'

* * *

Maar met welk mechanisme vertroebelt buzz een zuiver oordeel nu precies? Op welke wijze bagatelliseerde Alan, de cliënt van Janice Dorn, de alarmsignalen die schreeuwden dat hij 70 procent van zijn spaarcenten kon verliezen? Wat brengt sommige mensen ertoe te doen alsof FUD – angst, onzekerheid en twijfel – niet bestaat?

Het intrigerende onderzoek dat op de University of Wisconsin wordt gedaan door psycholoog Joseph Newman biedt hierop misschien een antwoord. Stel je voor dat je op het lab van Newman wordt uitgenodigd om als proefpersoon mee te werken aan een van zijn onderzoeken. Je gaat een spelletje spelen: hoe meer punten je haalt, hoe meer geld je wint. Twaalf verschillende getallen flitsen één voor één over een computerscherm, in willekeurige volgorde. Je krijgt de beschikking over een knop, alsof je aan een tv-spelletje meedoet, waarop je al dan niet kunt drukken wanneer er een cijfer verschijnt. Als je bij een 'goed' cijfer op de knop drukt, win je punten; als je bij een 'slecht' cijfer drukt, verlies je punten; en als je helemaal niet drukt, gebeurt er niets. Met vallen en opstaan leer je dat vier een fijn cijfer is en negen niet. Dus de volgende keer dat het cijfer negen over je scherm vliegt, weet je dat je niet op de knop moet drukken.

Alleen drukken mensen soms wél op de knop bij de slechte cijfers, zelfs als ze beter zouden moeten weten. Extraverte mensen, vooral zeer impulsieve extraverte mensen, maken die fout vaker dan introverte mensen. Hoe komt dat? Volgens onderzoekspsychologen John Brebner en Chris Cooper, die hebben bewezen dat extraverte mensen tijdens zulke opdrachten minder nadenken en sneller handelen, zijn introverte mensen 'ingesteld om te onderzoeken' en extraverte mensen 'ingesteld om te reageren'.

Maar een interessanter aspect van dit wonderlijke gedrag is niet wat extraverte mensen doen vóórdat ze op de verkeerde knop drukken, maar wat ze erná doen. Wanneer introverte mensen bij het cijfer negen op de knop drukken en ontdekken dat ze een punt hebben verloren, verlagen ze hun tempo voordat ze naar het volgende cijfer doorgaan, alsof ze nadenken over wat er net mis ging. Maar extraverte mensen verzuimen niet alleen te vertragen, ze versnellen zelfs.

Dat is vreemd. Waarom zou je dat doen? Maar Newman legt uit dat het volkomen logisch is. Als je gericht bent op het bereiken van je doelen, zoals beloningsgevoelige, extraverte mensen zijn, wil je dat er niets in de weg zit, geen negatievelingen en niet het cijfer negen. Je verhoogt je tempo om op die manier hinderlijke obstakels omver te kegelen.

Toch is dat een grote inschattingsfout, want hoe langer je pas op de plaats maakt om verrassende of negatieve feedback te verwerken, hoe groter de kans dat je daarvan leert. Als je extraverte mensen dwingt om rust te nemen, vertelt Newman, zijn ze net zo goed in het cijferspel als introverte mensen. Maar als het aan henzelf ligt, doen ze het niet kalmer aan. En daarom leren ze niet om overduidelijke problemen te mijden. Newman zegt dat dit waarschijnlijk gebeurt bij extraverte mensen als Ted Turner wanneer die bieden op een bedrijf dat te koop staat. 'Wanneer iemand te hoog biedt,' vertelde hij me, 'komt dat doordat hij een reactie die hij had moeten afremmen niet heeft afgeremd. Hij heeft informatie genegeerd die hij in zijn beslissing had moeten meenemen.'

Door hun aanleg zijn introverte mensen juist geprogrammeerd om de beloning af te zwakken – om de roes te doden, zou je kunnen zeggen – en naar problemen te zoeken. 'Zodra ze opgewonden raken,' zegt Newman, 'zullen ze op de rem trappen en nadenken over bijzaken die misschien belangrijker zijn. Introverte mensen lijken zo in elkaar te steken of zo te zijn geoefend dat hun waakzaamheid toeneemt wanneer ze zichzelf erop betrappen dat ze opgewonden raken en op een doel gefocust zijn.'

Introverte mensen toetsen nieuwe informatie doorgaans ook aan hun verwachtingen, zegt hij. Ze vragen zich af: 'Had ik dit verwacht? Hoort het zo?' En wanneer de uitkomst tegenvalt, leggen ze verband tussen het moment van de teleurstelling (punten verliezen) en wat er in hun omgeving gebeurde op het moment van die teleurstelling (drukken voor het cijfer negen). Die associaties stellen hun in staat om juiste voorspellingen te doen over hoe ze in de toekomst op alarmsignalen moeten reageren.

* * *

De onwilligheid van introverte mensen om zich ergens op te storten, beschermt hen niet alleen tegen gevaren, maar is ook lonend tijdens intellectuele werkzaamheden. Hier zijn een paar dingen die we weten over de relatieve prestaties van introverte en extraverte mensen tijdens het oplossen van complexe problemen. Op de basisschool halen extraverte kinderen hogere cijfers dan introverte kinderen, maar op de middelbare school presteren introverte kinderen beter dan extraverte kinderen. Op universitair niveau is introversie een betere voorspeller van de studieprestaties dan cognitieve vermogens. In een onderzoek is de kennis getest van 141 studenten van twintig verschillende vakken, van kunstgeschiedenis en astronomie tot statistiek. Daarbij bleek dat introverte studenten over werkelijk elk vak meer wisten dan extraverte studenten. Introverte mensen ontvangen buitenproportioneel veel universitaire diploma's, studiebeurzen op grond van hoge studieprestaties en lidmaatschappen van de Phi Beta Kappa Society (een exclusieve intellectuelenclub). Ze presteren beter dan extraverte mensen tijdens een test van het kritisch denkvermogen die veel Amerikaanse bedrijven bij sollicitaties en promoties afnemen. Ze blijken uitzonderlijk goed te zijn in iets wat psychologen 'inzichtelijke probleemoplossing' noemen.

De vraag is: hoe komt dat?

Introverte mensen zijn niet intelligenter dan extraverte mensen. Volgens IQ-scores zijn de twee types even intelligent. En in veel werkzaamheden, vooral wanneer die onder sociale druk of tijdsdruk worden verricht of als je erbij moet multitasken, zijn extraverte mensen beter. Extraverte mensen zijn beter dan introverte mensen in het omgaan met een overdaad aan informatie. De reflectie van introverte mensen verbruikt volgens Joseph Newman veel cognitief vermogen. 'Als mensen 100 procent cognitief vermogen hebben, gebruikt een introvert iemand,' zegt hij, bij elke bezigheid 'maar 75 procent voor die bezigheid en 25 procent voor andere dingen, terwijl een extravert iemand soms wel 90 procent op de bezigheid richt.' Dat komt doordat de meeste werkzaamheden doelgericht zijn. Extraverte mensen lijken het merendeel van hun cognitief vermogen te richten op het doel dat ze voor ogen hebben, terwijl introverte mensen daarnaast capaciteit verbruiken om te evalueren hoe goed het werk verloopt.

Maar introverte mensen lijken zorgvuldiger na te denken dan extraverte mensen, zoals psycholoog Gerald Matthews in zijn onderzoek beschrijft. Extraverte mensen zullen eerder kiezen voor een snelle en pragmatische aanpak van een probleem, zorgvuldigheid opofferen aan snelheid, gaandeweg steeds meer fouten maken, en er de brui aan geven wanneer ze het probleem te moeilijk of frustrerend vinden. Introverte mensen denken na alvorens te handelen, verwerken informatie grondig, blijven langer op het werk geconcentreerd, geven er minder snel de brui aan en gaan nauwgezetter te werk. Introverte en extraverte mensen verdelen hun aandacht ook op een verschillende manier: als het aan hen lag, zouden introverte mensen zich gaan zitten verbazen over dingen, zich dingen inbeelden, zich gebeurtenissen uit hun verleden herinneren en plannen maken voor de toekomst. Extraverte mensen zullen zich waarschijnlijk eerder richten op wat er om hen heen gebeurt. Het lijkt erop dat extraverte mensen zien 'wat er is', terwijl hun introverte collega's denken: 'Stel je voor dat...'

De tegengestelde benadering van probleemoplossing van introverte en extraverte mensen zijn in allerlei contexten waargenomen. In één experiment gaven psychologen vijftig mensen een moeilijke puzzel om op te lossen en constateerden dat extraverte mensen gemiddeld vaker halverwege ophielden dan introverte mensen. In een ander onderzoek gaf professor Richard Howard introverte en extraverte mensen een ingewikkelde reeks doolhoven in drukvorm, en constateerde niet alleen dat de introverte mensen de doolhovenpuzzels doorgaans goed oplosten, maar ook dat ze een veel groter deel van de toebedeelde tijd gebruikten voor het inspecteren van de puzzel voordat ze die betraden. Iets vergelijkbaars gebeurde toen de Raven Standard Progressive Matrices, een intelligentietest die bestaat uit vijf vragenreeksen met een oplopende moeilijkheidsgraad, werd gedaan door groepen introverte en extraverte mensen. De extraverte mensen maakten de eerste twee reeksen gemiddeld beter, vooral vanwege hun vermogen om zich snel op een doel te richten. Maar de drie tests met de hogere moeilijkheidsgraad, waarbij doorzettingsvermogen loont, werden door de introverte mensen significant beter gemaakt. Bij de laatste, ingewikkeldste vragenreeks, hadden extraverte mensen een veel grotere kans dan introverte mensen om helemaal te stoppen met de opdracht.

Introverte mensen presteren soms zelfs beter dan extraverte mensen tijdens sociale activiteiten die doorzettingsvermogen vereisen. Hoogleraar bestuurskunde Adam Grant van Wharton University (die het onderzoek over leiderschap deed dat ik in hoofdstuk 2 beschreef) heeft eens onderzoek gedaan naar de persoonlijkheidskenmerken van efficiënte werknemers van een callcenter. Grant voorspelde dat extraverte mensen betere telemarketeers zouden zijn, maar er bleek geen enkele correlatie te bestaan tussen de mate van extraversie en succes in de telefonische verkoop. 'De extraverte mensen voerden prachtige telefoongesprekken,' vertelde Grant, 'maar dan werd hun aandacht afgeleid en verloren ze hun concentratie.' De introverte mensen daarentegen 'spraken doorgaans heel rustig, maar pleegden – pats, pats, pats – heel veel telefoontjes. Ze waren geconcentreerd en vastberaden.' De enige extraverte mensen die beter presteerden dan zij, waren de mensen die toevallig ook hoog scoorden voor een ander persoonlijkheidskenmerk waarmee nauwgezetheid wordt gemeten. Introverte vasthoudendheid was dus meer dan opgewassen tegen extraverte buzz, zelfs tijdens bezigheden waarbij sociale vaardigheden je een voordeel bezorgen.

Vasthoudendheid is niet erg mediageniek. Als genialiteit 1 procent inspiratie en 99 procent transpiratie is, dan hebben wij als cultuur de neiging om die ene procent te bejubelen. We zijn dol op dat spektakel. Maar in die andere 99 procent schuilt veel kracht.

'Het komt niet doordat ik zo slim ben,' zei Einstein, die een volleerd introvert mens was. 'Het komt doordat ik langer bij vraagstukken stilsta.'

* * *

Bij dit alles is het niet mijn bedoeling om neerbuigend te doen over mensen die snel werken of nadenkende en nauwgezette mensen kritiekloos op te hemelen. Het gaat me erom dat we doorgaans buzz overwaarderen en de gevaren van beloningsgevoeligheid bagatelliseren: we moeten een balans vinden tussen daadkracht en reflectie.

Als je bijvoorbeeld op zoek bent naar personeel voor een beleggingsbank, zo vertelde hoogleraar bestuurskunde Camelia Kuhnen, moet je niet alleen beloningsgevoelige types in dienst nemen, die waarschijnlijk winsten zullen boeken in haussemarkten, maar ook mensen die emotioneel neutraler zijn. Je moet ervoor zorgen dat belangrijke bedrijfsbeslissingen berusten op de inbreng van beide soorten mensen, niet alleen van het ene type. En je moet nieuwsgierig zijn welke personen op alle punten van het beloningsgevoeligheidsspectrum zich bewust zijn van hun eigen emotionele voorkeuren en die kunnen temperen als de marktsituatie dat vereist.

Maar niet alleen werkgevers kunnen hun voordeel doen met een scherpere blik op hun werknemers. Ook wij moeten beter naar onszelf kijken. Als je snapt wat je plaats is op het beloningsgevoeligheidsspectrum bezit je het vermogen om een goed leven te leiden.

Als je een tot buzz geneigd extravert type bent, heb je het geluk dat je veel energiegevende emoties zult ervaren. Maak daar optimaal gebruik van: bouw dingen, inspireer anderen, denk in het groot. Start een bedrijf, lanceer een website, bouw een ingewikkelde boomhut voor je kinderen. Maar besef ook dat je een achilleshiel hebt die je moet leren beschermen. Maak er een gewoonte van om energie te steken in dingen die écht iets voor je betekenen, en niet in activiteiten die zo te zien alleen een vluchtige kick als geld, status of opwinding opleveren. Maak er een gewoonte van om af en toe pas op de plaats te maken en goed na te denken wanneer er alarmsignalen opduiken die aangeven dat de dingen niet gaan zoals je hoopte. Leer van je fouten. Ga op zoek naar tegenpolen (partner, vrienden, vriendinnen en zakelijke partners) die je kunnen helpen om jezelf te beteugelen en je blinde vlekken te compenseren.

En wanneer het tijd is om te beleggen, of iets te doen waarbij je een verstandige balans moet vinden tussen risico en beloning, houd jezelf dan in toom. Een goede manier om dat te doen is door jezelf op belangrijke beslissingsmomenten niet te omringen met beelden van beloning. Kuhnen en Knutson hebben ontdekt dat mannen die erotische foto's te zien krijgen vlak voordat ze een gok wagen, meer risico nemen dan zij die neutrale foto's van bureaus en stoelen te zien krijgen. Dat komt doordat je verheugen op beloningen – alle beloningen, ook als die geen verband houden met de onderhavige beslissing – je dopaminegestuurde beloningsnetwerk activeert en zorgt dat je onbesuisder handelt. (Dat is misschien wel de allerbeste reden voor het verbieden van porno op het werk.)

En als je een introvert mens bent die betrekkelijk ongevoelig is voor de uitwassen van de beloningsgevoeligheid? Op het eerste gezicht lijkt het onderzoek naar dopamine en buzz te impliceren dat alleen extraverte mensen onbekommerd worden gemotiveerd om hard te werken door de opwinding die ze putten uit het streven naar hun doelen. Als introvert type heb ik me verbaasd over dat idee toen ik het voor het eerst tegenkwam. Het klopt niet met mijn eigen ervaring. Ik ben dol op mijn werk en ben dat altijd geweest. Als ik 's ochtends opsta, popel ik om aan het werk te gaan. Dus wat beweegt mensen zoals ik?

Een mogelijk antwoord is dat, zelfs als de beloningsgevoeligheidstheorie over extraversie klopt, je niet kunt zeggen dat alle extraverte mensen altijd gevoeliger zijn voor beloningen en risico's bagatelliseren, of dat alle introverte mensen voortdurend ongevoelig zijn voor prikkels en op hun hoede zijn voor gevaar. Al sinds Aristoteles hebben filosofen opgemerkt dat deze twee modi – opzoeken wat genot lijkt te verschaffen en vermijden wat waarschijnlijk pijn veroorzaakt – de essentie van alle menselijke activiteit zijn. Als groep zijn extraverte mensen doorgaans beloningzoekend, maar ieder mens heeft zijn of haar eigen mix van benaderingen en vermijdingsgedrag, die per situatie zal verschillen. Veel hedendaagse ontwikkelingspsychologen zullen zelfs zeggen dat op gevaar gespitst zijn eerder kenmerkend is voor een eigenschap die neuroticisme wordt genoemd dan voor introversie. De fysieke belonings- en bedreigingssystemen lijken ook los van elkaar te functioneren, zodat één en dezelfde persoon gevoelig of ongevoelig kan zijn voor zowel beloningen als risico's.

Als je wilt vaststellen of je beloningsgericht, gevaargericht of allebei bent, vraag jezelf dan af of de volgende groepen uitspraken op jou van toepassing zijn.

Als je beloningsgericht bent

1 – Wanneer ik iets krijg wat ik wil, voel ik me opgewonden en energiek.
2 – Wanneer ik iets wil, zet ik doorgaans alles op alles om het te krijgen.
3 – Wanneer ik een mogelijkheid zie om iets te krijgen wat ik wil, raak ik meteen opgewonden.
4 – Wanneer goede dingen mij overkomen, raakt me dat diep.
5 – Ik ken erg weinig angst in vergelijking tot mijn vriend(inn)en.

Als je gevaargericht bent

1 – Kritiek of standjes kwetsen me behoorlijk.
2 – Ik maak me grote zorgen of raak van slag wanneer ik denk of weet dat iemand boos op mij is.
3 – Als ik denk dat er iets onprettigs gaat gebeuren, raak ik meestal tamelijk 'opgefokt'.
4 – Ik maak me zorgen wanneer ik denk dat ik iets belangrijks slecht heb gedaan.
5 – Ik ben bang om fouten te maken.

Maar ik geloof dat er nog een belangrijke reden is waarom introverte mensen plezier in hun werk hebben. Die is afkomstig uit een heel ander type onderzoek, van de invloedrijke psycholoog Mihaly Csikszentmihalyi, over de zijnstoestand die hij 'flow' noemt. Flow is een optimale toestand waarin je je totaal betrokken voelt bij wat je doet, of dat nu marathonzwemmen, liedjes schrijven, sumoworstelen of vrijen is. Als je in de flow zit, ben je niet verveeld of angstig en twijfel je niet aan je kunnen. De tijd vliegt zonder dat je het opmerkt.

De sleutel tot flow is om dingen te doen als doel op zich, en niet vanwege de beloningen die ze opleveren. Hoewel flow er niet van afhangt of je introvert of extravert bent, zijn veel flow-ervaringen die Czikszentmihalyi beschrijft solistische bezigheden die niets te maken hebben met beloningsbelustheid: lezen, een boomgaard verzorgen of als solozeiler de oceaan oversteken. Hij schrijft dat flow vaak optreedt in situaties waarin mensen 'onafhankelijk worden van hun sociale omgeving, zozeer zelfs dat ze niet langer uitsluitend reageren op de beloningen en bestraffingen daarvan. Om een dergelijke autonomie te bereiken, moet een mens leren om zichzelf te belonen.'

In zekere zin gaat Czikszentmihalyi verder dan Aristoteles. Hij houdt ons voor dat sommige activiteiten niet draaien om opzoeken of vermijden, maar om iets dat dieper gaat: de bevrediging die voortkomt uit jezelf verliezen in een activiteit die buiten jezelf ligt. 'Psychologische theorieën berusten doorgaans op het uitgangspunt dat mensen worden gedreven door ofwel de noodzaak om onaangename toestanden als honger of angst te beëindigen,' schrijft Czikszentmihalyi, 'of door het vooruitzicht van een beloning in de toekomst zoals geld, status of aanzien.' Maar iemand die in de flow zit 'kan dagenlang 24 uur per dag werken, louter om aan het werk te blijven'.

Als je introvert bent, vind dan je flow door je talenten te benutten. Je bezit doorzettingsvermogen, de vasthoudendheid waarmee je complexe vraagstukken kunt oplossen en de heldere blik waarmee je obstakels mijdt waar anderen over struikelen. Je bent relatief ongevoelig voor de verlokkingen van oppervlakkige beloningen als geld en status. Misschien is het zelfs je grootste uitdaging om je sterke kanten volledig te benutten. Je bent zo druk in de weer om over te komen als een enthousiast, beloningsgevoelig extravert mens dat je je eigen talenten niet op hun waarde schat, of je ondergewaardeerd voelt door de mensen om je heen. Maar wanneer je je richt op een onderneming die je aan het hart gaat, zul je waarschijnlijk merken dat je energie geen grenzen kent.

Dus blijf trouw aan je eigen natuur. Als je het prettig vindt om dingen langzaam maar zeker te doen, laat je dan niet door anderen opjutten. Als je plezier schept in diepgang, dwing jezelf dan niet om de breedte in te gaan. Als je liever aan één ding tegelijk werkt dan te multitasken, houd daar dan aan vast. Je relatieve ongevoeligheid voor beloningen heeft je het onbetaalbare vermogen geschonken om je eigen koers te varen. Aan jou de taak om te zorgen dat je die onafhankelijkheid goed gebruikt.

Dat is uiteraard niet altijd even makkelijk. Tijdens het schrijven van dit hoofdstuk correspondeerde ik met Jack Welch, de voormalige bestuurder van General Electric. Hij had net een internetcolumn geschreven voor *BusinessWeek* met de titel 'Bevrijd je innerlijke extraverte mens', waarin hij introverte mensen opriep om zich op hun werk wat extraverter te gedragen. Ik opperde dat extraverte mensen zich soms ook wel eens wat introverter mogen gedragen, vertelde hem over een paar van de ideeën waarover je net hebt gelezen, en zei dat Wall Street zijn voordeel had kunnen doen met meer introverte mensen aan het roer. Welch vond dat een intrigerende gedachte. Maar, zei hij, 'extraverte mensen zouden daarop reageren door te zeggen dat ze nooit iets van die introverte mensen hebben gehoord'.

Daar heeft Welch wel een beetje gelijk in. Introverte mensen moeten op hun gevoel vertrouwen en hun ideeën zo krachtig mogelijk uitdragen. Dat is iets anders dan extraverte mensen imiteren; je kunt ideeën op een rustige manier met anderen delen, je kunt erover schrijven, je kunt ze verpakken in mooi aangeklede lezingen, je kunt ze door bondgenoten laten bepleiten. De truc voor introverte mensen is om vast te houden aan je eigen manier van doen en je niet te laten meeslepen door de heersende normen. Het verhaal over de opmaat tot de kredietcrisis zit helaas vol voorzichtige types die ongepaste risico's namen, zoals de voormalige CEO van Citigroup, Chuck Prince, een voormalig advocaat die riskante leningen afsloot in een instortende markt want, zoals hij zei, 'zolang de muziek klinkt, moet je opstaan en dansen'.

'Mensen die aanvankelijk omzichtig zijn, worden agressiever,' zegt Boykin Curry over dit verschijnsel. 'Ze zeggen: "Hé, die agressievere mensen krijgen promotie en ik niet, dus ik ga me ook agressiever opstellen."'

* * *

Maar verhalen over financiële rampspoed bevatten vaak nevenintriges over mensen die deze op befaamde (en winstgevende) wijze zagen aankomen. In die verhalen is doorgaans een hoofdrol weggelegd voor uitgerekend het menstype dat FUD – angst, onzekerheid en twijfel – aanvaardt, of dat de luiken van zijn werkkamer graag sluit, en zichzelf afzondert van de opinie van de meerderheid en de groepsdruk, en zich in eenzaamheid concentreert. Een van de weinige beleggers die er tijdens de crash van 2008 in slaagde om winst te blijven maken, was Seth Klarman, bestuursvoorzitter van een hedgefonds, de Baupost Group. Klarman staat erom bekend dat hij voortdurend beter presteert dan de markt, terwijl hij standvastig risico's mijdt en een significant percentage van zijn activa in contanten bewaart. In de twee jaar sinds de kredietcrisis van 2008, toen de meeste beleggers massaal hun toevlucht namen tot hedgefondsen, verdubbelde Klarman de activa die Baupost beheerde tot bijna 22 miljard.

Klarman speelde dat klaar met een beleggingsstrategie die expliciet op FUD berustte. 'Bij Baupost zijn we grote fans van de angst, en bij beleggingen is het duidelijk beter om bang te zijn dan spijt te hebben,' schreef hij een keer in een brief aan beleggers. Klarman is een 'eersteklas tobber', merkte *The New York Times* in 2007 op, in een artikel met de kop: 'Directeur tobt over de markt, maar overklast deze nog altijd'. Hij bezit een racepaard dat *Read the Footnotes* ('Lees de voetnoten') heet. In de jaren voor de crisis van 2008 was Klarman 'een van de weinigen die vasthielden aan een voorzichtige en schijnbaar paranoïde boodschap,' zegt Boykin

Curry. 'Terwijl alle anderen feestvierden, legde hij waarschijnlijk een voorraadje ingeblikte tonijn aan in zijn kelder, ter voorbereiding op het eind van de beschaving. En toen alle anderen in paniek raakten, ging hij aandelen kopen. Het gaat niet alleen om zijn analyses; het gaat om zijn emotionele gesteldheid. Dezelfde constitutie die Seth helpt om kansen te ontdekken die niemand anders ziet, kan ervoor zorgen dat hij afstandelijk of bot overkomt. Als je zo iemand bent die elke keer tobt als het een goed kwartaal is geweest, zul je moeite hebben om naar de top van de bedrijfspiramide op te klimmen. Seth zou het waarschijnlijk niet hebben gered als directeur van een afdeling Verkoop. Maar hij is een van de grote beleggers van onze tijd.'

Op vergelijkbare wijze beschrijft Michael Lewis in zijn boek over de aanloop naar de kredietcrisis van 2008, *The Big Short*, drie van de weinige mensen die zo scherpzinnig waren om de aankomende ramp te voorspellen. Een van hen was een solitaire directeur van een hedgefonds, Michael Burry, die zichzelf omschrijft als 'gelukkig in mijn eigen hoofd' en die de jaren voor de crash in zijn eentje op zijn werkkamer in San Jose, Californië bezig was met het uitkammen van financiële documenten en het ontwikkelen van zijn eigen, tegendraadse opvattingen over marktrisico's. De anderen waren een tweetal sociaal onhandige beleggers, Charlie Ledley en Jamie Mai, wier beleggingsstrategie volledig berustte op FUD: ze deden een gok met een beperkt risico, die echter veel zou opleveren als er dramatische, maar onverwachte veranderingen in de markt plaatsvonden. Het was niet zozeer een beleggingsstrategie als wel een levensovertuiging, het geloof dat de meeste situaties minder stabiel zijn dan ze lijken.

Dat 'paste bij de persoonlijkheden van dit duo,' schrijft Lewis. 'Ze hoefden nooit iets zeker te weten. Ze waren allebei geneigd tot het gevoel dat mensen, en bij uitbreiding markten, te zeer overtuigd waren van dingen die fundamenteel onzeker waren.' Zelfs nadat ze hun gelijk bewezen, met hun gokken die tegen de markt waren voor gebundelde hypotheken in 2006 en 2007, waarmee ze 100 miljoen dollar verdienden, 'besteedden ze daadwerkelijk tijd aan de vraag waarom mensen die op zo sensationele wijze gelijk hadden gekregen (zijzelf namelijk) konden vasthouden aan hun talent voor schroom, twijfel en onzekerheid dat hun in staat had gesteld om hun gelijk te halen.'

* * *

Een ander voorbeeld, dat verband houdt met het knappen van de internetzeepbel in 2000, is iemand die zichzelf als introvert beschouwt en afkomstig is uit Omaha, Nebraska, waar hij erom bekendstaat dat hij zich urenlang in zijn werkkamer opsluit.

Warren Buffett, een legendarische belegger en een van de rijkste mensen ter wereld, heeft precies de eigenschappen gebruikt die we in dit hoofdstuk hebben bekeken – intellectuele vasthoudendheid, rationeel nadenken en het vermogen om alarmsignalen op te merken en dienovereenkomstig te handelen – en verdiende zo miljarden dollars voor zichzelf en de aandeelhouders van zijn bedrijf, Berkshire Hathaway. Buffett staat erom bekend dat hij zorgvuldig blijft nadenken terwijl de mensen om hem heen zich het hoofd op hol laten brengen. 'Succesvol beleggen correleert niet met het IQ,' heeft hij gezegd. 'Als je normaal intelligent bent, heb je daarnaast het temperament nodig om de aandrang te beteugelen die andere mensen in beleggingsproblemen doet verzeilen.'

Sinds 1983 organiseert de exclusieve beleggingsbank Allen & Co. elke zomer een congres in Sun Valley, Idaho, dat een week duurt. Het is niet zomaar een congres, maar een extravagante bedoening met overdadige feestjes, vlottochten op de rivier, schaatsen, mountainbiken, sportvissen, paardrijden en een legertje babysitters om op de kinderen van de gasten te letten. De gastheren bedienen de media-industrie, en onder de gasten uit het verleden bevinden zich krantenmagnaten, filmsterren en computergiganten, onder wie grote namen als Tom Hanks, Candice Bergen, Barry Diller, Rupert Murdoch, Steve Jobs, Diane Sawyer en Tom Brokaw.

In juli 1999 was Buffett volgens *The Snowball*, de uitstekende biografie van Warren Buffett geschreven door Alice Schroeder, een van die gasten. Hij was er jaar in, jaar uit met zijn hele gezin heen geweest. Hij arriveerde met een vliegtuig van Gulfstream en verbleef met de andere vips in een exclusief appartementencomplex met uitzicht op de golfbaan. Buffett was dol op zijn jaarlijkse vakantie in Sun Valley, en beschouwde die als een mooie plek waar zijn gezin bijeen kon komen en hij kon bijpraten met oude vrienden.

Maar dit jaar heerste er een andere stemming. De technologische groei bevond zich op een hoogtepunt en er waren nieuwe gezichten aangeschoven: topmannen van technologische bedrijven die bijna van de ene dag op de andere rijk en machtig waren geworden, en de durfkapitalisten die deze bedrijven hadden gefinancierd. Deze mensen voelden zich oppermachtig. Toen societyfotograaf Annie Leibovitz verscheen om foto's te maken van het 'team van mediasterren' voor *Vanity Fair*, lobbyden sommigen van hen om op de foto te komen. Zij waren de toekomst, dachten ze.

Buffett behoorde beslist niet tot die groep. Hij was een belegger van de oude stempel die zich niet liet meeslepen door de speculatieve opwinding rond bedrijven waarvan de winstgevendheid op de lange termijn ongewis was. Sommigen deden hem af als een reliek van het verleden. Maar Buffett had nog steeds genoeg invloed om de belangrijkste lezing te geven op de laatste dag van het congres.

Hij had lang en diep over die toespraak nagedacht en had er weken aan geschreven. Nadat hij zijn gehoor had opgewarmd met een charmante anekdote waarin hij zichzelf op de hak nam – Buffett was bang geweest voor spreken in het openbaar tot hij een Dale Carnegie-cursus volgde – vertelde hij de verzamelde menigte in zorgvuldig, briljant geanalyseerd detail waarom de haussemarkt in technologische bedrijven geen stand zou houden. Buffett had de data bestudeerd, de alarmsignalen gezien, en vervolgens stilgestaan bij en nagedacht over hun betekenis. Het was zijn eerste openbare voorspelling in dertig jaar.

Zijn gehoor was onaangenaam verrast, zo schrijft Schroeder. Buffett verpestte hun feestje. Ze gaven hem een staande ovatie, maar velen van hen kraakten zijn ideeën achter zijn rug om af. 'Die goede oude Warren,' zeiden ze. 'Slimme vent, maar dit keer heeft hij de boot gemist.'

Later die avond werd het congres afgesloten met spectaculair vuurwerk. Zoals altijd was het een doorslaand succes geweest. Maar wat het belangrijkste aspect van de bijeenkomst was geweest – Warren Buffett die de menigte waarschuwde voor de alarmsignalen van de markt – zou pas het jaar daarop blijken, toen de internetzeepbel barstte, precies zoals hij had voorspeld.

Buffett is niet alleen trots op zijn cv, maar ook op het volgen van zijn eigen 'innerlijke scorekaart'. Hij deelt de wereld op in mensen die op hun gevoel afgaan en mensen die met de massa meelopen. 'Ik voel me alsof ik op mijn rug lig,' zegt Buffett over zijn leven als belegger. 'Daar boven me is de Sixtijnse Kapel, en ik schilder een eind weg. Ik vind het leuk als mensen zeggen: "Jee, dat is best een mooi schilderij." Maar het is mijn schilderij, en als iemand roept: "Waarom gebruik je niet meer rood in plaats van blauw?", dan kan die ophoepelen. Het is mijn schilderij. Het maakt me niet uit voor hoeveel ze het verkopen. Het schilderij zal nooit af komen. Dat is een van de leuke kanten ervan.'

Deel 3 – Bezitten alle culturen een extravert ideaal?

8 – Stille kracht: Aziatisch-Amerikanen en het extraverte ideaal

Op een zachte manier kun je de wereld doen beven.
Mahatma Gandhi

Het is een zonnige voorjaarsdag in 2006 wanneer Mike Wei, een zeventienjarige scholier van Chinese herkomst op Lynbrook High School bij Cupertino, in de staat Californië, me vertelt over zijn ervaringen als Aziatisch-Amerikaanse scholier. Mike gaat heel Amerikaans gekleed in een kaki broek, windjack en honkbalpetje, maar zijn lieve, ernstige gezicht en donzige snorretje geven hem de uitstraling van een filosoof in de dop, en hij praat zo zachtjes dat ik me voorover moet buigen om hem te kunnen verstaan.

'Op school,' zegt Mike, 'vind ik het veel belangrijker om te luisteren naar wat de leraar zegt en een goede leerling te zijn dan de lolbroek uit te hangen of met klasgenoten te zieken. Als uitbundig doen, schreeuwen of je misdragen onder de les van invloed is op het onderwijs dat ik krijg, is het beter als ik kies voor het onderwijs.'

Mike geeft zijn mening heel feitelijk, maar lijkt te beseffen hoe ongebruikelijk die is naar Amerikaanse maatstaven. Zijn houding komt bij zijn ouders vandaan, legt hij uit. 'Als ik kan kiezen tussen iets voor mezelf doen, zoals met mijn vrienden de hort op gaan, of thuis gaan zitten leren, dan denk ik aan mijn ouders. Dat geeft me de kracht om te blijven leren. Mijn vader zegt dat het zijn baan is om computers te programmeren en dat het mijn baan is om te leren.'

De moeder van Mike heeft die les ook bijgebracht door het goede voorbeeld te geven. Deze voormalige wiskundelerares, die als hulp in de huishouding ging werken toen het gezin naar Noord-Amerika emigreerde, oefende haar Engelse woordjes tijdens de afwas. Ze is heel rustig, zegt Mike, en heel vastberaden. 'Het is heel Chinees om zo fanatiek met je eigen onderwijs bezig te zijn. Mijn moeder heeft een soort kracht die niet iedereen kan zien.'

Alles wijst erop dat de ouders van Mike trots op hem mogen zijn. Zijn mailadres is 'A-student' en hij heeft zojuist een felbegeerde plaats verworven op Stanford University. Hij is het soort bedachtzame, toegewijde leerling op wie elke gemeenschap trots zou zijn. Toch verlaten blanke gezinnen Cupertino *en masse*, volgens een artikel met de kop 'De nieuwe blanke uittocht', dat nog maar een half jaar geleden in de *Wall Street Journal* verscheen, juist vanwege kinderen zoals Mike. Ze vluchten voor de torenhoge proefwerkcijfers en ontzagwekkende studiegewoonten van veel Aziatisch-Amerikaanse leerlingen. In het artikel stond dat blanke ouders bang waren dat hun kinderen op school niet konden meekomen. Het citeerde een leerling van een plaatselijke middelbare school: 'Als je een Aziaat was, hoefde je alleen te bevestigen dat je intelligent was. Als je blank was, moest je dat bewijzen.'

Maar het artikel ging niet in op de redenen voor deze uitmuntende schoolprestaties. Ik was benieuwd of de leergierige instelling in dit stadje tekenend was voor een cultuur die gevrijwaard was gebleven van de ergste uitwassen van het extraverte ideaal – en zo ja, hoe dat zou voelen. Ik besloot dat ik erheen moest om dat uit te zoeken.

Op het eerste gezicht lijkt Cupertino de vleesgeworden Amerikaanse droom. Veel Aziatische immigranten van de eerste en tweede generatie die hier wonen, werken in de plaatselijke kantoorparken bij hightechbedrijven. Het hoofdkantoor van Apple is in deze stad gevestigd op '1 Infinite Loop'. Het hoofdkantoor van Mountain View, een bedrijf van Google, staat een straat verderop. Prachtig onderhouden auto's zweven over de boulevards; de paar voetgangers gaan keurig gekleed in felle kleuren en vrolijk wit. De lelijke bungalows zijn hier duur, maar kopers nemen dat voor lief als ze hun kinderen daarmee een plek kunnen bezorgen op de befaamde openbare school, vol kinderen die op weg zijn naar topuniversiteiten. Van de 615 leerlingen die in 2010 eindexamen deden aan de Monta Vista High School in Cupertino (van wie volgens de schoolwebsite, deels Chineestalig, 77 procent Aziatisch-Amerikaans is) bereikten er 53 de halve finale van de National Merit-beurzen. De gemiddelde score die leerlingen van Monta Vista in 2009 haalden voor het universitair toelatingsexamen was 1916 van de 2400 punten. Dat is 27 procent hoger dan het landelijk gemiddelde.

Volgens de leerlingen die ik hier ontmoet, zijn kinderen die aanzien hebben op Monta Vista High School niet per definitie sportief of uitbundig. Ze zijn eerder leergierig en soms stil. 'Intelligentie wordt in feite bewonderd, zelfs als je een rare bent,' vertelt een Koreaans-Amerikaanse tweedeklasser die Chris heet. Chris beschrijft de ervaring van een vriend die na een verhuizing twee jaar in Tennessee woonde, in een stad met weinig Aziatisch-Amerikanen. De vriend vond dat prettig, maar kreeg wel een cultuurschok. In Tennessee 'zijn de belachelijk intelligente kinderen erg op zichzelf. Hier hebben heel slimme kinderen meestal een hoop vrienden, omdat ze anderen kunnen helpen met hun huiswerk.'

In Cupertino vervult de bibliotheek de rol die in andere steden voor het winkelcentrum of het voetbalveld is weggelegd: het officieuze centrum van het dorpsleven. Scholieren omschrijven leren opgewekt als 'de nerd uithangen'. In het footballteam zitten en cheerleader zijn is hier geen statussymbool. 'Ons footballteam bakt er niks van,' zeg Chris doodkalm. Hoewel de recente scores van het team imposanter zijn dan de opmerking van Chris doet vermoeden, heeft het hebben van een belabberd footballteam geen symbolische betekenis voor hem. 'Je kunt niet eens goed zien dat ze footballspelers zijn,' legt hij uit. 'Ze dragen hun jacks niet en verplaatsen zich niet in grote groepen. Tijdens de diploma-uitreiking van een van mijn vrienden werd er een video vertoond en riep mijn vriend: "Niet te geloven dat er footballspelers en cheerleaders in die video zitten. Die tellen niet mee in deze stad."'

Ted Shinta, leraar en begeleider van de robothobbyclub op Monta Vista High School, vertelt me een vergelijkbaar verhaal. 'Toen ik op de middelbare school zat,' zegt hij, 'werd het je ontraden om te stemmen voor de leerlingenraad, tenzij je een jack van de sportploeg droeg. Op de meeste middelbare scholen heb je een populaire groep die de baas speelt over de anderen. Maar hier hebben de kinderen uit die groep helemaal geen macht over andere leerlingen. Daarvoor zijn de leerlingen te veel op hun studie gericht.'

Een plaatselijke schooldecaan, Purvi Modi, is het daarmee eens. 'Er wordt niet op introversie neergekeken,' vertelt ze me. 'Het is geaccepteerd. In sommige gevallen wordt het zelfs zeer gerespecteerd en bewonderd. Het is cool om het schaaktoernooi te winnen en in het schoolorkest te spelen.' Je treft hier een breed spectrum aan van introvert tot extravert, zoals overal, maar het lijkt wel of de populatie zich een paar graden dichter bij het introverte uiteinde van de schaal bevindt. Een jonge vrouw van Chinees-Amerikaanse herkomst die op het punt staat te gaan studeren op een topuniversiteit aan de oostkust werd getroffen door dit verschijnsel toen ze via internet kennismaakte met haar toekomstige jaargenoten, en huivert voor wat de toekomst zal brengen wanneer ze Cupertino verlaat. 'Ik heb via Facebook met een paar mensen contact gehad,' zegt ze, 'maar die zijn gewoon zó anders. Ik ben heel rustig. Ik ben niet zo'n feestvierder of gezelligheidsdier, maar iedereen lijkt daar heel sociaal te zijn en zo. Het is gewoon heel anders dan mijn vrienden en vriendinnen. Ik weet niet eens zeker of ik daar wel vrienden zal maken.'

Een van haar Facebook-contacten woont in het nabijgelegen Palo Alto, en ik vraag hoe ze zou reageren als die haar vroeg om van de zomer iets af te spreken.

'Daar zou ik waarschijnlijk niet op ingaan,' zegt ze. 'Het zou best interessant zijn om die te ontmoeten en zo, maar mijn moeder wil niet dat ik te veel uitga, want ik moet leren.'

Ik word geraakt door de trouw van deze jonge vrouw aan haar ouders, en het verband dat dit heeft met leren belangrijker vinden dan een sociaal leven. Maar in Cupertino is dat niet ongebruikelijk. Veel Aziatisch-Amerikaanse kinderen vertellen me dat ze op verzoek van hun ouders de hele zomer doorleren en zelfs uitnodigingen voor verjaardagsfeestjes in juli afslaan, zodat ze zich kunnen voorbereiden op de wiskundelessen in oktober.

'Ik denk dat het door onze cultuur komt,' legt Tiffany Liao me uit, een zelfverzekerde eindexamenscholier wier ouders uit Taiwan afkomstig zijn. 'Leren, je goed gedragen, geen drukte maken. Het is ons aangeboren om rustiger te zijn. Als mijn ouders vroeger bij kennissen op bezoek gingen en ik moest mee, maar had geen zin om te praten, dan nam ik altijd een boek mee, als een soort schild. En dan zeiden ze: "Wat is ze leergierig!" En dat bedoelden ze dan positief.'

Het is moeilijk voorstelbaar dat Amerikaanse vaders en moeders buiten Cupertino zouden glimlachen om een kind dat openlijk zit te lezen terwijl de anderen zich rond de barbecue verzamelen. Maar veel ouders die een generatie geleden onderwijs hebben gevolgd in Aziatische landen, hebben waarschijnlijk als kind op deze rustige manier onderwijs gekregen. In veel Oost-Aziatische klaslokalen ligt in het traditionele lesprogramma de nadruk op luisteren, schrijven, lezen en dingen uit het hoofd leren. Praten is domweg geen aandachtspunt, en wordt zelfs ontmoedigd.

'Waar ik vandaan kom, wordt heel anders lesgegeven dan hier,' zegt Hung Wei Chien, een moeder in Cupertino die in 1979 vanuit Taiwan naar de Verenigde Staten verhuisde om een masteropleiding op UCLA te volgen. 'Daar leer je de stof en krijg je een toets. In mijn jeugd dwaalden ze niet ver van het onderwerp af en mochten leerlingen niet kletsen. Als je opstond en onzin uitkraamde, kreeg je een standje.'

Hung is een van de vrolijkste, meest extraverte mensen die ik ooit heb ontmoet. Ze maakt grote, brede gebaren en buldert regelmatig van de lach. Ze is gekleed in een hardloopbroek, sportschoenen en draagt barnstenen juwelen, begroet me met een stevige omhelzing en rijdt me naar een bakker om daar te ontbijten. We snijden onze taartjes aan en kletsen genoeglijk.

Het is dus veelzeggend dat zelfs Hung nog weet wat een cultuurschok het was om voor het eerst een Amerikaanse collegezaal te betreden. Ze vond het onbeleefd om tijdens college te spreken, want ze wilde de tijd van de andere studenten niet verdoen. En uiteraard, zo vertelt ze lachend, 'was ik de stille van mijn jaar. Op de UCLA opende de docent het werkcollege met de woorden: Laten we erover discussiëren! Dan keek ik naar mijn studiegenoten terwijl die allerlei onzin uitkraamden, maar de docenten waren heel geduldig en hoorden gewoon iedereen aan.' Ze knikt op komische wijze, om het overdreven respect van de docenten na te bootsen.

'Ik weet nog hoe verbaasd ik daarover was. Het was een college taalkunde, en de studenten hadden het niet eens over taalkunde! Ik dacht: in de VS kan je niks overkomen zodra je je mond opendoet.'

Terwijl Hung versteld stond van de Amerikaanse vorm van studentenparticipatie, begrepen haar docenten waarschijnlijk net zo weinig van haar onwilligheid om haar mond open te doen. Twintig jaar nadat Hung naar Amerika was verhuisd, stond er in de *San Jose Mercury News* een artikel met de kop 'Oosterse en westerse onderwijstradities botsen', waarin werd geschreven over de ontsteltenis van docenten over de onwilligheid van studenten van Aziatische herkomst zoals Hung in Californië om tijdens colleges deel te nemen aan de discussie. Eén docent bespeurde een 'onderdanigheidsbarrière' die werd gecreëerd door het ontzag van de Aziatische studenten voor hun docenten. Een andere nam zich voor om actieve deelname aan colleges te laten meetellen voor het eindcijfer en Aziatische studenten daarmee te stimuleren om tijdens de colleges iets te zeggen. 'In het Chinese onderwijs moet je jezelf klein maken omdat andere denkers veel groter zijn dan jij,' zei een derde. 'Dit leidt voortdurend tot problemen tijdens colleges met overwegend Aziatisch-Amerikaanse studenten.'

Het artikel lokte felle reacties uit vanuit de Aziatisch-Amerikaanse gemeenschap. Sommige mensen zeiden dat de universiteiten gelijk hadden en dat Aziatische studenten zich moesten aanpassen aan de maatstaven van het westerse onderwijs. 'Aziatisch-Amerikanen laten met zich sollen door hun zwijgzaamheid,' stelde een lezer van een website met de ironische naam ModelMinority.com. Anderen vonden dat Aziatische studenten niet gedwongen moesten worden om iets te zeggen en zich aan te passen aan de westerse omgangsvormen. 'In plaats van te proberen om hun gedrag te veranderen, zouden de universiteiten kunnen leren om te luisteren naar het geluid van de stilte,' schreef Heejung Kim, een cultuurpsycholoog op Stanford University, in een artikel waarin hij betoogde dat spreken niet altijd een positieve daad is.

* * *

Hoe komt het dat Aziatische en westerse mensen precies dezelfde discussie in de collegezaal waarnemen, maar dat de ene groep die zal omschrijven als 'studentenparticipatie' en de ander als 'onzin uitkramen'? Het *Journal of Research in Personality* heeft een antwoord op deze vraag gepubliceerd in de vorm van een wereldkaart die werd getekend door onderzoeker-psycholoog Robert McCrae. De kaart van McCrae ziet eruit alsof hij uit een aardrijkskundeboek komt, maar volgens hem berust hij 'niet op regenval of bevolkingsdichtheid, maar op de frequentie van persoonlijkheidskenmerken' en laten de verschillende tinten donker- en lichtgrijs – donker voor extraversie, licht voor introversie – een beeld zien dat 'heel duidelijk is: Azië [...] is introvert, Europa is extravert'. Als de Verenigde Staten ook op de kaart hadden gestaan, zouden ze donkergrijs gekleurd geweest zijn. Amerikanen behoren tot de meest extraverte mensen op aarde

De kaart van McCrae lijkt misschien een kras staaltje culturele stereotypering. Hele continenten per persoonlijkheidstype indelen is een erg grove generalisatie: je kunt net zo goed luidruchtige mensen vinden op het Chinese vasteland als in Atlanta, Georgia. De kaart verklaart ook niet de subtiele cultuurverschillen binnen één land of streek. Inwoners van Beijing gedragen zich anders dan die van Shanghai, en beiden gedragen zich weer anders dan bewoners van Seoul of Tokio. Ook is het omschrijven van Aziaten als een 'ideale minderheid' – zelfs als die beschrijving complimenteus is bedoeld – net zo beperkend en neerbuigend als iedere andere benaming die mensen reduceert tot een verzameling vermeende groepskenmerken. Misschien is het net zo problematisch om Cupertino te omschrijven als een broedplaats voor uitmuntende leerlingen, hoe vleiend die omschrijving in de oren van sommige mensen ook klinkt.

Hoewel ik rigide nationale of etnische typecasting niet wil aanmoedigen, zou het toch zonde zijn om het onderwerp van cultuurverschillen en introversie helemaal uit de weg te gaan. Van veel aspecten van de Aziatische cultuur en Aziatische persoonlijkheidstypes kan en moet de rest van de wereld iets leren. Wetenschappers hebben tientallen jaren onderzoek gedaan naar verschillen tussen culturen op het gebied van persoonlijkheidstypen, vooral tussen Oost en West, en hebben daarbij vooral gekeken naar de dimensies introversie en extraversie, het enige duo kenmerken waarvan psychologen, die het over vrijwel geen aspect van de menselijke persoonlijkheid met elkaar eens kunnen worden, geloven dat het over de hele wereld saillant en meetbaar is.

Een groot deel van dit onderzoek levert dezelfde resultaten op als de kaart van McCrae. Zo bleek uit een vergelijkend onderzoek tussen acht- tot tienjarige kinderen in Shanghai en zuidelijk Ontario dat verlegen en sensitieve kinderen in Canada door hun leeftijdsgenootjes worden gemeden, maar dat ze in China populaire speelkameraadjes zijn, en daar ook meer kans maken om een leidersrol te vervullen. Chinese kinderen die sensitief en zwijgzaam zijn, worden *dongshi* (begripsvol) genoemd, een veelgebruikte lofprijzing.

Ook vertellen Chinese scholieren aan onderzoekers dat ze de voorkeur geven aan vriendjes die 'nederig' en 'altruïstisch', 'eerlijk' en 'hardwerkend' zijn, terwijl Amerikaanse scholieren 'vrolijke', 'enthousiaste' en 'gezellige' vriendjes opzoeken. 'Dat is een opmerkelijk contrast,' schrijft Michael Harris Bond, een intercultureel psycholoog die zich bezighoudt met China. 'De Amerikanen benadrukken sociabiliteit en prijzen de eigenschappen die zorgen voor makkelijke en vrolijke aansluiting. De Chinezen leggen de nadruk op meer verborgen eigenschappen en richten zich op morele deugden en prestaties.'

In een ander onderzoek werd aan Aziatisch-Amerikanen en Europese Amerikanen gevraagd om hardop te denken tijdens het oplossen van logische vraagstukken. De Aziaten bleken veel beter te presteren als ze mochten zwijgen, terwijl de blanken goed presteerden wanneer ze hun probleemoplossing hardop uitspraken.

Iemand die bekend is met de traditionele Aziatische visie op het gesproken woord zal die uitkomsten niet verbazen: spreken dient voor het overbrengen van vertrouwelijke informatie; rust en introspectie zijn een teken van diep nadenken en de hogere waarheid. Woorden zijn potentieel gevaarlijke wapens die zaken openbaren die beter onuitgesproken kunnen blijven. Ze kwetsen andere mensen en kunnen degene die ze uitspreekt problemen bezorgen. Neem nu de volgende oosterse spreekwoorden:

De wind huilt, maar de berg blijft stil.
Japans spreekwoord

Zij die weten, spreken niet.
Zij die spreken, weten niet.
Laozi, *De weg van Laozi*

Ook al span ik me niet bijzonder in om me te houden aan mijn gelofte van zwijgzaamheid, toch zorgt het alleen wonen er vanzelf voor dat ik geen zonden van spraakzaamheid bega.
Kamo no Chōmei, Japanse kluizenaar uit de twaalfde eeuw

En vergelijk die eens met gezegden uit het Westen:

Wees een vaardig spreker opdat u sterk mag zijn, want de kracht van een mens is de taal, en het spreken is machtiger dan alle strijd.
Spreuken van Ptah-hotep, circa 2400 v. Chr.

De taal is de beschaving zelf. Het woord, zelfs het krachtigste weerwoord, is zo verbindend. [...] Maar de woordeloosheid schept eenzaamheid.
Thomas Mann, *De Toverberg*

De brutalen hebben de halve wereld.

Wat is de achtergrond van deze sterk contrasterende houdingen? Eén antwoord is het wijdverbreide ontzag voor onderwijs bij Aziaten, vooral als die afkomstig zijn uit landen in de 'gordel van Confucius' zoals China, Japan, Korea en Vietnam. In sommige Chinese dorpen staan nog steeds standbeelden van leerlingen die eeuwen geleden zijn geslaagd voor het bikkelharde *Jinshi*-examen van de Mingdynastie. Het is veel makkelijker om zo uit te blinken als je de hele zomer doorleert, zoals sommige kinderen uit Cupertino doen.

Een andere verklaring is de groepsidentiteit. Veel Aziatische culturen zijn groepsgericht, maar op een andere manier dan hoe westerse mensen over groepen denken. Aziatische mensen zien zichzelf als een deel van een groter geheel – familie, bedrijf of gemeenschap – en hechten grote waarde aan harmonie binnen die groep. Vaak maken ze hun eigen verlangens ondergeschikt aan het groepsbelang en schikken ze zich naar hun plaats in de hiërarchie.

De westerse cultuur is echter georganiseerd rond het individu. Wij zien onszelf als een op zichzelf staande eenheid; ons doel is om uiting te geven aan wie we zijn, ons persoonlijk geluk na te jagen, vrij te zijn van onnodige beperkingen, en het ene ding te bereiken waarvoor wij, en wij alleen, op de wereld zijn gezet. We houden wel van gezelligheid, maar onderwerpen ons niet aan groepsdwang, of geloven in elk geval graag dat we dat niet doen. We houden van onze ouders en respecteren hen, maar we komen in opstand tegen ideeën als kinderlijke gehoorzaamheid, die onderschikking en beteugeling impliceren. Wanneer we andere mensen ontmoeten, doen we dat als op onszelf staande eenheden die plezier maken met, concurreren met, zich onderscheiden van, strijden om een baan met, en ja, zelfs houden van andere op zichzelf staande eenheden. Zelfs de westerse God is assertief, spraakzaam en overheersend; zijn zoon Jezus is vriendelijk en teder, maar ook een charismatische, de massa bespelende, invloedrijke man (*Jesus Christ Superstar*).

Het is dan ook logisch dat westerse mensen prijs stellen op moed en spreekvaardigheid, eigenschappen die de individualiteit bevorderen, terwijl Aziaten prijs stellen op zwijgzaamheid, bescheidenheid en sensitiviteit, die bevorderlijk zijn voor de groepscohesie. Als je in een collectief leeft, zal alles veel soepeler verlopen als jij je inhoudt en je zelfs onderdanig gedraagt.

Deze voorkeur werd treffend aangetoond tijdens een recent fMRI-onderzoek, waarvoor de onderzoekers aan zeventien Amerikanen en zeventien Japanners foto's van mannen in een dominante houding lieten zien (met de armen over elkaar geslagen, voorzien van enorme spierbundels, wijdbeens) en onderworpen houdingen (hangende schouders, de handen beschermend voor het kruis gehouden, de benen tegen elkaar gedrukt). Ze ontdekten dat de dominante foto's in de hersens van de Amerikanen het genotscentrum prikkelden, terwijl de onderdanige foto's dat deden bij de Japanners.

Voor westerse mensen is het soms moeilijk te begrijpen wat

er zo verlokkelijk is aan jezelf onderwerpen aan andermans wil. Maar wat er in westerse ogen uitziet als onderdanigheid, ervaren veel Aziaten als een normale vorm van beleefdheid. Don Chen, de Chinees-Amerikaanse student op de Harvard Business School die je in hoofdstuk 2 hebt ontmoet, vertelde me over de tijd dat hij een studentenflat deelde met een groep Aziatische vrienden plus zijn goede blanke vriend, een vriendelijke, relaxte vent van wie Don verwachtte dat hij er prima bij zou passen.

Ze kregen ruzie toen de blanke vriend merkte dat de vaat zich in de gootsteen begon op te hopen en hij zijn Aziatische flatgenoten vroeg om hun deel van de afwas te doen. Het was geen onredelijke klacht, zegt Don, en zijn vriend vond dat hij zijn verzoek op beleefde en respectvolle wijze had geuit. Maar zijn Aziatische flatgenoten zagen dat anders. Op hen kwam hij hardvochtig en kwaad over. Een Aziaat, zei Don, zou in die situatie voorzichtiger zijn geweest met de toon die hij aansloeg. Hij zou zijn ongenoegen kenbaar hebben gemaakt in de vorm van een vraag, niet een verzoek of bevel. Of hij zou het helemaal niet ter sprake brengen. Het was niet de moeite waard om de groep boos te maken vanwege een paar vieze borden.

Wat westerse mensen voor Aziatische onderdanigheid aanzien, is in feite een diep doorvoelde bezorgdheid voor de gevoeligheden van anderen. Volgens psycholoog Harris Bond 'zouden alleen mensen die afkomstig zijn uit een traditie van jezelf expliciet uiten [de Aziatische] manier van spreken betitelen als "jezelf wegcijferen". Binnen de traditie van indirectheid zou dat eerder worden omschreven als "de relatie eren".' En het eren van de relatie leidt tot een sociale dynamiek die vanuit een westerse optiek opmerkelijk is.

Zo zorgt het eren van de relatie ervoor dat sociale angststoornis, die in Japan *taijin kyofusho* genoemd wordt, geen bovenmatige angst is om jezelf voor schut te zetten, zoals in de VS, maar angst om anderen te generen. Door dit respect voor relaties kunnen boeddhistische monniken in Tibet innerlijke vrede bereiken (en op hersenscans een extreem geluksniveau bereiken) door rustig te mediteren over compassie. En dit respect voor relaties bracht slachtoffers van Hiroshima ertoe om zich tegenover elkaar te excuseren dat ze nog leefden. 'Hun hoffelijkheid is goed gedocumenteerd, maar is nog altijd hartverscheurend,' schrijft essayist Lydia Millet. '"Het spijt me," zei een van hen met een buiging, terwijl de vellen aan zijn armen hingen, "het spijt me dat ik nog leef en uw baby niet." "Het spijt me," zei een ander oprecht, met lippen die waren opgezwollen tot de grootte van sinaasappelen, terwijl hij sprak tot een meisje dat naast haar dode moeder zat te huilen, "Het spijt me dat ik niet in haar plaats gestorven ben."'

Hoewel het oosterse respect voor relaties bewonderenswaardig en mooi is, geldt dat evenzeer voor het westerse respect voor individuele vrijheid, zelfexpressie en persoonlijke lotsbepaling. Het gaat mij er niet om dat het ene beter dan het andere is, maar dat een diepgaand verschil in culturele waarden een grote invloed heeft op de persoonlijkheidsstijlen waaraan elke cultuur de voorkeur geeft. In het Westen hangen wij het extraverte ideaal aan, terwijl in grote delen van Azië (in elk geval voor de verwestersing in de afgelopen decennia) zwijgen goud is. Deze tegengestelde levensvisies bepalen wat je zegt als de borden van je flatgenoten zich in de gootsteen opstapelen en wat je niet zegt tijdens een college op de universiteit.

Bovendien maken ze duidelijk dat het extraverte ideaal niet zo onaantastbaar is als je misschien zou denken. Dus als je diep vanbinnen geloofde dat het niet meer dan natuurlijk is dat de waaghalzen en de gezelligheidsdieren de baas spelen over de gereserveerden en de gevoeligen, en dat het extraverte ideaal een aangeboren menselijke eigenschap is, dan wijst de persoonlijkheidskaart van Robert McCrae op een andere waarheid: dat elke manier van zijn – zwijgzaam en spraakzaam, nauwlettend en stoutmoedig, beheerst en ongeremd – kenmerkend is voor zijn eigen machtige beschaving.

* * *

Het is wel wrang dat juist de Aziatisch-Amerikaanse kinderen uit Cupertino grote moeite hebben om aan die waarheid vast te houden. Als ze na de puberteit hun veilige stad verlaten, belanden ze in een wereld waarin lawaai maken en je mond opendoen populariteit en financieel succes oplevert. Ze moeten leven met een dubbel bewustzijn, half Aziatisch en half Amerikaans, waarvan elke kant de ander in twijfel trekt. Mike Wei, de eindexamenleerling die me vertelde dat hij liever ging studeren dan iets gezelligs doen, is een goed voorbeeld van die ambivalentie. Toen we elkaar leerden kennen, zat hij in de eindexamenklas, veilig in de cocon van Cupertino. 'Omdat we zo veel nadruk op onderwijs leggen,' zei Mike toen over Aziaten in het algemeen, 'is gezellig doen geen groot onderdeel van onze identiteit.'

Toen ik Mike in de herfst van dat jaar opnieuw trof, tijdens zijn eerste jaar op Stanford, twintig minuten rijden van Cupertino, maar qua bevolkingssamenstelling aan de andere kant van de wereld, maakte hij een ontheemde indruk. We troffen elkaar op het terras van een koffiehuis, waar we vlak bij een groep mannelijke en vrouwelijke sporters zaten die regelmatig in lachen uitbarstten. Mike knikte naar die sporters, allemaal blanken. Blanken, zei hij, leken 'minder bang te zijn dat andere mensen zullen denken dat wat ze zeggen te luid of te dom is'. Mike was gefrustreerd over de oppervlakkige gesprekken in de eetzaal en het 'geouwehoer' dat vaak de plaats innam van studentenparticipatie tijdens eerstejaars werkgroepen. In zijn vrije tijd ging hij voornamelijk om met andere Aziaten, deels omdat die 'dezelfde mate van extraversie' hadden, vertelde hij. De niet-Aziaten bezorgden hem vaak het gevoel dat hij 'hyperenergiek of opgewonden moest zijn, ook al ben ik niet zo'.

'In mijn studentenflat zijn vier van de vijftig studenten Aziatisch,' vertelde hij. 'Dus bij hen voel ik me meer op mijn gemak. Een van hen, Brian, is behoorlijk stil. Ik kan wel merken dat hij die Aziatische neiging heeft om een beetje verlegen te zijn, en daarom voel ik me prettig in zijn gezelschap. Met hem in de buurt kan ik mezelf zijn. Ik hoef niet mijn best te doen om cool over te komen, terwijl ik in grotere groepen met mensen die niet Aziatisch zijn of gewoon veel lawaai maken het gevoel krijg dat ik een rol moet spelen.'

Mike gaf af op de westerse communicatiemethoden, maar bekende dat hij soms wilde dat hij ook zo luidruchtig en ongeremd kon zijn. 'Ze voelen zich beter op hun gemak met hun eigen karakter,' zei hij over zijn blanke jaargenoten. Aziaten voelen zich 'niet ongemakkelijk over wie ze zijn, maar vinden het moeilijk om te uiten wie ze zijn. In groepen wordt er altijd van je verwacht dat je extravert bent. Wanneer je dat niet klaarspeelt, kun je dat aan hun blikken zien.'

Mike vertelde me over een activiteit tijdens de introductieweek waar hij aan had deelgenomen, een speurtocht in San Francisco die bedoeld was om studenten te stimuleren buiten hun veilige grenzen te treden. Mike zat als enige Aziaat in een tamelijk losgeslagen groepje. Sommige groepsleden renden tijdens de speurtocht naakt over straat en verkleedden zich als vrouw in een plaatselijk warenhuis. Een meisje liep naar een display van Victoria's Secret en ging er in haar ondergoed naast staan. Toen Mike die details opdiste, verwachtte ik dat hij ging zeggen hoe extreem en onbetamelijk hij het gedrag van zijn groepsleden vond. Maar hij was helemaal niet negatief over de andere studenten. Hij was negatief over zichzelf.

'Wanneer mensen dat soort dingen doen, vind ik dat eventjes ongemakkelijk. Dat maakt duidelijk wat mijn grenzen zijn. Soms heb ik het gevoel dat ze beter zijn dan ik.'

Van zijn docenten kreeg Mike vergelijkbare boodschappen mee. Een paar weken na de introductieweek nodigde zijn mentor, een docent op de faculteit Geneeskunde van Stanford, een groep eerstejaars studenten bij haar thuis uit. Mike wilde een goede indruk maken, maar kwam niet uit zijn woorden. De andere studenten leken geen moeite te hebben om grapjes te maken en intelligente vragen te stellen. 'Mike, wat was je vandaag druk,' zei de docent plagerig toen hij ten slotte afscheid nam. 'Heel indrukwekkend.' Hij verliet haar huis met een negatief gevoel over zichzelf. 'Mensen die niets zeggen, worden als zwak of minderwaardig gezien,' zei hij spijtig.

Die gevoelens waren uiteraard niet volslagen nieuw voor Mike. Hij had er op de middelbare school al glimpen van opgevangen. In Cupertino heerst weliswaar een bijna confuciaanse moraal van zwijgzaamheid, hard studeren en relaties eren, toch krijgt de stad ook te maken met de gebruiken van het extraverte ideaal. In het winkelcentrum roepen op doordeweekse dagen vrijpostige Aziatisch-Amerikaanse tienerjongens met stekeltjeshaar naar meisjes in topjes met spaghettibandjes die hun ogen ten hemel slaan en snedige antwoorden geven. Op zaterdagochtend studeren in de bibliotheek een paar tieners geconcentreerd in hoekjes, maar anderen verzamelen zich rond lawaaiige tafels. Weinig Aziatisch-Amerikaanse kinderen die ik in Cupertino sprak, wilden zichzelf 'introvert' noemen, ook al blijkt uit hun verhalen dat ze het wel zijn. Ook al hechtten ze sterk aan de waarden van hun ouders, toch verdeelden ze de wereld in 'traditionele' Aziaten en 'Aziatische supersterren'. De traditionelen houden zich koest en zorgen dat ze hun huiswerk af krijgen. De supersterren leveren goede schoolprestaties, maar halen ook geintjes uit tijdens de les, dagen hun docenten uit en zorgen ervoor dat ze opvallen.

Veel leerlingen proberen opzettelijk extraverter te zijn dan hun ouders, vertelde Mike. 'Ze vinden dat hun ouders te stil zijn en overcompenseren dat door op een opzichtige manier uitbundig te zijn.' Maar ook sommige ouders zijn hun waarden gaan aanpassen. 'Aziatische ouders beginnen te snappen dat stil zijn niets oplevert en daarom moedigen ze hun kinderen aan om zich op te geven voor de cursus toespraken geven en debatteren,' zei Mike. 'Onze toespraken- en debatteercursus was de op één na grootste in Californië, en had als doel om kinderen te laten kennismaken met luid en overtuigend spreken.'

Maar toch: toen ik Mike in Cupertino leerde kennen, waren zijn zelfgevoel en waarden relatief ongeschonden. Hij wist dat hij niet een van de Aziatische supersterren was – hij gaf zichzelf een vier op een populariteitsschaal van nul tot tien –, maar zat goed in zijn vel. 'Ik zou liever omgaan met mensen die een echtere persoonlijkheid hebben,' vertelde hij me toen, 'en dan kom ik vaak bij de stillere mensen uit. Het is lastig om uitbundig te zijn terwijl ik tegelijkertijd probeer om wijs te zijn.'

Mike heeft waarschijnlijk geluk gehad dat hij zo lang in de cocon van Cupertino kon verblijven. In meer gemiddelde Amerikaanse steden ondervinden Aziatisch-Amerikaanse kinderen de problemen die Mike tijdens zijn eerste jaar op Stanford ervoer al op veel jongere leeftijd. In een vergelijkend onderzoek van blanke Amerikaanse en Chinees-Amerikaanse tieners van de tweede generatie dat vijf jaar duurde, werd geconstateerd dat de Chinees-Amerikanen tijdens de hele puberteit significant introverter waren dan hun Amerikaanse leeftijdgenoten, wat ten koste ging van hun gevoel van eigenwaarde. Hoewel introverte Chinees-Amerikaanse kinderen van twaalf volkomen tevreden waren over zichzelf, waarschijnlijk omdat ze zichzelf nog beoordeelden volgens het traditionele waardensysteem van hun ouders, waren ze op hun zeventiende langer blootgesteld aan het Amerikaanse extraverte ideaal, en was hun zelfbeeld gekelderd.

* * *

Aziatisch-Amerikaanse kinderen die er niet bij horen, boeten daarvoor met sociaal ongemak. Wanneer ze volwassen zijn, voelen ze het misschien ook in hun portemonnee. Journalist Nicholas Lemann interviewde een groep Aziatisch-Amerikanen over de meritocratie. 'Het gevoel dringt zich voortdurend op,' schreef hij, 'dat de meritocratie eindigt op de dag dat ze afstuderen en dat Aziaten vervolgens achterop raken omdat ze net niet de juiste omgangsvormen hanteren om hogerop te komen: te passief, niet joviaal genoeg.'

Ik heb in Cupertino veel hoog opgeleide mensen gesproken die kampen met dit probleem. Een welgestelde huisvrouw vertrouwde me toe dat alle echtgenoten in haar sociale omgeving recentelijk een baan in China hadden aangenomen, en nu pendelden tussen Cupertino en Shanghai, onder meer omdat hun stille gedrag het moeilijk maakte om hier carrière te maken. Amerikaanse bedrijven 'denken dat ze de zakelijke kant niet aankunnen,' vertelde ze, 'vanwege de manier waarop ze zich presenteren. In het zakenleven moet je een berg onzin bij elkaar verzinnen en die dan presenteren. Mijn man zegt altijd wat hij moet zeggen en meer niet. Wanneer je naar grote bedrijven kijkt, zitten er tussen de topbestuurders nauwelijks Aziaten. Ze nemen iemand aan die niets van het bedrijf afweet, maar zich waarschijnlijk wel goed kan presenteren.'

Een softwareontwikkelaar vertelde me hoe ondergewaardeerd hij zich voelde ten opzichte van zijn collega's, 'vooral de mensen van Europese herkomst, die dingen zeggen zonder eerst na te denken.' Als je in China zwijgzaam bent, vertelde hij, 'word je als een wijs man beschouwd. Hier is dat heel anders. Hier vinden mensen het prettig om zich te laten horen. Zelfs als ze een idee hebben dat nog niet helemaal is uitgekristalliseerd, vertellen ze daar evengoed over. Als ik beter kon communiceren, zou mijn werk veel meer geapprecieerd worden. Ook al heeft mijn afdelingsdirecteur waardering voor me, hij weet nog steeds niet dat ik zulk prachtig werk heb geleverd.'

Vervolgens vertrouwde de ontwikkelaar me toe dat hij een training in Amerikaans extravert gedrag had gevolgd bij een uit Taiwan afkomstige communicatiedocent, Preston Ni. Op Foothill College, even buiten Cupertino, geeft Ni eendaagse seminars 'Succesvol communiceren voor professionals van buitenlandse herkomst'. Er wordt op internet reclame gemaakt voor deze cursus via een plaatselijke groep die zich de 'Silicon Valley SpeakUp Association' noemt en zich heeft voorgenomen om 'in het buitenland geboren professionals te helpen om succes te bereiken in het leven via de vergroting van hun stille vaardigheden.' (*Speak you* [sic] *mind*, staat er op de homepage van de organisatie. 'Samen bereikt iedereen meer bij SV SpeakUp.')

Omdat ik nieuwsgierig ben hoe 'zeggen wat je denkt' er vanuit een Aziatische optiek uitziet, gaf ik me op voor de cursus. Een paar zaterdagochtenden later zat ik achter een tafeltje in een strak, modern leslokaal waar de zon van achter de Noord-Californische bergen door de spiegelglazen ramen naar binnen scheen. Er waren al met al zo'n vijftien cursisten, overwegend uit Aziatische landen, maar ook een paar uit Oost-Europa en Zuid-Amerika.

Professor Ni, een vriendelijk ogende man in een westers pak, een goudkleurige stropdas met daarop het Chinese karakter voor waterval en een verlegen glimlach, begon de cursus met een overzicht van de Amerikaanse bedrijfscultuur. In de Verenigde Staten, zo waarschuwde hij, heb je zowel stijl als inhoud nodig om hogerop te komen. Dat is weliswaar niet eerlijk, en het is misschien niet de beste manier om iemands individuele bijdrage aan de bedrijfswinst te beoordelen, 'maar als je geen uitstraling hebt, kun je nog zo geniaal zijn, maar zal niemand je respecteren.'

In veel andere culturen is dat anders, vertelde Ni. Wanneer een Chinese communistische leider een toespraak houdt, leest hij die voor, niet eens van een teleprompter, maar van papier. 'Als hij de leider is, is iedereen verplicht te luisteren.'

Ni vroeg om een vrijwilliger en haalde Raj naar voren, een Indiase softwareontwikkelaar van in de twintig die werkt bij een bedrijf dat in de *Fortune* 500-lijst zit. Raj droeg het uniform van Silicon Valley, een katoenen buttondownoverhemd en kaki broek, maar zijn lichaamstaal was afwerend. Hij had zijn armen beschermend over elkaar geslagen en schraapte over de vloer met zijn wandelschoenen. Eerder die ochtend, toen iedereen in het lokaal zich voorstelde, had hij met een trilling in zijn stem vanaf de achterste rij verteld dat hij wilde leren 'hoe je beter wordt in een praatje maken' en 'openhartiger zijn'.

Professor Ni vroeg Raj om de anderen te vertellen wat hij de rest van het weekend van plan was.

'Ik ga bij een vriend eten,' antwoordde Raj bijna onverstaanbaar, terwijl hij Ni strak aankeek, 'en misschien ga ik morgen een eind wandelen.'

Professor Ni vroeg hem om het nog eens te proberen.

'Ik ga bij een vriend eten,' zei Raj, 'en *mompel mompel mompel* ga ik wandelen.'

'Mijn indruk van jou,' zei professor Ni vriendelijk tegen Raj, 'is dat ik veel werk aan je kan geven, maar dat ik verder nauwelijks op je hoef te letten. Denk erom dat je in Silicon Valley ontzettend intelligent en capabel kunt zijn, maar als je jezelf alleen maar kunt uiten door je werk te laten zien, zul je ondergewaardeerd worden. Veel professionals van buitenlandse herkomst hebben dat zo ervaren. Je zult een veredelde arbeider zijn in plaats van een leider.'

De groep knikte begripsvol.

'Maar er is een manier om jezelf te zijn,' vervolgde Ni, 'en te zorgen dat je meer uitstraalt via je stem. Veel Aziaten gebruiken maar een beperkt aantal spieren tijdens het spreken. Daarom beginnen we met de ademhaling.'

Vervolgens droeg hij Raj op om op zijn rug te gaan liggen en de vijf Amerikaanse klinkers uit te spreken. 'A... E... U... O... I...'

zei Raj monotoon, terwijl zijn stem omhoog dwarrelde vanaf de vloer van het leslokaal. 'A... E... U... O... I... A... E... U... O... I...'

Na een tijdje besloot professor Ni dat Raj weer mocht opstaan.

'En wat voor interessante dingen ben je van plan om na deze cursus te gaan doen?' vroeg hij, en klapte daarbij bemoedigend in zijn handen.

'Ik ga vanavond bij een vriend eten en morgen ga ik een wandeling maken met een andere vriend.' De stem van Raj klonk duidelijker dan de eerste keer en de groep gaf hem een enthousiast applaus.

De docent is zelf een schoolvoorbeeld van wat er mogelijk is als je je best doet. Na afloop van de cursus ging ik bij hem langs op zijn kantoor, waar hij vertelde hoe verlegen hij was toen hij in de v.s. arriveerde. Hij zorgde dat hij in situaties belandde als zomerkampen en een studie economie waarin hij extravert gedrag kon oefenen tot hij er beter in werd. Tegenwoordig heeft hij een succesvolle praktijk als consultant, met klanten als Yahoo!, Chevron en Microsoft, waar hij onderricht geeft in een aantal vaardigheden die hij zelf met zo veel inspanning heeft verworven.

Maar toen kwam ons gesprek op de Aziatische opvatting over 'stille kracht' – wat Ni leiderschap 'door water en niet door vuur' noemt – en kreeg ik een kant van hem te zien die minder onder de indruk was van de westerse communicatiemethoden. 'In Aziatische culturen,' zei Ni, 'is er vaak een subtiele manier om je zin te krijgen. Die is niet altijd agressief, maar kan heel vastberaden en heel behendig zijn. Uiteindelijk kun je daarmee veel bereiken. Agressieve macht beukt op je in; stille macht overtuigt je.'

Ik vroeg de docent om voorbeelden van stille macht in het echte leven te noemen en zijn ogen schitterden terwijl hij vertelde over klanten wier kracht in hun ideeën en gevoel schuilde. Velen van hen waren organisatoren van werknemersorganisaties – vrouwengroepen, minderhedengroepen – die niet levendigheid maar overtuigingskracht hadden gebruikt om mensen over te halen om zich voor de goede zaak in te zetten. Hij sprak ook over groepen als Mothers Against Drunk Driving – groepen die niet met een sterke uitstraling, maar met grote betrokkenheid levens veranderen. Ze bezitten voldoende communicatieve vaardigheden om hun boodschap over te brengen, maar hun ware kracht schuilt in de inhoud.

'Als een idee goed is,' zei Ni, 'krijg je de mensen uiteindelijk wel om. Als het een rechtvaardige zaak is en je zet je er met hart en ziel voor in, dan is het bijna een universele wet dat je mensen aantrekt die zich voor jouw zaak willen inzetten. De zachte kracht is stille vasthoudendheid. De mensen aan wie ik daarbij denk zijn heel vasthoudend in de alledaagse directe omgang. Uiteindelijk bouwen ze een team op.' Volgens Ni werd er zachte macht uitgeoefend door bewonderde mensen die geschiedenis hebben geschreven: Moeder Teresa, Boeddha, Gandhi.

Ik vond het opvallend dat hij Gandhi noemde. Aan bijna alle scholieren die ik in Cupertino ontmoette, had ik gevraagd om een leider te noemen die ze bewonderden, en velen van hen hadden Gandhi genoemd. Waarom was hij zo'n inspiratiebron voor ze?

* * *

Gandhi was volgens zijn autobiografie qua constitutie een verlegen en teruggetrokken mens. Als kind was hij bang geweest voor van alles en nog wat: dieven, spoken, slangen, het donker en vooral andere mensen. Hij was een echte boekenwurm en rende na school meteen naar huis, uit angst dat hij met iemand moest praten. Zelfs toen hij als jongeman werd verkozen tot zijn eerste leidersfunctie, als bestuurslid van een vegetarische vereniging, woonde hij elke vergadering bij, maar was te verlegen om iets te zeggen.

'Volgens mij is er niets mis met hoe je praat,' zei een van de verbaasde verenigingsleden tegen hem, 'maar waarom houd je tijdens bestuursvergaderingen altijd je lippen op elkaar? Je bent een meeloper.' Toen er binnen het bestuur een politieke strijd ontbrandde, had Gandhi uitgesproken meningen, maar hij durfde die niet te uiten. Hij schreef op wat hij vond en nam zich voor om dat tijdens de vergadering voor te lezen. Maar uiteindelijk was hij zelfs daar te bang voor.

Gandhi leerde gaandeweg met zijn verlegenheid om te gaan, maar is die nooit volledig de baas geworden. Hij kon niet voor de vuist weg spreken en meed het geven van toespraken zo veel mogelijk. Zelfs op hogere leeftijd schreef hij: 'Ik geloof niet dat ik ooit een bijeenkomst zou kunnen of zelfs maar willen organiseren met vrienden die met elkaar spreken.'

Maar zijn verlegenheid ging gepaard met zijn eigen, unieke kracht: een vorm van beheerstheid die je het best kunt begrijpen aan de hand van vrij onbekende voorvallen uit het levensverhaal van Gandhi. Als jongeman besloot hij naar Engeland te reizen om daar rechten te studeren, tegen de wens van de leiders van zijn onderkaste, de Modhi Bania. Leden van die kaste mochten geen vlees eten, en de leiders dachten dat het onmogelijk zou zijn om in Engeland als vegetariër te leven. Maar Gandhi had al aan zijn geliefde moeder beloofd dat hij zich van vlees zou onthouden, dus hij zag geen gevaar in deze reis. Dat zei hij ook met zoveel woorden tegen de Sheth, de hoofdman van de gemeenschap.

'Ga je de bevelen van de kaste naast je neer leggen?' vroeg de Sheth.

'Ik kan werkelijk niet anders,' antwoordde Gandhi. 'Volgens mij moet de kaste zich niet in deze aangelegenheid mengen.'

Hij werd op slag uitgestoten. Dat oordeel bleef zelfs van kracht toen hij vele jaren later uit Engeland terugkeerde als jonge, veelbelovende en Engels sprekende jurist. De gemeenschap was onderling verdeeld over hoe hij moest worden aangepakt. Het ene kamp accepteerde hem, het andere kamp stootte hem uit. Dat betekende dat Gandhi niet eens mocht eten of drinken in het huis van andere leden van de onderkaste, onder wie zijn eigen zuster en schoonouders.

Iemand anders, zo wist Gandhi, zou ervoor hebben gevochten om opnieuw te worden toegelaten. Maar in zijn ogen was dat zinloos. Hij wist dat een conflict alleen maar tot wraakacties zou leiden. Daarom voegde hij zich naar de wensen van de Sheth en bewaarde afstand, zelfs tot zijn eigen familieleden. Zijn zus en schoonfamilie waren bereid om hem heimelijk thuis te ontvangen, maar dat aanbod sloeg hij af.

En wat was het gevolg van zijn meegaandheid? De onderkaste hield niet alleen op hem lastig te vallen, maar de leden ervan – onder wie de mensen die hem hadden uitgestoten – hielpen hem bij zijn latere politieke activiteiten, zonder daarvoor iets terug te verwachten. Ze behandelden hem met genegenheid en gulheid. 'Het is mijn overtuiging,' schreef Gandhi later, 'dat al deze goede dingen aan mijn verzetloosheid te danken zijn. Als ik actie had gevoerd om tot de kaste te worden toegelaten, als ik had getracht die in meerdere kampen te verdelen, als ik de mannen van de kaste had geprovoceerd, dan hadden ze vast wraak genomen, en in plaats van de storm te vermijden zou ik me na mijn terugkeer uit Engeland in een draaikolk van onrust hebben bevonden.'

Dit patroon, het besluit om iets te accepteren wat een ander zou aanvechten, heeft zich in Gandhi's leven keer op keer herhaald. Als beginnend jurist in Zuid-Afrika diende hij een aanvraag in om te worden toegelaten tot de plaatselijke balie. De vereniging van advocaten had echter geen behoefte aan Indiase leden en probeerde zijn aanvraag te dwarsbomen door te eisen dat hij een origineel exemplaar overlegde van een certificaat dat zich bevond in het archief van het hooggerechtshof van Bombay en daarom ontoegankelijk was. Gandhi was razend; hij wist dat deze barrières eigenlijk uit racisme werden opgeworpen. Maar hij toonde zijn gevoelens niet. In plaats daarvan onderhandelde hij geduldig tot de vereniging van advocaten zich bereid toonde om een beëdigde verklaring van een plaatselijke notabele te accepteren.

Toen brak de dag aan dat hij de eed zou zweren, en droeg de president van de rechtbank hem op om zijn tulband af te zetten. Toen zag Gandhi in wat zijn ware grenzen waren. Hij wist dat verzet gerechtvaardigd was, maar geloofde dat je niet elk gevecht kon winnen en nam daarom zijn hoofdbedekking af. Zijn vrienden waren woest. Ze vonden hem zwak en zeiden dat hij voor zijn overtuigingen had moeten opkomen. Maar Gandhi vond dat hij had geleerd 'om de schoonheid van het compromis te waarderen'.

Als ik je deze verhalen had verteld zonder Gandhi's naam en latere verdiensten te noemen, zou je kunnen denken dat hij ten diepste passief was. En in het Westen is passiviteit een doodzonde. Volgens een Amerikaans woordenboek betekent passief zijn 'de invloed van een externe factor ondergaan'. Passief betekent ook 'onderdanig'. Zelf verwierp Gandhi uiteindelijk de uitdrukking 'passief verzet', die hij met zwakheid associeerde, en gaf de voorkeur aan *satyagraha*, het begrip dat hij introduceerde en dat 'standvastigheid in dienst van de waarheid' betekent.

Zoals het woord *satyagraha* aangeeft, was de passiviteit van Gandhi helemaal geen teken van zwakte. Het hield in dat je jezelf richtte op een doel op de lange termijn en weigerde om onderweg energie te verspillen aan onnodige schermutselingen. Zelfbeheersing was een van zijn grootste deugden, vond Gandhi. En die was voortgekomen uit zijn verlegenheid:

> Ik heb van nature de gewoonte ontwikkeld om mijn gedachten te beteugelen. Er is zelden een onnadenkend woord over mijn lippen gekomen of uit mijn pen gevloeid. De ervaring heeft me geleerd dat het zwijgen deel uitmaakt van de spirituele discipline van een volgeling van de waarheid. We ontmoeten zo veel mensen die popelen om te spreken. Van al dat gepraat kun je bezwaarlijk zeggen dat het de wereld enig voordeel bezorgt. Het is pure tijdverspilling. Mijn verlegenheid is in feite mijn schild geweest. Ze heeft me in staat gesteld om te groeien. Ze heeft me geholpen bij het onderscheiden van de waarheid.

* * *

Stille macht is niet alleen voorbehouden aan morele toonbeelden als Mahatma Gandhi. Neem bijvoorbeeld het veel geprezen uitblinken van Aziaten in vakgebieden als wiskunde en de natuur wetenschappen. Professor Ni definieert stille macht als 'stille vasthoudendheid' en die eigenschap is net zo zeker de verklaring voor academische uitmuntendheid als voor Gandhi's politieke overwinningen. Stille vasthoudendheid vereist langdurige aandacht, en dus het beteugelen van je reactie op externe prikkels.

Het TIMSS-examen (TIMSS staat voor 'Trends in International Mathematics and Science Study') is een gestandaardiseerde wiskunde- en bètavakkentest die elke vier jaar wordt afgenomen bij kinderen over de hele wereld. Na elke test analyseren onderzoekers de cijfers en vergelijken de prestaties van leerlingen uit verschillende landen met elkaar. Aziatische landen als Korea, Singapore, Japan en Taiwan staan voortdurend boven aan de lijst. In 1995, het eerste jaar dat het TIMSS werd afgenomen, behaalden

Korea, Singapore en Japan de hoogste gemiddelde wiskundecijfers voor middelbare scholieren en behoorden ze voor de natuurwetenschappen bij de hoogste vier van de wereld. In 2007, toen onderzoekers maten hoeveel leerlingen in een bepaald land de *Advanced International Benchmark* haalden – een soort supersterrenstatus voor wiskundeleerlingen – ontdekten ze dat de meeste uitblinkers afkomstig waren uit een paar landen in Azië. Ongeveer 40 procent van de kinderen uit groep zes in Singapore en Hongkong haalden of overtroffen het Advanced Benchmark, en ongeveer 40 tot 45 procent van de tweedeklassers uit Taiwan, Korea, en Singapore lukte dat. Over de hele wereld was het gemiddelde percentage leerlingen dat de Advanced Benchmark haalde slechts 5 procent voor groep zes en 2 procent voor de tweede klas van de middelbare school.

Hoe moeten we die sensationele prestatiekloof tussen Azië en de rest van de wereld verklaren? Kijk eens naar het volgende interessante onderdeel van de TIMSS-test. Leerlingen die aan de test deelnamen, werd ook gevraagd om een reeks saaie vragen over zichzelf te beantwoorden, zoals hoe leuk ze bètavakken vonden en of er bij hen thuis genoeg boeken waren om drie of meer boekenkasten te vullen. Het kostte veel tijd om die vragenlijst in te vullen, en aangezien hij niet meetelde voor het eindcijfer, lieten veel leerlingen een heleboel vragen oningevuld. Je moest behoorlijk vasthoudend zijn om op werkelijk iedere vraag antwoord te geven. Maar uit een onderzoek van onderwijskundige Erling Boe bleek dat de landen waar de leerlingen de vragenlijst vollediger invulden, ook de landen waren waar leerlingen de TIMSS-test goed maakten. Met andere woorden, leerlingen die uitblinken bezitten kennelijk niet alleen het cognitief vermogen om wis- en natuurkundevragen te beantwoorden, maar bezitten ook een nuttige karaktereigenschap: stille vasthoudendheid.

Ook andere onderzoeken hebben een uitzonderlijk grote vasthoudendheid waargenomen, zelfs al bij zeer jonge Aziatische kinderen. Zo gaf intercultureel psycholoog Priscilla Blinco Japanse en Amerikaanse leerlingen in groep drie een onoplosbare puzzel die ze zelfstandig moesten oplossen, zonder hulp van andere kinderen of een docent, en vergeleek hoe lang ze het bleven proberen tot ze het opgaven. De Japanse kinderen besteedden gemiddeld 13,93 minuten aan de puzzel voordat ze er de brui aan gaven, terwijl de Amerikaanse kinderen er slechts 9,47 minuten aan besteedden. Nog geen 27 procent van de Amerikaanse leerlingen hield het even lang vol als de gemiddelde Japanse leerling, terwijl slechts 10 procent van de Japanse leerlingen even snel ophield als de gemiddelde Amerikaan. Blinco verklaart deze uitkomsten uit de Japanse eigenschap van vasthoudendheid.

De stille vasthoudendheid die veel Aziaten en Aziatisch-Amerikanen tentoonspreiden, blijft niet beperkt tot de exacte vakken. Een paar jaar na mijn eerste reis naar Cupertino had ik opnieuw een gesprek met Tiffany Liao, de scholier die naar Swarthmore zou gaan en die door haar ouders zo was geprezen omdat ze als klein meisje zo dol was op lezen, zelfs in het openbaar. Tijdens onze eerste kennismaking was Tiffany een meisje van zeventien met een babyface die naar de universiteit zou gaan. Ze had me toen verteld dat ze het spannend vond om naar de oostkust te reizen en daar nieuwe mensen te ontmoeten, maar dat ze het ook eng vond om ergens te wonen waar vast niemand *bubble tea* dronk, het populaire drankje dat in Taiwan is uitgevonden.

Inmiddels was Tiffany een wereldwijze en ervaren ouderejaars. Ze had buiten de VS gestudeerd, in Spanje. Ze ondertekende haar berichten met Europese zwier: '*Abrazos*, Tiffany'. Op Facebook had haar kinderlijk ogende foto plaatsgemaakt voor een glimlach die nog steeds zacht en vriendelijk was, maar ook zelfbewust.

Tiffany was op weg haar droom om journalist te worden te verwezenlijken en was onlangs verkozen tot hoofdredacteur van de universiteitskrant. Ze beschouwde zichzelf nog steeds als verlegen – ze voelt het bloed naar haar gezicht stromen wanneer ze voor het eerst in het openbaar spreekt of de telefoon pakt om iemand te bellen die ze niet kent –, maar had zich eraan gewend om haar mond open te doen. Ze geloofde dat haar 'stille eigenschappen', zoals ze die noemde, haar juist hadden geholpen om hoofdredacteur te worden. Voor Tiffany betekende stille kracht aandachtig luisteren, goede aantekeningen maken en diepgravend onderzoek doen naar de mensen die ze ging interviewen voordat ze hen in levenden lijve ontmoette. 'Die werkwijze heeft bijgedragen aan mijn succes als journalist,' schreef ze me. Tiffany heeft de kracht van de stilte geaccepteerd.

* * *

Toen ik kennismaakte met Mike Wei, de student op Stanford die even ongeremd wilde zijn als zijn jaargenoten, zei hij dat er niet zoiets bestond als een stille leider. 'Hoe kun je mensen duidelijk maken dat je in jezelf gelooft als je niets van je laat horen?' vroeg hij. Ik verzekerde hem dat dat niet waar was, maar Mike was er zo van overtuigd dat stille mensen hun zelfvertrouwen niet konden overdragen dat ik me diep vanbinnen afvroeg of hij misschien toch gelijk had.

Maar toen had ik professor Ni nog niet horen spreken over stille kracht op zijn Aziatisch, niet gelezen wat Gandhi schreef over *satyagraha* en niet nagedacht over Tiffany's veelbelovende toekomst als journalist. Zelfvertrouwen is zelfvertrouwen, heb ik geleerd van de kinderen uit Cupertino, ongeacht het aantal decibellen waarmee het wordt geuit.

Deel 4 – Hoe moet je liefhebben, hoe moet je werken?

9 – Wanneer moet je je extraverter gedragen dan je eigenlijk bent (en hoe doe je dat)?

Een mens heeft net zo veel sociale identiteiten als er afzonderlijke groepen personen zijn aan wier opinie hij waarde hecht. Aan elk van deze verschillende groepen toont hij doorgaans een andere kant van zichzelf.
William James

Ik stel je voor aan professor Brian Little, een voormalig docent psychologie op Harvard en winnaar van de 3M-onderwijsbeurs, ook wel de Nobelprijs van het universitair onderwijs genoemd. Professor Little is klein, stevig, brildragend en vertederend en heeft een krachtige baritonstem, de gewoonte om achter het katheder onverwachts in gezang uit te barsten of een pirouette te draaien, en hij benadrukt zijn medeklinkers en rekt zijn klinkers als een acteur van de oude stempel. Hij is wel eens een kruising tussen Robin Williams en Albert Einstein genoemd, en wanneer hij een grap maakt die goed valt bij zijn publiek – wat nogal eens gebeurt – lijkt hij dat nog leuker te vinden dan zijn toehoorders. Zijn colleges op Harvard waren altijd meer dan volgeboekt en eindigden vaak met een staande ovatie.

De man die ik nu ga omschrijven, lijkt echter een heel ander type. Hij woont met zijn vrouw in een afgelegen huis dat wordt omringd door een hectare Canadese bosgrond, en krijgt af en toe bezoek van zijn kinderen en kleinkinderen, maar leidt verder een tamelijk teruggetrokken leven. Zijn hobby's zijn muziek noteren, lezen, boeken en artikelen schrijven en per e-mail lange berichten aan vrienden sturen die hij 'e-pistels' noemt. Wanneer hij zich onder de mensen begeeft, spreekt hij die bij voorkeur één op één. Op feestjes zondert hij zich zo snel mogelijk af met iemand anders om een rustig gesprek te voeren, of excuseert zich omdat hij 'behoefte heeft aan frisse lucht'. Wanneer de omstandigheden hem dwingen om te lang in de buitenwereld of in een conflictsituatie te verkeren, kan hij daar letterlijk ziek van worden.

Zou je er vreemd van opkijken als ik je zeg dat die cabareteske professor en de kluizenaar die voor een contemplatief leven kiest een en dezelfde persoon zijn? Misschien niet als je bedenkt dat we ons allemaal per situatie verschillend gedragen. Maar als mensen zo flexibel zijn, is het dan wel logisch om de verschillen tussen introverte en extraverte mensen in kaart te brengen? Is de begrippentegenstelling introversie-extraversie een al te keurige tweedeling: de introverte mens als wijze filosoof en de extraverte mens als onbevreesde leidersfiguur? De introverte mens als dichter of nerd, de extraverte mens als sportieve dommekracht of cheerleader? Zijn we niet allemaal een beetje van allebei?

Psychologen noemen dit het debat over persoon versus situatie: staan je persoonlijkheidskenmerken werkelijk vast of veranderen ze naar gelang de situatie waarin je verkeert? Als je dat aan professor Little vraagt, zal hij je zeggen dat hij ondanks zijn publieke persona en de populariteit van zijn colleges een onvervalst, extreem introvert mens is, niet alleen in zijn gedrag, maar ook in neurofysiologisch opzicht (hij deed mee aan het citroenonderzoek dat ik in hoofdstuk 4 beschreef en begon op commando te watertanden). Daarmee behoort hij tot het 'persoon'-kamp in dit debat: Little gelooft dat persoonlijkheidskenmerken echt bestaan, dat ze ons leven diepgaand beïnvloeden, dat ze berusten op fysiologische mechanismen, en dat ze in de loop van iemands leven betrekkelijk stabiel zijn. Mensen die deze opvatting huldigen staan op de brede schouders van Hippocrates, Milton, Schopenhauer, Jung en de profeten van de recente fMRI- en huidgeleidingsonderzoeken.

De andere partij in dit debat is een groep psychologen die de situationisten genoemd worden. Het situationisme poneert dat onze generalisaties over mensen, inclusief de woorden die we gebruiken om elkaar te beschrijven – zoals verlegen, agressief, gewetensvol en meegaand – misleidend zijn. Er bestaat niet zoiets als één centraal ik; er zijn alleen verschillende ikken in situatie X, Y en Z. De situationistische opvatting maakte school na de verschijning in 1968 van *Personality and Assessment* van psycholoog Walter Mischel, die het idee dat persoonlijkheidskenmerken vastliggen in twijfel trok. Mischel betoogde dat het gedrag van mensen als Brian Little veel beter is te verklaren uit omgevingsfactoren dan uit vermeende persoonlijkheidskenmerken.

In de decennia daarop gaf het situationisme de toon aan. De postmoderne visie op het 'ik' die rond deze tijd ontstond, onder invloed van theoretici als Erving Goffman, de schrijver van *The Presentation of Self in Everyday Life*, was dat het sociale leven een schouwspel is en dat onze sociale persona's ons ware ik zijn. Veel onderzoekers twijfelden zelfs aan het bestaan van persoonlijkheidskenmerken. Persoonlijkheidsonderzoekers hadden moeite om aan werk te komen.

Maar net zoals het debat over aanleg en opvoeding is verdrongen door het interactionisme – het inzicht dat beide factoren aan onze identiteit bijdragen en elkaar zelfs beïnvloeden – zo heeft het debat over persoon versus situatie het veld geruimd voor een meer genuanceerde visie. Ontwikkelingspsychologen accepteren inmiddels dat je om zes uur 's avonds behoefte kunt hebben aan gezelschap, maar om tien uur 's ochtends niet, en dat die fluctuaties werkelijk bestaan en door de situatie beïnvloed worden. Maar ze benadrukken ook hoeveel bewijs er is opgedoken ter onderbouwing van de stelling dat er ondanks al die variatie werkelijk zoiets bestaat als een vaste persoonlijkheid.

Dezer dagen geeft zelfs Mischel toe dat persoonlijkheidskenmerken echt bestaan. Hij gelooft echter dat ze doorgaans in patronen optreden. Zo zijn sommige mensen agressief tegen collega's en ondergeschikten, maar onderdanig tegen gezagsfiguren; anderen doen precies het tegenovergestelde. 'Afwijzingsgevoelige' mensen zijn hartelijk en liefdevol wanneer ze zich veilig voelen, maar vijandig en manipulatief wanneer ze zich afgewezen voelen.

Maar dit prettige compromis roept vragen op die lijken op het vraagstuk van de vrije wil dat ik in hoofdstuk 5 heb besproken. We weten dat onze identiteit en ons gedrag fysiologische grenzen hebben. Maar moeten we dan proberen om ons gedrag te manipuleren binnen het spectrum waarover we beschikken, of moeten we gewoon trouw aan onszelf blijven? Wanneer wordt het zinloos of te vermoeiend om je gedrag te sturen?

Moet je als introvert mens in het Amerikaanse bedrijfsleven proberen om je ware identiteit te bewaren voor rustige weekendjes en je door de week inspannen om 'je onder de mensen te begeven, je sociaal op te stellen, vaker je mond open te doen en jezelf te verbinden met je team en anderen, en daarbij alle energie en persoonlijkheid te gebruiken waarover je beschikt,' zoals Jack Welch adviseerde in een internetcolumn in *BusinessWeek*? Als je een extraverte student bent, moet je dan je ware identiteit opsparen voor drukke weekends en je werkweek besteden aan je concentreren en blokken? Kunnen mensen hun eigen persoonlijkheid op die manier afstellen?

Het enige goede antwoord op die vragen dat ik ooit heb gehoord, werd gegeven door Brian Little.

* * *

Op de ochtend van 12 oktober 1979 bracht Little een bezoek aan het Royal Military College Saint-Jean aan de rivier de Richelieu, 40 kilometer ten zuiden van Montreal, om een groep hooggeplaatste militaire officieren toe te spreken. Zoals van een introvert iemand valt te verwachten, had hij zijn lezing grondig voorbereid. Hij had niet alleen zijn opmerkingen geoefend, maar zich er ook van vergewist dat hij het meest recente onderzoek citeerde. Zelfs tijdens het uitspreken van de lezing bevond hij zich in, zoals hij dat noemt, de klassieke introverte modus. Hij keek voortdurend de zaal in, spiedend naar ongenoegen onder zijn toehoorders, en paste zijn verhaal zo nodig aan, met een statistische verwijzing hier en een toefje humor daar.

Zijn lezing viel in goede aarde en was zelfs zo'n succes dat hij werd gevraagd om elk jaar een lezing te komen houden. Maar de uitnodiging die hij vervolgens van de militaire academie kreeg, deed hem gruwen: hij werd gevraagd om samen met de hoge officieren de lunch te gebruiken. Hij moest die middag nog een lezing geven en hij wist dat anderhalf uur praten over koetjes en kalfjes hem zou uitputten. Hij moest zijn accu weer opladen voor zijn optreden van die middag.

Hij dacht razendsnel na en verklaarde toen dat hij hogelijk was geïnteresseerd in de scheepsbouw. Hij vroeg aan zijn gastheren of hij in plaats van te lunchen dit bezoek mocht aangrijpen om de schepen te bewonderen die over de Richelieu voeren. Vervolgens wandelde hij tijdens zijn lunchpauze tevreden kijkend heen en weer op het pad langs de rivier.

Jaren achtereen keerde Little terug om lezingen te geven op de militaire academie, en jaren achtereen wandelde hij tijdens de lunchpauze langs de oever van de Richelieu in het kader van zijn zogenaamde hobby. Maar toen verhuisde de academie naar een accommodatie die niet aan het water lag. Nu hij zijn dekmantel kwijt was, nam professor Little zijn toevlucht tot het enige ontsnappingsluik dat hij kon vinden: het herentoilet. Na elke lezing spoedde hij zich naar de herentoiletten en verstopte zich daar in een hokje. Bij één gelegenheid ontdekte een militair de schoenen van Little onder de deur en begon aan een hartelijk gesprek, dus de volgende keren drukte Little zijn voeten tegen de wanden van het toilet, om ze uit het zicht te houden. (Je verstoppen op het toilet is een verrassend vaak gebruikte strategie, wat je waarschijnlijk wel weet als je introvert bent. 'Na afloop van een lezing zit ik in toilethokje nummer 9,' zei Little een keer tegen Peter Gzowski, de presentator van een bekende Canadese talkshow. 'Na de uitzending zit ik in hokje nummer 8,' riposteerde Gzowski zonder met zijn ogen te knipperen.)

Je vraagt je misschien af hoe een zo introvert iemand als professor Little het klaarspeelt om in het openbaar te spreken. Het antwoord, zo zegt hij, is eenvoudig en heeft te maken met een nieuw psychologisch vakgebied dat hij vrijwel eigenhandig in leven heeft geroepen, de *Free Trait Theory*. Little gelooft dat er vaste en vrije persoonlijkheidskenmerken zijn, die naast elkaar bestaan. Volgens de vrije-kenmerkentheorie worden we geboren met en door onze cultuur voorzien van bepaalde persoonlijkheidskenmerken als introversie, maar kunnen we ons op onkarakteristieke wijze gedragen in het kader van 'centrale persoonlijke doelstellingen' en doen dat ook.

Met andere woorden: introverte mensen kunnen zich als extraverte mensen gedragen in het belang van werk dat ze belangrijk vinden, mensen om wie ze geven of alles wat ze erg belangrijk vinden. De vrije-kenmerkentheorie verklaart waarom een introverte man een surpriseparty voor zijn vrouw organiseert of in de oudercommissie van de school van zijn dochter gaat zitten. Ze verklaart hoe het mogelijk is dat een extraverte wetenschapper in haar laboratorium terughoudend is, dat een inschikkelijk iemand zich keihard opstelt tijdens een zakelijke onderhandeling, en dat een brommerige oom lief is tegen zijn nichtje wanneer hij haar meeneemt naar de ijssalon. Zoals deze voorbeelden aangeven, is de vrije-kenmerkentheorie van toepassing op allerlei situaties, maar is deze vooral relevant voor introverte mensen die gebukt gaan onder het extraverte ideaal.

Volgens Little wordt je leven veel prettiger als je je bezighoudt met centrale persoonlijke doelstellingen die je als zinvol, beheersbaar en niet onnodig belastend ervaart, en die door andere mensen worden gesteund. Wanneer iemand je vraagt hoe het gaat, geef je vaak een oppervlakkig antwoord, maar je werkelijke antwoord wordt bepaald door hoe goed het gaat met je centrale persoonlijke doelstellingen.

Dat is de reden waarom professor Little, de volleerde introverte mens, zo gepassioneerd college geeft. Als een Socrates van onze tijd heeft hij zijn studenten innig lief; hun denken verruimen en zorgdragen voor hun welbevinden zijn twee van zijn centrale persoonlijke doelstellingen. Toen Little spreekuur hield op Harvard, stonden de studenten op de gang in de rij alsof hij vrijkaartjes voor een popconcert uitdeelde. Ruim twintig jaar lang vroegen zijn studenten hem om enkele honderden aanbevelingsbrieven per jaar. 'Brian Little is de charmantste, amusantste en zorgzaamste docent die ik ooit heb ontmoet,' schreef een student over hem. 'Er is geen beginnen aan om uit te leggen op hoe talloos veel manieren hij mijn leven in positieve zin heeft beïnvloed.' Dus voor Brian Little wordt de extra inspanning die hij moet leveren om zijn natuurlijke grenzen op te rekken gerechtvaardigd door de ervaring dat zijn centrale persoonlijke doelstelling – al die denkers in vuur en vlam zetten – vruchten afwerpt.

Op het eerste gezicht lijkt de vrije-kenmerkentheorie strijdig met een hogelijk gewaardeerd aspect van ons cultureel erfgoed.

Het vaak aangehaalde advies van Shakespeare, 'blijf aan uzelven trouw', is diep verankerd in ons filosofische DNA. Veel mensen voelen zich slecht op hun gemak met het idee dat je langdurig een 'onecht' masker draagt. En als je je op onkarakteristieke wijze gedraagt door jezelf wijs te maken dat je pseudo-ik je ware ik is, kun je uiteindelijk opgebrand raken zonder dat je begrijpt waarom. Het geniale van de theorie van Little is hoe elegant ze dat ongemak wegneemt. Het klopt dat je alleen maar doet alsof je extravert bent, en zulke onoprechtheid kan inderdaad moreel ambigu zijn (om niet te zeggen doodvermoeiend), maar als je het doet uit liefde of in het kader van je professionele roeping, dan doe je gewoon wat Shakespeare aanraadde.

* * *

Wanneer mensen goed zijn in het aannemen van vrije persoonlijkheidskenmerken, is het soms nauwelijks te geloven dat ze zich onkarakteristiek gedragen. De studenten van professor Little geloven hem meestal niet wanneer hij vertelt dat hij introvert is. Maar Little is bepaald niet de enige: veel mensen, vooral in leidinggevende functies, doen aan een zekere mate van gespeelde extraversie. Neem nu mijn vriend Alex, het sociaal vaardige hoofd van een financieel dienstverleningsbedrijf, die instemde met een openhartig interview op voorwaarde dat ik in bloed schreef dat ik zijn identiteit niet zou onthullen. Alex vertelde dat hij zichzelf gespeelde extraversie had aangeleerd in de brugklas, toen hij inzag dat andere kinderen misbruik van hem maakten.

'Ik was een ontzettende lieverd,' vertelde Alex, 'maar zo zat de wereld niet in elkaar. Het probleem was dat je onder de voet werd gelopen als je alleen maar aardig was. Ik weigerde om zo te leven dat mensen mij dat konden flikken. Dus ik dacht: welke regel geldt hier? En dat was er eigenlijk maar één. Ik moest iedereen onder de duim houden. Als ik aardig wilde zijn, moest ik de baas zijn op school.'

Maar hoe kom je van A naar B? 'Ik bestudeerde de sociale dynamiek, meer dan iedereen die je kent,' vertelde Alex. Hij observeerde hoe mensen praatten, hoe ze liepen, en vooral hoe ze poses van mannelijke dominantie aannamen. Hij paste zijn eigen persona aan, wat hem in staat stelde om in de kern een verlegen, lief joch te blijven, maar zonder dat hij over zich heen liet lopen. 'Over alle moeilijke dingen waarbij je het onderspit kon delven, dacht ik: ik moet leren hoe je dat doet. Dus inmiddels ben ik gestaald. Want dan word je niet genaaid.'

Alex benutte ook de sterke kanten die hij van nature bezat. 'Ik ontdekte dat jongens in wezen maar één ding doen: achter de meiden aan zitten. Ze krijgen ze, raken ze kwijt, praten over ze. Ik dacht: dat is een vicieuze cirkel. Ik houd echt van meisjes. Daar komt intimiteit vandaan. Dus in plaats van te blijven praten óver meisjes, leerde ik ze kennen. Ik gebruikte verkering met meisjes hebben en uitblinken in sport om de jongens de baas te blijven. En af en toe moet je iemand voor zijn bek slaan. Dat deed ik ook.'

Tegenwoordig gedraagt Alex zich op een informele, gemoedelijke manier en fluit hij onder het werk. Ik heb hem nog nooit chagrijnig meegemaakt. Maar als je het ooit waagt om hem tijdens een onderhandeling dwars te zitten, zul je kennismaken met zijn zelfaangeleerde krijgszuchtige kant. En je krijgt zijn introverte ik te zien als je een eetafspraak met hem probeert te maken.

'Ik zou het letterlijk jarenlang zonder vrienden kunnen stellen, afgezien van mijn vrouw en kinderen,' zegt hij. 'Neem ons tweeën nu. Je bent een van mijn beste vrienden, en hoe vaak spreken wij elkaar nou? Alleen als jij me belt! Ik houd niet van gezellig doen. Mijn droom is om met mijn gezin te leven van de opbrengst van een landgoed van veertig hectare. In die droom komt nooit een vriendenclub voor. Dus ondanks de schijn van mijn publieke persona, ben ik een introvert mens. Ik geloof dat ik in wezen niets veranderd ben. Gigantisch verlegen, maar dat compenseer ik.'

* * *

Hoeveel mensen kunnen zich echter zó onkarakteristiek gedragen (nog afgezien van de vraag of je dat wilt)? Professor Little is toevallig een geweldige toneelspeler en veel CEO's zijn dat ook. Maar hoe doen de anderen dat?

Een paar jaar geleden vatte onderzoeker-psycholoog Richard

Lippa het plan op om die vraag te beantwoorden. Hij nodigde een groep introverte mensen uit om naar zijn lab te komen en vroeg hen om zich te gedragen als extraverte mensen terwijl ze speelden dat ze wiskundeles gaven. Vervolgens maten hij en zijn medewerkers, met een videocamera in de hand, hoe groot hun voetstappen waren, hoeveel oogcontact ze met hun 'leerlingen' maakten, welk deel van de tijd ze het woord voerden, hoe snel en hoe luid ze spraken, en hoe lang elke les in zijn totaliteit duurde. Ze beoordeelden ook hoe extravert de proefpersonen in het algemeen overkwamen, op basis van opnamen van hun stemgebruik en lichaamstaal.

Vervolgens deed Lippa hetzelfde met mensen die echt extravert waren en vergeleek de resultaten. Hij constateerde dat de tweede groep weliswaar extraverter overkwam, maar dat sommige pseudo-extraverte mensen verrassend overtuigend waren. Blijkbaar kunnen de meeste mensen tot op zekere hoogte doen alsof. Of we nu wel of niet beseffen dat de lengte van onze voetstappen en de tijd die we besteden aan spreken en glimlachen verklappen dat we introvert of extravert zijn, onbewust weten we dat.

Toch heb je de presentatie van jezelf niet volledig onder controle. Dat komt onder andere door een verschijnsel dat gedragslekkage heet. Je ware ik lekt uit via onwillekeurige lichaamstaal: ogen die worden afgewend wanneer een extravert persoon oogcontact zou maken of een docent die handig een draai aan het gesprek geeft, waardoor de last van het spreken op de schouders van de luisteraars wordt gelegd, terwijl een extraverte spreker iets langer aan het woord was gebleven.

Hoe kwam het dat sommigen van Lippa's pseudo-extraverte mensen de scores van écht extraverte mensen zo dicht naderden? Het bleek dat de introverte mensen die zich uitstekend als extraverte mensen konden gedragen doorgaans hoog scoorden op een karaktereigenschap die psychologen *self-montoring* of 'zelfregulering' noemen. Zelfregulators zijn zeer bedreven in het afstemmen van hun gedrag op wat de sociale situatie vereist. Ze zoeken naar aanwijzingen over hoe ze zich moeten gedragen en handelen daarnaar. Ze huilen mee met de wolven in het bos, zegt psycholoog Mark Snyder, de schrijver van *Public Appearances, Private*

Realities en de bedenker van de zelfreguleringsschaal.

Een van de beste zelfregulators die ik ooit heb ontmoet is een zekere Edgar, een bekend en geliefd fenomeen in de New Yorkse beau monde. Hij en zijn vrouw organiseren of bezoeken op bijna elke doordeweekse avond een liefdadigheidsactie of een ander society-evenement. Hij is het soort *enfant terrible* wiens nieuwste capriolen een geliefd gespreksonderwerp zijn. Maar Edgar zegt van zichzelf dat hij introvert is. 'Ik zit veel liever te lezen en over dingen na te denken dan dat ik met mensen klets,' zegt hij.

Toch kletst hij wel met mensen. Edgar is opgegroeid in een zeer sociaal gezin waarin er van hem verwacht werd dat hij zichzelf reguleerde, en hij is gemotiveerd om dat te doen. 'Ik houd van politiek,' zegt hij. 'Ik houd van beleidsvorming, van dingen in gang zetten, ik heb een ego, ik wil de wereld op mijn manier veranderen. Daarom gedraag ik me soms gemaakt. Ik vind het niet heel fijn om op andermans feestje te gast te zijn, want dan moet ik amuseren. Maar ik geef wel vaak feestjes, want dan hoef ik helemaal niets te doen. Je staat in de belangstelling zonder dat je echt sociaal hoeft te doen.'

Wanneer hij wel op andermans feestje is, doet Edgar zijn uiterste best om zijn rol goed te spelen. 'In mijn studietijd en zelfs nog vrij kort geleden had ik, voordat ik naar een feestje, borrel of wat dan ook ging, altijd een systeemkaartje met drie tot vijf relevante, geestige anekdotes klaar. Die hield ik de hele dag in gedachten, en zodra me iets te binnen schoot, noteerde ik dat. Wanneer ik dan tijdens het diner aanschoof, wachtte ik op een mooie aanleiding en stak van wal. Het is letterlijk voorgekomen dat ik naar de wc ging en mijn kaartjes tevoorschijn haalde om me voor de geest te halen wat mijn verhaaltjes waren.'

Na verloop van tijd nam Edgar echter geen kaartjes meer mee naar etentjes. Hij beschouwt zichzelf nog steeds als een introvert mens, maar hij groeide zo in zijn extraverte rol dat het opdissen van anekdotes hem steeds makkelijker viel. De beste zelfregulators zijn niet alleen goed in het bereiken van het beoogde effect en de beoogde emotie in een bepaalde sociale situatie: ze ervaren ook minder stress wanneer ze dat doen.

In tegenstelling tot mensen als Edgar varen slechte zelfregulators op hun innerlijke kompas. Ze hebben een kleiner repertoire van sociaal gedrag en sociale persona's. Ze zijn minder gevoelig voor signalen uit hun omgeving, zoals het aantal anekdotes dat je tijdens een etentje geacht wordt te vertellen, en zijn minder geïnteresseerd in het spelen van rollen, ook al weten ze op welke signalen ze moeten letten. Volgens Snyder lijkt het wel of slechte en goede zelfregulators voor een verschillend publiek optreden: de ene groep voor een innerlijk, en de andere voor een uiterlijk publiek.

Als je wilt weten in welke mate je een zelfregulator bent, zijn hier een paar vragen uit de zelfreguleringsschaal van Snyder:

- Wanneer je niet zeker weet wat je in een bepaalde situatie moet doen, observeer je dan het gedrag van anderen om aanwijzingen te krijgen?
- Vraag je vrienden vaak om advies bij de keuze van films, boeken of muziek?
- Gedraag je je in verschillende situaties en in verschillend gezelschap vaak als heel verschillende mensen?
- Kun je andere mensen goed imiteren?
- Kun je iemand recht in de ogen zien en zonder blikken of blozen een leugen vertellen als het voor de goede zaak is?
- Bedrieg je mensen wel eens door vriendelijk te blijven terwijl je ze eigenlijk niet kunt uitstaan?
- Sloof je je uit om indruk op mensen te maken of hen te amuseren?
- Wek je bij anderen soms de indruk dat je diepere emoties ervaart dan je eigenlijk doet?

Hoe vaker je 'ja' op deze vragen hebt geantwoord, hoe beter je bent in jezelf reguleren.

Stel nu jezelf de volgende vragen:

- Weerspiegelt je gedrag meestal je ware innerlijke gevoelens, houdingen en overtuigingen?
- Merk je dat je alleen kunt pleiten voor ideeën waar je al in gelooft?
- Zou je weigeren om je mening of de manier waarop je dingen aanpakt aan te passen om iemand anders een plezier te doen of bij hem of haar in de gunst te komen?

- Heb je een hekel aan spelletjes als hints of improvisatietoneel?
- Vind je het moeilijk om je gedrag aan verschillende mensen en situaties aan te passen?

Hoe vaker je de neiging had om deze tweede reeks vragen met 'ja' te beantwoorden, hoe slechter je bent in jezelf reguleren.

Toen professor Little het begrip zelfregulering tijdens zijn colleges ontwikkelingspsychologie introduceerde, maakten sommige studenten zich erg druk over de vraag of het moreel verdedigbaar was om een goede zelfregulator te zijn. Een paar 'gemengde' stellen – die bestonden uit een goede en slechte zelfregulator – gingen om die reden zelfs uit elkaar, werd hem verteld. In de ogen van goede zelfregulators zijn slechte zelfregulators star en weinig sociaal vaardig. In de ogen van slechte zelfregulators zijn goede zelfregulators conformistisch en bedrieglijk – 'eerder pragmatisch dan principieel,' om met Mark Snyder te spreken. En goede zelfregulators blijken inderdaad beter te kunnen liegen dan slechte zelfregulators, wat het moralistische oordeel van de slechte zelfregulators lijkt te rechtvaardigen.

Maar Little, een principiële en invoelende man die toevallig een goede zelfregulator is, ziet dat heel anders. Hij beschouwt zelfregulering als een kwestie van bescheidenheid. Het gaat erom dat je je aanpast aan de normen die in een bepaalde situatie gelden, en niet om 'alles omlaag te trekken naar je eigen behoeften en zorgen'. Niet alle zelfregulering is een kwestie van toneelspelen, zegt hij, of je toehoorders manipuleren. Een introvertere versie ervan dient niet zozeer om in de schijnwerpers te staan als om een *faux pas* te vermijden. Wanneer professor Little een geweldige toespraak geeft, komt dat onder andere doordat hij zichzelf steeds reguleert, voordurend bij zijn toehoorders speurt naar subtiele aanwijzingen van plezier of verveling en zijn presentatie aanpast om op hun behoeften in te spelen.

* * *

Dus als je kunt doen alsof, als je kunt acteren, oog hebt voor sociale nuances en bereid bent om je te onderwerpen aan de sociale normen die je nodig hebt bij zelfregulering, moet je dat dan ook doen? Het antwoord is dat een strategie op basis van de vrije-kenmerkentheorie effectief kan zijn wanneer je die met beleid hanteert, maar rampzalig als je overdrijft.

Onlangs nam ik deel aan een paneldiscussie op de rechtenfaculteit van Harvard. De aanleiding was dat 55 jaar geleden vrouwen werden toegelaten tot de studie Rechtsgeleerdheid. Oud-studentes van over het hele land kwamen naar de campus om dat te vieren. Het onderwerp van de paneldiscussie was 'Met een andere stem: Strategieën voor een machtige zelfpresentatie'. Er waren vier sprekers: een strafadvocaat, een rechter, een docent spreken in het openbaar en ik. Ik had mijn opmerkingen zorgvuldig voorbereid en wist welke rol ik wilde spelen.

De docent spreken in het openbaar sprak als eerste. Ze vertelde hoe je een voordracht moet houden waarmee je mensen omverblaast. De rechter, die toevallig Koreaans-Amerikaans was, vertelde hoe frustrerend het is wanneer mensen ervan uitgaan dat alle Aziaten stil en bedachtzaam zijn, terwijl zijzelf uitbundig en assertief is. De strafadvocate, een tengere blondine met een bijzonder fel temperament, vertelde hoe ze een keer tijdens een kruisverhoor werd teruggefloten door een rechter met de woorden: 'Af, tijger!'

Toen ik aan de beurt was, richtte ik mijn opmerkingen op de vrouwen in de zaal die zichzelf niet als tijgers, mythe-doorprikkers of omverblazers zagen. Ik zei dat het vermogen om te onderhandelen niet is aangeboren, zoals blond haar of een regelmatig gebit, en dat het niet uitsluitend toebehoort aan mensen die met hun vuist op de tafel slaan. Iedereen kan een goede onderhandelaar zijn, hield ik hun voor, en vaak loont het zelfs om kalm en hoffelijk te blijven, om meer te luisteren dan te spreken, en om eerder harmonie dan conflict na te streven. Met die benadering kun je agressieve standpunten innemen zonder het ego van je gesprekspartner te doen ontvlammen. En door te luisteren kun je achterhalen wat de ware drijfveren zijn van degene met wie je onderhandelt en creatieve oplossingen aandragen die beide partijen tevreden stellen.

Ik vertelde ook over een paar psychologische trucs om kalm

en zelfverzekerd te blijven in intimiderende situaties, zoals aandacht besteden aan de stand van je gezicht en je lichaamshouding wanneer je je echt zelfverzekerd voelt, en die houding aan te nemen wanneer het tijd is om te doen alsof. Uit onderzoek blijkt dat mensen zich met een eenvoudige fysieke handeling zoals glimlachen sterker en gelukkiger kunnen voelen, terwijl fronsen je een negatief gevoel bezorgt.

Na afloop van de paneldiscussie kwamen mensen uit de zaal een praatje met de sprekers maken, en uiteraard kwamen de introverte en pseudo-extraverte mensen naar mij toe. Twee van die vrouwen zijn me erg bijgebleven.

De eerste was Alison, een strafadvocaat. Alison was slank en zeer gesoigneerd, maar ze had een bleek, strak en ongelukkig gezicht. Ze had ruim tien jaar als strafadvocaat bij één en hetzelfde advocatenkantoor gewerkt. Nu solliciteerde ze op de functie van juridisch hoofdadviseur bij verschillende bedrijven, wat mij een logische volgende stap leek, alleen geloofde ze er duidelijk zelf niet in. Ze had dan ook geen enkele functie aangeboden gekregen. Op basis van haar cv bereikte ze steeds de laatste selectieronde, maar viel dan op de valreep af. Ze wist ook hoe het kwam, want de headhunter die haar sollicitatiegesprekken regelde gaf haar steeds dezelfde feedback: ze had niet de juiste persoonlijkheid voor deze functie. Alison, die zichzelf omschreef als een introvert mens, keek bedrukt terwijl ze over dit dodelijke oordeel vertelde.

De tweede alumna, Jillian, had een hoge functie in een milieuorganisatie waar ze erg tevreden mee was. Jillian maakte een hartelijke, opgewekte en kapsonesvrije indruk. Ze had het geluk dat ze veel werktijd mocht besteden aan het doen van onderzoek en het schrijven van beleidsnota's over onderwerpen die haar na aan het hart lagen. Soms moest ze echter vergaderingen voorzitten en presentaties doen. Hoewel ze na afloop van die bijeenkomsten erg tevreden was, vond ze het niet prettig om in de aandacht te staan, en wilde ze advies over hoe je het hoofd koel houdt wanneer je bang bent.

Wat was nu het verschil tussen Alison en Jillian? Beiden waren pseudo-extraverte mensen, en je zou kunnen zeggen dat Alison zonder succes iets probeerde te doen wat Jillian wel klaarspeelde.

Maar eigenlijk was het probleem van Alison dat ze zich op onkarakteristieke wijze gedroeg in dienst van een doel waar ze niet in geloofde. Ze gaf niet om rechtsgeleerdheid. Ze was strafadvocaat op Wall Street geworden omdat dat in haar beleving was wat invloedrijke en geslaagde juristen doen, dus haar pseudo-extraversie werd niet gesteund door onderliggende waarden. Ze zei niet tegen zichzelf: ik doe dit in dienst van werk dat ik heel belangrijk vind, en keer daarna terug naar mijn gewone zelf. In plaats daarvan luidde haar innerlijke monoloog: de weg naar het succes is om iemand te zijn die ik niet ben. Dat is geen zelfregulering, maar zelfontkenning. Terwijl Jillian zich op onkarakteristieke wijze gedraagt in het belang van waardevolle bezigheden waarvoor ze zich tijdelijk anders moet opstellen, gelooft Alison dat er iets fundamenteel mis is met wie ze is.

Het is dus niet altijd zo eenvoudig om je centrale persoonlijke doelstellingen te bepalen. En het kan extra lastig zijn voor introverte mensen, die zich een groot deel van hun leven aan extraverte maatstaven hebben aangepast, zodat wanneer zij een beroep of roeping kiezen, het heel normaal aanvoelt om hun eigen voorkeuren te negeren. Ze voelen zich misschien slecht op hun gemak op de rechtenfaculteit, de opleiding tot verpleegkundige of de afdeling Marketing, maar niet erger dan op de middelbare school of op zomerkamp.

Ik heb dat zelf ook ervaren. Ik had plezier in mijn werk als bedrijfsjurist en een tijdlang heb ik mezelf wijs gemaakt dat ik een advocaat in hart en nieren was. Dat wilde ik vooral zo graag geloven omdat ik veel jaren had besteed aan mijn rechtenstudie en de interne opleiding erna en mijn baan als advocaat op Wall Street in veel opzichten aanlokkelijk was. Mijn collega's waren (overwegend) intellectueel, vriendelijk en attent. Ik verdiende goed. Ik had een werkkamer op de eenenveertigste verdieping van een wolkenkrabber met uitzicht op het Vrijheidsbeeld. Ik vond het een prettig idee dat ik goed functioneerde in zo'n dynamische omgeving. En ik was behoorlijk goed in het stellen van de 'maar'- en 'stel dat'-vragen die een centrale rol spelen in de denkwijze van de meeste juristen.

Het kostte me bijna tien jaar om in te zien dat een jurist zijn nooit mijn persoonlijke doelstelling is geweest, in de verste verte niet. Tegenwoordig kan ik zonder aarzeling zeggen wat het wel is: mijn echtgenoot en zonen; schrijven; de ideeën uit dit boek uitdragen. Toen ik dat eenmaal inzag, moest ik een verandering doorvoeren. Achteraf zie ik mijn jaren als bedrijfsjurist als een verblijf in het buitenland. Het was intens en opwindend en bood me de kans om veel interessante mensen te ontmoeten die ik anders nooit was tegengekomen. Maar ik bleef altijd een buitenlander.

Dankzij de vele tijd die ik heb besteed aan het sturen van mijn eigen carrièrewissel en de begeleiding van anderen tijdens de hunne heb ik ontdekt dat er drie belangrijke stappen zijn voor het herkennen van je centrale persoonlijke doelstellingen.

Denk eerst eens terug aan wat je als kind het liefste deed. Wat zei je wanneer grote mensen aan je vroegen wat je wilde worden als je groot was? Het antwoord dat je gaf, was misschien niet midden in de roos, maar de onderliggende impuls wees wel in de goede richting. Als je brandweerman wilde worden, wat was een brandweerman dan in jouw fantasie? Een goed mens die mensen in nood redde? Een durfal? Of iemand die gewoon lekker in een brandweerwagen mocht rijden? Als je bij het ballet wilde, kwam dat dan omdat je een mooi pakje aan mocht, of omdat je hunkerde naar applaus of ging het je gewoon om het plezier van razendsnel in de rondte draaien? Misschien wist je toen beter wie je was dan nu.

Let ten tweede op de bezigheden waar je meestal in verzeild raakt. Op mijn advocatenkantoor wierp ik me nooit op om een extra bedrijfsrechtelijke klus te doen, maar ik deed wel veel pro-Deozaken voor een non-profitorganisatie voor vrouwen in leidinggevende functies. Ik zat ook in diverse commissies die zich bezighielden met de begeleiding, opleiding en de persoonlijke ontwikkeling van jonge advocaten op ons kantoor. Zoals je uit dit boek waarschijnlijk wel kunt opmaken, ben ik niet zo'n vergadertijger. Maar van de doelstellingen van die commissies werd ik helemaal enthousiast, dus ik ging er toch maar in zitten.

En besteed ten derde aandacht aan wie en wat je afgunst opwekt. Jaloezie is een lelijke emotie, maar ze spreekt wel de waarheid. Je benijdt vooral mensen die iets hebben wat jij wilt. Ik leerde mijn eigen afgunst kennen toen ik met een paar oud-studiegenoten bijeenkwam om onze carrières met elkaar te vergelijken. Ze spraken bewonderd en zelfs afgunstig over een jaargenoot die regelmatig voor het hooggerechtshof pleitte. In het begin vond ik hun afgunst maar bespottelijk. Nou, leuk voor haar, dacht ik, en complimenteerde mezelf met mijn ruimhartigheid. Maar toen besefte ik dat mijn ruimhartigheid wel erg goedkoop was, omdat ik zelf niet de ambitie had om een zaak voor het hooggerechtshof te bepleiten, of om andere versierselen van de juristerij te verwerven. Toen ik mezelf begon af te vragen wie ik dan wél benijdde, kwamen de antwoorden meteen: mijn studiegenoten die schrijver of psycholoog waren geworden. Tegenwoordig beoefen ik mijn eigen versie van die twee rollen.

* * *

Maar zelfs als je jezelf tot het uiterste moet oprekken in het kader van een centrale persoonlijke doelstelling, moet je jezelf niet ál te onkarakteristiek gedragen, of niet te lang achter elkaar. Denk even terug aan de toiletbezoekjes van professor Little tussen zijn lezingen door. Dat verstoppertje spelen maakt duidelijk dat vreemd genoeg de beste manier om je onkarakteristiek te gedragen is om zo trouw mogelijk aan jezelf te zijn, om te beginnen door zo veel mogelijk 'herstelhoekjes' in te bouwen in je dagelijkse bestaan.

'Herstelhoekje' is het woord dat professor Little gebruikt voor de plek waar je heengaat wanneer je wilt terugkeren naar je ware ik. Dat kan een fysieke locatie zijn, zoals het paadje langs de Richelieu, of een plaats in de tijd, zoals de rustige pauzes die je plant tussen je verkooptelefoontjes door. Het kan betekenen dat je in het weekend dat voorafgaat aan een belangrijke werkvergadering niet naar een feestje gaat, dat je aan yoga of meditatie doet, of liever mailt dan dat je iemand in levenden lijve spreekt. (Zelfs van dames uit de victoriaanse tijd, die in feite de opdracht hadden om beschikbaar te zijn voor vrienden en familieleden, werd verwacht dat ze zich elke middag terugtrokken om te rusten.)

Je kiest een herstelhoekje wanneer je tussen de vergaderingen door de deur van je werkkamer dichttrekt (als je het geluk van een eigen kamer hebt). Je kunt zelfs een herstelhoekje tijdens een vergadering creëren, door zorgvuldig te bepalen waar je gaat zitten en over welke dingen en op welke wijze je meepraat. In zijn memoires, *In an Uncertain World*, schrijft Robert Rubin, de minister van Financiën onder president Clinton, dat hij 'altijd graag buiten het brandpunt zat, of dat nu in de Oval Office was of op het kantoor van de chef-staf, waar mijn vaste zitplaats aan het eind van de tafel was. Dat kleine beetje fysieke afstand vond ik prettiger aanvoelen en stelde me in staat om de kamer te observeren en opmerkingen te maken vanuit een invalshoek die ietsje afstandelijker was. Ik was niet bang dat ik over het hoofd gezien werd. Hoe ver weg je ook zat of stond, je kon altijd zeggen: "Meneer de president, ik vind dat zus of zo."'

We zouden allemaal beter af zijn als we, alvorens een nieuwe baan te accepteren, net zo veel aandacht besteedden aan de aan- of aanwezigheid van herstelhoekjes als aan ouderschapsverlofregelingen of secundaire arbeidsvoorwaarden. Introverte mensen zouden zich moeten afvragen: biedt deze baan mij de ruimte om tijd te besteden aan mijn karakteristieke bezigheden zoals lezen, strategieën ontwikkelen, schrijven en onderzoek doen? Krijg ik een eigen werkkamer of word ik blootgesteld aan de voortdurende onrust van een kantoortuin? Als deze baan me onvoldoende herstelhoekjes biedt, heb ik dan 's avonds en in het weekend genoeg vrije tijd, zodat ik die mezelf kan gunnen?

Ook extraverte mensen moeten op zoek gaan naar herstelhoekjes. Moet je voor deze baan veel praten, reizen en nieuwe mensen ontmoeten? Biedt de kantoorruimte voldoende prikkels? Als een baan je niet op het lijf geschreven is, zijn de werktijden dan zo flexibel dat je buiten werktijd stoom kunt afblazen? Denk goed na over de functieomschrijving. Een zeer extraverte vrouw die ik interviewde was blij met haar baan als 'gemeenschapsorganisator' bij een website over kinderen opvoeden, tot ze besefte dat ze elke dag van negen tot vijf in haar eentje achter een computer zou zitten.

Soms ontdekken mensen herstelhoekjes in beroepen waar je die helemaal niet zou verwachten. Een van mijn oud-collega's is een strafpleiter die het grootste deel van haar werktijd doorbrengt in eenzame afzondering, terwijl ze onderzoek doet en pleitnota's schrijft. Aangezien in de meeste zaken die zij behandelt een schikking wordt getroffen, gaat ze zo zelden naar de rechtbank dat ze het niet erg vindt dat ze af en toe haar pseudo-extraverte vermogens moet inzetten. Een introverte secretaresse die ik interviewde, gebruikte haar kantoorervaring om thuis een internetbedrijf op te zetten dat dienst doet als verrekeningskantoor en begeleidingsdienst voor 'virtuele secretaresses'. En in het volgende hoofdstuk gaan we kennismaken met een spectaculaire vertegenwoordiger die de verkooprecords van zijn bedrijf elk jaar weer verbreekt door trouw te blijven aan zijn introverte inborst. Deze mensen hebben alle drie een behoorlijk extravert vakgebied omgevormd naar hun evenbeeld, zodat ze zich meestal op een kenmerkende manier gedragen, en daarmee hun werkdagen feitelijk hebben veranderd in één gigantische herstelhoek.

Het is niet altijd makkelijk om herstelhoekjes te vinden. Stel dat jij op zaterdagavond rustig bij de open haard een boek wilt lezen, maar je vrouw wil die avonden doorbrengen met haar omvangrijke vriendenkring, wat doe je dan? Je zou je tussen je zakelijke telefoontjes door kunnen terugtrekken in de oase van je eigen werkruimte, maar stel nu dat je bedrijf onlangs is overgestapt op een kantoortuin? Als je je voorneemt om je vrije kenmerken te gebruiken, zul je de hulp van vrienden, familieleden en collega's nodig hebben. Daarom raadt professor Little ieder van ons met klem aan om 'een vrije-kenmerkencontract' te sluiten.

Dat is de sluitsteen van de vrije-kenmerkentheorie. Een vrije-kenmerkencontract erkent dat ieder mens zich af en toe op onkarakteristieke wijze zal gedragen, in ruil waarvoor je de rest van de tijd jezelf bent. Het is een vrije-kenmerkencontract wanneer een echtgenote die elke zaterdagavond uit wil en een echtgenoot die zich bij de open haard wil ontspannen een planning maken: de ene keer gaan we uit, de andere keer blijven we thuis. Het is een vrije-kenmerkencontract wanneer je het bruidsfeestje, het verlovingsfeest en het vrijgezellenfeest van je extraverte beste vriendin bijwoont, maar zij er begrip voor toont dat je de drie dagen met groepsactiviteiten voorafgaand aan de trouwerij overslaat.

Het is vaak mogelijk om over vrije-kenmerkencontracten te onderhandelen met vrienden en geliefden, die jij een plezier wilt doen en die op hun beurt geven om je echte, karakteristieke ik. Op je werk is dat iets lastiger, omdat de meeste bedrijven niet zo denken. Vooralsnog moet je misschien via een omweg te werk gaan. Loopbaanadviseur Shoya Zichy vertelde me een verhaal over een van haar cliënten, een introverte financieel analist die werkte in een omgeving waar ze ofwel presentaties voor klanten deed of overlegde met collega's die voortdurend haar werkkamer in en uit liepen. Dat putte haar zo uit dat ze haar baan wilde opzeggen, totdat Zichy voorstelde om te onderhandelen over rustmomenten.

Nu werkte deze vrouw bij een bank op Wall Street, niet een cultuur die erg bevorderlijk is voor openhartige discussies over de behoeften van zeer introverte mensen. Daarom bedacht ze vooraf hoe ze haar verzoek zou inkleden. Ze zei tegen haar chef dat ze door de aard van haar werkzaamheden – strategische analyse – rustmomenten nodig had om zich te kunnen concentreren. Toen ze haar zaak eenmaal op empirische gronden had bepleit, was het eenvoudiger om te vragen om datgene wat ze nodig had voor haar emotioneel welzijn: twee dagen per week mogen thuiswerken. Haar chef vond het goed.

Maar de persoon met wie je het best een vrije-kenmerkencontract kunt sluiten – nadat je zijn of haar aanvankelijke weerstand hebt overwonnen – ben je zelf.

Stel, je bent single. Je houdt niet van cafébezoek, maar je verlangt wel naar intimiteit en wilt graag een vaste relatie waarin jij en je partner gezellige avondjes en lange gesprekken kunnen doorbrengen met een klein vriendenclubje. Om dat te bereiken, sluit je een overeenkomst met jezelf om jezelf ertoe te zetten om naar borrels en feestjes te gaan, omdat je alleen op die manier een potentiële partner tegenkomt, en zo het aantal van die bijeenkomsten op den duur vermindert. Maar terwijl je dat doel nastreeft, ga je niet naar meer feestjes dan je aankunt. Je beslist vooraf hoe vaak dat is – eens in de week, eens in de maand, eens per kwartaal. En als je eenmaal je quota hebt gehaald, heb je het recht verworven om zonder schuldgevoel thuis te blijven.

Of misschien heb je er altijd van gedroomd om een eigen bedrijf te hebben, en thuis te werken zodat je meer tijd hebt voor je partner en kinderen. Je weet dat je daarvoor een tijdlang moet netwerken, en dus sluit je het volgende vrije-kenmerkencontract met jezelf. Je gaat naar één smoesbijeenkomst per week. Op elke bijeenkomst voer je ten minste één echt gesprek (aangezien dat je beter afgaat dan 'de zaal bespelen') en neemt de volgende dag contact met die persoon op. Daarna mag je naar huis en hoef je geen schuldgevoel te hebben wanneer je andere netwerkmogelijkheden die op je weg komen, afslaat.

* * *

Professor Little weet maar al te goed wat er gebeurt wanneer je geen vrije-kenmerkencontract met jezelf sluit. Naast zijn periodieke uitstapjes naar de oever van de Richelieu en de herentoiletten, had hij vroeger een werkschema waarin de meest uitputtende elementen van zowel introversie als extraversie samengingen. Aan de extraverte kant bestonden zijn werkdagen uit onophoudelijk college geven, scripties begeleiden, een discussiegroep van studenten begeleiden en al die aanbevelingsbrieven schrijven. Aan de introverte kant nam hij al die verantwoordelijkheden bloedserieus.

'Eén manier om daarnaar te kijken,' zegt hij nu, 'is te zeggen dat ik te veel extravertachtig gedrag vertoonde. Als ik werkelijk extravert was geweest, had ik die aanbevelingsbrieven sneller en niet zo genuanceerd geschreven, had ik minder tijd besteed aan de voorbereiding van mijn colleges en zouden sociale bijeenkomsten me niet zo hebben uitgeput.' Hij leed ook in enige mate aan wat hij 'reputatieverwarring' noemt, dat je de naam krijgt dat je erg uitbundig bent en dat die reputatie zichzelf in stand houdt. Dat was het persona dat de andere mensen kenden, dus hij voelde zich verplicht om dat masker op te houden.

Uiteraard begon professor Little niet alleen geestelijk, maar ook lichamelijk uitgeput te raken. Maar dat gaf niet. Hij was dol op zijn studenten, hij was dol op zijn onderzoeksgebied, hij vond het allemaal prachtig. Tot hij op een dag bij de dokter zat met een dubbele longontsteking die hij in alle drukte niet had opgemerkt.

Zijn vrouw had hem tegen zijn zin naar de kliniek meegesleept, en dat was maar goed ook. Als ze veel langer had gewacht, was hij volgens de artsen dood geweest.

Een dubbele longontsteking en een leven met te veel verplichtingen kunnen uiteraard iedereen overkomen, maar bij Little kwam het doordat hij zich te lang en met te weinig herstelhoekjes op onkarakteristieke wijze had gedragen. Wanneer je geweten je aanspoort om te veel hooi op je vork te nemen, begin je de interesse kwijt te raken, zelfs voor bezigheden die je normaal gesproken boeien. Daarmee zet je ook je lichamelijke gezondheid op het spel. 'Emotionele arbeid', de inspanning die je moet leveren om je eigen emoties te beheersen en te veranderen, vertoont een relatie met stress, burn-out en zelfs lichamelijke symptomen als een toename van hart- en vaatziekten. Professor Little denkt dat je langdurig op onkarakteristieke wijze gedragen misschien ook leidt tot een toename van de activiteit in het autonome zenuwstelsel, die op zijn beurt weer schadelijk is voor de werking van het immuunsysteem.

Een opmerkelijk onderzoek geeft aan dat mensen die negatieve emoties onderdrukken die emoties doorgaans op onverwachte manieren laten uitlekken. Psycholoog Judith Grob vroeg proefpersonen om hun emoties te verbergen terwijl ze walgelijke beelden aan hen toonde. Ze liet hen zelfs een pen in hun mond houden om te verhinderen dat ze fronsten. Ze ontdekte dat deze groep minder walgde van de afbeeldingen dan degenen die op de natuurlijke wijze mochten reageren. Maar later kregen de mensen die hun gevoelens hadden verborgen last van bijwerkingen. Hun geheugenfunctie was verslechterd en de negatieve emoties die ze hadden onderdrukt leken hun levensvisie te kleuren. Toen Grob hen de ontbrekende letter in het woord *gr–ss* liet invullen, was er bij hen een grotere kans dat ze *gross* (walgelijk) invulden dan *grass* (gras). 'Mensen die regelmatig [hun negatieve emoties onderdrukken],' concludeert Grob, 'gaan de wereld misschien negatiever bezien.'

Dat is de reden waarom professor Little tegenwoordig in de herstelmodus leeft, op afstand van de universiteit, en volop geniet van het thuisbedrijfje van zijn vrouw in hun huis op het Canadese platteland. Little zegt dat zijn vrouw, Sue Phillips, het hoofd van de faculteit Bestuurskunde en Openbaar bestuur op Carleton University, zoveel op hem lijkt dat ze geen vrije-kenmerkencontract nodig hebben om hun relatie te reguleren. Maar volgens het vrije-kenmerkencontract dat hij met zichzelf heeft gesloten, moet hij zijn resterende 'wetenschappelijke en beroepsmatige bezigheden uitvoeren zonder te klagen', en 'niet langer blijven plakken dan nodig'.

Daarna gaat hij naar huis en kruipt voor de open haard knus tegen Sue aan.

10 – De communicatiekloof: hoe praat je met mensen van het andere type?

De ontmoeting van twee persoonlijkheden is als het contact tussen twee chemicaliën; als er een reactie plaatsvindt, ondergaan ze beide een transformatie.
Carl Jung

Als introverte en extraverte mensen het noorden en zuiden van het temperament zijn, tegenovergestelde uiteinden van één spectrum, hoe kunnen ze dan in vredesnaam met elkaar overweg? Toch voelen de twee types zich vaak tot elkaar aangetrokken: in de vriendschap, in het zakenleven en vooral in de liefde. Deze koppels kunnen daar grote opwinding en wederzijdse bewondering aan beleven, het gevoel dat de één de ander aanvult. De een luistert meestal, de ander is vaak aan het woord; de ene is gevoelig voor schoonheid, maar ook voor tegenslag, terwijl de ander vrolijk door het leven dendert; de een betaalt de rekeningen en de ander regelt de speelafspraken van de kinderen. Maar er kunnen ook problemen ontstaan als de helften van zo'n verbond in tegengestelde richtingen trekken.

Greg en Emily zijn een voorbeeld van een introvert en extravert koppel waarvan de partners elkaar in gelijke mate liefhebben en gek maken. Greg, die onlangs dertig is geworden, loopt met een verende tred, heeft een bos donker haar die voortdurend voor zijn ogen valt en is goedlachs. De meeste mensen zouden hem een gezelligheidsdier noemen. Emily, een volwassen vrouw van zevenentwintig, is net zo sterk op haar binnenwereld gericht als Greg op de buitenwereld. Ze is elegant, spreekt met zachte stem, heeft haar kastanjebruine haar in een wrong opgebonden, en tuurt vaak naar mensen van onder haar neergeslagen wimpers.

Greg en Emily vullen elkaar prachtig aan. Zonder Greg zou

Emily soms vergeten de deur uit te gaan, behalve voor haar werk. Maar zonder Emily zou Greg zich – en dat is wel wonderlijk voor zo'n sociaal dier – eenzaam voelen.

Voordat ze elkaar leerden kennen, had Greg overwegend extraverte vriendinnen gehad. Hij zegt dat het wel leuke relaties waren, maar dat hij zijn vriendinnen nooit echt leerde kennen, omdat ze altijd 'aan het verzinnen waren hoe ze iets met een hele club samen konden doen'. Hij spreekt over Emily met een soort ontzag, alsof zij toegang heeft tot een diepe zijnstoestand. Hij omschrijft haar ook als 'het anker' waar zijn wereld omheen draait. Emily op haar beurt koestert Gregs bruisende persoonlijkheid; hij maakt haar gelukkig en geeft haar het gevoel dat ze leeft. Ze heeft zich altijd aangetrokken gevoeld tot extraverte mensen, die volgens haar 'al het werk doen om een gesprek op gang te houden. Zij ervaren dat helemaal niet als werk.'

Het probleem is alleen dat Greg en Emily gedurende het merendeel van de vijf jaar dat ze bij elkaar zijn steeds varianten op dezelfde ruzie hebben. Greg, een concertorganisator met een grote vriendenkring, wil elke vrijdagavond een etentje bij hen thuis organiseren – informele, levendige bijeenkomsten met grote bergen pasta waarbij de wijn rijkelijk vloeit. Hij geeft al zulke vrijdagavondetentjes sinds zijn derde jaar op de universiteit. Ze zijn uitgegroeid tot een hoogtepunt van zijn week en vormen een gewaardeerd onderdeel van zijn identiteit.

Emily is die wekelijkse bijeenkomsten gaan vrezen. Ze is een hard werkende juridisch medewerker van een museum en is erg op haar privacy gesteld. Het allerlaatste wat ze wil, is mensen ontvangen wanneer ze van haar werk thuiskomt. Haar idee van een volmaakt begin van het weekend is een rustig avondje naar de bioscoop, alleen met Greg.

Het lijkt een onoverbrugbaar verschil: Greg wil 52 etentjes per jaar en Emily geen één.

Greg zegt dat Emily wat harder haar best moet doen. Hij verwijt haar dat ze asociaal is. 'Ik ben wél sociaal,' zegt ze. 'Ik houd van jou, ik houd van mijn familieleden en mijn goede vrienden en vriendinnen. Ik houd alleen niet van etentjes. Mensen maken tijdens die etentjes niet echt contact met elkaar, ze doen alleen maar gezellig. Je mag van geluk spreken dat ik al mijn energie aan jou besteed. Jij verdeelt die van jou over alle mensen om je heen.'

Maar Emily bindt snel weer in, deels omdat ze slecht tegen ruzie kan, maar ook omdat ze aan zichzelf twijfelt. Misschien ben ik écht asociaal, denkt ze bij zichzelf. Misschien is er werkelijk iets mis met mij. Elke keer als zij en Greg hier ruzie over maken, wordt ze overvallen door herinneringen aan haar jeugd. Hoe het schoolgaan haar zwaarder viel dan haar emotioneel robuustere jongere zus. Hoe ze meer leek te tobben over sociale problemen dan andere mensen, zoals hoe ze 'nee' moest zeggen tegen een vriendinnetje dat na school met haar wilde afspreken terwijl zij liever thuisbleef. Emily heeft veel vrienden en vriendinnen – ze heeft altijd talent voor vriendschap gehad –, maar ze is nooit een groepsmens geweest.

Emily heeft een compromis voorgesteld: kon Greg zijn etentjes niet geven wanneer zij de stad uit was om haar zus op te zoeken? Maar Greg wil niet in zijn eentje voor gastheer spelen. Hij houdt van Emily en wil bij haar zijn, net als iedereen die haar echt heeft leren kennen. Dus waarom trekt Emily zich terug?

Voor Greg gaat die vraag niet over zomaar een irritatie. Voor hem is alleen-zijn niet zoiets als kryptoniet voor Superman; het bezorgt hem het gevoel dat hij zwak is. Hij had zich verheugd op een huwelijk vol avonturen die ze samen zouden beleven. Hij had zich ingebeeld dat hij deel zou uitmaken van een echtpaar dat midden in het leven stond. En hij zou het nooit tegenover zichzelf toegeven, maar voor hem betekende getrouwd zijn ook dat hij nooit meer alleen hoefde te zijn. En nu zegt Emily dat hij feestjes moet organiseren zonder haar erbij. Dat bezorgt hem het gevoel dat zij zich terugtrekt uit een wezenlijk onderdeel van hun huwelijksband. En hij denkt ook dat er echt iets mis is met zijn vrouw.

* * *

'Is er iets mis met me?' Het is niet gek dat Emily zich dat afvraagt of dat Greg haar daarvan beschuldigt. Het grootste en schadelijkste misverstand over persoonlijkheidstypes is waarschijnlijk dat introverte mensen niet sociaal zijn en extraverte mensen wel.

Maar zoals we hebben gezien, kloppen die formuleringen geen van beide: introverte en extraverte mensen zijn op verschillende manieren sociaal. Wat psychologen 'de behoefte aan intimiteit' noemen is net zo sterk aanwezig bij introverte als bij extraverte mensen. Sterker nog: mensen die intimiteit erg belangrijk vinden, zijn in de regel niet, zoals de bekende psycholoog David Buss dat zegt, 'het luidruchtige, uitbundige, gangmakende extraverte type'. Het zijn waarschijnlijk juist mensen met een select vriendenclubje die de voorkeur geven aan oprechte gesprekken die werkelijk ergens over gaan. Het zijn waarschijnlijk mensen van hetzelfde slag als Emily.

Omgekeerd zijn extraverte mensen tijdens feestjes niet per definitie op zoek naar intimiteit. 'Extraverte mensen lijken mensen nodig te hebben als een podium om hun behoefte aan sociale invloed te bevredigen, net zoals een generaal soldaten nodig heeft om zijn behoefte aan leiderschap te bevredigen,' vertelde psycholoog William Graziano aan me. 'Wanneer extraverte mensen op een feestje verschijnen, weet iedereen dat ze er zijn.'

Hoe extravert je bent, lijkt dus mede te bepalen hoe groot je vriendenkring is, maar staat los van het feit of je een goede vriend of vriendin bent. Tijdens een onderzoek onder 132 studenten aan de Humboldt-Universität in Berlijn probeerden psychologen Jens Aspendorf en Susanne Wilpers te bepalen wat de invloed is van verschillende persoonlijkheidskenmerken op de band van studenten met hun medestudenten en familieleden. Ze richtten zich op de zogenoemde Big Five, de vijf persoonlijkheidsdimensies: introversie/extraversie; vriendelijkheid; openheid voor ervaringen; zorgvuldigheid; en emotionele stabiliteit. (Veel ontwikkelingspsychologen geloven dat de menselijke persoonlijkheid kan worden herleid tot deze vijf karaktereigenschappen.)

Aspendorf en Wilpers voorspelden dat extraverte studenten het makkelijker zouden vinden dan introverte om nieuwe vriendschappen aan te knopen, en dat bleek te kloppen. Maar als introverte mensen echt asociaal waren en extraverte mensen echt sociaal, dan zou je denken dat de studenten met de meest harmonieuze relatie ook het hoogst zouden scoren op extraversie. Maar dat was helemaal niet zo. De studenten wier relatie de minste conflicten kenden, behaalden juist hoge scores voor vriendelijkheid. Vriendelijke mensen zijn hartelijk, meelevend en liefdevol; ontwikkelingspsychologen hebben ontdekt dat als je ze voor een computerscherm met woorden neerzet, ze langer dan anderen met hun ogen blijven hangen bij woorden als 'zorgzaam', 'troosten' en 'helpen' en minder bij woorden als 'ontvoeren', 'molesteren' en 'intimideren'. Introverte en extraverte mensen hebben een even grote kans om vriendelijk te zijn; er is geen correlatie tussen extraversie en vriendelijkheid. Dat verklaart waarom sommige extraverte mensen de prikkels van gezelligheid aangenaam vinden, maar niet bijzonder goed overweg kunnen met de mensen die het dichtst bij hen staan.

Het verklaart ook waarom sommige introverte mensen – zoals Emily, wier talent voor vriendschap erop wijst dat ze een zeer vriendelijk type is – veel aandacht hebben voor familieleden en goede vrienden, maar niet houden van kletspraatjes. Dus wanneer Greg Emily het etiket 'asociaal' opplakt, kleunt hij mis. Emily onderhoudt haar huwelijk precies zoals je dat kunt verwachten van een vriendelijk, introvert type, door Greg tot het middelpunt van haar sociale leven te maken.

Behalve wanneer ze dat niet doet. Emily heeft een veeleisende baan, en soms heeft ze weinig energie over als ze 's avonds thuiskomt. Ze vindt het altijd fijn om Greg te zien, maar soms zit ze liever naast hem te lezen dan dat ze met hem uit eten gaat of een levendig gesprek voert. In zijn gezelschap verkeren is voor haar genoeg. Voor Emily voelt dat heel natuurlijk aan, maar Greg voelt zich gekwetst dat ze wel haar best doet voor haar collega's, maar niet voor hem.

Dit bleek een akelig vaak voorkomende dynamiek te zijn bij de paren met een introverte en een extraverte partner die ik heb geïnterviewd: de introverte mensen snakken naar recupereertijd en begrip van hun partner, terwijl de extraverte mensen behoefte hebben aan gezelschap en verontwaardigd zijn dat anderen lijken te profiteren van de 'beste' ik van hun partner.

Veel extraverte mensen hebben moeite om te begrijpen dat introverte mensen na een drukke dag hoognodig hun batterij moeten opladen. Iedereen leeft mee met een partner met slaaptekort die bij thuiskomst te moe is om te praten, maar het is moeilijker te begrijpen dat sociale overprikkeling net zo uitputtend kan zijn.

Omgekeerd begrijpen introverte mensen soms slecht hoe kwetsend hun zwijgzaamheid kan overkomen. Ik deed een interview met Sarah, een praatgrage en dynamische lerares Engels op een middelbare school, die was getrouwd met Bob, een introverte decaan van een rechtenfaculteit die zijn werkdagen vult met fondsenwerving en instort wanneer hij thuiskomt. Sarah huilde tranen van ergernis en eenzaamheid terwijl ze vertelde over haar huwelijksleven.

'Op zijn werk is hij ongelooflijk onderhoudend,' zei ze. 'Iedereen zegt tegen me dat hij zo geestig is en dat ik maar met hem geboft heb. En dan kan ik ze wel wurgen. Elke avond veert hij op zodra we zijn uitgegeten en maakt de keuken schoon. Daarna wil hij in zijn eentje de krant lezen en zelfstandig met zijn fotohobby bezig zijn. Om een uur of negen verschijnt hij in de slaapkamer en wil hij tv kijken en bij me zijn. Maar zelfs dan is hij niet werkelijk aanwezig. Hij wil dat ik mijn hoofd op zijn schouder leg terwijl we naar de tv turen. Het lijkt op iets wat hele jonge kinderen doen: naast elkaar maar niet samen spelen.' Sarah probeert Bob ervan te overtuigen dat hij op zoek moet naar een andere baan. 'Volgens mij zouden we een heerlijk leven hebben als hij voor zijn werk de hele dag achter de computer moest zitten, maar hij gaat maar door met fondsen werven,' zegt ze.

Bij paren waarvan de man introvert en de vrouw extravert is, zoals bij Sarah en Bob, verwarren mensen de botsende persoonlijkheidsstijlen vaak met seksuele verschillen, en debiteren ze de tegeltjeswijsheid dat 'Mars' zich moet terugtrekken in zijn grot terwijl 'Venus' liever een gesprek voert. Maar wat de reden voor deze verschillende behoefte aan gezelligheid ook is – of het nu door sekseverschillen of het temperament komt – het belangrijkste is dat je ze kunt verhelpen. In *The Audacity of Hope* verklapt Barack Obama bijvoorbeeld dat hij in het begin van zijn huwelijk met Michelle aan zijn eerste boek schreef en 'vaak de hele avond wegkroop op mijn werkkamer, achter in onze pijpenla; wat ik normaal vond, bezorgde Michelle vaak een gevoel van eenzaamheid'. Hij verklaart zijn gedrag uit de concentratie die het schrijven vereiste en het feit dat hij grotendeels als enig kind was opgegroeid, en zegt vervolgens dat hij en Michelle met de jaren hebben geleerd om rekening te houden met de behoeften van de ander en die als gerechtvaardigd te beschouwen.

* * *

Het kan ook moeilijk zijn voor introverte en extraverte mensen om elkaars verschillende benadering van conflicten te begrijpen. Een van mijn cliënten was een smetteloos geklede advocate die Celia heette. Celia wilde scheiden, maar was bang om dat tegen haar man te zeggen. Ze had gegronde redenen voor haar besluit, maar ze verwachtte dat hij haar zou smeken om bij hem te blijven en dat ze onder haar schuldgevoel zou bezwijken. Celia wilde haar nieuws vooral op een meedogende manier brengen.

We besloten om het gesprek te oefenen als rollenspel, waarbij ik de rol van haar man speelde.

'Ik wil van je scheiden,' zei Celia. 'Dit keer meen ik het.'

'Ik heb alles gedaan wat ik kon om de boel bij elkaar te houden,' smeekte ik. 'Hoe kun je mij dit aandoen?'

Celia dacht een minuutje na.

'Ik heb hier heel lang over nagedacht, en ik geloof dat het de juiste beslissing is,' antwoordde ze op een zakelijke toon.

'Wat kan ik doen om je op andere gedachten te brengen?' vroeg ik.

'Niets,' zei Celia emotieloos.

Terwijl ik een minuut lang voelde wat haar echtgenoot zou voelen, was ik met stomheid geslagen. Ze was zo routineus, zo afstandelijk. Ze stond op het punt om te scheiden van mij, de man met wie ze elf jaar getrouwd was geweest! Voelde ze daar dan niets bij?

Ik vroeg Celia om het nog eens te proberen, dit keer met gevoel in haar stem.

'Dat gaat niet,' zei ze. 'Dat lukt me niet.'

Maar ze deed het toch. 'Ik wil van je scheiden,' zei ze nogmaals, terwijl haar keel werd dichtgeknepen door verdriet. Ze begon onbedaarlijk te huilen.

Celia's probleem was niet dat ze te weinig gevoel had. Ze had alleen moeite om haar emoties te tonen zonder haar zelfbeheersing te verliezen. Ze pakte een tissue, herpakte zich snel en keerde terug naar de zakelijke, afstandelijke advocatenmodus. Dit waren de twee versnellingen waar ze makkelijk bij kon: overweldigende emoties of afstandelijke zelfbeheersing.

Ik vertel je dit verhaal omdat Celia in veel opzichten sterk lijkt op Emily en veel introverte mensen die ik heb geïnterviewd. Emily heeft het met Greg niet over scheiden maar etentjes, maar haar manier van communiceren lijkt op die van Celia. Wanneer zij en Greg het met elkaar oneens zijn, wordt haar stem zacht en toonloos, en haar manier van doen een beetje afstandelijk. Op die manier probeert ze de agressie te doen afnemen – Emily kan slecht tegen boosheid –, maar ze wekt daarmee de indruk dat ze emotionele afstand bewaart. Greg doet intussen precies het tegenovergestelde. Hij verheft zijn stem en klinkt strijdbaar terwijl hij steeds harder werkt aan het oplossen van hun probleem. Hoe verder Emily zich lijkt terug te trekken, hoe eenzamer, gekwetster en razender Greg wordt; hoe bozer hij wordt, hoe meer gekwetstheid en afschuw Emily ervaart, en hoe verder zij zich weer terugtrekt. Al gauw maken ze kringetjes in een vicieuze cirkel waaruit ze niet kunnen ontsnappen, deels omdat beide echtelieden geloven dat ze op de juiste manier discussiëren.

Iemand die vertrouwd is met het verband tussen persoonlijkheid en vormen van conflicthantering zal niet opkijken van deze dynamiek. Mannen en vrouwen gaan vaak verschillend met conflicten om, en voor introverte en extraverte mensen geldt hetzelfde. Uit onderzoek blijkt dat introverte mensen conflicten doorgaans uit de weg gaan, terwijl extraverte mensen 'confronterende verwerkers' zijn, die prima overweg kunnen met een directe, zelfs ruzieachtige manier van het oneens zijn met elkaar.

Deze lijnrecht tegenovergestelde benaderingen zorgen gegarandeerd voor wrijving. Als Emily niet zo'n hekel aan ruzie had, zou ze minder sterk reageren op de frontale benadering van Greg; als Greg zachtaardiger was, zou hij waardering hebben voor Emily's poging om de zaak te sussen. Wanneer mensen een compatibele conflictstijl hebben, kan een ruzie beide partners ertoe aanzetten om de ander gelijk te geven. Maar Greg en Emily lijken elkaar juist steeds een beetje slechter te begrijpen wanneer ze ruzie maken op een manier die de ander afkeurt.

Vinden ze elkaar ook iets minder aardig, in elk geval gedurende de ruzie? Een verhelderend onderzoek van psycholoog William Graziano wijst erop dat het antwoord op die vraag wel eens 'ja' zou kunnen zijn. Graziano verdeelde een groep van 61 mannelijke studenten in teams en liet hen een gesimuleerd footballspel spelen. De helft van de deelnemers werd ingedeeld bij een coöperatief spel, waarover hun werd verteld: 'Football is nuttig voor ons, omdat de teamleden goed moeten samenwerken om te winnen.' De andere helft werd ingedeeld bij een spel dat de nadruk legde op de concurrentie tussen de ploegen. Vervolgens kreeg elke student een reeks dia's en verzonnen biografische informatie over zijn eigen ploeggenoten en spelers van de andere ploeg te zien, en werd gevraagd wat hij van die andere spelers vond.

De verschillen tussen introverte en extraverte mensen waren opmerkelijk. De introverte mensen die bij het coöperatieve spel waren ingedeeld oordeelden positiever over alle spelers – niet alleen hun tegenstanders, maar ook hun ploeggenoten – dan de introverte mensen die het concurrentiegerichte spel speelden. De extraverte mensen deden precies het tegenovergestelde: zij hadden een positiever oordeel over alle spelers wanneer ze de concurrentiegerichte versie van het spel speelden. Deze bevindingen wijzen op iets heel belangrijks: introverte mensen vinden mensen die ze in een vriendelijke context tegenkomen aardig; extraverte mensen geven juist de voorkeur aan mensen met wie ze concurreren.

Een heel ander onderzoek, met robots die patiënten die een hartaanval hadden gehad begeleidden tijdens revalidatieoefeningen, leverde opmerkelijk vergelijkbare resultaten op. Introverte patiënten reageerden beter op en gingen langer om met robots die waren geprogrammeerd om op een kalmerende, vriendelijke manier te spreken: 'Ik weet dat het moeilijk is, maar onthoud dat het voor je eigen bestwil is' en 'Heel goed, ga zo door.' Extraverte mensen daarentegen spanden zich meer in voor robots die fellere, agressieve taal bezigden: 'Je kunt beter, ik weet het zeker!' en 'Houd je aandacht bij je oefening!'

Deze bevindingen geven aan dat Greg en Emily voor een interessante uitdaging staan. Als Greg mensen aardiger vindt wanneer die zich krachtig en competitief gedragen, terwijl Emily hetzelfde gevoel heeft over zorgzame, coöperatieve mensen, hoe kunnen ze dan een compromis sluiten over hun etentjeskwestie – en op een liefdevolle manier?

Een intrigerend antwoord wordt geboden door een onderzoek dat werd gedaan aan de faculteit Bedrijfskunde van de University of Michigan, niet naar getrouwde stellen met tegengestelde persoonlijkheidsstijlen, maar naar onderhandelaars uit verschillende culturen, in dit geval Aziaten en Israëli's. Aan 76 MBA-studenten uit Hongkong en Israël werd gevraagd om zich in te beelden dat ze over een paar maanden gingen trouwen en definitieve afspraken moesten maken met een cateraar voor de receptie. Deze 'vergadering' vond plaats via een videolink.

Sommige studenten kregen een video te zien waarin de bedrijfsleider vriendelijk was en glimlachte; de anderen zagen een video met een prikkelbare en dwarse bedrijfsleider. Maar de boodschap van de cateraar was in beide gevallen dezelfde. Er was een ander stel dat belangstelling had getoond voor dezelfde trouwdag. De prijs was omhoog gegaan. Het was kiezen of delen.

De studenten uit Hongkong reageerden heel anders dan de Israëlische studenten. De Aziaten accepteerden veel vaker een voorstel van de vriendelijke bedrijfsleider dan van de vijandige; slechts 14 procent van hen was bereid in zee te gaan met de lastige bedrijfsleider, terwijl 71 procent het aanbod van de glimlachende cateraar accepteerde. Maar de Israëli's accepteerden gemiddeld even vaak het aanbod van beide bedrijfsleiders. Anders gezegd: voor de Aziatische onderhandelaars telden zowel de vorm als de inhoud, terwijl de Israëli's zich sterker concentreerden op de verstrekte informatie. Ze lieten zich niet beïnvloeden door een vertoon van sympathieke of vijandige emoties.

De verklaring van dit grote verschil heeft te maken met de manier waarop deze twee culturen 'respect' definiëren. Zoals we in hoofdstuk 8 hebben gezien, geven veel Aziatische mensen blijk van hun achting voor anderen door conflicten te minimaliseren. Maar Israëli's, zo zeggen de onderzoekers, 'zien [onenigheid] waarschijnlijk niet als een teken van respectloosheid, maar als een signaal dat de andere partij betrokken is en zich hartstochtelijk met de activiteit bezighoudt'.

Van Greg en Emily zou je hetzelfde kunnen zeggen. Wanneer Emily tijdens een ruzie met Greg zachter gaat praten en haar emoties dimt, denkt ze dat ze respect toont door haar best te doen om haar negatieve emoties te verbergen. Maar Greg denkt dat ze zich aan de ruzie onttrekt of, nog erger, dat die haar koud laat. Op eenzelfde wijze veronderstelt Greg, wanneer hij zijn woede de vrije loop laat, dat Emily dat net als hij ervaart als een gezonde en oprechte uiting van hun zeer hechte band. Maar Emily krijgt daarvan het gevoel dat Greg zich opeens tegen haar keert.

* * *

In haar boek *Anger: The Misunderstood Emotion* vertelt Carol Tavris het verhaal van een Bengaalse cobra die graag langslopende dorpsbewoners bijt. Op een dag overtuigt een swami – een man met volledige zelfbeheersing – de slang ervan dat het verkeerd is om te bijten. De cobra belooft om er onmiddellijk mee te stoppen, en doet dat ook. Al gauw zijn de jongens uit het dorp niet meer bang voor de slang en beginnen ze hem te mishandelen. De gekneusde en bebloede slang doet zijn beklag bij de swami over de gevolgen van zijn trouw aan zijn belofte.

'Ik had je gezegd dat je niet moest bijten,' zei de swami, 'maar niet dat je niet moest sissen.'

'Veel mensen halen, net als de cobra van de swami, sissen en bijten door elkaar,' schrijft Tavris.

Veel mensen, zoals Greg en Emily. Ze kunnen allebei veel leren van het verhaal over de swami: Greg dat hij moet ophouden met bijten en Emily dat hij best wel een keertje mag sissen, en zijzelf trouwens ook.

Greg kan om te beginnen zijn ideeën over boosheid bijstellen. Zoals de meeste mensen denkt hij dat het oplucht om boos te worden. De 'catharsishypothese' – dat agressie zich binnen een mens opbouwt tot die op een gezonde manier naar buiten komt – stamt van de oude Grieken, werd door Freud nieuw leven ingeblazen en won aan populariteit tijdens de jaren zestig, toen alles via boksballen en oerkreten moest worden losgelaten. Maar de catharsishypothese is een mythe, die weliswaar plausibel en elegant is, maar toch een mythe. Tientallen onderzoeken hebben aangetoond dat het ventileren van je boosheid deze niet vermindert; ventileren voedt de boosheid juist.

Je bent het best af wanneer je jezelf niet toestaat om boos te worden. Wonderlijk genoeg hebben neurotechnische onderzoekers zelfs ontdekt dat mensen die met botox zijn behandeld, waardoor ze geen boos gezicht meer kunnen trekken, minder geneigd zijn om boos te worden dan niet-behandelde mensen, omdat de fronsbeweging de amygdala activeert om negatieve emoties te verwerken. En boosheid richt niet alleen schade aan op het moment zelf; nog dagen erna zijn woedeventileerders bezig het contact met hun partner te herstellen. Ondanks de populaire fantasie over dampende seks na een knallende ruzie, zeggen veel stellen dat het wel even kan duren tot je weer liefde voor elkaar voelt.

Wat kan Greg doen om rustig te blijven wanneer hij zijn woede voelt opkomen? Hij kan een keer diep ademhalen. Hij kan tien minuten pauze nemen. En hij kan zich afvragen of het probleem waar hij zich zo over opwindt echt zo belangrijk is. Zo niet, dan kan hij het loslaten. Als het wel belangrijk is, kan hij zijn behoeften beter niet formuleren als een aanval op de persoon, maar als een neutraal discussiepunt. Dan verandert 'Jij bent asociaal!' in 'Kunnen we een manier verzinnen om ons weekend zo te organiseren dat we ons er allebei prettig bij voelen?'

Dat zou ook een goed advies zijn als Emily geen sensitief introvert mens was (niemand laat zich immers graag overheersen of respectloos behandelen), maar het toeval wil dat Greg getrouwd is met een vrouw die bijzonder van slag raakt van boosheid. Dus hij moet reageren op zijn conflictmijdende vrouw, en niet op de confronterende vrouw van wie hij in elk geval in het heetst van de strijd zou willen dat hij ermee getrouwd was.

Laten we de zaak nu eens van Emily's kant bekijken. Wat zou zij anders kunnen doen? Ze protesteert terecht wanneer Greg bijt – wanneer hij haar op een oneerlijke manier aanvalt –, maar wat moet ze doen als hij sist? Emily zou iets kunnen doen aan haar eigen contraproductieve reacties op boosheid, zoals haar neiging om af te glijden in een vicieuze cirkel van schuldgevoelens en afwerend gedrag. We weten uit hoofdstuk 6 dat veel introverte mensen vanaf hun vroegste jeugd geneigd zijn sterke schuldgevoelens te hebben; we weten ook dat alle mensen hun eigen reacties vaak op anderen projecteren. Omdat de conflictmijdende Emily nooit zou 'bijten' of zelfs maar sissen, tenzij Greg iets heel vreselijks had gedaan, interpreteert ze zijn beet op een bepaald niveau alsof die betekent dat zij vreselijk schuldig is – aan iets, aan wat dan ook, wie zal het zeggen? Emily's schuldgevoel is zo ondraaglijk dat ze meestal de juistheid van alle uitlatingen van Greg ontkent, zowel de gerechtvaardigde als die welke uit boosheid zijn overdreven. Dat creëert een vicieuze cirkel waarin zij haar aangeboren inlevingsvermogen afsluit en Greg zich niet gehoord voelt.

Dus Emily moet accepteren dat het niet erg is om ongelijk te hebben. Aanvankelijk zal ze het misschien lastig vinden om uit te knobbelen wanneer ze wel en geen gelijk heeft; het feit dat Greg zijn grieven zo hartstochtelijk uit, maakt het moeilijk om daar uit te komen. Maar Emily moet proberen zich niet in dat moeras te laten meesleuren. Wanneer Greg terecht klaagt, moet ze dat toegeven, niet alleen om een goede partner voor haar echtgenoot te zijn, maar ook om zichzelf bij te brengen dat het geen ramp is als ze een keer over de schreef is gegaan. Dat zal het makkelijker voor haar maken om zich niet gekwetst te voelen – en van zich af te bijten – wanneer de klachten van Greg wél onterecht zijn.

Van zich afbijten? Maar Emily heeft een hekel aan ruzie.

Dat geeft niet. Ze moet alleen meer gewend raken aan het geluid van haar eigen gesis. Introverte mensen zullen weliswaar niet zo snel onenigheid veroorzaken, maar net als de passieve slang moeten ze ook uitkijken dat ze geen gifspuiterij door hun partner aanmoedigen. En misschien lokt van je afbijten geen repercussies uit, zoals Emily vreest; het kan Greg er juist toe brengen om in te binden. Ze hoeft er geen groot drama van te maken. Vaak is het voldoende om stellig te zeggen: 'Dat vind ik niet goed.'

Eens in de zoveel tijd wil ook Emily misschien wel eens buiten haar gebruikelijke veilige grenzen stappen en haar eigen woede uiten. Bedenk daarbij dat wrijving in Gregs ogen gelijkstaat met contact. Net zoals de extraverte spelers in het footballspel warme gevoelens hadden over hun tegenstanders, zo kan Greg zich meer met Emily verbonden voelen als ze een klein beetje de kleur aanneemt van een superenergieke speler die klaarstaat om het sportveld te betreden.

Emily kan ook haar eigen afkeer van Gregs gedrag overwinnen door zichzelf eraan te herinneren dat hij niet werkelijk zo agressief is als hij lijkt. John, een introverte man die ik interviewde en die een uitstekende relatie heeft met zijn vurige vrouw, beschreef hoe hij na vijfentwintig jaar leerde hoe je dat doet:

> Wanneer Jennifer me op mijn kop zit, dan doet ze dat ook echt. Als ik naar bed ben gegaan zonder de keuken op te ruimen, roept ze de volgende ochtend: 'Het is een zwijnenstal in de keuken!' Dan ga ik eens in de keuken kijken. Er staan drie of vier kopjes; helemaal geen zwijnenstal. Maar het drama waarmee ze die dingen brengt, is haar aangeboren. Dat is haar manier om te zeggen: 'Jemig, als je een keer de kans hebt, zou ik het fijn vinden als je de keuken iets vaker opruimde.' Als ze dat op die manier zei, zou ik antwoorden: 'Met alle liefde, en sorry dat ik het niet eerder heb gedaan.' Maar omdat ze op me af dendert met de energie van een goederentrein met een snelheid van 250 kilometer per uur, wil ik steigeren en zeggen: 'Nou, pech.' Dat ik dat niet doe, komt doordat we al vijfentwintig jaar getrouwd zijn en ik inmiddels snap dat Jennifer me niet in levensgevaar bracht toen ze dat op die manier zei.

Dus wat is het geheim van John voor het contact met zijn temperamentvolle vrouw? Hij laat haar weten dat haar uitspraak over de schreef gaat, maar probeert ook te luisteren naar de onderliggende betekenis. 'Ik spreek mijn inlevingsvermogen aan,' zegt hij. 'Ik verwijder haar toon uit het verhaal. Ik verwijder die aanslag op mijn zintuigen en probeer te snappen wat ze probeert te zeggen.'

En wat Jennifer probeert te zeggen, onder haar denderende bewoordingen, is vaak gewoon: Respecteer me. Besteed aandacht aan me. Houd van me.

Greg en Emily hebben waardevolle inzichten gekregen in manieren om over hun meningsverschillen te spreken. Maar er is nog één vraag die ze moeten beantwoorden. Waarom beleven ze die etentjes op vrijdagavond toch zo verschillend? We weten dat het zenuwstelsel van Emily waarschijnlijk op tilt slaat wanneer ze een kamer vol mensen betreedt. En we weten dat Greg het tegenovergestelde voelt: hij voelt zich aangetrokken tot mensen, gesprekken, gebeurtenissen, alles wat hem dat door dopamine gevoede, eropaf-gevoel bezorgt waar extraverte mensen naar hunkeren. Maar laten we nog iets dieper graven in de anatomie van de borrelpraat. De sleutel tot het overbruggen van de verschillen tussen Greg en Emily ligt in de bijzaken.

* * *

Een paar jaar geleden voerden 32 duo's met een introverte en een extraverte deelnemer, die elkaar geen van allen kenden, een telefoongesprek van enkele minuten in het kader van een experiment dat werd uitgevoerd door neurotechnisch onderzoeker Matthew Lieberman, toentertijd een postdocstudent op Harvard. Nadat ze hadden opgehangen, werd de deelnemers gevraagd om een gedetailleerde vragenlijst in te vullen, waarop ze aangaven hoe ze zich tijdens het gesprek hadden gevoeld en gedragen. Hoe aardig vond je je gesprekspartner? Hoe vriendelijk gedroeg jij je? Hoe graag zou je die ander nog eens ontmoeten? De proefpersonen werd ook gevraagd om zich in hun gesprekspartner te verplaatsen: Hoe aardig vond je gesprekspartner jou? Hoe sensitief was die tegenover jou? Hoe bemoedigend?

Lieberman en zijn medewerkers vergeleken de antwoorden, luisterden mee naar de gesprekken en vormden ook hun eigen oordeel over wat de gesprekspartners van elkaar vonden. Ze ontdekten dat extraverte deelnemers veel beter konden beoordelen of hun gesprekspartner het prettig vond om met hen te spreken dan introverte deelnemers. Die uitkomst geeft aan dat extraverte mensen beter zijn in het decoderen van sociale signalen dan introverte mensen. Op het eerste gezicht lijkt dat niet zo verrassend, schrijft Lieberman. Dat stemt immers overeen met de algemene veronderstelling dat extraverte mensen beter zijn in het 'lezen' van sociale situaties. Het enige probleem, zoals Lieberman via een latere wending in zijn experiment aantoonde, is dat deze veronderstelling niet helemaal terecht is.

Lieberman en zijn medewerkers vroegen een kleinere groep deelnemers om te luisteren naar een opname van het gesprek dat ze zojuist hadden gevoerd – vóórdat ze de vragenlijst invulden. In deze groep, ontdekte hij, was er geen verschil tussen het vermogen van introverte en extraverte mensen om sociale signalen te lezen. Hoe kwam dat?

De reden is dat de proefpersonen die naar de bandopname mochten luisteren de sociale signalen konden ontcijferen zonder dat ze tegelijkertijd iets anders hoefden te doen. En introverte mensen zijn behoorlijk goede decodeurs, volgens verschillende onderzoeken die aan de experimenten van Lieberman voorafgingen. Een van deze studies ontdekte zelfs dat introverte mensen betere decodeurs waren dan extraverte mensen.

Maar in die onderzoeken werd gemeten hoe goed introverte mensen zijn in het observeren van sociale dynamiek, en niet hoe goed ze zijn als deelnemers. Participatie doet een heel ander soort beroep op de hersenen dan observeren. Dat vergt een soort geestelijk multitasken: het vermogen om veel kortetermijninformatie ineens te verwerken zonder afgeleid te raken of in de stress te schieten. Dat is precies het type hersenfuncties waarvoor extraverte mensen doorgaans zeer geschikt zijn. Met andere woorden, extraverte mensen zijn sociabel omdat hun hersenen goed zijn in het richten van hun aandacht op verschillende dingen, en dat is precies wat er tijdens gesprekken aan tafel gebeurt.

Tijdens de eenvoudigste sociale interactie tussen twee mensen moet immers een verbazingwekkend scala aan taken worden verricht: uitspraken van de ander interpreteren; lichaamstaal en gelaatsuitdrukkingen lezen; spreken en luisteren soepel met elkaar afwisselen; reageren op wat de ander zegt; inschatten of je wordt begrepen; vaststellen of je uitspraken goed vallen, en zo niet, verzinnen hoe je dat kunt verbeteren of een ander onderwerp kunt aanboren. Wat is er allemaal niet voor nodig om dat allemaal tegelijk te doen! En dat is nog maar een tweegesprek. Stel je nu eens voor hoeveel multitasken er nodig is in een groepsomgeving als een dinertje.

Dus wanneer introverte mensen de rol van waarnemer op zich nemen, zoals ze doen wanneer ze romans schrijven of nadenken over de theorie van alles, of stilvallen tijdens een etentje, dan tonen ze geen gebrek aan wilskracht of energie. Ze doen gewoon dat waarvoor ze qua constitutie geschikt zijn.

* * *

Het experiment van Lieberman helpt ons om te begrijpen wat de sociale obstakels zijn waar introverte mensen over struikelen. Het laat niet zien hoe ze kunnen uitblinken.

Neem nu het geval van een onopvallende man, Jon Berghoff. Jon is een klassiek introvert type, tot zijn fysieke verschijning aan toe: smal, pezig lichaam, markante neus en jukbeenderen; peinzende uitdrukking op zijn brildragend gezicht. Hij is geen grote prater. Wanneer hij iets zegt, heeft hij daar goed over nagedacht, vooral in groter gezelschap: 'Als ik in een kamer met tien mensen ben en ik kan kiezen tussen wel of niet spreken,' zegt hij, 'dan ben ik degene die niets zegt. Als mensen in een groep iemand vragen "Waarom zeg jij niets?", dan ben ik de man tegen wie ze dat zeggen.'

Jon is ook een eersteklas verkoper, al sinds zijn tienertijd. In de zomer van 1999, toen hij nog maar in de tweede klas zat, begon hij op het instapniveau als distributeur van Cutco-keukenartikelen. Door dat baantje kwam hij bij klanten over de vloer om messen te verkopen. Het was een van de intiemste verkoopsituaties die je je kunt indenken, niet in een bestuurskamer of een autohandel, maar in de keuken van een potentiële klant, waarbij hij een product aan de man bracht dat die elke dag bij het koken zou gebruiken.

In de eerste acht weken dat Jon dit werk deed, verkocht hij voor 50.000 dollar aan messen. Hij werd de beste vertegenwoordiger van de ruim 40.000 nieuwe rekruten die het bedrijf dat jaar had aangenomen. In 2000, toen hij in de derde klas zat, had Jon voor meer dan 135.000 dollar aan opdrachten binnengesleept en ruim vijfentwintig landelijke en regionale verkooprecords gebroken. Intussen was hij op school nog steeds een sociale stuntel die zich tijdens de lunchpauze in de bibliotheek verstopte. Maar in 2002 had hij negentig andere vertegenwoordigers geworven, in dienst genomen en opgeleid, en de omzet met 500 procent verhoogd ten opzichte van het vorige jaar. Sindsdien heeft Jon Global Empowerment Coaching opgezet, zijn eigen bedrijf voor personal coaching en verkooptrainingen. Tot op heden heeft hij honderden toespraken gegeven, trainingen geleid en particuliere consulten verstrekt aan meer dan 30.000 verkopers en managers.

Wat is het geheim van Jons succes? Een belangrijke aanwijzing wordt geboden door een experiment dat werd gedaan door ontwikkelingspsycholoog Avril Thorne, tegenwoordig hoogleraar aan de University of California in Santa Cruz. Thorne verzamelde 52 jonge vrouwen, 26 introverte en 26 extraverte – en verdeelde die in twee verschillende gespreksparen. Elk persoon voerde een gesprek van tien minuten met een gesprekspartner van haar eigen type en een tweede, even lang gesprek met haar 'dispositionele tegenpool'. De medewerkers van Thorne maakten geluidsopnamen van de gesprekken en vroegen de deelnemers om die te beluisteren.

Deze werkwijze bracht een paar verrassende zaken aan het licht. De introverte en extraverte vrouwen droegen ongeveer evenveel bij aan de gesprekken, en ontkrachtten daarmee het idee dat introverte mensen altijd minder spraakzaam zijn. Maar de introverte paren concentreerden zich op een of twee serieuze gespreksonderwerpen, terwijl de extraverte paren kozen voor minder zware en meer gevarieerde onderwerpen. De introverte vrouwen bespraken vaak problemen of conflicten op school, op het werk, in vriendschappen, enzovoorts. Mogelijk vanwege deze voorkeur voor 'probleemgesprekken' vervulden ze vaak de rol van adviseur, en gaven elkaar om beurten raad over het besproken probleem. De extraverte vrouwen daarentegen verschaften vaker oppervlakkige informatie over zichzelf om raakvlakken met de ander te vinden: 'Heb je een nieuwe hond? Wat leuk. Een vriendin van me heeft een fantastisch aquarium met zoutwatervissen!'

Maar het interessantste aspect van het experiment van Thorne was hoeveel waardering de twee types voor elkaar hadden. Introverte vrouwen die met extraverte vrouwen spraken, kozen opgewektere onderwerpen, meldden dat daardoor het gesprek vlotter liep, en omschreven het spreken met extraverte vrouwen als 'een frisse wind'. De extraverte vrouwen op hun beurt vonden dat ze zich bij introverte gesprekspartners konden ontspannen en zich vrijer voelden om hen in vertrouwen te nemen over hun problemen. Ze voelden geen druk om gemaakt vrolijk te doen.

Dat is sociale informatie waar je wat aan hebt. Introverte en extraverte mensen knappen soms op elkaar af, maar het onderzoek van Thorne maakt duidelijk hoeveel de beide types het andere type te bieden hebben. Extraverte mensen moeten begrijpen dat introverte mensen – die vaak oppervlakkigheid lijken te minachten – het soms bijzonder prettig vinden om te worden meegevoerd naar luchthartiger sferen; en introverte mensen, die soms het idee hebben dat ze een zeurpiet zijn vanwege hun geneigdheid tot probleemgesprekken, moeten beseffen dat zij anderen de veiligheid bieden om een serieus gesprek te voeren.

Het onderzoek van Thorne maakt ook duidelijk waarom Jon Berghoff zo'n verbijsterend goede verkoper is. Hij heeft van zijn affiniteit met serieuze gesprekken en de keuze voor de rol van raadgever in plaats van overtuiger, een soortement therapie voor potentiële klanten ontwikkeld. 'Ik ontdekte al snel dat mensen niet bij me kopen omdat ze begrijpen wat ik verkoop,' legt Jon uit. 'Ze kopen bij me omdat ze zich begrepen voelen.'

Jon profiteert ook van zijn aangeboren vermogen om veel vragen te stellen en aandachtig naar de antwoorden te luisteren. 'Op een gegeven moment kon ik bij iemand naar binnen lopen en in plaats van te proberen om een paar messen te verkopen, stelde ik honderd vragen achter elkaar. Ik kon het hele gesprek sturen, alleen maar door de juiste vragen te stellen.' Met zijn coachingbedrijf doet Jon tegenwoordig hetzelfde. 'Ik probeer me af te stemmen op het radiostation van degene die ik begeleid. Ik besteed aandacht aan de energie die zo iemand uitstraalt. Dat kan ik goed, want ik ben vaak druk aan het denken, altijd eigenlijk.'

Maar moet je als verkoper niet opgewonden kunnen raken, om mensen warm te laten lopen? Volgens Jon niet. 'Veel mensen denken dat je in de verkoop een rappe prater moet zijn, of moet weten hoe je je uitstraling gebruikt als overredingsmiddel. Voor die dingen heb je inderdaad een extraverte manier van communiceren nodig. Maar in de verkoopbranche geldt een tegeltjeswijsheid: "Je hebt twee oren en één mond en die moet je navenant gebruiken." Volgens mij is dat de reden waarom iemand een echt goede verkoper of consultant is. Het allerbelangrijkste is dat je goed kunt luisteren. Wanneer ik naar de beste verkopers in mijn organisatie kijk, zijn die extraverte eigenschappen bij geen van allen de sleutel tot hun succes.'

* * *

Nu weer terug naar de impasse van Greg en Emily. We hebben zojuist twee essentiële stukjes informatie verkregen. Ten eerste is Emily's afkeer van multitasken tijdens een gesprek reëel en verklaarbaar. En ten tweede: als introverte mensen gesprekken op hun eigen manier kunnen ervaren, vormen ze een diepgaande en plezierige band met anderen.

Pas toen ze deze twee realiteiten hadden geaccepteerd, vonden Greg en Emily een manier om hun patstelling te doorbreken. In plaats van zich te concentreren op het aantal etentjes dat ze gaven, begonnen ze te praten over de vormgeving van die etentjes. In plaats van iedereen aan één grote tafel te laten aanschuiven, wat dwong tot het ingewikkelde multitasken tijdens gesprekken waar Emily zo'n hekel aan heeft, konden ze er een buffetmaaltijd van maken, zodat iedereen zat te eten in kleine, informele gespreksgroepjes op de banken en op kussens op de vloer. Dan kon Greg zijn gebruikelijke positie midden in de kamer innemen en Emily de hare aan de rand, waar ze de intieme één-op-ééngesprekken kon voeren die zij prettig vond.

Toen deze kwestie was opgelost, kon het paar zich richten op een neteliger vraagstuk: het aantal etentjes dat ze wilden organiseren. Na wat geven en nemen kwamen ze uit op twee avonden per maand, dus 24 etentjes per jaar in plaats van 52. Emily verheugt zich nog steeds niet op deze gebeurtenissen, maar soms beleeft ze er ondanks zichzelf plezier aan. En Greg kan de avondjes organiseren waar hij zo van geniet, vasthouden aan zijn identiteit en verkeren in het gezelschap van de vrouw die hij boven iedereen liefheeft – en dat allemaal tegelijkertijd.

11 – Over schoenlappers en generaals: hoe je stille kinderen grootbrengt in een wereld die hen niet hoort

Bij alles wat jong en pril is, is het belangrijkste deel van het werk het begin ervan; want dat is het moment waarop het karakter wordt gevormd en de gewenste inprenting het best wordt ontvangen.

Plato, *De staat*

Mark Twain heeft ooit een verhaal verteld over een man die over de hele wereld zocht naar de grootste generaal die ooit geleefd had. Toen hem gezegd werd dat de man die hij zocht al dood en in de hemel was, reisde hij naar de hemelpoort om hem te zoeken. Petrus wees hem op een heel onopvallende figuur.

'Dat is niet de allergrootste generaal,' wierp de man tegen. 'Ik heb hem gekend toen hij op aarde leefde, en hij was een nederige schoenlapper.'

'Dat weet ik,' zei Petrus, 'maar als hij wél een generaal zou zijn geweest, was hij de allergrootste geweest.'

We zouden allemaal onze ogen moeten openhouden voor schoenlappers die een uitmuntende generaal hadden kunnen zijn. Dat betekent aandacht hebben voor introverte kinderen, bij wie talenten maar al te vaak worden verstikt, of dat nu thuis, op school of in de speeltuin gebeurt.

Luister eens naar het volgende afschrikwekkende verhaal, dat mij werd verteld door dr. Jerry Miller, een kinderpsycholoog en de directeur van het Center for the Child and the Family op de University of Michigan. Dr. Miller had een patiënt die Ethan heette, die vier keer door zijn ouders werd meegenomen op consult. Elke keer vertelden de ouders over dezelfde angst dat er iets met hun kind mis was. Elke keer verzekerde dr. Miller hun dat er niets met Ethan aan de hand was.

De reden voor hun aanvankelijke bezorgdheid was vrij eenvoudig. Ethan was zeven, en zijn broertje van vier had hem een paar keer in elkaar geslagen. Ethan vocht niet terug. Zijn ouders, allebei sociale, ondernemende mensen met een hoge functie in het bedrijfsleven en hartstochtelijke wedstrijdgolfers en -tennissers, hadden geen problemen met de agressie van hun jongste zoon, maar waren bang dat de passiviteit van Ethan 'het verhaal van zijn leven zou worden'.

Toen Ethan ouder werd, probeerden zijn ouders tevergeefs om hem een 'vechtersmentaliteit' bij te brengen. Ze deden hem op honkbal en voetbal, maar Ethan wilde alleen maar naar huis om te lezen. Zelfs op school deed hij nauwelijks zijn best. Hoewel hij heel intelligent was, haalde hij hooguit zeventjes. Hij had veel hogere cijfers kunnen halen, maar hield zich liever bezig met zijn hobby's, vooral modelauto's bouwen. Hij had een paar goede vriendjes, maar stortte zich nooit echt in het sociale leven op school. Omdat ze zijn mysterieuze gedrag niet konden verklaren, dachten de ouders van Ethan dat hij misschien depressief was.

Maar het probleem van Ethan, zo vertelt dr. Miller, was geen depressiviteit, maar een klassiek geval van een slechte 'ouder-kind-combinatie'. Ethan was lang, mager en onsportief; hij oogde als een stereotype nerd. Zijn ouders waren sociale, assertieve mensen, die altijd 'glimlachten, altijd een praatje aanknoopten met andere mensen terwijl ze Ethan achter zich aan sleurden'.

Vergelijk hun zorgen over Ethan met de diagnose van dr. Miller: 'Hij was het klassieke Harry Potter-kind – hij was voortdurend aan het lezen,' zegt dr. Miller enthousiast. 'Hij hield van allerlei vormen van fantasierijk spelen. Hij vond het leuk om dingen te bouwen. Er waren allerlei dingen waarover hij je wilde vertellen. Hij accepteerde zijn ouders beter dan zij hem. Hij omschreef hen niet als ziekelijk, gewoon als anders dan hijzelf. In een ander gezin was datzelfde joch een modelkind geweest.'

Maar de ouders van Ethan konden het nooit opbrengen om hem zo te bezien. Het laatste wat dr. Miller erover hoorde, was dat zijn ouders uiteindelijk een andere psycholoog hadden geraadpleegd, die hun zoon wel wilde 'behandelen'. En nu is dr. Miller degene die ongerust is over Ethan.

'Dit is een duidelijk voorbeeld van een "iatrogenisch probleem"', zegt hij. 'Dat wil zeggen dat de behandeling iemand ziek maakt. Het klassieke voorbeeld is dat je een homoseksueel kind wilt behandelen om er een heteroseksueel kind van te maken. Ik maak me zorgen over dat joch. Die ouders zijn duidelijk heel liefdevolle mensen die het beste met hem voorhebben. Ze geloven dat ze hem zonder behandeling niet goed op de maatschappij voorbereiden. Dat hij meer lef moet hebben. Misschien schuilt er wel enige waarheid in dat laatste; dat weet ik niet. Maar ik ben er hoe dan ook stellig van overtuigd dat je dat kind niet kunt veranderen. Ik ben bang dat ze het zelfbeeld van een volkomen gezonde jongen beschadigen.'

Uiteraard is het niet per definitie een slechte combinatie wanneer extraverte ouders een introvert kind hebben. Met een beetje aandacht en begrip kan elke ouder een goede combinatie vormen met elk kind, zegt dr. Miller. Maar dan moeten ouders wel een beetje afstand nemen van hun eigen voorkeuren en zien hoe de wereld er voor hun stille kinderen uitziet.

* * *

Neem nu Joyce en haar dochter Isabel van zeven. Isabel is een elfachtig meisje uit groep vier dat graag sandalen met glitter en kleurige rubberen armbanden draagt aan haar smalle armpjes. Ze heeft een paar goede vriendinnetjes aan wie ze geheimpjes vertelt, en ze kan goed overweg met de meeste kinderen uit haar klas. Ze is het type dat een klasgenootje dat een rotdag heeft gehad omhelst; ze geeft zelfs haar verjaardagscadeaus weg aan een goed doel. Daarom vond haar moeder, Joyce, een aantrekkelijke, goedmoedige vrouw die graag woordgrapjes maakt en van wanten weet, het zo raar dat Isabel problemen op school had.

Toen ze in groep drie zat, kwam Isabel vaak thuis vol zorgen over de plaaggeest van de klas, die gemene opmerkingen maakte tegen iedereen die gevoelig genoeg was om zich daardoor te laten kwetsen. Ook al had die plaaggeest het meestal gemikt op andere kinderen, toch was Isabel urenlang in de weer met het ontleden van de betekenis van de uitlatingen van de plaaggeest, haar eigenlijke bedoeling daarmee en zelfs met de vraag wat er bij de plaaggeest thuis aan de hand kon zijn dat haar ertoe bracht om zich op school zo te misdragen.

Toen ze in groep vier zat, begon Isabel aan haar moeder te vragen om geen speelafspraakjes meer te maken zonder eerst met haar te overleggen. Meestal bleef ze liever thuis. Wanneer Joyce Isabel van school haalde, zag ze vaak dat de andere meisjes in groepjes op het speelplein stonden en dat Isabel in haar eentje op het sportveld aan het basketballen was. Ze hoorde er gewoon niet bij. 'Ik ben een tijdje gestopt met haar ophalen,' herinnert Joyce zich. 'Het was zo hartverscheurend dat ik het niet kon aanzien.' Joyce begreep maar niet waarom haar lieve, liefdevolle dochter zo vaak alleen wilde zijn. Ze was bang dat er iets met Isabel mis was. Ze had haar dochter altijd erg meelevend gevonden, maar zou Isabel dan toch het vermogen missen om contact met anderen te maken?

Pas toen ik opperde dat de dochter van Joyce misschien introvert was en uitlegde wat dat inhield, ging Joyce anders kijken naar Isabels ervaringen op school. Vanuit Isabels optiek was het allemaal niet zo verontrustend. 'Ik moet na school even rust hebben,' vertelde ze me later. 'School is vermoeiend omdat er een heleboel kinderen in het lokaal zijn, en dan word je moe. Ik sla op tilt als mijn moeder een speelafspraak maakt zonder mij dat te zeggen, omdat ik mijn vriendinnetjes geen verdriet wil doen. Maar ik blijf liever thuis. In het huis van een vriendinnetje moet je doen wat andere mensen willen. Ik vind het fijn om na school bij mijn mama te zijn omdat ik van haar kan leren. Zij heeft langer geleefd dan ik. We voeren diepgaande gesprekken. Ik vind het fijn om diepgaande gesprekken te voeren omdat mensen daar gelukkig van kunnen worden.'*

Isabel vertelt ons, met de wijsheid van een kind van zeven, dat introverte mensen zich met andere mensen verbonden voelen. Natuurlijk is dat zo. Ze doen het alleen op hun eigen manier.

* Sommige mensen die dit boek vóór publicatie lazen zeiden dat dit citaat van Isabel onmogelijk kon kloppen: 'Zo praat een kind uit groep vier niet!' Maar zo zei ze het echt.

Nu Joyce de behoeften van Isabel beter begrijpt, brainstormen moeder en dochter er vrolijk op los om strategieën te verzinnen die Isabel helpen om de schooldag door te komen. 'Vroeger regelde ik voortdurend dat Isabel de deur uit ging en onder de mensen kwam, en plande haar uren na school vol met activiteiten,' zegt Joyce. 'Tegenwoordig begrijp ik dat de schooldag erg zwaar voor haar is, en daarom zoeken we samen uit hoeveel gezelligheid verstandig is en wanneer het moet gebeuren.' Joyce vindt het niet erg als Isabel na school in haar eentje op haar kamer wil zitten of wat eerder weg wil bij een verjaardagsfeestje dan andere kinderen. Aangezien Isabel al die dingen niet als een probleem beschouwt, snapt ze dat er geen reden is waarom zij dat zou doen.

Joyce heeft ook doorgrond hoe ze haar dochter kan helpen met de intriges op het schoolplein. Isabel maakte zich een keer zorgen over hoe ze haar tijd moest verdelen over drie vriendinnen die niet met elkaar konden opschieten. 'Mijn eerste impuls,' zegt Joyce, 'zou zijn om te zeggen: Maak je daar niet druk over! Speel gewoon met alle drie! Maar nu snap ik dat Isabel anders in elkaar steekt. Ze vindt het moeilijk om een strategie te verzinnen voor de omgang met al die kinderen tegelijk op het schoolplein. Daarom bespreken we met wie ze gaat spelen en wanneer, en we oefenen wat ze tegen haar vriendinnen kan zeggen om dat soepel te laten verlopen.'

Een andere keer, toen Isabel iets ouder was, was ze van slag omdat haar vriendinnen tussen de middag aan twee verschillende tafels zaten te eten. Aan de ene tafel zaten haar stillere vriendinnetjes en aan de andere de extraverte klasgenootjes. Isabel beschreef de tweede groep als 'luidruchtig, voortdurend aan het praten, ze zitten boven op elkaar – bah!' Maar ze was verdrietig omdat haar beste vriendin Amanda het liefst aan de 'drukke tafel' zat, terwijl ze ook bevriend was met de meisjes aan de 'meer ontspannen en relaxte tafel.' Isabel was innerlijk verscheurd. Waar moest ze gaan zitten?

De eerste gedachte van Joyce was dat de 'drukke tafel' haar zelf leuker leek. Maar ze vroeg Isabel wat zij liever wilde. Isabel dacht daar even over na en zei: 'Misschien ga ik af en toe bij Amanda zitten, maar ik vind het fijn om rustiger te zijn en tijdens de lunch even van alles bij te komen.'

Waarom zou je dat willen? dacht Joyce. Maar ze betrapte zichzelf op die gedachte voordat ze die uitsprak. 'Dat lijkt me prima,' zei ze tegen Isabel. 'En Amanda vindt je evengoed wel lief. Ze zit alleen heel graag aan die andere tafel. Maar dat wil niet zeggen dat ze jou niet aardig vindt. En jij moet jezelf het rustmoment gunnen dat je nodig hebt.'

Door haar inzicht in introversie, zegt Joyce, zijn haar opvoedingsmethoden veranderd. Ze snapt eigenlijk niet dat ze daar zo lang over gedaan heeft. 'Wanneer ik zie hoe Isabel helemaal zichzelf is, vind ik dat heerlijk, ook al roept de hele wereld dat ze aan die andere tafel moet willen zitten. Door die tafel door haar ogen te bekijken, begrijp ik ook beter hoe ik soms op andere mensen overkom en dat ik me bewust moet blijven van mijn extraverte "standaardinstelling" en die moet temperen, wil ik het gezelschap van anderen zoals mijn lieve dochter niet mislopen.'

Joyce heeft ook geleerd om Isabels sensitieve gedrag te waarderen. 'Isabel is een oude ziel,' zegt ze. 'Je vergeet soms dat ze nog maar een kind is. Wanneer ik met haar praat, heb ik geen enkele aandrang om zo'n stemmetje op te zetten waarmee veel mensen tegen kinderen praten en ook mijn taalgebruik pas ik niet aan. Ik praat met haar zoals ik dat met een volwassene zou doen. Ze is heel gevoelig, heel liefdevol. Ze maakt zich druk over het welzijn van andere mensen. Ze kan snel overspoeld raken, maar al die dingen horen bij elkaar en dat vind ik zo leuk aan mijn dochter.'

* * *

Joyce is een heel liefdevolle moeder, maar vanwege hun temperamentverschillen was het grootbrengen van een dergelijke dochter wel een steile leercurve. Zou het een meer natuurlijke ouderkindcombinatie zijn geweest als ze zelf ook introvert was geweest? Niet per se. Introverte ouders hebben ook zo hun problemen. Soms zitten pijnlijke jeugdherinneringen in de weg.

Emily Miller, een maatschappelijke werker in een kliniek in Ann Arbor, Michigan, vertelde me over een klein meisje dat ze behandelde. Ava was zo extreem verlegen dat ze op school geen vriendschappen kon opbouwen of zich kon concentreren. Toen haar onlangs werd gevraagd om met een groepje voor de klas een liedje te zingen, barstte ze in huilen uit. Op dat moment besloot haar moeder Sarah om Miller in te schakelen. Toen Miller aan Sarah, een succesvolle journalist die schrijft over het zakenleven, vroeg om mee te werken aan de behandeling van haar dochter, barstte ze in tranen uit. Sarah was als kind zelf ook verlegen geweest, en voelde zich schuldig dat ze die zware last aan Ava had doorgegeven.

'Ik verberg het nu beter, maar ik ben nog steeds net als mijn dochter,' legde ze uit. 'Ik kan op iedereen afstappen, maar alleen zolang ik me kan verschuilen achter het notitieblok van de journalist.'

De reactie van Sarah is niet ongebruikelijk voor een pseudo-extraverte ouder met een verlegen kind, zegt Miller. Niet alleen beleeft Sarah haar eigen jeugd opnieuw, maar ze projecteert ook haar akeligste herinneringen op Ava. Sarah moet echter leren inzien dat zij en Ava niet dezelfde persoon zijn, ook al lijkt ze een vergelijkbaar temperament te hebben geërfd. Om te beginnen wordt Ava ook beïnvloed door haar vader en talloze omgevingsfactoren, dus haar temperament zal zich ongetwijfeld op een andere manier manifesteren. De behoeften van Sarah zijn niet automatisch dezelfde als die van haar dochter, en ze bewijst Ava geen goede dienst door dat te denken. Met goede begeleiding zal Ava misschien zelfs het punt bereiken dat haar verlegenheid niet meer dan een kleine en sporadische ergernis is.

Maar ook ouders die nog steeds moeten werken aan hun eigen gevoel van eigenwaarde, kunnen hun kinderen heel goed helpen, zegt Miller. Advies van een ouder die snapt hoe een kind zich voelt, is op zichzelf al geruststellend. Als je zoontje zenuwachtig is op de eerste schooldag, helpt het om hem te vertellen dat jij ook nerveus was toen je als kind naar school ging, en dat je dat op je werk soms nog steeds bent, maar dat het met de jaren steeds beter gaat. Zelfs als hij je niet gelooft, geef je het signaal af dat je hem snapt en neemt zoals hij is.

Je kunt ook je inlevingsvermogen gebruiken om in te schatten op welke momenten je hem moet aanmoedigen om de confrontatie met zijn angsten aan te gaan en wanneer dat te hoog gegrepen is. Zo zou Sarah kunnen weten dat een liedje voor de klas zingen echt een zo grote stap is dat je niet van Ava kunt eisen dat ze die in één keer zet. Maar ze kan ook aanvoelen dat thuis zingen met een klein, meelevend groepje, of met één vertrouwd vriendinnetje, een haalbare eerste stap is, zelfs als Ava aanvankelijk protesteert. Kortom, ze kan aanvoelen wanneer ze Ava moet pushen, en hoe veel.

* * *

Psycholoog Elaine Aron, wier werk over sensitiviteit ik in hoofdstuk 6 beschreef, biedt inzicht in deze vragen wanneer ze schrijft over Jim, een van de beste vaders die ze kent. Jim is een zorgeloze, extraverte man met twee jonge dochters. De oudste dochter, Betsy, lijkt op hem, maar de tweede, Lily, is gevoeliger: een pientere, maar angstige observator van haar wereld. Jim is bevriend met Aron, dus hij was uitstekend op de hoogte van sensitiviteit en introversie. Hij vond het prima dat Lily was zoals ze was, maar tegelijkertijd wilde hij niet dat ze tot een verlegen vrouw zou uitgroeien.

Aron schrijft:

> 'Daarom was hij 'vastbesloten om haar te laten kennismaken met elke denkbare kans op leuke dingen in het leven, van oceaangolven, in bomen klimmen en het eten van onbekende gerechten tot familiereünies, voetbal en het dragen van verschillende kleren in plaats van zich vastklampen aan één comfortabel uniform.'

In vrijwel ieder geval vond Lily deze nieuwe ervaringen aanvankelijk niet zo'n geweldig idee, terwijl Jim echt altijd haar mening respecteerde. Hij zette haar nooit onder druk, ook al kon hij erg overtuigend praten. Hij vertelde haar gewoon wat zijn mening over die activiteiten was: hoe veilig ze waren, hoeveel lol je eraan kon beleven, hoeveel ze leken op andere activiteiten waar ze al plezier aan had beleefd. Hij wachtte tot hij de schittering in haar ogen zag waaruit bleek dat ze met de anderen wilde meedoen, zelfs als ze daar nog niet aan toe was.

Jim beoordeelde deze situaties altijd zorgvuldig om zeker te weten dat ze uiteindelijk niet zou schrikken, maar plezier en succes zou ervaren. Soms hield hij haar tegen tot ze meer dan klaar was voor een bepaalde activiteit. Maar hij zorgde er vooral voor dat het een innerlijk conflict bleef, en geen conflict tussen hem en haar. [...] Ondanks of juist vanwege het feit dat haar vader meestal zijn zin kreeg, heeft Lily nog steeds liever haar vader bij zich dan haar wat bangere moeder wanneer ze iets nieuws uitprobeert. En als zij of iemand anders wat zegt over haar zwijgzaamheid of aarzeling, antwoordt Jim direct: "Dat is gewoon de manier waarop jij dingen doet. Andere mensen doen dat anders. Andere mensen hebben een andere stijl. Maar dit is jouw stijl. Jij vindt het prettig om de tijd te nemen en dingen zeker te weten."

Jim weet ook dat het onderdeel van haar persoonlijke stijl is om vriendschap te sluiten met iedereen die door anderen gepest wordt, nauwgezet te werken, alles op te merken wat binnen het gezin voorvalt en de voetballer met het grootste tactische inzicht in haar klasse te zijn.'

Een van de beste dingen die je voor een introvert kind kunt doen, is werken aan zijn reactie op nieuwe dingen. Vergeet niet dat introverte mensen niet alleen op nieuwe mensen reageren, maar ook op nieuwe omgevingen en gebeurtenissen. Verwar de behoedzaamheid van je kind in onbekende situaties dus niet met onvermogen om contact te leggen. Het kind deinst terug voor nieuwigheid of overprikkeling, niet voor menselijk contact. Zoals we in het vorige hoofdstuk hebben gezien, vertoont de mate van introversie of extraversie geen correlatie met vriendelijkheid of het genieten van intimiteit. Introverte kinderen zijn net zo geneigd als ieder ander kind om het gezelschap van anderen op te zoeken, hoewel vaak in kleinere doses.

De truc is om je kind geleidelijk bloot te stellen aan nieuwe situaties en mensen – waarbij je zorgvuldig zijn grenzen respecteert, zelfs als die in jouw ogen extreem zijn. Dat is een betere manier om kinderen zelfvertrouwen te laten opbouwen dan ze al te veel te beschermen of te veel te pushen. Maak je kind duidelijk dat zijn gevoelens normaal en natuurlijk zijn, maar ook dat het niet bang hoeft te zijn: 'Ik weet dat het soms raar voelt om te spelen met een kind dat je nog niet kent, maar ik weet zeker dat je van dat jongetje met zijn autootjes mag spelen als je het vraagt.' Volg het tempo van je kind; jut het niet op. Als hij klein is, stel hem dan zo nodig eerst aan dat andere jongetje voor. En blijf op de achtergrond aanwezig – of, wanneer hij heel klein is, leg dan zachtjes een bemoedigende hand op zijn rug – zolang hij voordeel lijkt te hebben van jouw aanwezigheid. Wanneer hij sociale risico's neemt, laat hem dan weten dat je zijn pogingen bewondert: 'Ik zag hoe je gisteren op die nieuwe kinderen afstapte. Ik weet dat dat soms moeilijk voor je is, en ik ben trots op je.'

Hetzelfde geldt voor nieuwe situaties. Stel je voor dat een meisje banger voor de zee is dan andere kinderen van haar leeftijd. Verstandige ouders erkennen dat dat een natuurlijke en zelfs verstandige angst is; de zee is inderdaad gevaarlijk. Maar ze staan niet toe dat ze de hele zomer in de veilige duinen blijft en gooien haar ook niet in het water in de verwachting dat ze kan zwemmen. In plaats daarvan maken ze duidelijk dat ze haar ongemak begrijpen en moedigen ze haar aan om kleine stapjes te zetten. Ze spelen bijvoorbeeld een paar dagen op het strand, op veilige afstand van de branding. Op een dag gaan ze dichter naar de waterkant, met het kind op de schouders van een van haar ouders. Ze wachten tot het rustig weer of eb is voordat ze een teen, dan een voet, dan een knie in het water dompelen. Ze overhaasten de zaak niet, want in de beleving van een kind is ieder stapje een enorme schrede. Wanneer het kind uiteindelijk als een vis leert zwemmen, heeft het een cruciaal leermoment bereikt in zijn relatie met water, maar ook met de angst.

Je kind zal geleidelijk inzien dat het loont om door de muur van zijn eigen ongemak heen te breken en het plezier te bereiken dat daar achter zit. Het zal leren om die muur zelf te doorbreken. Zoals dr. Kenneth Rubin, de directeur van het Center for Children, Relationships and Culture op de University of Maryland, schrijft: 'Als je je jonge kind consequent helpt om zijn of haar emoties en gedrag te leren reguleren op een manier die troostrijk en bemoedigend is, zal er iets wonderbaarlijks gebeuren: mettertijd zul je zien dat je zoon of dochter zichzelf geruststelt zonder iets te zeggen: "Die kinderen maken plezier, daar kan ik heen gaan." Hij of zij leert om de eigen angst en achterdocht te reguleren.'

Als jij je kind deze vaardigheden wilt bijbrengen, zeg dan nooit in zijn bijzijn dat het 'verlegen' is. Je kind zal in dat etiket gaan geloven en zijn nervositeit gaan opvatten als een onveranderlijke karaktertrek, en niet als een emotie waarmee het kan leren omgaan. Een kind snapt ook heel goed dat 'verlegen' in onze samenleving een negatief woord is. En kleineer het vooral niet omdat het verlegen is.

Je kunt een kind het best zelfbemoedigende vaardigheden bijbrengen als het klein is en er nog geen stigma kleeft aan bang zijn voor onbekenden. Doe voor hoe het moet door onbekenden op een rustige en vriendelijke manier te begroeten, en door gezellige dingen met je eigen vrienden te ondernemen. Nodig ook een paar van zijn klasgenootjes uit om bij jullie thuis te komen. Maak hem op vriendelijke wijze duidelijk dat hij in gezelschap niet moet fluisteren of aan je broekspijpen trekken om aan te geven wat hij wil; hij moet het zeggen. Zorg ervoor dat zijn sociale ervaringen plezierig zijn door kinderen te kiezen die niet al te agressief zijn en speelgroepen die vriendelijk aanvoelen. Laat je kind met jongere kinderen spelen als het daardoor meer zelfvertrouwen krijgt, en met oudere kinderen als die inspirerend zijn.

Als het niet klikt met een bepaald kind, forceer de zaak dan niet; je moet ervoor zorgen dat zijn eerste sociale ervaringen overwegend positief zijn. Regel dat hij zich zo geleidelijk mogelijk in nieuwe sociale situaties begeeft. Wanneer jullie naar een verjaardagsfeestje gaan, kun je er van tevoren over praten hoe het feestje zal verlopen en hoe het kind zijn leeftijdsgenootjes kan begroeten ('Eerst zeg ik "Gefeliciteerd met je verjaardag, Joey" en dan zeg ik "Hoi, Sabrina."'). En zorg dat je er tijdig bent. Het is veel makkelijker om een van de eerste gasten te zijn, waardoor je kind het gevoel heeft dat anderen zich bij hem voegen in een ruimte die hij 'bezit', dan dat hij zich moet invechten in een al bestaande groep.

Als je kind opziet tegen het begin van het schooljaar, kun je samen met hem naar zijn klaslokaal gaan kijken en in het ideale geval de leraar apart spreken, evenals andere vriendelijk ogende volwassenen, zoals de hoofdonderwijzer en de conciërge. Je kunt dat op een subtiele manier aanpakken: 'Ik heb je nieuwe klaslokaal nog niet gezien. Zullen we erheen rijden om een kijkje te nemen?' Zoek samen uit waar de wc's zijn, wat de regels zijn voor naar de wc gaan en hoe je van het klaslokaal naar de kantine loopt. Organiseer speelafspraakjes tijdens de zomer met geschikte kinderen uit zijn groep.

Je kunt je kind ook eenvoudige sociale strategieën bijbrengen waarmee het moeilijke momenten kan doorkomen. Moedig het aan om zelfverzekerd te kijken, ook al voelt het zich niet zo. Met drie eenvoudige geheugensteuntjes kom je een heel eind: glimlachen, rechtop staan en oogcontact maken. Leer je kind om in een grote groep op zoek te gaan naar vriendelijke gezichten. Bobby, een jongetje van drie, vond het niet leuk om naar de crèche te gaan, omdat de groep tussen de middag het veilige lokaal verliet en op het dak ging spelen met oudere kinderen uit hogere groepen. Hij vond dat zo griezelig dat hij alleen naar de crèche wilde op dagen dat het regende, zodat ze niet naar het dak konden. Zijn ouders hielpen hem om uit te zoeken met welke kinderen hij leuk kon spelen en in te zien dat een groep rumoerige oudere jongetjes zijn plezier niet hoefde te bederven.

Als je denkt dat je dat allemaal niet aankunt, of dat je kind wel wat extra oefening kan gebruiken, vraag dan aan een kinderarts waar er bij jou in de buurt sociale vaardigheidstrainingen worden gegeven. Tijdens die trainingen leren kinderen om zich bij een groep te voegen, zich aan nieuwe kinderen voor te stellen en om lichaamstaal en gelaatsuitdrukkingen te interpreteren. En ze kunnen je kind helpen om het moeilijkste onderdeel van hun sociale leven door te komen: de schooldag.

* * *

Het is een dinsdagochtend in oktober. Groep zeven op een openbare school in New York gaat zitten voor een les over de drie takken van de Amerikaanse overheid. De kinderen zitten met gekruiste benen op een tapijt in een helder verlichte hoek van het lokaal, terwijl hun juf, hoog gezeten op een stoel en met een lesboek op schoot, een paar minuten de tijd neemt om de basisbegrippen uiteen te zetten. Daarna is het tijd voor een groepsactiviteit om het geleerde toe te passen.

'Dit klaslokaal wordt na de middagpauze zo'n rommeltje,' zegt de juf. 'Er zit kauwgum onder de tafeltjes en op de vloer liggen overal wikkels en chips. We vinden het niet fijn als ons lokaal zo'n rommeltje is, hè?'

De kinderen schudden hun hoofd.

'Vandaag gaat we iets aan dat probleem doen, met zijn allen,' zegt de juf.

Ze deelt de klas op in drie groepjes van zeven: een wetgevende groep die belast is met het opstellen van een wet over het gedrag tijdens de lunchpauze; een uitvoerende groep die moet beslissen hoe de wet wordt gehandhaafd; en een rechterlijke tak die een systeem moet verzinnen voor de rechtspraak over sloddervossen.

De kinderen vormen opgewonden hun groepjes, en gaan in drie grote clusters zitten. Er hoeft geen meubilair verplaatst te worden. Aangezien het lesprogramma is afgestemd op werken in groepen, staan de tafeltjes al in clusters van zeven schoolbankjes opgesteld. Het is een vrolijke herrie in het lokaal. Sommige kinderen die zich tijdens het voorlezen, dat tien minuten duurde, stierlijk leken te vervelen, kwebbelen nu met hun klasgenootjes.

Maar niet allemaal. Wanneer je de klas als één grote massa bekijkt, is die net een kamer vol vrolijk door elkaar kruipende puppy's. Maar wanneer je je richt op afzonderlijke kinderen zoals Maya, een roodharig meisje met een paardenstaart, een bril met een stalen montuur en een dromerige blik, krijg je een heel ander beeld.

In Maya's groepje, de 'uitvoerende macht', praat iedereen door elkaar heen. Maya is afwachtend. Samantha, een lang en stevig meisje met een paars T-shirt, neemt de leiding. Ze haalt een boterhamzakje uit haar rugzak en verklaart: 'Wie het plastic zakje vasthoudt, mag iets zeggen!' De leerlingen geven het zakje aan elkaar door en dragen om beurten een idee aan. Ze doen me denken aan de kinderen in het boek *De heer der vliegen* die met echte burgerzin hun schelp doorgeven, in elk geval tot het geweld losbarst.

Maya lijkt overdonderd te zijn wanneer het zakje haar bereikt.

'Vind ik ook,' zegt ze, en geeft het als een hete aardappel door aan de volgende.

Het zakje gaat een paar keer de kring rond. Elke keer dat Maya het doorgeeft aan de volgende, zegt ze niets. Dan is de bespreking afgelopen. Maya kijkt bezorgd. Ze schaamt zich, vermoed ik, omdat ze niets heeft bijgedragen. Samantha leest uit haar schrift een lijst handhavingsmethoden voor die haar groepje tijdens het brainstormen heeft bedacht.

'Regel 1,' zegt ze. 'Als je de wet overtreedt, mag je tijdens het speelkwartier niet naar buiten.'

'Wacht!' onderbreekt Maya. 'Ik heb een idee!'

'Zeg het maar,' zegt Samantha, enigszins ongeduldig. Maar Maya, die zoals veel sensitieve, introverte mensen lijkt te zijn afgestemd op de subtielste blijken van afkeuring, merkt dat Samantha een scherpe toon aanslaat. Ze doet haar mond open om iets te zeggen, maar slaat dan haar ogen neer en zegt iets onsamenhangends en onbegrijpelijks. Niemand kan haar verstaan. Niemand probeert het. Het coole meisje in de groep – met een elegantie en modieuze kleren waarmee ze de anderen lichtjaren achter zich laat – slaakt een dramatische zucht. Maya raakt in de war en valt stil, en het coole meisje zegt: 'Oké, Samantha, je kunt nu verdergaan met het voorlezen van de regels.'

De juf vraagt de uitvoerende macht om hun ideeën samen te vatten. Iedereen wil als eerste iets mogen zeggen. Iedereen behalve Maya. Zoals gewoonlijk neemt Samantha de leiding, en haar stem klinkt boven iedereen uit, totdat de rest van het groepje stilvalt. Haar verslag is weinig samenhangend, maar ze is zo zelfverzekerd en zo aardig dat het niet uit lijkt te maken.

Maya zit intussen opgekruld aan de buitenrand van het groepje, en schrijft haar naam keer op keer in haar schrift, met grote blokletters, als om haar identiteit te herbevestigen. In elk geval voor zichzelf.

Eerder had de juf van Maya aan mij verteld dat ze een pientere leerling is die prachtige opstellen schrijft. Ze is goed in softbal. En ze is aardig voor anderen, en biedt aan om kinderen bij te spijkeren die achterop raken met de leerstof. Maar die ochtend waren die goede eigenschappen van Maya geen van allen in beeld.

* * *

Iedere ouder zou het een afschuwelijk idee vinden dat zijn of haar kind zijn onderwijs, zijn socialisatie en zichzelf op die manier beleeft. Maya is een introvert kind; ze is niet in haar element in een luidruchtig en erg prikkelrijk klaslokaal waar kinderen in een grote groep les krijgen. Haar docent vertelde me dat ze het veel beter zou doen op een school met een rustige sfeer, met klasgenootjes die 'net zo hard werken en net zoveel oog voor details hebben' en waar kinderen een groter deel van de dag zelfstandig werken. Uiteraard moet Maya leren om zich in een groep te handhaven, maar zal ze die vaardigheid verwerven door ervaringen zoals de les die ik bijwoonde?

In feite zijn veel scholen op extraverte leerlingen afgestemd. Introverte leerlingen hebben andere onderwijsvormen nodig dan extraverte leerlingen, schrijven onderwijskundigen Jill Burruss en Lisa Kaenzig van het College of William and Mary. En maar al te vaak 'krijgt die leerling zeer weinig aangeboden buiten het steeds herhaalde advies dat ze socialer en gezelliger moeten zijn'.

We vergeten vaak dat het lesgeven in grote klaslokalen niet heilig is, en dat we leerlingen niet op die manier organiseren omdat het de beste onderwijsmethode is, maar omdat het kosten bespaart. Wat zouden we anders met onze kinderen aanmoeten terwijl we aan het werk zijn? Als je kind liever zelfstandig werkt en met één persoon tegelijk omgaat, is er niets mis met hem of haar. Hij of zij past toevallig niet in het gangbare sjabloon. Het doel van het onderwijs zou moeten zijn om kinderen voor te bereiden op de rest van hun leven. Helaas moeten kinderen zich maar al te vaak voorbereiden op het overleven van de schooldag zelf.

De schoolomgeving kan heel onnatuurlijk zijn, vooral vanuit de optiek van een introvert kind dat houdt van lezen, geconcentreerd werken aan bezigheden die het belangrijk vindt en met maar een of twee vriendjes tegelijk omgaan. 's Ochtends stroomt de school vol met een lawaaiige, duwende en trekkende menigte. De lessen worden gedomineerd door plenaire discussies waarbij een leraar de leerlingen port om hun mond open te doen. Het kind eet zijn boterhammen in het oorverdovende lawaai van de kantine, waar het moet vechten om een plaatsje aan een volle tafel. Het ergste is nog wel dat er weinig tijd is om na te denken of dingen te maken. De structuur van de dag zorgt er gegarandeerd voor dat zijn energie eerder wegsijpelt dan dat die geprikkeld wordt.

Waarom accepteren we dit uniforme stramien als een onwrikbaar feit, terwijl we dondersgoed weten dat volwassenen hun leven niet zo inrichten? We verbazen ons er regelmatig over dat introverte, leergierige en sociaal onhandige kinderen zich 'ontpoppen' tot zelfverzekerde en gelukkige volwassenen. Dat vergelijken we vaak met een metamorfose. Maar het zou net zo goed kunnen dat niet het kind, maar zijn omgeving is veranderd. Als volwassene kun je zelf kiezen voor een baan, een partner en een vriendenkring die bij je past. Je hoeft niet te leven in de cultuur waar je toevallig in terecht bent gekomen. Onderzoek uit een vakgebied dat *person-environment fit* of 'mens-en-milieucombinatie' wordt genoemd, laat zien dat mensen opbloeien wanneer ze, om met psycholoog Brian Little te spreken, 'actief zijn in beroepen, rollen of omgevingen die bij hun persoonlijkheid passen'. Het omgekeerde geldt ook: kinderen houden op met leren wanneer ze zich emotioneel bedreigd voelen.

Niemand weet dat beter dan LouAnne Johnson, een goedgebekte oud-marinier die nu leraar is en alom bewonderd wordt omdat ze les heeft gegeven aan een aantal van de ergst ontspoorde tieners in het openbaar onderwijs in Californië (Michelle Pfeiffer speelde haar in de film *Dangerous Minds*). Ik bezocht Johnson bij haar thuis in Truth or Consequences, New Mexico, om meer te weten te komen over haar ervaring met het lesgeven aan kinderen van allerlei allooi.

Johnson is namelijk goed in het begeleiden van zeer verlegen kinderen, en dat is geen toeval. Een van haar technieken is om aan haar leerlingen te vertellen hoe timide zijzelf als kind was. Haar eerste herinnering aan school is dat ze op de kleuterschool op een krukje moest staan, omdat ze liever in een hoekje boekjes zat te lezen en de juf wilde dat ze 'contact met de anderen maakte'. 'Veel verlegen kinderen vinden het spannend om te horen dat hun leraar vroeger net zo verlegen was als zij,' vertelde ze me. 'Ik herinner me een heel verlegen meisje dat ik Engels gaf. Haar moeder kwam me bedanken omdat ik tegen haar dochter had gezegd dat ze volgens mij pas op latere leeftijd zou pieken en dus niet ongerust hoefde te zijn omdat ze op de middelbare school geen uitblinker was. Zei ze dat ik met die ene opmerking de levensvisie van haar dochter volledig had omgegooid. Ongelooflijk dat één terloopse opmerking zo veel invloed op een gevoelig kind kan hebben.'

Wanneer ze verlegen kinderen aanmoedigt om te spreken, vertelt Johnson, is het handig om het onderwerp zo fascinerend te maken dat ze hun geremdheid helemaal vergeten. Ze adviseert om leerlingen te laten praten over hete hangijzers zoals 'Jongens hebben het veel makkelijker in het leven dan meisjes'. Johnson, die ondanks haar levenslange fobie voor spreken in het openbaar regelmatig lezingen over onderwijsmethoden geeft, weet uit eigen ervaring hoe goed dat werkt. 'Ik heb mijn verlegenheid niet overwonnen,' zegt ze. 'Die zit in een hoekje naar me te lonken. Maar ik vind echt dat ons onderwijssysteem moet veranderen, en dus wint mijn passie het van mijn verlegenheid als ik eenmaal begin te spreken. Als je iets vindt wat je hartstochtelijk bezighoudt of een welkome uitdaging is, kun je even jezelf vergeten. Het is als een soort vakantie van je emoties.'

Maar laat kinderen de klas pas toespreken wanneer je ze hebt voorzien van de benodigde gereedschappen en ze er vrij zeker van zijn dat het gaat lukken. Laat kinderen oefenen met één ander kind en in kleine groepjes, en als ze dan nog steeds doodsbang zijn, forceer het dan niet. Deskundigen geloven dat negatieve ervaringen met spreken in het openbaar tijdens de jeugd iemand voor de rest van zijn leven plankenkoorts kunnen bezorgen.

Dus wat voor leeromgeving zou het best werken voor kinderen als Maya? Eerst een paar overwegingen voor docenten:

– Vat introversie niet op als iets dat verholpen moet worden. Als een introvert kind hulp nodig heeft bij sociale vaardigheden, breng die dan bij of adviseer een training buiten de lestijd, net zoals je dat zou doen met een leerling die extra hulp nodig heeft bij rekenen of lezen. Maar geniet van deze kinderen zoals ze zijn. 'Een veel gelezen opmerking in het rapport van deze kinderen is "Ik wou dat Molly tijdens de les wat vaker haar mond opendeed"," zei Pat Adams, het voormalige schoolhoofd van de Emerson School voor hoogbegaafde leerlingen in Ann Arbor, Michigan. 'Maar op onze school gaan wij ervan uit dat veel kinderen introspectief zijn. We proberen ze uit de tent te lokken, maar we tillen er niet zo zwaar aan. Wij zien introverte kinderen als leerlingen die op een andere manier leren.'

- Volgens onderzoek is een derde tot de helft van alle mensen introvert. Dat betekent dat er meer introverte kinderen in je klas zitten dan je zou denken. Sommige introverte mensen zijn al vanaf heel jong zeer bedreven geworden in doen alsof ze extravert zijn, waardoor je ze moeilijk herkent. Schep evenwicht tussen de lesvormen zodat alle kinderen in je klas bediend worden. Extraverte kinderen houden doorgaans van bewegen, prikkeling en samenwerken. Introverte kinderen houden meer van voorgelezen worden, recupereertijd en zelfstandig werken. Maak een eerlijke mix.
- Introverte kinderen hebben vaak een of twee diepgaande interesses die ze niet altijd met hun klasgenoten delen. Soms krijgen ze het gevoel opgedrongen dat ze raar zijn vanwege de hevigheid van deze passies, terwijl onderzoek juist aantoont dat dit soort intensiteit een voorwaarde voor de ontplooiing van talent is. Prijs deze kinderen om hun hobby's, moedig hen aan en help ze om gelijkgestemde vriendjes te vinden, zo niet op school, dan daarbuiten.
- Een zekere mate van samenwerking is prima en zelfs gunstig voor introverte kinderen. Maar die moet wel plaatsvinden in kleine groepjes van twee of drie en goed gestructureerd zijn, zodat elk kind weet wat zijn rol is. Roger Johnson, een van de directeuren van het Cooperative Learning Center op de University of Minnesota, zegt dat verlegen of introverte kinderen vooral baat hebben bij goed begeleid werk in kleine groepjes omdat 'ze zich doorgaans goed op hun gemak voelen tijdens een bespreking met een of twee klasgenootjes voor het beantwoorden van een vraag of het uitvoeren van een opdracht, maar nooit hun hand zouden opsteken om de hele klas toe te spreken. Het is heel belangrijk dat deze leerlingen de kans krijgen om hun gedachten te verwoorden.' Stel je voor hoe anders Maya's ervaring zou zijn geweest als haar groep kleiner was geweest en iemand de tijd had genomen om te zeggen: 'Samantha, jij zorgt ervoor dat de discussie

op het rechte spoor blijft. Maya, het is jouw taak om aantekeningen te maken en ze aan de groep voor te lezen.'

- Maar vergeet ook niet het onderzoek van Anders Ericsson over doelbewust oefenen uit hoofdstuk 3. Veel vakken kun je alleen leren door zelfstandig te werken. Laat je extraverte leerlingen iets opsteken van hun introverte klasgenoten. Leer alle kinderen om zelfstandig te werken.
- Zet stille kinderen niet op plekken in het klaslokaal met 'hoge interactie', zegt communicatiedeskundige James McCroskey. Daar worden ze niet spraakzamer van; ze voelen zich sterker bedreigd en zullen het moeilijk vinden om zich te concentreren. Maak het makkelijk voor introverte kinderen om aan de les deel te nemen, maar eis dat niet. 'Het is schadelijk om zeer nerveuze jonge mensen te dwingen om mondeling te presteren,' schrijft McCroskey. 'Dat versterkt hun angstgevoelens en zal hun gevoel van eigenwaarde verzwakken.'
- Als je school een selectief toelatingsbeleid hanteert, laat je keuze bij de toelating dan niet bepalen door de prestaties van kinderen tijdens groepsgewijs spelen. Veel introverte kinderen klappen dicht in groepen met onbekenden, en je zult geen fractie zien van hoe die kinderen zijn wanneer ze ontspannen zijn en zich op hun gemak voelen.

En hier zijn een paar overwegingen voor ouders. Als je het geluk hebt dat je zelf kunt bepalen naar welke school je kind gaat, door een bijzondere school te vinden, door te verhuizen naar een wijk met openbare scholen die je goed vindt, of door je kinderen naar een particuliere of confessionele school te sturen, kun je op zoek gaan naar een school die:

- zelfstandige hobby's op prijs stelt en nadruk legt op zelfstandigheid;
- met mate aan groepsactiviteiten doet, en dan in kleine, zorgvuldig begeleide groepjes;
- waarde hecht aan vriendelijkheid, zorgzaamheid, inlevingsvermogen en goed burgerschap;
- aandringt op ordelijke klaslokalen en gangen;
- kleine, rustige klassen heeft;
- leerkrachten kiest die begrip lijken te tonen voor het verlegen/ernstige/introverte/sensitieve temperament;

- educatieve, sportieve en/of buitenschoolse activiteiten ontplooit op terreinen die jouw kind bijzonder interesseren;
- een krachtig anti-pestbeleid hanteert;
- de nadruk legt op een verdraagzame, pragmatische sfeer;
- gelijkgestemde leeftijdgenootjes aantrekt, bijvoorbeeld intellectuele, artistieke of sportieve kinderen, afhankelijk van de voorkeur van je kind.

Voor veel gezinnen is het niet haalbaar om zelf een school te kiezen. Maar welke school het ook wordt, je kunt veel doen om je introverte kind te helpen opbloeien. Zoek uit welke vakken jouw kind de meeste energie geven en doe daar iets extra's aan, met externe begeleiders of activiteiten buiten schooltijd zoals naar een wetenschappelijk museum gaan of een cursus creatief schrijven volgen. Wat groepsactiviteiten betreft: leer je kind te zoeken naar een prettige rol binnen grotere groepen. Een van de voordelen van werken in groepen, zelfs voor introverte mensen, is dat dit vaak ruimte schept voor allerlei specialisaties. Moedig je kind aan om initiatief te nemen en de functie op te eisen van notulist, tekenaar of een andere rol die het interessant vindt. Hij zal het prettiger vinden om mee te doen als hij weet hoe hij een bijdrage kan leveren.

Je kunt hem ook helpen oefenen in assertief zijn. Maak duidelijk dat het niet geeft dat hij de tijd neemt om zijn gedachten te ordenen voordat hij wat zegt, ook al storten alle anderen zich meteen in het strijdgewoel. Adviseer hem ook dat in het begin van een discussie iets melden veel makkelijker is dan wachten tot iedereen wat gezegd heeft en de spanning laten oplopen terwijl hij wacht tot het zijn beurt is. Als hij niet goed weet wat hij moet zeggen en het moeilijk vindt om stellingen te poneren, laat hem dan van zijn sterke kanten gebruikmaken. Stelt hij vaak doordachte vragen? Prijs die eigenschap dan en leer hem dat het stellen van de goede vragen vaak nuttiger is dan antwoorden voorstellen. Bekijkt hij dingen vaak vanuit zijn eigen unieke invalshoek? Leer hem hoe waardevol dat is en bespreek hoe hij zijn visie met anderen kan delen.

Kijk naar scenario's uit het echte leven: de ouders van Maya zouden bijvoorbeeld samen met haar kunnen kijken wat ze anders had kunnen doen tijdens die groepsoefening over de uitvoerende macht. Speel een rollenspel over situaties die zo specifiek mogelijk zijn. Maya kan in haar eigen bewoordingen oefenen hoe het voelt om te zeggen: 'Ik ga de notulen bijhouden!' of 'Zullen we een regel instellen dat wie papiertjes op de vloer gooit de laatste tien minuten van de lunchpauze vuilnis moet oprapen?'

Het lastige hierbij is dat Maya wel openhartig moet vertellen wat er tijdens de schooldag is gebeurd. Zelfs kinderen die doorgaans spraakzaam zijn, vertellen soms niet over ervaringen waarover ze zich schamen. Hoe jonger je kind is, hoe groter de kans dat het openhartig is, dus je moet hiermee zo vroeg mogelijk tijdens zijn schoolcarrière beginnen. Win informatie bij je kind in op een vriendelijke, niet-kritische manier, met specifieke, heldere vragen. Vraag niet 'Hoe was het vandaag?' maar 'Wat hebben jullie vandaag met rekenen gedaan?' Vraag niet 'Vind je de juf aardig?' maar 'Wat vind je leuk aan je juf?' of 'Wat vind je niet zo leuk?' Geef je kind de tijd om te antwoorden. Vraag vooral niet, op die overdreven schelle toon die alle ouders beheersen: 'Was het vandaag leuk op school?!?' Dan voelt je kind heus wel hoe belangrijk het is dat het antwoord 'Ja' moet zijn.

Als je kind dan nog steeds niet wil praten, wacht dan maar. Soms heeft het uren nodig om te recupereren voor het zover is. Misschien merk je dat het dingen vertelt op knusse, ontspannen momenten, zoals tijdens het baden of voor het slapen gaan. Als dat het geval is, maak die situatie dan onderdeel van de dagelijkse routine. En als je kind wel tegen anderen praat, zoals een vertrouwde oppas, tante of een ouder broertje of zusje, maar niet tegen jou, wees dan niet te trots en schakel hulp in.

Maak je ten slotte geen zorgen als alles erop wijst dat je introverte kind niet het populairste kind op school is. Het is van groot belang voor zijn emotionele en sociale ontwikkeling dat hij een of twee stevige vriendschappen heeft, zo melden ontwikkelingspsychologen, maar populair zijn is niet noodzakelijk. Veel introverte kinderen groeien uit tot volwassenen met uitstekende sociale vaardigheden, hoewel ze vaak hun eigen manier hebben om zich bij een groep aan te sluiten – ze wachten een tijdje voordat ze de sprong wagen, of nemen er maar korte tijd deel aan. Dat geeft niet. Je kind moet sociale vaardigheden ontwikkelen en vriendjes of vriendinnetjes maken, maar hoeft niet de allersociaalste leerling van de hele school te worden. Daarmee is niet gezegd dat het niet heel leuk is om populair te zijn. Dat gun je je kind waarschijnlijk, net zoals je zou willen dat het mooi, ad rem of sportief is. Maar kijk uit dat je niet je eigen verlangens op je kind projecteert en bedenk dat er vele wegen zijn die naar een bevredigend leven leiden.

* * *

Veel van die wegen zullen worden gevonden via passies buiten schooltijd. Terwijl extraverte mensen meer geneigd zijn om steeds van hobby of activiteit te wisselen, houden introverte mensen vaak vast aan hun interesses. Dat levert hun een groot voordeel op wanneer ze ouder zijn, want werkelijke eigenwaarde komt voort uit competentie, en niet andersom. Onderzoekers hebben ontdekt dat intense betrokkenheid bij en concentratie op een activiteit een beproefde weg naar geluk en welbevinden is. Goed ontwikkelde talenten en interesses kunnen een grote bron van zelfvertrouwen voor je kind zijn, ook al voelt het zich een buitenbeentje.

Zo vindt Maya, het meisje dat zo'n zwijgzaam lid van de 'uitvoerende macht' was, het heerlijk om elke dag na school thuis te gaan lezen. Maar ze speelt ook graag softbal, met alle sociale en prestatiedruk die daarbij hoort. Ze weet nog precies hoe ze na het proefspelen voor het team werd geselecteerd. Maya vond het doodeng, maar ze voelde zich ook sterk en wist de bal met een goede, harde klap te raken. 'Ik denk dat al dat trainen uiteindelijk vruchten heeft afgeworpen,' zei ze daar later over. 'Ik bleef maar glimlachen. Ik was zo opgewonden en trots – en dat gevoel ben ik nooit meer kwijtgeraakt.'

Voor ouders is het echter niet altijd makkelijk om situaties te creëren die dit gevoel van intense tevredenheid oproepen. Zo denk je misschien dat je je kind moet aanmoedigen om bij een of andere sportclub te gaan die bij jou in het dorp toegang biedt tot vriendschappen en waardering. En dat is prima, gesteld dat het kind die sport zelf leuk vindt en er goed in is, zoals Maya met softbal. Teamsporten kunnen iedereen goed doen, zeker kinderen die vaak slecht aansluiting bij groepen vinden. Maar laat je kind zelf het voortouw nemen bij de keuze van de activiteiten die het het leukst vindt. Het kan bijvoorbeeld niet van teamsporten houden, en dat geeft niet. Help je kind ook om te zoeken naar activiteiten waarbij het andere kinderen tegenkomt, maar daarnaast veel eigen ruimte heeft. Cultiveer de sterke kanten van zijn temperament. Als zijn hobby's naar jouw smaak te solitair zijn, bedenk dan dat zelfs solistische bezigheden als schilderen, elektrotechniek of schrijven de weg kunnen wijzen naar een gemeenschap van andere enthousiastelingen.

'Ik heb kinderen gekend die vriendjes vonden,' zegt dr. Miller, 'doordat ze een belangrijke hobby met elkaar deelden: schaken, rollenspellen spelen of zelfs discussiëren over diepgaande zaken als wiskunde of geschiedenis.' Rebecca Wallace-Segall, die schrijfworkshops voor kinderen en tieners geeft en directeur is van Writopia Lab in New York, zegt dat de leerlingen die zich voor haar cursussen opgeven 'vaak niet de kinderen zijn die urenlang over mode en beroemdheden willen praten. Dat soort kinderen komen hier minder, misschien omdat ze niet zo geneigd zijn om dingen te analyseren en diep te graven – dat ligt buiten hun veilige grenzen. De zogenaamd verlegen kinderen willen vaak dolgraag over ideeën brainstormen, ze analyseren en er daden aan verbinden. Als ze op die manier met elkaar omgaan, zijn ze gek genoeg helemaal niet verlegen. Ze maken contact met elkaar, maar op een dieper niveau, op een manier die sommigen van hun leeftijdgenoten saai of vervelend zouden vinden.' En die kinderen 'tonen' zich heus wel wanneer ze daaraan toe zijn; de meeste Writopia-kinderen lezen hun schrijfsels voor in plaatselijke boekwinkels, en een verbijsterend aantal van hen wint prestigieuze landelijke opstelwedstrijden.

Als je kind snel overprikkeld raakt, is het ook verstandig om te kiezen voor activiteiten als tekenen en schilderen of lange afstanden lopen, waarbij presteren onder druk een minder grote rol speelt. Als het kind zich voelt aangetrokken tot prestatiegerichte activiteiten kun je het echter wel helpen om daar goed in te worden.

Zelf was ik als kind gek op kunstrijden. Ik reed uren op de ijsbaan, waar ik achtjes draaide en onbekommerd pirouettes en sprongen maakte. Maar tijdens de wedstrijden was ik een wrak. Ik had de nacht ervoor niet geslapen en ging vaak onderuit bij bewegingen die ik tijdens trainingen moeiteloos had uitgevoerd. In het begin geloofde ik wat de mensen me vertelden – dat het door de zenuwen kwam, net als bij iedereen. Maar toen zag ik op tv een interview met Katarina Witt, die Olympisch goud had gewonnen. Zij vertelde dat de zenuwen voor de wedstrijd haar de adrenaline gaven die ze nodig had om goud te winnen.

Op dat moment begreep ik dat Katarina en ik volslagen verschillende wezens waren, maar het heeft tientallen jaren geduurd voor ik inzag wat de reden was. Haar zenuwen waren zo mild dat ze daar gewoon energie van kreeg, terwijl bij mij de zenuwen zo gespannen waren dat mijn keel werd dichtgeknepen. Indertijd vroeg mijn zeer bemoedigende moeder aan andere schaatsmoeders hoe hun dochters omgingen met zenuwachtigheid voor de wedstrijd, en dat bood inzichten waarmee ze mij gerust hoopte te stellen. 'Kristen is ook zenuwachtig,' vertelde ze. 'De moeder van Renée zegt dat ze de avond voor een wedstrijd bang is.' Maar ik kende Kristen en Renée goed en ik wist zeker dat die niet zo bang waren als ik.

Volgens mij had het geholpen als ik in die tijd meer zelfkennis had bezeten. Als je een dochter hebt die wil kunstschaatsen, help haar dan om te accepteren dat ze vreselijk zenuwachtig zal zijn zonder haar het idee te bezorgen dat die zenuwen dodelijk zijn voor het behalen van succes. Ze is vooral bang om publiekelijk af te gaan. Ze moet zichzelf ongevoeliger maken voor die angst door te wennen aan wedstrijddeelname en zelfs aan verliezen. Moedig haar aan om deel te nemen aan wedstrijden ver van huis, waar weinig op het spel staat, waar ze zich anoniem voelt en niemand het zal horen als ze onderuit gaat. Zorg ervoor dat ze goed heeft geoefend. Als ze wil deelnemen aan een wedstrijd op een onbekende ijsbaan, laat haar dan daar een paar keer trainen als dat kan. Bespreek vooraf wat er mis kan gaan en hoe ze daarmee omgaat: 'Stel dat je valt en op de onderste plaats eindigt, vergaat de wereld dan?' En help haar om te visualiseren hoe het zal voelen om haar kuur soepel uit te voeren.

* * *

De ontketening van een hartstocht kan een leven transformeren, niet alleen wanneer je kind op de basisschool of in het voortgezet onderwijs zit, maar ook lang daarna. Neem het verhaal van David Weiss, een drummer en muziekjournalist. David is een goed voorbeeld van iemand die is opgegroeid met het idee dat hij een sukkel als Charlie Brown was, maar later een creatief, productief en zinvol leven opbouwde. Hij houdt van zijn vrouw en zoontje. Hij geniet van zijn werk. Hij heeft een grote en interessante vriendenkring, en woont in New York, dat hij beschouwt als de geweldigste stad ter wereld voor een muziekliefhebber. Afgemeten aan de klassieke barometers van liefde en werk is het leven van David een doorslaand succes.

Maar het was niet altijd duidelijk, in elk geval niet voor David zelf, dat zijn leven zo goed zou verlopen. Als kind was hij verlegen en onhandig. De dingen die hem interesseerden, muziek en schrijven, hadden geen waarde voor de mensen die toen het belangrijkst voor hem waren: zijn leeftijdsgenoten. 'Ze zeiden voortdurend tegen me dat dit de mooiste tijd van je leven was,' vertelt hij. 'En dan dacht ik bij mezelf: ik hoop van niet! Ik had een hekel aan school. Ik weet nog dat ik dacht: ik moet hier weg. Ik zat in groep acht toen de film *Revenge of the Nerds* uitkwam, en ik zag er precies uit als die filmacteurs. Ik wist dat ik intelligent was, maar ik groeide op in een voorstadje van Detroit, waar dezelfde regels gelden als in 99 procent van het land: als je knap en sportief bent, word je niet lastig gevallen. Maar als je te slim overkomt, zullen kinderen je daarom niet respecteren. Ze zien het eerder als een reden om je de grond in te trappen. Mijn intelligentie was mijn beste eigenschap, en ik gebruikte die absoluut met plezier, maar het was ook iets wat je moest proberen in toom te houden.'

Hoe heeft hij de overgang dan gemaakt? Voor David was drummen de sleutel. 'Op een bepaald moment,' vertelt David, 'heb ik al mijn jeugdproblemen overwonnen. En ik weet precies hoe: door te drummen. De drums zijn mijn muze. Ze zijn mijn Yoda. Toen ik in de onderbouw zat en de jazzband uit de bovenbouw voor ons kwam optreden, dacht ik dat die jongen achter de drums de coolste van allemaal was. In mijn ogen waren drummers een soort sporters, maar dan muzikale sporters, en ik was echt gek op muziek.'

In het begin draaide het drummen voor David voornamelijk om geaccepteerd worden; hij werd niet langer weggepest bij feestjes door treiteraars die tweemaal zo groot waren als hij. Maar al gauw ging het veel dieper: 'Ik besefte opeens dat dit een vorm van creatieve expressie was, en dat vond ik helemaal te gek. Dat was op mijn vijftiende. Op die leeftijd besloot ik om echt door te zetten. Door het drummen is mijn hele leven veranderd, en dat is tot op heden zo gebleven.'

David weet nog precies hoe het voelde om een kind van negen te zijn. 'Gevoelsmatig sta ik nu nog steeds in contact met het kind dat ik toen was,' zegt hij. 'Elke keer dat ik iets doe wat ik cool vind, bijvoorbeeld dat ik in New York in een kamer vol mensen sta, om Alicia Keys te interviewen of zo, stuur ik een berichtje terug naar die jongen en laat hem weten dat het allemaal goed is gekomen. Ik heb het gevoel dat ik op mijn negende dat signaal uit de toekomst heb opgevangen. Dat soort dingen hebben me de kracht gegeven om door te zetten. Ik wist een lijntje te leggen tussen hoe ik nu ben en hoe ik toen was.'

Ook zijn ouders gaven David kracht. Ze richtten zich niet zozeer op het vergroten van zijn zelfvertrouwen als op het zorgen dat hij manieren vond om productief bezig te zijn. Het maakte hun niet uit wat zijn hobby was, als hij er maar eentje had en zich ermee amuseerde. Zijn vader was een groot football-liefhebber, vertelt David, maar hij was 'de laatste die zou zeggen: hoe komt het dat jij niet aan football doet?' David heeft een tijd piano gespeeld, en daarna cello. Toen hij aankondigde dat hij op de drums wilde overstappen, keken zijn ouders daarvan op, maar ze steunden hem onvoorwaardelijk. Ze accepteerden zijn nieuwe hartstocht. Dat was hun manier om hun zoon te accepteren.

* * *

Als het verhaal over de transformatie van David Weiss je aanspreekt, is daar een goede reden voor. Het is een volmaakt voorbeeld van wat psycholoog Dan McAdams een verlossend levensverhaal noemt – en een teken van geestelijke gezondheid en welzijn.

In het Foley Center for the Study of Lives op Northwestern University bestudeert McAdams de verhalen die mensen over zichzelf vertellen. We schrijven allemaal ons levensverhaal alsof we romanschrijvers zijn, gelooft McAdams, met een begin, conflicten, ontwikkelingen en een eind. Hoe we onze tegenslagen uit het verleden beschrijven, heeft veel invloed op onze tevredenheid met ons huidige bestaan. Ongelukkige mensen zien tegenslagen vaak als een smet die iets heeft bedorven dat verder goed was ('nadat mijn vrouw bij me wegging, ben ik nooit meer de oude geworden'), terwijl productieve volwassenen ze beschouwen als een geluk bij een ongeluk ('die scheiding was het akeligste wat me ooit is overkomen, maar ik ben veel gelukkiger met mijn nieuwe vrouw'). Mensen die een volledig verwezenlijkt leven leiden – die energie steken in hun gezin, gemeenschap en uiteindelijk zichzelf – ervaren hun obstakels doorgaans als betekenisvol. In zekere zin heeft McAdams nieuw leven geblazen in een van de grote inzichten van de westerse mythologie: dat je rijkdom zich bevindt op de plaats waar je struikelt.

Voor veel introverte mensen als David is de puberteit een groot struikelblok, dat donkere en kronkelige struikgewas van een negatief zelfbeeld en sociale onhandigheid. Op de middelbare school draait alles om levendig en groepsgericht zijn; eigenschappen als diepgang en gevoeligheid worden daar niet gewaardeerd. Maar veel introverte mensen slagen erin om een levensverhaal als dat van David te schrijven: onze Charlie Brown-momenten zijn de prijs die we betalen om decennialang vrolijk op onze trommel te kunnen slaan.

Conclusie – Wonderland

Onze cultuur heeft alleen het leven als een extravert mens tot een deugd verklaard. We ontmoedigden de innerlijke reis, de zoektocht naar een kern. Daarom zijn we onze kern kwijtgeraakt en moeten we die terugvinden.
Anaïs Nin

Of je nu zelf introvert bent of een extravert iemand die een liefdes- of arbeidsrelatie heeft met iemand die introvert is, ik hoop dat je je voordeel zult doen met de inzichten in dit boek. Hier is een blauwdruk die je kunt meenemen:

Liefde is wezenlijk, groepszin optioneel. Koester je dierbaren. Werk samen met collega's die je aardig vindt en respecteert. Speur onder nieuwe kennissen naar mensen die zouden kunnen behoren tot de voorgenoemde categorieën of wiens gezelschap je op prijs stelt als doel op zich. En maak je niet druk over gezellig doen met de rest van de wereld. Menselijk contact maakt iedereen gelukkiger, ook introverte mensen, maar kies voor kwaliteit, niet kwantiteit.

Het geheim van het leven is om jezelf goed te belichten. Voor sommige mensen is dat in de schijnwerpers op het podium. Voor anderen is het achter een werktafel met een bureaulamp. Gebruik je aangeboren vermogens – doorzettingsvermogen, concentratie, inzicht en sensitiviteit – voor werk dat je leuk en belangrijk vindt. Los vraagstukken op, maak kunst, denk diep na.

Zoek uit wat jij aan de wereld kunt bijdragen en zorg ervoor dat je die bijdrage levert. Als je daarvoor in het openbaar moet spreken, moet netwerken of andere dingen moet doen die je ongemakkelijk maken, doe ze dan toch maar. Maar aanvaard dat ze moeilijk zijn, volg een training om ze makkelijker te maken en beloon jezelf wanneer je klaar bent.

Zeg je baan als tv-presentator op en ga een opleiding tot bibliothecaris volgen. Maar als je het heerlijk vindt om tv-programma's te presenteren, creëer dan een extravert persona om de dag door te komen. Ik zal je een vuistregel geven voor netwerkevenementen: één nieuwe, goudeerlijke relatie is tien vuisten met visitekaartjes waard. Spoed je na afloop naar huis en kom op je bank weer tot jezelf. Creëer herstelhoekjes.

Respecteer de behoefte aan gezelligheid van je dierbaren en je eigen behoefte om alleen te zijn (en andersom als jij extravert bent).

Doe in je vrije tijd wat je wilt, niet wat je denkt te moeten doen. Blijf op oudejaarsavond thuis als je daar gelukkig van wordt. Sla de commissievergadering over. Steek de straat over om doelloos geklets met vage kennissen te vermijden. Lees. Kook. Ga hardlopen. Schrijf een verhaal op je computer. Spreek met jezelf af dat je een bepaald aantal feestjes en borrels zult bijwonen, in ruil waarvoor je je niet schuldig hoeft te voelen als je andere afzegt.

Als je stille kinderen hebt, help hen dan om te wennen aan nieuwe situaties en nieuwe mensen, maar laat hen verder zichzelf zijn. Verheug je over hun originele denkwijze. Wees trots op hun gewetensvolheid en hun trouwe vriendschappen. Verwacht niet dat ze met de meute zullen meelopen. Moedig ze juist aan om hun eigen passie te volgen. Strooi met confetti wanneer ze de vruchten van die passies plukken, of dat nu op een drumkrukje is, op het softbalveld of op papier.

Als je onderwijs geeft, schep dan plezier in je sociale en actief deelnemende leerlingen en studenten. Maar vergeet niet om aandacht te besteden aan hen die verlegen, zachtaardig en autonoom zijn, de leerlingen met een monomaan enthousiasme voor scheikundedozen, pagegaaientaxonomie of kunst uit de negentiende eeuw. Dat zijn de kunstenaars, uitvinders en denkers van de toekomst.

Als je een leidinggevende functie hebt, vergeet dan niet dat een derde tot de helft van je werknemers waarschijnlijk introvert is, ook al zou je dat niet altijd van ze zeggen. Denk nog eens goed na over de kantoorinrichting van je organisatie. Verwacht niet dat introverte mensen staan te juichen bij kantoortuinen, en trouwens ook niet bij verjaardagsfeestjes in de lunchpauze of teambuildingsuitjes. Benut hun introverte vermogens zo veel mogelijk: deze mensen kunnen je helpen om dieper door te denken, strategieën te ontwikkelen, ingewikkelde problemen op te lossen en kanaries in je kolenmijn te herkennen.

Blijf je ook bewust van de gevaren van het nieuwe groepsdenken. Als je op zoek bent naar creativiteit, vraag je werknemers dan om zelfstandig problemen op te lossen, voordat ze anderen over hun ideeën vertellen. Als je de wijsheid van de menigte wilt aanboren, verzamel die dan online of schriftelijk, en zorg ervoor dat de mensen elkaars ideeën pas te zien krijgen als iedereen de kans heeft gekregen om iets bij te dragen. Persoonlijk contact is belangrijk omdat het vertrouwen kweekt, maar groepsdynamiek bevat onvermijdelijke obstakels voor creatief denken. Zorg ervoor dat mensen één-op-één en in kleine, informele groepjes met elkaar kunnen omgaan. Verwar assertiviteit of welbespraaktheid niet met goede ideeën. Als je initiatiefrijke werknemers hebt (en dat hoop ik voor je), vergeet dan niet dat ze waarschijnlijk beter presteren onder een introverte leidinggevende dan onder een extraverte of charismatische.

Waar je ook bent, vergeet niet dat schijn bedriegt. Sommige mensen gedragen zich extravert, maar die inspanning gaat ten koste van hun energie, authenticiteit of zelfs hun lichamelijke gezondheid. Anderen lijken afstandelijk of nogal op zichzelf, maar hun innerlijke landschap is rijk en vol drama. Dus de volgende keer dat je iemand met een bedaard gezicht en een zachte stem tegenkomt, bedenk dan dat die in zijn of haar gedachten misschien een vergelijking aan het oplossen is, een sonnet schrijft of een hoed ontwerpt. Hij of zij zou, kortom, gebruik kunnen maken van de stille kracht.

We weten uit mythen en sprookjes dat er vele soorten macht op de wereld zijn. Het ene kind krijgt een lichtzwaard, het andere wordt opgeleid tot tovenaar. De kunst is niet om alle verschillende soorten macht te vergaren die er zijn, maar om goed gebruik te maken van de speciale macht die jou vergund is. Introverte mensen krijgen de sleutel aangereikt tot geheime tuinen vol rijkdommen. Het bezit van zo'n sleutel is vergelijkbaar met de wijze waarop Alice door het konijnenhol omlaag tuimelde. Ze besloot niet zelf om naar Wonderland te gaan, maar ze maakte er een avontuur van dat verrassend en fantastisch en helemaal van haar was.

Lewis Carroll was trouwens ook introvert. Zonder hem was er geen *Alice in Wonderland* geweest. Dat zou je inmiddels niet meer moeten verbazen.

Een opmerking over de opdracht

Mijn grootvader was een zachtmoedige man met vriendelijke blauwe ogen en een passie voor boeken en ideeën. Hij droeg altijd een pak en kon op een hoffelijke manier zijn blijdschap tonen over de juichenswaardige kanten van mensen, vooral van kinderen. In de wijk van Brooklyn waar hij als rabbijn werkzaam was, wemelden de stoepen van de mannen met een zwarte hoed, vrouwen met een rok die hun knieën verborg en kinderen die zich onwaarschijnlijk netjes gedroegen. Op weg naar de synagoge begroette mijn grootvader de voorbijgangers, en prees daarbij zachtjes het goede verstand van het ene kind, de lengte van een ander kind en de kennis over actuele gebeurtenissen van een derde. Kinderen waren dol op hem, zakenlieden respecteerden hem en verloren zielen klampten zich aan hem vast.

Maar hij hield boven alles van lezen. Op zijn kleine etagewoning, waar hij als weduwnaar tientallen jaren woonde, hadden alle meubels hun oorspronkelijke functie verloren en dienden nu als draagvlak voor stapels boeken: Hebreeuwse teksten met goud op snee naast Margaret Atwood en Milan Kundera. Mijn grootvader zat doorgaans onder een halo-vormige fluorescentielamp aan zijn piepkleine keukentafel, waar hij thee van Lipton dronk en marmercake oppeuzelde, met een boek opengeslagen op het witte, katoenen tafelkleed. In zijn preken, die stuk voor stuk oeroud en humanistisch denken met elkaar verweefden, vertelde hij aan zijn gemeente wat zijn studie deze week had opgeleverd. Hij was een verlegen man die moeite had om oogcontact met zijn gehoor te maken, maar zijn spirituele en intellectuele verkenningen waren zo gewaagd dat de synagoge tot de nok toe gevuld was wanneer hij preekte.

Mijn andere familieleden volgden zijn voorbeeld. Bij ons thuis was lezen de voornaamste groepsactiviteit. Op zaterdagmiddag krulden we ons in ons hol op met onze boeken. Het was een gouden combinatie: je voelde de dierlijke warmte van je gezinsleden die bij je zaten, maar tegelijkertijd mocht je zwerven door het avonturenland in je eigen hoofd.

Toch begon ik me tegen mijn tiende af te vragen of al dat lezen me niet bestempelde tot iemand die er 'niet bij hoorde'. Dat vermoeden leek te worden bevestigd toen ik op mijn tiende op zomerkamp ging en zag hoe een meisje met dikke brillenglazen, een hoog voorhoofd en een onverstoorbare manier van doen op die allesbepalende eerste dag van het kamp weigerde om haar boek opzij te leggen, er onmiddellijk uit lag en dagen- en nachtenlang verkeerde in de hel van de sociale buitensluiting. Ik wilde ook dolgraag lezen, maar liet mijn eigen paperbacks onaangeroerd in mijn koffer liggen (hoewel ik me daar schuldig over voelde, alsof ze mij nodig hadden en ik hen in de steek liet). Ik zag dat het meisje dat aan het lezen vasthield werd gemeden omdat ze een verlegen boekenwurm was, dingen die ik allemaal ook was en waarvan ik wist dat ik ze zo goed mogelijk moest verbergen.

Na die zomer voelde ik me minder goed op mijn gemak met mijn behoefte om me met een boek terug te trekken. Op de middelbare school, op de universiteit en als beginnend advocaat probeerde ik me extraverter en minder boekenwurmig voor te doen dan ik eigenlijk was.

Maar naarmate ik ouder werd, putte ik meer inspiratie uit het voorbeeld van mijn grootvader. Hij was een bedaagd mens, en een groot mens. Toen hij op zijn vierennegentigste overleed, na tweeënzestig jaar op de kansel, moest het New Yorkse politiekorps de straten van zijn wijk afsluiten om ruimte te bieden aan de rouwende menigte. Dat zou hem vast hebben verbaasd. Tegenwoordig beschouw ik zijn bescheidenheid als een van zijn beste eigenschappen.

Dit boek is met liefde opgedragen aan de familie waarin ik ben opgegroeid. Aan mijn moeder, met haar onuitputtelijke enthousiasme voor rustige gesprekken aan de keukentafel; ze gaf ons het geschenk van de intimiteit. Ik heb erg geboft dat ik zo'n toegewijde moeder had. Aan mijn vader, een plichtsgetrouw arts die het goede voorbeeld gaf van de vreugde van urenlang achter je bureau zitten, maar die ook boven water kwam om mij te laten kennismaken met zijn lievelingsgedichten en wetenschappelijke proefjes. Aan mijn broer en zus, die tot op heden hebben gedeeld in de warmte en genegenheid waarmee we zijn opgegroeid binnen onze kleine familie en ons huis vol boeken. Aan mijn grootmoeder, voor haar lef, taaiheid en zorgzaamheid.

En ter nagedachtenis aan mijn grootvader, die zo welsprekend was in de taal van de stilte.

Een opmerking over de woorden 'introvert' en 'extravert'

Dit boek gaat over introversie, beschouwd vanuit een culturele invalshoek. Het houdt zich hoofdzakelijk bezig met de eeuwenoude tweedeling tussen de 'daadkrachtige mens' en de 'beschouwelijke mens' en hoe we de wereld zouden kunnen verbeteren als er een beter machtsevenwicht tussen deze twee types was. Het richt zich vooral op de mens die in zichzelf iets herkent van de volgende combinatie van eigenschappen: bespiegelend, cerebraal, boekenwurm, bescheiden, sensitief, bedachtzaam, serieus, bespiegelend, subtiel, introspectief, naar binnen gericht, voorzichtig, zacht, naar eenzaamheid verlangend, verlegen, risicomijdend, dunhuidig. *Stil* gaat ook over de tegenpool van deze persoon: de 'daadkrachtige mens' die energiek, breedsprakig, sociabel, gezellig, snel opgewonden, overheersend, assertief, actief, risiconemend, dikhuidig, naar buiten gericht, luchthartig en stoutmoedig is en zich op zijn gemak voelt in de schijnwerpers.

Dat zijn uiteraard ruime categorieën. Weinig mensen zullen zich volledig vereenzelvigen met de ene of de andere. Maar de meeste mensen herkennen deze types onmiddellijk, omdat ze een grote rol spelen in onze cultuur.

Hedendaagse ontwikkelingspsychologen vatten introversie en extraversie wellicht anders op dan ik in dit boek doe. Aanhangers van de taxonomie op basis van de *Big Five* (de vijf persoonlijkheidsdimensies) menen dat kenmerken als de geneigdheid om een cerebrale aard, een rijk gevoelsleven, een sterk geweten, een zekere mate van angstigheid (vooral verlegenheid) en een van risico afkerige natuur te hebben tot heel andere categorieën behoren dan introversie. Volgens hen vallen die eigenschappen onder 'openheid voor ervaringen', 'zorgvuldigheid' en 'neuroticisme'.

Mijn gebruik van het woord 'introvert' is opzettelijk ruimer en bouwt voort op de inzichten van de 'Big Five'-psychologie, maar omvat ook jungiaanse ideeën over het innerlijke gevoelsleven van de introverte mens met zijn 'onuitputtelijke betovering' en subjectieve beleving; op het onderzoek van Jerome Kagan over hoogreactiviteit en angstgevoelens (zie hoofdstuk 4 en 5); op het werk van Elaine Aron over hoogsensitiviteit en de relatie daarvan tot gewetensvolheid, intense gevoelens, naar binnen gekeerd zijn en diepgaande verwerking (zie hoofdstuk 6); en op allerlei onderzoeken naar de vasthoudendheid en concentratie die introverte mensen tentoonspreiden tijdens probleemoplossing, waarvan er veel op schitterende wijze zijn samengevat in het werk van Gerald Matthews (zie hoofdstuk 7).

Het klopt dat de westerse cultuur de eigenschappen in de bovengenoemde combinaties van beschrijvingen ruim drieduizend jaar lang met elkaar in verband heeft gebracht. Zoals de antropoloog C.A. Valentine ooit schreef:

> Tot de westerse culturele tradities behoort een opvatting van de individuele variabiliteit die oud, wijdverbreid en hardnekkig lijkt te zijn. De populaire versie hiervan is het bekende idee van de daadkrachtige mens, de mens van de praktijk, de realist of de gezelschapsmens tegenover de denker, de dromer, de idealist of het verlegen individu. De gangbaarste etiketten uit deze traditie zijn de typebeschrijvingen 'extravert' en 'introvert'.

Valentines opvatting van introversie omvat persoonlijkheidskenmerken die de hedendaagse psychologie zou indelen als openheid voor ervaringen ('denker, dromer'), zorgvuldigheid ('idealist'), en neuroticisme ('verlegen individu').

Een lange traditie van dichters, wetenschappers en filosofen was ook geneigd om deze kenmerken te groeperen. Al in Genesis, het oudste Bijbelboek, heb je de cerebrale Jakob ('een rustig man, die het liefst bij de tenten bleef' die later 'Israël' wordt, wat 'hij die met God worstelt' betekent) die rivaliseert met zijn broer, de flamboyante Esau ('een uitstekend jager, iemand die altijd buiten was'). In de klassieke oudheid hebben de artsen Hippocrates en Galen op befaamde wijze gesteld dat het menselijk temperament – en levenslot – werd bepaald door onze lichaamsvloeistoffen, waarbij extra bloed en gele gal ons warmbloedig of choleriek maakten (stabiele of neurotische extraversie), en een teveel aan slijm en zwarte gal ons kalm of melancholiek maakten (stabiele of neurotische introversie). Volgens Aristoteles hield het melancholieke temperament verband met uitmuntendheid in de filosofie, poëzie en de kunsten (tegenwoordig zouden we dat openheid voor ervaringen noemen). In de zeventiende eeuw schreef de Engelse dichter John Milton de gedichten 'Il Penseroso' en 'L'Allegro', waarin hij 'de vrolijke mens' die plezier maakt op het platteland en van de stad geniet, contrasteerde met 'de nadenkende mens' die 's nachts peinzend door de bossen wandelt en studeert in een 'eenzame toren'. (Ook deze beschrijving van *Il Penseroso* zou tegenwoordig niet van toepassing worden geacht op introversie, maar op openheid voor ervaringen en neuroticisme.) De negentiende-eeuwse Duitse filosoof Arthur Schopenhauer contrasteerde 'opgewekte' mensen (energiek, actief en snel verveeld) met zijn lievelingstype, 'intelligente mensen' (sensitief, fantasierijk en melancholiek). 'Luister goed, gij mannen van de daad!' verklaarde zijn landgenoot Heinrich Heine, 'u bent uiteindelijk niet meer dan onwetende werktuigen van de mannen van de gedachte.'

Vanwege deze problematische definities had ik me voorgenomen om een eigen terminologie voor deze combinaties van eigenschappen te verzinnen. Ik heb daar, wederom om culturele redenen, van afgezien: de woorden 'introvert' en 'extravert' hebben het voordeel dat ze erg bekend en zeer aansprekend zijn. Elke keer dat ik ze liet vallen tijdens een etentje of tegen iemand die naast me in het vliegtuig zat, leidden ze tot een vloedstroom van bekentenissen en bespiegelingen.

Dankwoord

Ik had *Stil* niet kunnen schrijven zonder de steun van talloze vrienden, familieleden en collega's, onder wie Richard Pine, ook wel bekend (bij mij) als superagent RSP; de slimste, meest doortrapte en meest *mensch*-achtige literair agent met wie een schrijver ooit mag hopen samen te werken. Richard had een rotsvast vertrouwen in *Stil*, zelfs voordat ik dat had. Vervolgens bleef hij erin geloven, gedurende de vijf jaren die ik nodig had voor research en schrijven. Ik beschouw hem niet alleen als een agent, maar als een compagnon in mijn schrijversloopbaan. Ik heb ook genoten van de samenwerking met het hele team van InkWell Management, inclusief Ethan Bassoff, Lyndsey Blessing en Charlie Olsen.

Bij Crown Publishers had ik het voorrecht te mogen samenwerken met de opmerkelijke Molly Stern en haar sterrenteam. Rachel Klayman is ongetwijfeld de meest briljante en toegewijde redacteur in het vak. Zij was er om twee uur 's middags en twee uur 's nachts, ontdekte kromme redeneringen en lelijk proza en verdedigde dit boek voortdurend. Ik waardeer ook de vrijgevigheid van Mary Choteborsky en Jenna Ciongoli vanwege hun geweldige intuïtie en redactionele talent. En ik had het geluk samen te werken met externe redacteur Peter Guzzardi, die kritiek verrukkelijk kan doen klinken. Mijn welgemeende dank gaat uit naar jullie allemaal. Dit boek zou zonder jullie inzet een schim van zichzelf geweest zijn.

Speciale dank ook aan Rachel Rokicki en Julie Cepler voor de creativiteit en het enthousiasme waarmee ze zich hebben ingezet voor de zaak-*Stil*. En dank aan Patty Berg, Mark Birkey, Chris Brand, Stephanie Chan, Tina Constable, Laura Duffy, Songhee Kim, Kyle Kolker, Rachel Meier, Annsley Rosner, en iedereen van het team bij Crown.

Ik had ook het geluk te mogen samenwerken met Joel Rickett, Kate Barker en de andere cracks bij Viking/Penguin U.K.

De geweldige mensen van TED schaarden zich achter de ideeën in dit boek en gaven me de kans om erover te spreken tijdens de TED-conferentie in Long Beach in 2012. Mijn dank aan Chris Anderson, Kelly Stoetzel, June Cohen, Tom Rielly, Michael Glass, Nicholas Weinberg en het hele TED-team.

Brian Little, wiens onderzoek ik in hoofdstuk 9 beschrijf, is een uitzonderlijke mentor en vriend geworden. Ik leerde Brian kennen tijdens mijn eerste researchfase, toen ik vroeg of ik hem mocht interviewen. Hij gaf me niet alleen een interview, maar ook, door de jaren heen, mijn hoogstpersoonlijke postdoc-werkgroep Persoonlijkheidspsychologie. Ik ben er trots op een van zijn vele discipelen en vrienden te zijn.

Elaine Aron, over wier onderzoek ik in hoofdstuk 6 vertel, inspireerde me met haar levenswerk en was gul met haar tijd, kennis en levensverhaal.

Ik heb me verlaten op de steun en adviezen van talloze vrienden, onder wie: Marci Alboher, Gina Bianchini, Tara Bracco, Janis Brody, Greg Bylinksy, David Callahan, Mark Colodny, Helen Churko, Estie Dallett, Ben Dattner, Ben Falchuk, Rhonda Garelick, Christy Fletcher, Margo Flug, Jennifer Gandin Le, Hillary Hazan-Glass, Wende Jaeger-Hyman, Mahima Joishy, Chris Le, Lori Lesser, Michael Glass, Vishwa Goohya, Leeat Granek, Amy Gutman, Emily Klein, Rachel Lehmann-Haupt, Margot Magowan, Courtney Martin, Fran en Jerry Marton, Furaha Norton, Elizabeth O'Neill, Wendy Paris, Leanne Paluck Reiss, Marta Renzi, Gina Rudan, Howard Sackstein, Marisol Simard, Robin Stern, Daphna Stern, Tim Stock, Jillian Straus, Tom Sugiura, Sam Sugiura, Kate Tedesco, Jennifer Taub, Ruti Teitel, Seinenu Thein, Marie Lena Tupot, Jacquette Timmons, Sam Walker, Daniel Wolff en Cali Yost. Een heel speciaal superdankwoord voor Anna Beltran, Maritza Flores en Eliza Simpson.

Ik ben bijzonder dankbaar voor de verdraagzaamheid van sommigen van mijn oudste en dierbaarste vrienden: Mark Coldny, Jeff Kaplan, Hitomi Komatsu, Cathy Lankenau-Weeks, Lawrence Mendenhall, Jonathan Sichel, Brande Stellings, Judith van der

Reis, Rebecca en Jeremy Wallace-Segall en Naomi Wolf, die goede vrienden blijven, ook al hadden we nauwelijks tijd om elkaar te spreken, laat staan elkaar op te zoeken, in de jaren dat ik aan dit boek schreef en mijn twee kinderen kreeg.

Ook mijn dank aan mijn collega's van het Invisible Institute, die me nog steeds met grote regelmaat inspireren en verbazen: Gary Bass, Elizabeth Devita-Raeburn, Abby Ellin, Randi Epstein, Sheri Fink, Christine Kennealy, Judith Matloff, Katie Orenstein, Annie Murphy Paul, Pamela Paul, Joshua Prager, Alissa Quart, Pail Raeburn, Kathy Rich, Gretchen Rubin, Lauren Sandler, Deborah Siegel, Rebecca Skloot, Debbie Stier, Stacy Sullivan, Maia Szalavitz, Tom Zoellner en Harriet Washington.

Voor inspiratie die ik zou bottelen en verkopen als dat mogelijk was, dank ik de eigenaars van het cottage in Amagansett: Alison (Sunny) Warriner en Jeanne Mclemore. Hetzelfde geldt voor Evelyn en Michael Polesny, de eigenaars van het magische Doma Café in Greenwich Village, waar ik het grootste deel van dit boek schreef.

Dank ook aan alle mensen die op verschillende manieren hebben geholpen om *Stil* van de grond te krijgen: Nancy Ancowitz, Mark Colodny, Bill Cunningham, Ben Dattner, Aaron Fedor, Boris Fishman, David Gallo, Christopher Glazek, Suzy Hansen, Jayme Johnson, Jennifer Kahweiler, David Lavin, Ko-Shin Mandell, Andres Richner, JillEllyn Riley, Gretchen Rubin, Gregory Samanez-Larkin, Stephen Schueller, Sree Sreenivasan, John Thompson, Robert Stelmack, Linda Stone, Charles Yao, Helen Wan, Georgia Weinberg en Naomi Wolf.

Ik ben speciale dank verschuldigd aan de mensen over wie ik heb geschreven of die ik heb geciteerd, en van wie sommigen vrienden zijn geworden: Michel Anteby, Jay Belsky, Jon Berghoff, Hung Wei Chien, Wayne Cascio, Boykin Curry, Tom DeMarco, Richard Depue, dr. Janice Dorn, Anders Ericsson, Jason Fried, Francesca Gino, Adam Grant, William Graziano, Stephen Harvill, David Hofmann, Richard Howard, Jadzia Jagiellowicz, Roger Johnson, Jerry Kagan, Camelia Kuhnen, Tiffany Liao, Richard Lippa, Joanna Lipper, Guy Kawasaki, Adam McHugh, Mike Mika, Emily Miller, Jerry Miller, Purvi Modi, Joseph Newman, Quinn

Mills, Preston Ni, Carl Schwartz, Dave Smith, Mark Snyder, Jacqueline Strickland, Avril Thorne, David Weiss, Shoya Zichy en Mike Wei.

Er zijn vele, vele anderen die in *Stil* niet bij name worden genoemd, maar die gul zijn geweest met hun tijd en wijsheid, via interviews en dergelijke, en die mijn denken vergaand hebben beinvloed: Marco Acevedo, Anna Allanbrook, Andrew Ayre, Dawn Rivers Baker, Susan Blew, Ben Dattner, Jonathan Cheek, Jeremy Chua, Dave Coleman, Matthew Davis, Scott Derue, Carl Elliott, Brad Feld, Kurt Fischer, Alex Forbes, Donna Genyk, Stephen Gerras, Lenny Gucciardi, Anne Harrington, James McElroy, Carole Grand, Naomi Karten, Richard McNally, Greg Oldham, Christopher Peterson, Lena Roy, Lise Quintana, Chris Scherpenseel, Hersh Shefrin, Nancy Snidman, Sandy Tinkler, Virginia Vitzthum, David Winter, E. O. Wilson en Patty Wollman. Mijn dank aan allen.

Boven alles wil ik mijn familieleden bedanken: Lawrence en Gail Horowitz, Barbara Schnipper en Mitchell Horowitz, over wie ik in de opdracht schreef; Lois, Murray en Steve Schnipper, die de wereld met liefde vullen; Steve en Gina Cain, mijn geweldige zwager en schoonzus aan de westkust; en de onnavolgbare Heidi Postlewait.

Een speciaal woord van dank en liefde aan Al en Bobbi Cain, die me advies, connecties en professionele begeleiding boden in de researchfase en tijdens het schrijven van het boek; en die voortdurend de reden zijn dat ik hoop om ooit zo'n toegewijde en bemoedigende schoonouder te zijn voor een jonger iemand als zij dat voor mij zijn.

En aan mijn lieve Gonzo (ook wel bekend als Ken), die misschien wel de meest vrijgevige mens op aarde is, en de meest onstuimige. In de jaren dat ik aan dit boek schreef, redigeerde hij mijn conceptversies, scherpte mijn gedachten, zette thee voor me, maakte me aan het lachen, bracht me chocolaatjes, zaaide planten in onze tuin, zette zijn wereld op zijn kop zodat ik de tijd kreeg om te schrijven, organiseerde dat ons leven kleurrijk en opwindend bleef, en zorgde dat we als de sodemieter uit de Berkshires verhuisden. Hij gaf ons uiteraard ook Sammy en Elishku, die ons huis met autootjes en ons hart met liefde vullen.

Noten

Inleiding – Het noorden en zuiden van het temperament

15. De stad Montgomery: Voor een uitmuntende biografie van Rosa Parks, zie Douglas Brinkley, *Rosa Parks: A Life*. New York: Penguin Books, 2000. De meeste informatie over Parks in *Stil* is aan dit boek ontleend.

Een opmerking over Parks': Sommigen hebben twijfels geuit over de uitzonderlijkheid van haar daden en erop gewezen dat ze goed geïnformeerd was over de burgerrechtenkwestie voordat ze op de bewuste bus stapte. Hoewel dat klopt, is er volgens Brinkley geen bewijs dat Parks die avond met voorbedachten rade of zelfs maar vanuit activisme handelde; ze was gewoon zichzelf. Wat relevanter is in het kader van *Stil*, is dat haar persoonlijkheid haar niet belemmerde om kracht te tonen. Integendeel: deze maakte haar tot een natuurtalent op het gebied van geweldloos verzet.

16. noorden en zuiden van het temperament: Winifred Gallagher (die J.D. Higley citeert), 'How We Become What We Are', *The Atlantic Monthly*, september 1994. (Higley had het over moed en geremdheid, niet per se over extraversie en introversie, maar die begrippen overlappen elkaar in veel opzichten.)

17. hoe groot de kans is dat je aan sport doet: Robert M. Stelmack, 'On Personality and Arousal: A Historical Perspective on Eysenck and Zuckerman', in Marvin Zuckerman en Robert M. Stelmack, red., *On the Psychobiology of Personality: Essays in Honor of Marvin Zuckerman* (San Diego: Elsevier, 2004), 22. Zie ook Caroline Davis *et al.*, 'Motivations to Exercise as a Function of Personality Characteristics, Age, and Gender', *Personality and Individual Differences* 19, nr. 2 (1995): 165-74.

17. overspel pleegt: Daniel Nettle, *Personality: What Makes You the Way You Are* (New York: Oxford University Press, 2007), p. 100. Zie ook David P. Schmitt, 'The Big Five Related to Risky Sexual Behaviour Across 10 World Regions: Differential Personality Associations of Sexual Promiscuity and Relationship Infidelity', *European Journal of Personality* 18, nr. 4 (2004): 301-19.

17. langdurig zonder slaap kunt: William D.S. Killgore *et al.*, 'The Trait

of Introversion-Extraversion Predicts Vulnerability to Sleep Deprivation', *Journal of Sleep Research* 16, nr. 4 (2007): 354-63. Zie ook Daniel Taylor en Robert M. McFatter, 'Cognitive Performance After Sleep Deprivation: Does Personality Make a Difference?' *Personality and Individual Differences* 34, nr. 7 (2003): 1179-93; en Andrew Smith en Andrea Maben, 'Effects of Sleep Deprivation, Lunch, and Personality on Performance, Mood, and Cardiovascular Function', *Physiology and Behavior* 54, nr. 5 (1993): 967-72.

17. van je fouten leert: Zie hoofdstuk 7.

17. wild gokt op de aandelenbeurs: Zie hoofdstuk 7.

17. goed leiding kunt geven: Zie hoofdstuk 2.

17. 'stel nou dat'-vragen stelt: Zie hoofdstuk 3 en 7.

17. meest uitputtend onderzochte onderwerpen: Op 2 mei 2010 bevatte de database van PSYCINFO 9.194 vermeldingen van *extraversion*, 6.111 van *introversion*, en 12.494 van het ermee overlappende onderwerp *neuroticism*. Er waren minder vermeldingen van andere persoonlijkheidskenmerken uit de 'Big 5': openheid voor ervaringen, zorgvuldigheid en vriendelijkheid. Op 14 juni 2010 vond een wetenschappelijke zoekvraag op Google ongeveer 64.700 artikelen over *extraversion*, 30.600 over *extroversion*, 55.900 over *introversion* en 53.300 over *neuroticism*. Psycholoog William Graziano noemt introversie in een e-mail van 31 juli 2010 'een onomstotelijk feit van de persoonlijkheid, dat groot is en niet makkelijk genegeerd kan worden'.

17. in de Bijbel: Zie 'Een opmerking over de woorden "introvert" en "extravert"'.

17. sommige evolutionair psychologen: Zie hoofdstuk 6.

18. bestaat de Amerikaanse bevolking voor een derde uit introverte mensen: Volgens Rowan Bayne, in *The Myers-Briggs Type Indicator: A Critical Review and Practical Guide* (Londen: Chapman and Hall, 1995), 47, is de incidentie van introversie 36 procent, wat op zijn beurt weer is vastgesteld op basis van Isabel Myers' eigen onderzoek uit 1985. Een recenter onderzoek, in 1996 gepubliceerd door het Center for Applications of Psychological Type Research Services, nam een onderzoeksgroep van 914.219 personen en constateerde dat 49,3 procent van hen extravert was en 50,7 procent introvert. Zie 'Estimated Frequencies of the Types in the United States Population', een brochure van het Center for Applications of Psychological Type (CAPT) uit 1996 en 2003. Dat het percentage van introverte mensen dat door deze onderzoeken werd gevonden is gestegen van 36 naar 50,7 procent betekent volgens CAPT niet per se dat er nu meer introverte mensen in de Verenigde Staten wonen. Het kan 'gewoon een weerspiegeling [zijn] van de populaties die werden geselecteerd en opgenomen.' Er is zelfs een afzonderlijke enquête, ditmaal met gebruikmaking van de Eysenck Perso-

nality Inventory en de Eysenck Personality Questionnaire in plaats van de Myers-Briggstest, dat aangeeft dat de extraversiepercentages tussen 1966 en 1993 zowel bij mannen als vrouwen zijn gestegen: zie Jean M. Twenge, 'Birth Cohort Changes in Extraversion: A Cross-Temporal Meta-Analysis, 1966-1993', *Personality and Individual Differences* 30 (2001): 735-48.

18. de Verenigde Staten behoren tot de meest extraverte landen: Dit is in twee onderzoeken vastgesteld: (1) Juri Allik en Robert R. McCrae, 'Toward a Geography of Personality Traits: Patterns of Profiles Across 36 Cultures', *Journal of Cross-Cultural Psychology* 35 (2004): 13-28; en (2) Robert R. McCrae en Antonio Terracciano, 'Personality Profiles of Cultures: Aggregate Personality Traits', *Journal of Personality and Social Psychology* 89:3 (2005): 407-25.

19. Zo worden spraakzame mensen: William B. Swann Jr. en Peter J. Rentfrow, 'Blirtatiousness: Cognitive, Behavioral, and Physiological Consequences of Rapid Responding', *Journal of Personality and Social Psychology* 81, nr. 6 (2001): 1160-75.

19. flux de bouche: Howard Giles en Richard L. Street Jr., 'Communicator Characteristics and Behavior', in M.L. Knapp en G.R. Miller, red., *Handbook of Interpersonal Communication*, 2e ed. (Thousand Oaks, CA: Sage, 1994), 103-61. (Maar er is wel wat goed nieuws voor introverte mensen: volgens andere onderzoeken kan langzaam spreken als oprecht en welwillend worden opgevat.)

19. spraakwatervallen intelligenter worden gevonden: Delroy L. Paulhus en Kathy L. Morgan, 'Perceptions of Intelligence in Leaderless Groups: The Dynamic Effects of Shyness and Acquaintance', *Journal of Personality and Social Psychology* 72, nr. 3 (1997): 581-91.

19. een informeel onderzoek: Laurie Helgoe, *Introvert Power: Why Your Inner Life Is Your Hidden Strength* (Naperville, IL: Sourcebooks, 2008), 3-4.

20. De wet van de zwaartekracht: Gale E. Christianson, *Isaac Newton* (Oxford University Press, Lives and Legacies Series, 2005).

20. De relativiteitstheorie: Walter Isaacson, *Einstein: His Life and Universe* (New York: Simon & Schuster, 2007), 4, 12, 18, 22, 31, etc.

20. Het gedicht 'The Second Coming' van W.B. Yeats: Michael Fitzgerald, *The Genesis of Artistic Creativity: Asperger's Syndrome and the Arts* (Londen: Jessica Kingsley, 2005), 69. Zie ook Ira Progoff, *Jung's Psychology and Its Social Meaning* (Londen: Routledge, 1999), 111-12.

20. De Nocturnes van Chopin: Tad Szulc, *Chopin in Paris: The Life and Times of the Romantic Composer* (New York: Simon & Schuster, 2000), 69.

20. *À la recherche du temps perdu* van Marcel Proust: Alain de Botton, *How Proust Can Change Your Life* (New York: Vintage International), 1997.

20. Peter Pan: Lisa Chaney, *Hide-and-Seek with Angels: A Life of J.M. Barrie* (New York: St. Martin's Press, 2005), 2.

20. *1984* en *Animal Farm* van George Orwell: Fitzgerald, *The Genesis of Artistic Creativity*, 89.

20. Charlie Brown: David Michaelis, *Schulz and Peanuts: A Biography* (New York: Harper, 2007).

20. *Schindler's List*, *E.T.* en *Close Encounters of the Third Kind:* Joseph McBride, *Steven Spielberg: A Biography* (New York: Simon & Schuster, 1997), 57, 68.

20. Google: Ken Auletta, *Googled: The End of the World as We Know It* (New York: Penguin, 2009), 32

20. Harry Potter: Interview met J.K. Rowling van Shelagh Rogers en Lauren McCormick, Canadian Broadcasting Corp., 26 oktober 2000.

20. $E = mc^2$ en het gedicht *Paradise Lost*: Winifred Gallagher, *I. D.: How Heredity and Experience Make You Who You Are* (New York: Random House, 1996), 26.

21. verreweg de meeste onderwijzers geloven: Charles Meisgeier *et al.*, 'Implications and Applications of Psychological Type to Educational Reform and Renewal', *Proceedings of the First Biennial International Conference on Education of the Center for Applications of Psychological Type* (Gainesville, FL: Center for Applications of Psychological Type, 1994), 263-71.

26. een explosieve publicatie: Carl G. Jung, *Psychological Types* (Princeton, NJ: Princeton University Press, 1971; oorspronkelijk in het Duits verschenen als *Psychologische Typen* [Zurich: Rascher Verlag, 1921]), zie met name 330-37.

26. de meeste Amerikaanse universiteiten en bedrijven in de top-100 van het tijdschrift *Fortune*: E-mail aan de auteur, op 9 juli 2010, van Leah L. Walling, directeur Marketing Communications & Product Marketing van CPP.

27. introverte en extraverte mensen een verschillende hoeveelheid externe prikkeling ... Velen van hen verafschuwen geroddel: Zie Deel 2: 'Je biologische aanleg, is dat wie je bent?'

28. 'introvert type' is niet synoniem met kluizenaar: Introversie verschilt ook sterk van het syndroom van Asperger, de autismespectrumstoornis die zorgt voor problemen in de sociale omgang, zoals het interpreteren van gezichtsuitdrukkingen en lichaamstaal. Introversie en Asperger kunnen allebei gepaard gaan met het gevoel overspoeld te raken in sociale situaties. Maar anders dan mensen met Asperger, zijn introverte mensen vaak zeer sociaal vaardig. Terwijl een derde tot de helft van alle Amerikanen introvert is, heeft slechts een op de vijfduizend van hen Asperger. Zie National Insti-

tute of Neurological Disorders and Stroke, 'Asperger Syndrome Fact Sheet', http://www.ninds.nih.gov/disorders/asperger/detail–asperger.htm.

28. de duidelijk introverte E.M. Forster: Sunil Kumar, *A Companion to E.M. Forster*, dl. 1 (New Delhi: Atlantic Publishers and Distributors, 2007).

28. 'menselijke liefde' op haar hoogtepunt: E.M. Forster, *Howards End* (Londen: Edward Arnold, 1910).

28. Verlegenheid is angst voor sociale afkeuring: Elaine N. Aron *et al.*, 'Adult Shyness: The Interaction of Temperamental Sensitivity and an Adverse Childhood Environment', *Personality and Social Psychology Bulletin* 31 (2005): 181-97.

28. dat ze elkaar soms overlappen: Dit wordt in diverse artikelen behandeld. Zie bijvoorbeeld Stephen R. Briggs, 'Shyness: Introversion or Neuroticism?', *Journal of Research in Personality* 22, nr. 3 (1988): 290-307.

31. Zo'n mens zou in een gekkenhuis thuishoren: William McGuire en R.F.C. Hall, *C.G. Jung Speaking: Interviews and Encounters* (Princeton, NJ: Princeton University Press, 1977), 304.

31. Finland staat bekend om zijn introverte bevolking: Aino Sallinen-Kuparinen *et al.*, *Willingness to Communicate, Communication Apprehension, Introversion, and Self-Reported Communication Competence: Finnish and American Comparisons.* Communication Research Reports, 8 (1991): 57.

31. Veel introverte mensen zijn bovendien 'hoogsensitief': zie hoofdstuk 6.

1 – De opkomst van de 'zeer geschikte vent'

37. Het jaar: 1902 [...] waardoor hij als jongeman zelf werd geplaagd: Giles Kemp en Edward Claflin, *Dale Carnegie: The Man Who Influenced Millions* (New York: St. Martin's Press, 1989). Het jaartal 1902 is een schatting op grond van Carnegies levensloop.

39. 'In de tijd dat piano's en wc's nog een luxeartikel waren': Dale Carnegie, *The Quick and Easy Way to Effective Speaking* (New York: Pocket Books, 1962; bewerking door Dorothy Carnegie van *Public Speaking and Influencing Men in Business*, by Dale Carnegie); Nederlandse vertaling *Zo maakt u vrienden en goede relaties*, Omega Boek, z.j. 's-Gravenhage.

39. een 'karaktercultuur' noemde in een 'persoonlijkheidscultuur': Warren Susman, *Culture as History: The Transformation of American Society in the Twentieth Century* (Washington, DC: Smithsonian Institution Press, 2003), 271-85. Zie ook Ian A.M. Nicholson, 'Gordon Allport, Character, and

the "Culture of Personality", 1897-1937', *History of Psychology* 1, nr. 1 (1998): 52-68.

39. Het woord *personality* bestond tot de achttiende eeuw nog niet eens: Susman, *Culture as History*, 277: Het moderne concept persoonlijkheid is ontstaan in het begin van de twintigste eeuw en brak pas echt door na de Eerste Wereldoorlog. In 1930 had de belangstelling voor de persoonlijkheid volgens de vroege ontwikkelingspsycholoog Gordon W. Allport 'verbazingwekkende vormen' aangenomen. Zie ook Sol Cohen, 'The Mental Hygiene Movement, the Development of Personality and the School: The Medicalization of American Education', *History of Education Quarterly* 32, nr. 2 (1983), 123-49.

40. In 1790 woonde slechts 3 procent ... een derde van de bevolking een stedeling: Alan Berger, *The City: Urban Communities and Their Problems* (Dubuque, IA: William C. Brown Co., 1978). Zie ook Warren Simpson Thompson *et al.*, *Population Trends in the United States* (New York: Gordon and Breach Science Publishers, 1969).

40. 'We kunnen niet allemaal in de stad wonen': David E. Shi, *The Simple Life: Plain Living and High Thinking in American Culture* (Athens, GA: University of Georgia Press, 1985), 154.

40. De redenen waarom een bepaalde man promotie kreeg: Roland Marchand, *Advertising the American Dream: Making Way for Modernity, 1920-1940* (Berkeley: University of California Press, 1985), 209.

41. *The Pilgrim's Progress:* John Bunyan, *The Pilgrim's Progress* (New York: Oxford University Press, 2003). Zie ook Elizabeth Haiken, *Venus Envy: A History of Cosmetic Surgery* (Baltimore: Johns Hopkins University Press, 1997), 99.

41. een bescheiden man ... 'aanstoot gaf door hooghartigheid': Amy Henderson, 'Media and the Rise of Celebrity Culture', *Organization of American Historians Magazine of History* 6 (voorjaar 1992).

41. Een populair handboek uit 1899: Orison Swett Marden, *Character: The Grandest Thing in the World* (1899; herdrukt Kessinger Publishing, 2003), 13.

41. Maar in 1920 ... vanwege het bezit van een persoonlijkheid: Susman, *Culture as History*, 271-85.

41. De tijdschriften *Success* en *The Saturday Evening Post:* Carl Elliott, *Better Than Well: American Medicine Meets the American Dream* (New York: W.W. Norton, 2003), 61.

41. een mysterieuze eigenschap die 'fascinatie' werd genoemd: Susman, 279.

41. Mensen die ons op straat voorbijlopen: Hazel Rawson Cades, 'A

Twelve-to-Twenty Talk', *Women's Home Companion*, september 1925: 71 (geciteerd in Haiken, p. 91).

43. geobsedeerd raakten door filmsterren: In 1907 waren er vijfduizend bioscopen in de Verenigde Staten; in 1914 waren dat er 180.000 terwijl het aantal nog steeg. De eerste films verschenen in 1894, en hoewel de identiteit van de filmacteurs aanvankelijk door de filmstudio's geheim gehouden werd (overeenkomstig de moraal van een tijdperk met grotere privacy) ontstond in 1910 het fenomeen 'filmster'. Tussen 1910 en 1915 maakte de invloedrijke regisseur D.W. Griffith films waarin hij close-ups van de sterren contrasteerde met massascènes. Zijn boodschap was duidelijk: hier was de succesvolle persoonlijkheid, die groots afstak tegen de gezichtsloze onbekenden van deze wereld. Amerikanen zogen deze boodschappen enthousiast in zich op. De overgrote meerderheid van biografische profielen die aan het begin van de twintigste eeuw in *The Saturday Evening Post* en *Collier's* verschenen, gingen over politici, zakenlieden en notabelen. Maar in de jaren twintig en dertig werden de meeste profielen geschreven over entertainers als Gloria Swanson en Charlie Chaplin. (Zie Susman en Henderson; zie ook Charles Musser, *The Emergence of Cinema: The American Screen to 1907* [Berkeley: University of California Press, 1994], 81; en Daniel Czitrom, *Media and the American Mind: From Morse to McLuhan* [Chapel Hill: University of North Carolina Press, 1982, p. 42]).

43. Eaton's Highland Linen: Marchand, *Advertising the American Dream*, 11.

43. OVERAL OM U HEEN KEUREN MENSEN U ZWIJGEND AF: Jennifer Scanlon, *Inarticulate Longings: The Ladies' Home Journal, Gender, and the Promises of Consumer Culture* (Routledge, 1995), 209.

43. KRITISCHE BLIKKEN BEOORDELEN U OP DIT MOMENT: Marchand, *Advertising the American Dream*, 213.

43. *HEBT U OOIT GEPROBEERD OM UZELF AAN U TE VERKOPEN?*: Marchand, 209.

43. ZORG DAT UW GEZICHT ZELFVERTROUWEN UITSTRAALT: Marchand, 213.

43. succesvol, vrolijk en triomfantelijk te zijn: deze advertentie stond in *Cosmopolitan*, augustus 1921, 24.

44. Hoe kan ik mezelf populairder maken?: Rita Barnard, *The Great Depression and the Culture of Abundance: Kenneth Fearing, Nathanael West, and Mass Culture in the 1930s* (Cambridge: Cambridge University Press, 1995), 188. Zie ook Marchand, *Advertising the American Dream*, 210.

44. hadden beide geslachten een zekere terughoudendheid ... soms 'frigide' genoemd: Patricia A. McDaniel, *Shrinking Violets and Caspar Mil-*

quetoasts: Shyness, Power, and Intimacy in the United States, 1950-1995 (New York: New York University Press, 2003), 33-43.

44. In de jaren twintig ... de agressieve mens: Nicholson, 'Gordon Allport, Character, and the Culture of Personality, 1897-1937', 52-68. Zie ook Gordon Allport, 'A Test for Ascendance-Submission', *Journal of Abnormal & Social Psychology* 23 (1928): 118-36. Allport, die vaak een van de grondleggers van de ontwikkelingspsychologie wordt genoemd, publiceerde 'Personality Traits: Their Classification and Measurement' in 1921, hetzelfde jaar waarin *Psychologische Typen* van Jung verscheen. In 1924 gaf hij voor het eerst zijn collegereeks 'Personality: Its Psychological and Social Aspects' op Harvard; dit was waarschijnlijk de allereerste leergang over persoonlijkheid die ooit in de Verenigde Staten is gegeven.

45. Zelf beschouwde Jung ... 'over dit type oproepen': C. G. Jung, *Psychological Types* (Princeton, NJ: Princeton University Press, 1990; herdruk van de editie van 1921), 403-5.

45. Dit complex ... voldoende ruggengraat hebt': Haiken, *Venus Envy*, 111-14.

46. Ondanks de optimistische toon van dit artikel ... 'Een gezonde persoonlijkheid voor ieder kind': McDaniel, *Shrinking Violets*, 43-44.

47. ontstond er onder goedbedoelende ouders consensus: Encyclopedia of Children and Childhood in History and Society: 'Shyness', http://www.faqs.org/childhood/Re-So/Shyness.html.

47. Sommigen ontmoedigden hun kinderen ... sociaal te worden: David Riesman, *The Lonely Crowd* (Garden City, NY: Doubleday Anchor, herdrukt met toestemming van Yale University Press, 1953), met name pp. 79-85 en 91. Zie ook 'The People: Freedom – New Style', *Time*, 27 september 1954.

47. Introverte kinderen ... voorstedelijke afwijkingen te bestrijden: William H. Whyte, *The Organization Man* (New York: Simon & Schuster, 1956; herdruk Philadelphia: University of Pennsylvania Press, 2002), 382, 384.

47. Paul Buck, de rector magnificus van Harvard: Jerome Karabel, *The Chosen: The Hidden History of Admission and Exclusion at Harvard, Yale, and Princeton* (Boston: Houghton Mifflin, 2005), 185, 223.

48. Het 'briljante' introverte type kunnen we slecht gebruiken: Whyte, *The Organization Man*, 105.

48. Deze universiteitsbestuurder ... handig als ze een goede indruk maken: Whyte, *The Organization Man*, 212.

48. *Selling IBM*: Hank Whittemore, 'IBM in Westchester – The Low Profile of the True Believers,' *New York*, 22 mei 1972. Volgens dit artikel kwam er in de jaren vijftig een eind aan dit zingen. Voor de volledige tekst van

'Selling IBM', zie http://www.digibarn.com/collections/songs/ibm-songs.

49. De andere medewerkers ... een advertentie voor Equanil: Louis Menand, 'Head Case: Can Psychiatry Be a Science?' *The New Yorker*, 1 maart 2010.

49. Serentil, een tranquilizer uit de jaren zestig: Elliott, *Better Than Well*, xv.

49. Extraversie zit in ons DNA: Kenneth R. Olson, 'Why Do Geographic Differences Exist in the Worldwide Distribution of Extraversion and Openness to Experience? The History of Human Emigration as an Explanation', *Individual Differences Research* 5, nr. 4 (2007): 275-88. Zie ook Chuansheng Chen, 'Population Migration and the Variation of Dopamine D4 Receptor (DRD4) Allele Frequencies Around the Globe', *Evolution and Human Behavior* 20 (1999): 309-24.

50. de Romeinen, voor wie de zwaarst denkbare straf: Mihaly Csikszentmihalyi, *Flow: The Psychology of Optimal Experience* (New York: Harper Perennial, 1990), 165; Nederlandse vertaling *Flow: psychologie van de optimale ervaring* (Amsterdam: Boom, 2000).

50. Zelfs het christendom van de vroeg-Amerikaanse religieuze revivals: Lang voordat die welbespraakte Chautauqua-voordrachtskunstenaar de wereld van Dale Carnegie op zijn kop zette, vonden er door het hele land in grote tenten religieuze bijeenkomsten plaats. Chautauqua was zelf geïnspireerd op een van die *Great Awakenings*, waarvan de eerste reeks had plaatsgevonden in de jaren 1730 en 1740, en de tweede in de eerste decennia van de twintigste eeuw. Het christelijk geloof dat werd uitgedragen tijdens die Awakenings was nieuw en theatraal; de leiders waren op de verkoop gericht en probeerden de volgelingen in hun grote tenten te proppen. De reputatie van predikanten hing af van hun uitbundigheid in woord en gebaar. Lang voordat het begrip 'filmster' bestond, speelde de bewondering van sterren een grote rol in het christelijk geloof. De bekendste evangelist van de First Great Awakening was een Britse entertainer, George Whitefield. Met zijn dramatische imitaties van Bijbelse figuren en zijn onbeschaamde gehuil, geschreeuw en geroep zorgde hij voor uitverkochte tenten. Maar terwijl de First Great Awakening het drama in evenwicht hield met het intellect en tot de stichting van universiteiten als Princeton en Dartmouth leidde, was de Second Great Awakening nog meer persoonlijkheidsgericht; de leiders hiervan mikten uitsluitend op het lokken van publiek. Zij geloofden, zoals veel hedendaagse predikanten van megakerken, dat je met een te academische benadering geen tent vol kreeg, en veel evangelische kopstukken lieten de intellectuele waarden helemaal los en stortten zich op hun rol als verkoper en entertainer. 'Mijn theologie! Ik wist niet dat ik er een had!' riep de

negentiende-eeuwse evangelist D.L. Moody uit. Dit soort redenaarskunde beïnvloedde niet alleen de vorm van de eredienst, maar ook de ideeën van mensen over wat voor iemand Jezus was. In 1925 publiceerde Bruce Fairchild Barton, de directeur van een reclamebureau, een boek met de titel *The Man Nobody Knows*. Hierin werd Jezus voorgesteld als een geniale verkoper die 'twaalf mannen uit de laagste regionen van het bedrijfsleven omvormde tot een organisatie die de wereld heeft veroverd.' Deze Jezus was geen lam, maar de 'geweldigste bedrijfsdirecteur ter wereld' en 'de stichter van het moderne zakendoen'. Het idee van Jezus als rolmodel voor zakelijk leiderschap viel bijzonder goed. *The Man Nobody Knows* werd een van de best-verkopende non-fictieboeken van de twintigste eeuw, volgens Powell's Books. Zie Adam S. McHugh, *Introverts in the Church: Finding Our Place in an Extroverted Culture* (Downers Grove, IL: IVP Books, 2009), 23-25. Zie ook Neal Gabler, *Life: The Movie: How Entertainment Conquered Reality* (New York: Vintage Books, 1998), 25-26.

50. bewonderden de eerste Amerikanen de daadkracht: Richard Hofstadter, *Anti-Intellectualism in American Life* (New York: Vintage Books, 1962); zie bijvoorbeeld 51 en 256-57.

50. de presidentsverkiezing van 1828: Neal Gabler, *Life: The Movie*, 28.

50. John Quincy Adams wordt overigens: Steven J. Rubenzer *et al.*, 'Assessing the U.S. Presidents Using the Revised NEO Personality Inventory', *Assessment* 7, nr. 4 (2000): 403-20.

50. Het respect voor de individuele menselijke persoonlijkheid: Harold Stearns, *America and the Young Intellectual* (New York: George H. Duran Co., 1921).

51. Het is opmerkelijk hoeveel aandacht: Henderson, 'Media and the Rise of Celebrity Culture'.

51. eenzaam als een wolk: William Wordsworth, 'I Wandered Lonely as a Cloud', 1802.

51. bij Walden Pond: Henry David Thoreau, *Walden*, 1854.

51. aantal Amerikanen dat zichzelf als verlegen beschouwt: Bernardo Carducci en Philip G. Zimbardo, 'Are You Shy?' *Psychology Today*, 1 november 1995.

52. Van 'sociale angststoornis' ... eraan lijdt: M.B. Stein, J.R. Walker en D.R. Forde, 'Setting Diagnostic Thresholds for Social Phobia: Considerations from a Community Survey of Social Anxiety', *American Journal of Psychiatry* 151 (1994): 408-42.

52. De meest recente versie van het *Diagnostic and Statistical Manual:* American Psychiatric Association, *Diagnostic and Statistical Manual of Mental Disorders*, 4e ed. (*DSM-IV*), 2000. Zie 300.23, 'Social Phobia (Social

Anxiety Disorder)': 'De diagnose is uitsluitend gerechtvaardigd als de vermijding, angst, of angstige verwachting van de sociale of prestatiesituatie een significant ontwrichtend effect heeft op iemands dagelijkse bezigheden, beroepsmatig functioneren of sociale leven, of als de patiënt merkbaar lijdt onder het hebben van de fobie. [...] In het geval van vrees voor prestatiesituaties, ervaren personen met een sociale fobie angst om zich opgelaten te voelen en zijn ze bang dat anderen over hen zullen oordelen dat ze angstig, zwak, "gek" of dom zijn. Ze zijn mogelijk bang om te spreken in het openbaar uit angst dat anderen hun trillende handen of bevende stem zullen opmerken of dat ze extreme angstgevoelens zullen ervaren wanneer ze met anderen spreken of vrezen dat ze een onwelsprekende indruk zullen maken. [...] De angst of vermijding moet in significante mate hinderlijk zijn voor iemands dagelijkse bezigheden, beroepsmatige of educatieve functioneren, of voor sociale activiteiten of contacten, of de patiënt moet aanzienlijk lijden onder het hebben van de fobie. Zo zou iemand die bang is om te spreken in het openbaar geen diagnose "sociale fobie" krijgen indien deze activiteit niet veelvuldig hoeft te worden verricht op het werk of in het klaslokaal en de patiënt er niet bijzonder onder lijdt.'

52. 'Het is niet genoeg' ... groep bestuurders: Daniel Goleman, *Working with Emotional Intelligence* (New York: Bantam, 2000), 32.

52. op de schappen van boekenkiosken: Zie bijvoorbeeld http://www.nationalpost.com/Business+Bestsellers/3927572/story.html.

52. al het praten verkopen is ... komt kijken: Michael Erard, *Um: Slips, Stumbles, and Verbal Blunders, and What They Mean* (New York: Pantheon, 2007), 156.

52. meer dan 12.500 afdelingen in 113 landen: http://www.toastmasters.org/MainMenuCategories/WhatisToastmasters.aspx (geraadpleegd op 10 september 2010).

52. de reclamevideo: http://www.toastmasters.org/DVDclips.aspx (geraadpleegd op 29 juli 2010). Klik op 'Welcome to Toastmasters! The entire 15 minute story'.

2 – De mythe van het charismatisch leiderschap

56. Bill Clinton ... vijftig miljoen anderen: Deze namen en statistieken zijn ontleend aan Tony Robbins' website en ander reclamemateriaal op 19 december 2009.

56. pakweg elf miljoen dollar per jaar: Melanie Lindner, 'What People Are Still Willing to Pay For', *Forbes*, 15 januari 2009. Het cijfer van 11 mil-

jard dollar geldt voor 2008 en is afkomstig van Marketdata Enterprises, een onderzoeksbedrijf. Volgens de voorspelling zou dit bedrag tot en met 2012 jaarlijks met 6,2 procent stijgen.

59. directeur van zeven bedrijven: Dit aantal is afkomstig van Robbins' website.

60. 'hyperthymisch' temperament: Hagop S. Akiskal, 'The Evolutionary Significance of Affective Temperaments', *Medscape* CME, gepubliceerd op 12 juni 2003, bijgewerkt op 24 juni 2003.

62. bovenmenselijke fysieke gestalte: Steve Salerno wees hierop in zijn boek *Sham* (New York: Crown Publishers, 2005), 75. Hij maakte ook de opmerking verderop over Robbins' bewering dat hij vroeger zo arm was dat hij zijn borden in de badkuip bewaarde.

67. Deze faculteit Bedrijfskunde ... 'leiders opleidt die iets betekenen voor de wereld': Harvard Business School-website, 11 september 2010.

67. President George W. Bush ... alumnus van de HBS: Philip Delves Broughton, *Ahead of the Curve: Two Years at Harvard Business School* (New York: Penguin, 2008), 2. Zie ook www.reuters.com, Factbox: Jeffrey Skilling, 24 juni 2010.

71. toetreden tot een bedrijfscultuur: Thomas Harrell, een docent toegepaste psychologie op de Stanford Business School volgde MBA-studenten van Stanford die tussen 1961 en 1965 waren afgestudeerd en publiceerde een reeks onderzoeken over hen. Hij constateerde dat de topverdieners en de algemeen directeuren doorgaans sociaal en extravert zijn. Zie bijvoorbeeld Thomas W. Harrell en Bernard Alpert, 'Attributes of Successful MBAS: A 20-Year Longitudinal Study', *Human Performance* 2, nr. 4 (1989): 301-322.

72. Hier weet iedereen dat het belangrijk is om extravert te zijn: Reggie Garrison *et al.*, 'Managing Introversion and Extroversion in the Workplace', Wharton Program for Working Professionals (WPWP) (Philadelphia: University of Pennsylvania, voorjaar 2006).

72. CHEF TEGEN TED EN ALICE: Ik weet helaas niet meer van welk bedrijf deze advertentie was, en heb haar niet kunnen terugvinden.

72. VERTREK UIT JE REMMINGEN: http://www.advertolog.com/amtrak/print-outdoor/depart-from-your-inhibitions-2110505/ (geraadpleegd op 11 september 2010).

72. een reeks advertenties voor het antidepressivum Paxil: Christopher Lane, *How Normal Behavior Became a Sickness* (New Haven: Yale University Press, 2007), 127, 131.

75. Praters komen intelligenter over: Delroy L. Paulhus en Kathy L. Morgan, 'Perceptions of Intelligence in Leaderless Groups: The Dynamic Effects of Shyness and Acquaintance', *Journal of Personality and Social Psychology*

72, nr. 3 (1997): 581-91. Zie ook Cameron Anderson en Gavin Kilduff, 'Why Do Dominant Personalities Attain Influence in Face-to-Face Groups? The Competence Signaling Effects of Trait Dominance', *Journal of Personality and Social Psychology* 96, nr. 2 (2009): 491-503.

75. twee onbekenden via de telefoon met elkaar kennismaakten: William B. Swann Jr. en Peter J. Rentfrow, 'Blirtatiousness: Cognitive, Behavioral, and Physiological Consequences of Rapid Responding', *Journal of Personality and Social Psychology* 81, nr. 6 (2001): 1160-75.

75. We zien praters ook als leiders: Simon Taggar *et al.*, 'Leadership Emergence in Autonomous Work Teams: Antecedents and Outcomes', *Personnel Psychology* 52, nr. 4 (winter 1999): 899-926. ('Degene die het meest aan het woord is, maakt de grootste kans om als leider te worden beschouwd.')

75. Hoe meer iemand praat, hoe meer andere groepsleden: James Surowiecki, *The Wisdom of Crowds* (New York: Doubleday Anchor, 2005), 187.

75. Het helpt ook als je snel spreekt: Howard Giles en Richard L. Street Jr., 'Communicator Characteristics and Behavior', in M.L. Knapp en G.R. Miller, red., *Handbook of Interpersonal Communication*, 2e ed. (Thousand Oaks, CA: Sage, 1994), 103-61.

75. groepjes studenten gevraagd om samen wiskundesommen te maken: Cameron Anderson en Gavin Kilduff, 'Why Do Dominant Personalities Attain Influence in Face-to-Face Groups? The Competence-Signaling Effects of Trait Dominance'.

76. een bekend onderzoek ... UC Berkeley: Philip Tetlock, *Expert Political Judgment* (Princeton, NJ: Princeton University Press, 2006).

76. 'de bus naar Abilene': Kathrin Day Lassila, 'A Brief History of Groupthink: Why Two, Three or Many Heads Aren't Always Better Than One', *Yale Alumni Magazine*, januari/februari 2008.

77. Charles Schwab ... Tohmatsu: Del Jones, 'Not All Successful CEOs Are Extroverts', USA *Today*, 7 juni, 2006.

77. sloten sommigen zich op in hun werkkamer: Peter F. Drucker, *The Leader of the Future 2: New Visions, Strategies, and Practices for the Next Era*, red. Frances Hesselbein, Marshall Goldsmith en Richard Beckhard (San Francisco: Jossey-Bass, 2006), XI-XII.

78. degenen die door hun topbestuurders als charismatisch werden beoordeeld: Bradley Agle *et al.*, 'Does CEO Charisma Matter? An Empirical Analysis of the Relationships Among Organizational Performance, Environmental Uncertainty, and Top Management Team Perceptions of CEO Charisma', *Academy of Management Journal* 49, nr. 1 (2006): 161-74. Zie ook Del Jones, 'Not All Successful CEOs Are Extroverts'. Voor een uitstekend boek over dit onderwerp, zie Rakesh Khurana, *Searching for a Corporate*

Savior: The Irrational Quest for Charismatic CEO*s* (Princeton, NJ: Princeton University Press, 2002).

78. de invloedrijke bestuurskundige Jim Collins: Jim Collins, *Good to Great: Why Some Companies Make the Leap – and Others Don't* (New York: HarperCollins, 2001). Sommigen hebben betwijfeld of de bedrijven die Collins beschrijft wel zo 'geweldig' zijn als hij beweert. Zie Bruce Niendorf en Kristine Beck, '*Good to Great*, or Just Good?' *Academy of Management Perspectives* 22, nr. 4 (2008): 13-20. Zie ook Bruce Resnick en Timothy Smunt, 'Good to Great to...?' *Academy of Management Perspectives* 22, nr. 4 (2008): 6-12.

81. geen sterke correlatie is tussen extraversie en leiderschap: Timothy Judge *et al.*, 'Personality and Leadership: A Qualitative and Quantitative Review', *Journal of Applied Psychology* 87, nr. 4 (2002): 765-80. Zie ook David Brooks, 'In Praise of Dullness', *The New York Times*, 18 mei 2009, dat citeert uit Steven Kaplan *et al.*, 'Which CEO Characteristics and Abilities Matter?' *National Bureau of Economic Research Working Paper No. 14195*, juli 2008, een onderzoek dat constateert dat het succes van CEO's sterker gerelateerd is aan 'uitvoerende vaardigheden' dan aan 'teamgerelateerde vaardigheden'. Brooks citeerde ook een ander onderzoek, van Murray Barrick, Michael Mount en Timothy Judge, een overzicht van een eeuw onderzoek naar leiderschap in het bedrijfsleven en constateerde dat extraversie niet sterk correleerde met het succes van CEO's, maar nauwgezetheid wel.

81. In het eerste onderzoek ... meer T-shirts te vouwen: Adam M. Grant *et al.*, 'Reversing the Extraverted Leadership Advantage: The Role of Employee Proactivity', *Academy of Management Journal* 54, nr. 3 (juni 2011).

83. 'Vaak zijn de leiders uitvoerig aan het woord': Carmen Nobel, 'Introverts: The Best Leaders for Proactive Employees', *Harvard Business School Working Knowledge: A First Look at Faculty Research*, 4 oktober 2010.

84. Jaren voor die dag in december 1955: Ik heb veel informatie ontleend aan de uitstekende biografie van Douglas Brinkley, *Rosa Parks: A Life* (New York: Penguin Books, 2000). In tegenstelling tot King kwam Parks wel tot de overtuiging dat geweld soms een gerechtvaardigd wapen van de onderdrukten was.

86. Zo was Mozes: Mijn analyse van Mozes berust op mijn persoonlijke interpretatie van Exodus, met name 3:11, 4:1, 4:3, 4:10, 4:12-17, 6:12, 6:30, en Numeri 12:3. Anderen hebben vergelijkbare analyses gedaan; zie bijvoorbeeld http://www.theologyweb.com/campus/showthread.php?t=50284. Zie ook Doug Ward, 'The Meanings of Moses' Meekness', http://godward.org/Hebrew %20Roots/ meanings–of–moses.htm. Zie ook Marissa Brostoff, 'Rabbis Focus on Professional Development', http://www.forward.

com/articles/13971/ (geraadpleegd op 13 augustus 2008).

88. een 'klassieke connector' die Roger Horchow heet: Malcolm Gladwell, *The Tipping Point* (New York: Back Bay Books, 2002; oorspronkelijk gepubliceerd door Little, Brown, maart 2000), 42-46.

88. Op 28 mei 2011: Factsheet van Craigslist, beschikbaar op de website, www.craigslist.com (geraadpleegd op 28 mei 2011). Andere informatie over Craigslist afkomstig uit (1) telefonisch interview van de schrijver met Craig Newmark, 4 december 2006; (2) Idelle Davidson, 'The Craigslist Phenomenon', *Los Angeles Times*, 13 juni 2004; en (3) Philip Weiss, 'A Guy Named Craig', *New York* magazine, 8 januari 2006.

89. 'Guy Kawasaki is introvert?': Maria Niles, post op Blogher, een bloggersgemeenschap voor vrouwen, 19 augustus 2008. Zie http://www.blogher.com/social-media-introverts.

89. 'Zou het niet heel ironisch zijn': Pete Cashmore, 'Irony Alert: Social Media Introverts?' mashable.com, augustus 2008. Zie http://mashable.com/2008/08/15/irony-alert-social-media-introverts/.

89. introverte mensen gemiddeld meer dan extraverte mensen: Yair Amichai-Hamburger, 'Personality and the Internet', in *The Social Net: Understanding Human Behavior in Cyberspace*, red. Yair Amichai-Hamburger (New York: Oxford University Press, 2005): 27-56. Zie ook Emily S. Orr *et al.*, 'The Influence of Shyness on the Use of Facebook in an Undergraduate Sample', *CyberPsychology and Behavior* 12, nr. 3 (2009); Levi R. Baker, 'Shyness and Online Social Networking Services', *Journal of Social and Personal Relationships* 27, nr. 8 (2010). Richard N. Landers en John W. Lounsbury, 'An Investigation of Big Five and Narrow Personality Traits in Relation to Internet Usage', *Computers in Human Behavior* 22 (2006): 283-93. Zie ook Luigi Anolli *et al.*, 'Personality of People Using Chat: An On-Line Research', *CyberPsychology and Behavior* 8, nr. 1 (2005). Extraverte mensen hebben echter doorgaans meer vrienden op Facebook dan introverte mensen: Pavica Sheldon, 'The Relationship Between Unwillingness-to-Communicate and Students' Facebook Use', *Journal of Media Psychology* 20, nr. 2, (2008): 67-75. Dat is niet erg verrassend, aangezien Facebook een plek is geworden waar mensen grote aantallen vrienden verzamelen.

91. gemiddeld wekelijks bezoekersaantal van ruim 22.000: Pastor Rick en Kay Warren, Online Newsroom, http://www.rickwarrennews.com/ (geraadpleegd op 12 september 2010).

93. Volgens de moderne Evangelische Kerk: Om achtergrondinformatie te vergaren, voerde ik een aantal fascinerende gesprekken, onder andere met de spraakwaterval Lauren Sandler, auteur van *Righteous: Dispatches from the Evangelical Youth Movement* (New York: Viking, 2006).

94. hartenkreet over de vraag wat zijn plaats was: Mark Byron, 'Evangelism for Introverts', http://markbyron.typepad.com/main/2005/06/evangalism–for–.html (geraadpleegd op 27 juni, 2005).

94. niet lid te zijn van een kerkbestuur: Jim Moore, 'I Want to Serve the Lord – But Not Serve on a Parish Committee', http://www.beliefnet.com/Faiths/Christianity/Catholic/2000/07/I-Want-To-Serve-The-Lord-But-Not-Serve-On-A-Parish-Committee.aspx

96. dat vruchtbare mirakel: Jean Autret, William Burford en Phillip J. Wolfe, vert. en red., *Marcel Proust on Reading Ruskin* (New Haven, CT: Yale University Press, 1989).

3 – Als samenwerken de creativiteit doodt

99. Ik ben een paard voor een enkel tuig: Albert Einstein, in 'Forum and Century', 84e jaargang, 193-94 (het dertiende deel van de Forum-reeks *Living Philosophies*, een verzameling persoonlijke filosofieën van beroemde mensen, dat in 1931 verscheen).

99. 5 maart 1975: Het verhaal over Stephen Wozniak in dit hoofdstuk is hoofdzakelijk ontleend aan zijn autobiografie, *iWoz* (New York: W.W. Norton, 2006). De omschrijving van Woz als de nerd-ziel van Apple is afkomstig uit http://valleywag.gawker.com/220602/wozniak-jobs-design-role-overstated.

102. een reeks onderzoeken naar creativiteit: Donald W. MacKinnon, 'The Nature and Nurture of Creative Talent' (Walter Van Dyke Bingham-lezing, uitgesproken op Yale University, New Haven, Connecticut, 11 april 1962). Zie ook MacKinnon, 'Personality and the Realization of Creative Potential', Presidential Address presented at Western Psychological Association, Portland, Oregon, april 1964.

102. Een van de interessantste uitkomsten: Zie bijvoorbeeld (1) Gregory J. Feist, 'A Meta-Analysis of Personality in Scientific and Artistic Creativity', *Personality and Social Psychology Review* 2, nr. 4 (1998): 290-309; (2) Feist, 'Autonomy and Independence', *Encyclopedia of Creativity*, vol. 1 (San Diego, CA: Academic Press, 1999), 157-63; en (3) Mihaly Csikszentmihalyi, *Creativity: Flow and the Psychology of Discovery and Invention* (New York: Harper Perennial, 1996), 65-68. Er zijn wel enige onderzoeken die een correlatie aantonen tussen extraversie en creativiteit, maar anders dan de studies van MacKinnon, Csikszentmihalyi en Feist, die mensen volgden wier loopbaan had bewezen dat ze uitzonderlijk creatief waren 'in het echte leven', zijn dit overwegend onderzoeken van studenten die de creativiteit

van de onderzoekspersonen op minder formele wijze meten, bijvoorbeeld door hun hobby's te analyseren en hen te vragen om creatieve spelletjes te spelen zoals een verhaal schrijven bij een plaatje. Het is waarschijnlijk dat extraverte mensen beter zullen presteren in zulke sterk prikkelende omgevingen. Het zou ook kunnen, zoals psycholoog Uwe Wolfradt oppert, dat de relatie tussen introversie en creativiteit 'alleen op een hoger niveau van creativiteit waarneembaar' is. (Uwe Wolfradt, 'Individual Differences in Creativity: Personality, Story Writing, and Hobbies', *European Journal of Personality* 15, nr. 4, [juli/augustus 2001]: 297-310.)

103. Hans Eysenck: Hans J. Eysenck, *Genius: The Natural History of Creativity* (New York: Cambridge University Press, 1995).

103. Vernieuwing, de kern van de kenniseconomie: Malcolm Gladwell, 'Why Your Bosses Want to Turn Your New Office into Greenwich Village', *The New Yorker*, 11 december 2000.

104. 'Geen van ons is zo slim als iedereen bij elkaar': Warren Bennis, *Organizing Genius: The Secrets of Creative Collaboration* (New York: Basic Books, 1997).

104. Michelangelo liet: Clay Shirky, *Here Comes Everybody: The Power of Organizing Without Organizations* (New York: Penguin, 2008).

104. hun werknemers in teams groeperen: Steve Koslowski en Daniel Ilgen, 'Enhancing the Effectiveness of Work Groups and Teams', *Psychological Science in the Public Interest* 7, nr. 3 (2006): 77-124.

104. In 2000 maakte naar schatting de helft: Dennis J. Devine, 'Teams in Organizations: Prevalence, Characteristics, and Effectiveness', *Small Group Research* 20 (1999): 678-711.

104. tegenwoordig ... vrijwel allemaal: Frederick Morgeson *et al.*, 'Leadership in Teams: A Functional Approach to Understanding Leadership Structures and Processes', *Journal of Management* 36, nr. 1 (2010): 5-39.

104. 91 procent van de hogere managers: *Ibid.*

104. Bedrijfsconsultant Stephen Harvill vertelde me: In gesprek met de auteur, 26 oktober 2010.

105. meer dan 70 procent van de Amerikaanse werknemers: Davis, 'The Physical Environment of the Office'. Zie ook James C. McElroy en Paula C. Morrow, 'Employee Reactions to Office Redesign: A Naturally Occurring Quasi-Field Experiment in a Multi-Generational Setting', *Human Relations* 63, nr. 5 (2010): 609-36. Zie ook Davis, 'The Physical Environment of the Office': kantoortuinen zijn momenteel 'de populairste kantoorinrichting'. Zie ook Joyce Gannon, 'Firms Betting Open-Office Design, Amenities Lead to Happier, More Productive Workers', *Post-Gazette* (Pittsburgh), 9 februari 2003. Zie ook Stephen Beacham, *Real Estate Weekly*, 6 juli, 2005. Het eerste

bedrijf dat een kantoortuin in een flatgebouw in gebruik nam, was Owens Corning, in 1969. Tegenwoordig gebruiken vele bedrijven ze, waaronder Proctor & Gamble, Ernst & Young, GlaxoSmithKline, Alcoa en H.J. Heinz: http://www.owenscorning.com/acquainted/about/history/1960.asp. Zie ook Matthew Davis *et al.*, 'The Physical Environment of the Office: Contemporary and Emerging Issues', in G.P. Hodgkinson en J.K. Ford, red., *International Review of Industrial and Organizational Psychology*, vol. 26 (Chichester, UK: Wiley, 2011), 193-235: '... er was een "wijdverbreide introductie van de open kantoorruimte en de kantoortuin in Noord-Amerika in de jaren zestig en zeventig".' Zie echter Jennifer Ann McCusker, 'Individuals and Open Space Office Design: The Relationship Between Personality and Satisfaction in an Open Space Work Environment', proefschrift, Organizational Studies, Alliant International University, 12 april 2002 ('het concept 'kantoortuin' begon halverwege de jaren zestig met een groep Duitse managementconsultants', een citaat uit Karen A. Edelman, 'Take Down the Walls', *Across the Board* 34, nr. 3 [1997]: 32-38).

105. De hoeveelheid ruimte per werknemer is gekrompen: Roger Vincent, 'Office Walls Are Closing in on Corporate Workers', *Los Angeles Times*, 15 december 2010.

105. een verschuiving van 'ik werk' naar 'wij werken': Paul B. Brown, 'The Case for Design', *Fast Company*, juni 2005.

105. De concurrent, kantoorartikelenfabrikant Herman Miller: 'New Executive Officescapes: Moving from Private Offices to Open Environments', Herman Miller Inc., 2003.

105. In 2006 heeft de Ross School of Business op de University of Michigan: Dave Gershman, 'Building is "Heart and Soul" of the Ross School of Business', mlive.com, 24 januari 2009. Zie ook Kyle Swanson, 'Business School Offers Preview of New Home, Slated to Open Next Semester', *Michigan Daily*, 15 september, 2008.

105. Volgens een landelijke enquête uit 2002: Christopher Barnes, 'What Do Teachers Teach? A Survey of America's Fourth and Eighth Grade Teachers', uitgevoerd door het Center for Survey Research and Analysis, University of Connecticut, Civic Report nr. 28, september 2002. Zie ook Robert E. Slavin, 'Research on Cooperative Learning and Achievement: What We Know, What We Need to Know', *Contemporary Educational Psychology* 21, nr. 1 (1996): 43-69 (een citaat uit de constatering van een landelijke enquête uit 1993 dat 79 procent van de basisschooldocenten en 62 procent van de middelbareschooldocenten langdurig gebruik maakte van samenwerkend leren). Let wel dat in het 'echte leven' veel docenten gewoon leerlingen bij elkaar in een groep zetten, maar geen gebruikmaken van werkelijk 'samen-

werkend leren', waarbij een zeer specifieke reeks procedures aangehouden dient te worden, volgens een e-mail die de auteur ontving van Roger Johnson van het Cooperative Learning Center op de University of Minnesota.

106. Samenwerkend leren: Bruce Williams, *Cooperative Learning: A Standard for High Achievement* (Thousand Oaks, CA: Corwin, 2004), 3-4.

107. Janet Farrall en Leonie Kronborg: Janet Farrall en Leonie Kronborg, 'Leadership Development for the Gifted and Talented', in *Fusing Talent – Giftedness in Australian Schools*, red. M. McCann en F. Southern (Adelaide: The Australian Association of Mathematics Teachers, 1996).

108. Werknemers zetten hun hele leven toch al: Radio-interview met Kai Ryssdal, 'Are Cubicles Going Extinct?', *Marketplace*, via American Public Media, 15 december 2010.

108. een significante meerderheid van de eerste computerliefhebbers: Sarah Holmes en Philip L. Kerr, 'The IT Crowd: The Type Distribution in a Group of Information Technology Graduates', *Australian Psychological Type Review* 9, nr. 1 (2007): 31-38. Zie ook Yair Amichai-Hamburger *et al.*, "On the Internet No One Knows I'm an Introvert": Extraversion, Neuroticism, and Internet Interaction', *CyberPsychology and Behavior* 5, nr. 2 (2002): 125-28.

108. In de technologische industrie is het een cliché: Dave W. Smith, E-mail aan de auteur, 20 oktober, 2010.

109. Waarom kon die jongen, die ik zo gemakkelijk had verslagen: Zie Daniel Coyle, *The Talent Code* (New York: Bantam Dell, 2009), 48.

109. drie groepen klassiek geschoolde violisten: K. Anders Ericsson *et al.*, 'The Role of Deliberate Practice in the Acquisition of Expert Performance', *Psychological Review* 100, nr. 3 (1993): 363-406.

110. 'serieuze zelfstudie': Neil Charness *et al.*, 'The Role of Deliberate Practice in Chess Expertise', *Applied Cognitive Psychology* 19 (2005): 151-65.

110. Studenten op de universiteit die doorgaans zelfstandig studeren: David Glenn, 'New Book Lays Failure to Learn on Colleges' Doorsteps', *The Chronicle of Higher Education*, 18 januari 2001.

110. Zelfs topsporters die een teamsport beoefenen: Starkes en Ericsson, 'Expert Performance in Sports: Advances in Research on Sports Expertise', *Human Kinetics* (2003): 67-71.

110. Op veel terreinen, zo vertelde Ericsson me: In gesprek met de auteur, 13 april 2010.

111. tienduizend uur doelbewust oefenen: Op hun achttiende hadden de beste violisten op het conservatorium van Berlijn gemiddeld ruim 7000 uur in hun eentje gestudeerd, ongeveer 2000 uur meer dan de goede violisten, en 4000 uur meer dan de muziekdocenten.

112. 'leeftijdgenoten grote nieuwsgierigheid of gerichte belangstelling maar raar vonden': Csikszentmihalyi, *Creativity*, 177.

112. muziekstukken instuderen of wiskunde leren: *Ibid.*, 65.

112. Madeleine L'Engle: *Ibid.*, 253-54.

112. Mijn beste Mr. Babbage: Charles Darwin, *The Correspondence of Charles Darwin Volume 2: 1837-1843* (Cambridge, England: Cambridge University Press, 1987), 67.

113. Coding War Games: Deze worden beschreven in Tom DeMarco en Timothy Lister, *Peopleware: Productive Projects and Teams* (New York: Dorset House, 1987).

114. Een berg recente data over kantoortuinen: Zie bijvoorbeeld: (1) Vinesh Oommen *et al.*, 'Should Health Service Managers Embrace Open Plan Work Environments? A Review', *Asia Pacific Journal of Health Management* 3, nr. 2 (2008). (2) Aoife Brennan *et al.*, 'Traditional Versus Open Office Design: A Longitudinal Field Study', *Environment and Behavior* 34 (2002): 279. (3) James C. McElroy en Paula Morrow, 'Employee Reactions to Office Redesign: A Naturally Occurring Quasi-Field Experiment in a Multi-Generational Setting', *Human Relations* 63 (2010): 609. (4) Einar De Croon *et al.*, 'The Effect of Office Concepts on Worker Health and Performance: A Systematic Review of the Literature', *Ergonomics*, 48, nr. 2 (2005): 119-34. (5) J. Pejtersen *et al.*, 'Indoor Climate, Psychosocial Work Environment and Symptoms in Open-Plan Offices', *Indoor Air* 16, nr. 5 (2006): 392-401. (6) Herman Miller Research Summary, 2007, 'It's All About Me: The Benefits of Personal Control at Work'. (7) Paul Bell *et al.*, *Environmental Psychology* (Lawrence Erlbaum, 2005), 162. (8) Davis, 'The Physical Environment of the Office'.

115. mensen beter leren na een rustige boswandeling: Marc G.Berman *et al.*, 'The Cognitive Benefits of Interacting with Nature', *Psychological Science* 19, nr. 12 (2008): 1207-12. Zie ook Stephen Kaplan en Marc Berman, 'Directed Attention as a Common Resource for Executive Functioning and Self-Regulation', *Perspectives on Psychological Science* 5, nr. 1 (2010): 43-57.

115. Een ander onderzoek, van 38.000 mensen die intellectuele arbeid verrichtten: Davis *et al.*, 'The Physical Environment of the Office'.

115. Zelfs multitasken ... blijkt een mythe te zijn: John Medina, *Brain Rules* (Seattle, WA: Pear Press, 2008), 87.

115. Backbone Entertainment: Mike Mika, interview met de auteur, 12 juli 2006.

115. Reebok International: Kimberly Blanton, 'Design It Yourself: Pleasing Offices Laid Out by the Workers Who Use Them Can Be a Big Advantage When Companies Compete for Talent', *Boston Globe*, 1 maart 2005.

115. Vanaf 2000 vroeg Fried tien jaar lang aan honderden mensen: TEDX Midwest Talk, 15 oktober 2010. Ook e-mail aan de auteur, 5 november 2010.

116. Kafka verdroeg: Anthony Storr, *Solitude: A Return to the Self* (New York: Free Press, 2005), 103.

116. aanzienlijk opgewektere Theodor Geisel: Judith Morgan en Neil Morgan, *Dr. Seuss and Mr. Geisel: A Biography* (New York: DaCapo, 1996).

117. legendarische reclameman Alex Osborn: Alex Osborn, *Your Creative Power* (W. Lafayette, IN: Purdue University Press, 1948).

118. brainstormen met een groep werkt eigenlijk niet: Marvin D. Dunnette *et al.*, 'The Effect of Group Participation on Brainstorming Effectiveness for Two Industrial Samples', *Journal of Applied Psychology* 47, nr. 1 (1963): 30-37.

119. pakweg veertig jaar onderzoek: Zie bijvoorbeeld Paul A. Mongeau en Mary Claire Morr, 'Reconsidering Brainstorming', *Group Facilitation* 1, nr. 1 (1999): 14. Zie ook Karan Girotra *et al.*, 'Idea Generation and the Quality of the Best Idea', *Management Science* 56, nr. 4 (april 2010): 591-605. (Het hoogste innovatieniveau wordt bereikt via een hybride proces waarbij mensen eerst individueel brainstormen voordat ze hun ideeën aan collega's vertellen.)

119. zakenmensen wel gek moeten zijn: Adrian Furnham, 'The Brainstorming Myth', *Business Strategy Review* 11, nr. 4 (2000): 21-28.

119. groepen die via internet brainstormen: Paul Mongeau en Mary Claire Morr, 'Reconsidering Brainstorming'.

119. Hetzelfde geldt voor academisch onderzoek: Charlan Nemeth en Jack Goncalo, 'Creative Collaborations from Afar: The Benefits of Independent Authors', *Creativity Research Journal* 17, nr. 1 (2005): 1-8.

120. geloven doorgaans dat hun groep veel beter presteerde: Keith Sawyer, *Group Genius: The Creative Power of Collaboration* (New York: Basic Books, 2007), 66.

120. de angst om af te gaan: Susan K. Opt en Donald A. Loffredo, 'Rethinking Communication Apprehension: A Myers-Briggs Perspective', *Journal of Psychology* 134, nr. 5 (2000): 556-70.

120. twee NCAA-teams: James C. Moore en Jody A. Brylinsky, 'Spectator Effect on Team Performance in College Basketball', *Journal of Sport Behavior* 16, nr. 2 (1993): 77.

121. Gedragseconoom Dan Ariely: Dan Ariely, 'What's the Value of a Big Bonus?' *The New York Times*, 19 november 2008.

122. Gregory Berns: De experimenten van Solomon Asch en Gregory Berns worden beschreven in Gregory Berns, *Iconoclast: A Neuroscientist Reveals How to Think Differently* (Boston, MA: Harvard Business Press,

2008), 59-81. Zie ook Sandra Blakeslee, 'What Other People Say May Change What You See', *The New York Times*, 28 juni 2005. En zie Gregory S. Berns *et al.*, 'Neurobiological Correlates of Social Conformity and Independence During Mental Rotation', *Biological Psychiatry* 58 (2005): 245-53.

123. verhoogde activatie in de amygdala: In sommige versies van dit experiment, waarbij de proefpersonen speelden tegen een groep computers in plaats van een groep mensen, bleef hun amygdala rustig, zelfs wanneer ze het oneens waren met de computers. Dat wijst erop dat mensen die zich niet conformeren niet zozeer bang zijn om het fout te hebben als om buiten de groep te worden gesloten.

124. persoonlijke interactie vertrouwen kan scheppen: Belinda Luscombe, 'Why E-Mail May Be Hurting Off-Line Relationships', *Time*, 22 juni 2010.

124. dat de bevolkingsdichtheid een correlatie vertoont met de mate van innovatie: Jonah Lehrer, 'How the City Hurts Your Brain', *Boston Globe*, 2 januari 2009.

126. creëren een 'flexibele' kantoorinrichting: Davis *et al.*, 'The Physical Environment of the Office'.

126. animatiestudio Pixar: Bill Capodagli, 'Magic in the Workplace: How Pixar and Disney Unleash the Creative Talent of Their Workforce', *Effectif*, september/oktober 2010: 43-45.

126. bij Microsoft: Michelle Conlin, 'Microsoft's Meet-My-Mood Offices', *Bloomberg Businessweek*, 10 september 2007.

4 – Is je temperament je noodlot?

Algemene opmerking over dit hoofdstuk: Hoofdstuk 4 behandelt het werk van psycholoog Jerome Kagan over hoogreactiviteit, die zich volgens sommige hedendaagse psychologen bevindt op het kruispunt van introversie en een ander persoonlijkheidskenmerk dat 'neuroticisme' wordt genoemd. Met het oog op de leesbaarheid heb ik dat onderscheid niet in de tekst uitgelegd.

133. een onderzoek dat in 1989 van start ging: Dit onderzoek wordt uitvoerig besproken in Jerome Kagan en Nancy Snidman, *The Long Shadow of Temperament* (Cambridge, MA: Harvard University Press, 2004).

135. De beschrijvingen van de introverte en extraverte mens door Carl Jung: *Ibid.*, 218.

135. de gereserveerde Tom en de extraverte Ralph: Jerome Kagan, *Galen's Prophecy* (New York: Basic Books, 1998), 158-61.

136. Sommigen beweren dat het temperament het fundament is: Zie http://www.selfgrowth.com/articles/Warfield3.html.

136. een klein, maar machtig orgaan: Kagan en Snidman, *The Long Shadow of Temperament*, 10.

136. Wanneer een frisbee direct op je neus af vliegt: Dit beeld is afkomstig uit een internetvideo met Joseph Ledoux, een wetenschapper op NYU die zich bezighoudt met de neurale basis van emoties, vooral angst en angstgevoelens. Zie 'Fearful Brain in an Anxious World', *Science & the City*, http://www.nyas.org/Podcasts/Atom.axd (geraadpleegd op 20 november 2008).

138. Hoogreactieve kinderen zijn 'alert': Elaine N. Aron, *Psychotherapy and the Highly Sensitive Person* (New York: Routledge, 2010), 14; Nederlandse vertaling: *Hoog Sensitieve Personen en psychotherapie* (Amsterdam: De Arbeiderspers, 2011), 42.

138. Ze maken letterlijk meer oogbewegingen: In diverse onderzoeken is deze neiging bij hoogreactieve kinderen geconstateerd. Zie bijvoorbeeld Jerome Kagan, 'Reflection-Impulsivity and Reading Ability in Primary Grade Children', *Child Development* 363, nr. 3 (1965): 609-28. Zie ook Ellen Siegelman, 'Reflective and Impulsive Observing Behavior', *Child Development* 40, nr. 4 (1969): 1213-22. Deze onderzoeken gebruiken de term 'reflectief' in plaats van 'hoogreactief', maar er kan gerust aangenomen worden dat het om dezelfde groep kinderen gaat. Siegelman schrijft dat ze 'doorgaans een voorkeur hebben voor weinig risicovolle situaties, maar kiezen voor moeilijkere, meer solitaire intellectuele bezigheden [...] minder motorisch actief, en behoedzamer zijn' (p. 1214). (Over volwassenen zijn vergelijkbare onderzoeken gedaan; zie hoofdstuk 6 en 7.)

138. Hoogreactieve kinderen ... diep te doordenken en doorvoelen: Elaine Aron, *The Highly Sensitive Child: Helping Our Children Thrive When the World Overwhelms Them* (New York: Broadway Books, 2002); Nederlandse vertaling *Het Hoog Sensitieve Kind: Help je kinderen op te groeien in een wereld die hen overweldigt* (Amsterdam: Archipel, 2004).

138. Als een hoogreactieve kleuter per ongeluk: Zie de onderzoeken van Grazyna Kochanska waarnaar in hoofdstuk 6 wordt verwezen.

139. hoe een groep kinderen een felbegeerd stuk speelgoed moet delen: Winifred Gallagher (die Kagan citeert), 'How We Become What We Are', *The Atlantic Monthly*, september 1994.

139. blauwe ogen, allergieën en hooikoorts ... smal gezicht: Kagan, *Galen's Prophecy*, 160-61.

139. Neem nu Disneyfilms: *Ibid.*, 161.

140. dat extraversie en introvertheid een fysiologische: David G. Winter,

Personality: Analysis and Interpretation of Lives (New York: McGraw-Hill, 1996), 511-16.

140. voor ongeveer 40 tot 50 procent genetisch bepaald: Thomas J. Bouchard Jr. en Matt McGue, 'Genetic and Environmental Influences on Human Psychological Differences', *Journal of Neurobiology* 54 (2003): 4-5.

141. eugenetica en de rassenleer van de nazi's: Hierover is veelvuldig geschreven, bijvoorbeeld in Peter D. Kramer, *Listening to Prozac* (New York: Penguin, 1993), 150.

141. Ik ben helemaal tegen mijn zin: Gallagher (die Kagan citeert), 'How We Become What We Are'.

142. De publicatie van zijn eerste bevindingen: Kramer, *Listening to Prozac*, 154.

142. Kagan laat me binnen: Tussen 2006 en 2010 heb ik een reeks gesprekken met Jerome Kagan gevoerd.

142. die over zichzelf schrijft dat hij als jongen bangelijk: Jerome Kagan, *An Argument for Mind* (New Haven, CT: Yale University Press, 2006), 4, 7.

143. Spreken in het openbaar is de grootste angst: Victoria Cunningham, Morty Lefkoe en Lee Sechrest, 'Eliminating Fears: An Intervention that Permanently Eliminates the Fear of Public Speaking', *Clinical Psychology and Psychotherapy* 13 (2006): 183-93.

143. De fobie voor spreken in het openbaar heeft vele oorzaken: Gregory Berns, *Iconoclast: A Neuroscientist Reveals How to Think Differently* (Boston, MA: Harvard Business Press, 2008), 59-81.

144. introverte mensen een significant grotere kans hebben: Susan K. Opt en Donald A. Loffredo, 'Rethinking Communication Apprehension: A Myers-Briggs Perspective', *Journal of Psychology* 134, nr. 5 (2000): 556-70. Zie ook Michael J. Beatty, James C. McCroskey en Alan D. Heisel, 'Communication Apprehension as Temperamental Expression: A Communibiological Paradigm', *Communication Monographs* 65 (1998): 197-219. Zie ook Peter D. Macintyre en Kimly A. Thivierge, 'The Effects of Speaker Personality on Anticipated Reactions to Public Speaking', *Communication Research Reports* 12, nr. 2 (1995): 125-33.

145. in een groep mensen gemiddeld de helft van de variabiliteit: David G. Winter, *Personality*, 512.

145. de temperatuur of de vochtigheidsgraad: Natasha Mitchell, 'Jerome Kagan: The Father of Temperament', radio-interview met Mitchell op ABC *Radio International*, 26 augustus 2006 (geraadpleegd op http://www.abc.net.au/rn/allinthemind/stories/2006/1722388.htm).

146. klimmen over een paar hekken ... gevaar en opwinding: Gallagher (die Lykken citeert), 'How We Become What We Are'.

146. 'De universiteit zit vol introverte mensen': Interview met de auteur, 15 juni 2006.

146. Laagreactieve, extraverte kinderen ... 'twijgen aan dezelfde genetische tak': Winifred Gallagher, *I. D.: How Heredity and Experience Make You Who You Are* (New York: Random House, 1996), 29, 46-50. Zie ook Kagan en Snidman, *The Long Shadow of Temperament*, 5.

147. mechanisme waarmee kinderen een besef van goed en kwaad ontwikkelen: Grazyna Kochanska en R.A. Thompson, 'The Emergence and Development of Conscience in Toddlerhood and Early Childhood', in *Parenting and Children's Internalization of Values*, red. J.E. Grusec en L. Kucynski (New York: John Wiley and Sons), 61. Zie ook Grazyna Kochanska, 'Toward a Synthesis of Parental Socialization and Child Temperament in Early Development of Conscience', *Child Development* 64 nr. 2 (1993): 325-47; Grazyna Kochanska en Nazan Aksan, 'Children's Conscience and Self-Regulation', *Journal of Personality* 74, nr. 6 (2006): 1587-1617; Grazyna Kochanska *et al.*, 'Guilt and Effortful Control: Two Mechanisms That Prevent Disruptive Developmental Trajectories', *Journal of Personality and Social Psychology* 97, nr. 2 (2009): 322-33.

147. tragiek van een onverschrokken en uitbundig temperament: Gallagher, *I. D.*, 46-50.

147. 'de orchideeënhypothese': David Dobbs, 'The Science of Success', *The Atlantic* magazine, 2009. Zie ook Jay Belsky *et al.*, 'Vulnerability Genes or Plasticity Genes?' *Molecular Psychiatry*, 2009: 1-9; Michael Pluess en Jay Belsky, 'Differential Susceptibility to Rearing Experience: The Case of Childcare', *The Journal of Child Psychology and Psychiatry* 50, nr. 4 (2009): 396-404; Pluess en Belsky, 'Differential Susceptibility to Rearing Experience: Parenting and Quality Child Care', *Developmental Psychology* 46, nr. 2 (2010): 379-90; Jay Belsky en Michael Pluess, 'Beyond Diathesis Stress: Differential Susceptibility to Environmental Influences', *Psychological Bulletin* 135, nr. 6 (2009): 885-908; Bruce J. Ellis en W. Thomas Boyce, 'Biological Sensitivity to Context', *Current Directions in Psychological Science* 17, nr. 3 (2008): 183-87.

148. met depressiviteit, angstgevoelens en verlegenheid: Aron, *Psychotherapy and the Highly Sensitive Person*, 3; Nederlandse vertaling *Hoog Sensitieve Personen: Hoe blijf je overeind in een wereld die je overweldigt* (Amsterdam: Archipel, 2002). Zie ook A. Engfer, 'Antecedents and Consequences of Shyness in Boys and Girls: A 6-year Longitudinal Study', in *Social Withdrawal, Inhibition, and Shyness in Childhood*, red. K.H. Rubin en J.B. Asendorpf (Hillsdale, NJ: Lawrence Erlbaum, 1993), 49-79; W.T. Boyce *et al.*, 'Psychobiologic Reactivity to Stress and Childhood Respirato-

ry Illnesses: Results of Two Prospective Studies', *Psychosomatic Medicine* 57 (1995): 411-22; L. Gannon *et al.*, 'The Mediating Effects of Psychophysiological Reactivity and Recovery on the Relationship Between Environmental Stress and Illness', *Journal of Psychosomatic Research* 33 (1989): 165-75.

148. ongeveer een kwart van de hoogreactieve kinderen van Kagan: E-mail van Kagan aan de auteur, 22 juni 2010.

148. een goede opvoeding, goede verzorging en een stabiele thuisomgeving: Zie bijvoorbeeld Belsky *et al.*, 'Vulnerability Genes or Plasticity Genes?', 5. Zie ook Pluess en Belsky, 'Differential Susceptibility to Rearing Experience: The Case of Childcare', 397.

148. vriendelijk, gewetensvol: Aron, *The Highly Sensitive Child.*

148. Ze worden niet altijd klassenvertegenwoordiger: Interview van de auteur met Jay Belsky, 28 april 2010.

149. de wereld van de resusapen: Stephen J. Suomi, 'Early Determinants of Behaviour: Evidence from Primate Studies', *British Medical Bulletin* 53, nr. 1 (1997): 170-84 ('hoogreactieve zuigelingen die door een zorgzame pleegmoeder werden opgevoed, leken in feite qua gedrag vroeg ontwikkeld te zijn. [...] Deze individuen werden erg behendig in het rekruteren en vasthouden van andere groepsleden als bondgenoten in reactie op agonistische ontmoetingen en konden, wellicht als gevolg daarvan, stijgen naar de hoogste positie in de dominantiehiërarchie van de groep en die behouden. [...] Het is duidelijk dat hoogreactiviteit niet altijd gerelateerd hoeft te zijn aan negatieve gevolgen op de korte en lange termijn', p. 180). Zie ook deze video op de website van *Atlantic Monthly* (http://www.theatlantic.com/magazine/archive/2009/12/the-science-of-success/7761/), waarin Suomi ons vertelt dat 'de apen die datzelfde korte allel hadden en bij goede moeders waren opgegroeid helemaal geen problemen ondervonden. Ze ontwikkelden zich even goed als of zelfs beter dan apen die de andere versie van dit gen hadden.' (Het verband tussen het korte allel van het SERT-gen en depressiviteit bij mensen is uitvoerig besproken, maar tamelijk controversieel.)

149. een relatie heeft met hoogreactiviteit en introversie: Seth J. Gillihan *et al.*, 'Association Between Serotonin Transporter Genotype and Extraversion', *Psychiatric Genetics* 17, nr. 6 (2007): 351-54. Zie ook M.R. Munafo *et al.*, 'Genetic Polymorphisms and Personality in Healthy Adults: A Systematic Review and Meta-Analysis', *Molecular Psychiatry* 8 (2003): 471-84. En zie Cecilie L. Licht *et al.*, 'Association Between Sensory Processing Sensitivity and the 5-HTTLPR Short/Short Genotype'.

149. heeft gespeculeerd dat deze hoogreactieve apen: Dobbs, 'The Science of Success'.

150. pubermeisjes met het korte allel van het SERT-gen ... juist minder angstgevoelens hebben: Belsky *et al.*, 'Vulnerability Genes or Plasticity Genes?'

150. dat verschil op vijfjarige leeftijd alleen blijft bestaan: Elaine Aron, *Psychotherapy and the Highly Sensitive Person*, 240-41.

150. resistenter dan andere kinderen: Boyce, 'Psychobiologic Reactivity to Stress and Childhood Respiratory Illnesses: Results of Two Prospective Studies'. Zie ook W. Thomas Boyce en Bruce J. Ellis, 'Biological Sensitivity to Context: I. Evolutionary-Developmental Theory of the Origins and Functions of Stress Reactivity', *Development and Psychopathology* 27 (2005): 283.

150. Het korte allel van het SERT-gen: Zie Judith R. Homberg en Klaus-Peter Lesch, 'Looking on the Bright Side of Serotonin Transporter Gene Variation', *Biological Psychiatry*, 2010.

150. onder de waterlijn te zoeken: Belsky *et al.*, 'Vulnerability Genes or Plasticity Genes?'

150. De tijd en energie die ze in hun kinderen steken: Interview van de auteur met Jay Belsky, 28 april 2010.

5 – Het temperament voorbij

152. Genot verschijnt op het snijvlak: Mihaly Csikszentmihalyi, *Flow: The Psychology of Optimal Experience* (New York: Harper Perennial, 1990), 52.

152. raamloze kamer met dr. Carl Schwartz: Ik heb tussen 2006 en 2010 een reeks interviews met dr. Schwartz gevoerd.

155. het stempel van een hoog- of laagreactief temperament: Carl Schwartz *et al.*, 'Inhibited and Uninhibited Infants "Grown Up": Adult Amygdalar Response to Novelty', *Science* 300, nr. 5627 (2003): 1952-53.

156. Als je een hoogreactieve baby was: Voor een goed overzicht van de relatie tussen de amygdala en de prefrontale cortex, zie Joseph Ledoux, *The Emotional Brain: The Mysterious Underpinnings of Emotional Life* (New York: Simon & Schuster, 1996), hoofdstuk 6 en 8. Zie ook Gregory Berns, *Iconoclast: A Neuroscientist Reveals How to Think Differently* (Boston, MA: Harvard Business Press, 2008), 59-81.

156. tegen zichzelf praten om ontregelende situaties te herbeoordelen: Kevin N. Ochsner *et al.*, 'Re-thinking Feelings: An fMRI Study of the Cognitive Regulation of Emotion', *Journal of Cognitive Neuroscience* 14, nr. 8 (2002): 1215-29.

156. conditioneerden wetenschappers ratten: Ledoux, *The Emotional Brain*, 248-49.

160. Hans Eysenck: David C. Funder, *The Personality Puzzle* (New York: W.W. Norton, 2010), 280-83.

161. het prikkelingsniveau in de hersenen: E-mail van Jerome Kagan aan de auteur, 23 juni 2010.

161. allerlei vormen van activatie: E-mail van Carl Schwartz aan de auteur, 16 augustus 2010. Introverte mensen bevinden zich niet in een basistoestand van hoge activatie, maar zijn wel vatbaar om snel in die toestand te geraken.

161. opgewonden supporters bij een voetbalwedstrijd: E-mail van Jerome Kagan aan de auteur, 23 juni 2010.

162. volop bewijs dat introverte mensen inderdaad gevoeliger zijn: Hier is uitvoerig over gepubliceerd. Zie bijvoorbeeld Robert Stelmack, 'On Personality and Arousal: A Historical Perspective on Eysenck and Zuckerman', in *On the Psychobiology of Personality: Essays in Honor of Marvin Zuckerman*, red. Marvin Zuckerman en Robert Stelmack (Pergamon, 2005), 17-28. Zie ook Gerald Matthews *et al.*, *Personality Traits* (Cambridge, UK: Cambridge University Press, 2003), 169-70, 186-89, 329-42. Zie ook Randy J. Larsen en David M. Buss, *Personality Psychology: Domains of Knowledge About Human Nature* (New York: McGraw Hill, 2005), 202-6.

162. citroensap: Funder, *The Personality Puzzle*, 281.

162. De extraverte mensen kozen gemiddeld: Russell G. Geen, 'Preferred Stimulation Levels in Introverts and Extroverts: Effects on Arousal and Performance', *Journal of Personality and Social Psychology* 46, nr. 6 (1984): 1303-12.

164. Ze kunnen hun huizenjacht baseren: Dit idee is afkomstig uit Winifred Gallagher, *House Thinking: A Room-by-Room Look at How We Live* (New York: HarperCollins, 2006).

164. functioneren introverte mensen beter ... wanneer ze een slaaptekort hebben: William Kilgore *et al.*, 'The Trait of Introversion-Extraversion Predicts Vulnerability to Sleep Deprivation', *Journal of Sleep Research* 16, nr. 4 (2007): 354-63.

164. slaperige extraverte mensen achter het stuur: Matthews, *Personality Traits*, 337.

164. Overactivatie stoort de aandacht: Gerald Matthews en Lisa Dorn, 'Cognitive and Attentional Processes in Personality and Intelligence', in *International Handbook of Personality and Intelligence*, red. Donald H. Saklofske en Moshe Zeidner (New York: Plenum Press, 1995): 367-96. Of, zoals psycholoog Brian Little zegt: 'Extraverte mensen hebben vaak ervaren dat

ze snel dingen uit hun hoofd kunnen doen voor speeches of briefings op een manier die bij introverte mensen rampzalig zou uitpakken.'

165. cyclus van vrees, angst en schaamte: Berns, *Iconoclast*, 59-81.

6 – 'Franklin was een politicus, maar Eleanor sprak vanuit haar geweten'

169. Een verlegen man gruwt er ongetwijfeld van: Charles Darwin, *The Expressions of the Emotions in Man and Animals* (Charleston, SC: BiblioBazaar, 2007), 259.

169. Paaszondag 1939. Het Lincolnmonument: Mijn beschrijving van dit concert is gebaseerd op filmbeelden van het evenement.

169. En zonder Eleanor Roosevelt ... bij het Lincolnmonument mocht zingen: Allida M. Black, *Casting Her Own Shadow: Eleanor Roosevelt and the Shaping of Postwar Liberalism* (New York: Columbia University Press, 1996), 41-44.

170. 'Dit was iets unieks': *The American Experience: Eleanor Roosevelt* (Public Broadcasting System, Ambrica Productions, 2000). Zie transcriptie: http://www.pbs.org/wgbh/amex/eleanor/filmmore/transcript/transcript1.html.

170. Ze leerden elkaar kennen toen hij twintig was: Blanche Wiesen Cook, *Eleanor Roosevelt, Volume One: 1884-1933* (New York: Viking Penguin, 1992), met name 125-236. Zie ook *The American Experience: Eleanor Roosevelt.*

172. haar eerste wetenschappelijke publicatie in 1997: Elaine N. Aron en Arthur Aron, 'Sensory-Processing Sensitivity and Its Relation to Introversion and Emotionality', *Journal of Personality and Social Psychology* 3, nr. 2 (1997): 345-68.

174. Als meisje kreeg Aron ... Ze besloot dat uit te gaan zoeken: De biografische informatie over Aron is afkomstig van (1) interview met de auteur, 21 augustus 2008; (2) Elaine N. Aron, *The Highly Sensitive Person: How to Thrive When the World Overwhelms You* (New York: Broadway Books, 1996); (3) Elaine N. Aron, *The Highly Sensitive Person in Love: Understanding and Managing Relationships When the World Overwhelms You* (New York: Broadway Books, 2000), Nederlandse vertaling *Hoog Sensitieve Personen in de liefde: Hoe ga je om met relaties als de wereld je overweldigt*, Amsterdam, Archipel (2003).

176. Eerst interviewde Aron 39 mensen ... lichtpeertje dat iets te helder straalt: Aron en Aron, 'Sensory-Processing Sensitivity'. Zie ook E. N. Aron, 'Revisiting Jung's Concept of Innate Sensitiveness', *Journal of Analytical*

Psychology 49 (2004): 337-67. Zie ook Aron, *The Highly Sensitive Person.*

176. Ze ervaren uitzonderlijk sterke emoties: In laboratoriumonderzoeken, waar ze afbeeldingen bekeken die bedoeld waren om sterke positieve of negatieve emoties op te roepen, meldden ze sterker emotioneel geactiveerd te zijn dan niet-sensitieve personen. Zie B. Acevedo, A. Aron en E. Aron, 'Sensory Processing Sensitivity and Neural Responses to Strangers' Emotional States', in A. Aron (Chair), *High Sensitivity, a Personality/Temperament Trait: Lifting the Shadow of Psychopathology*, symposium presented at the Annual Meeting of the American Psychological Association, San Diego, Californië, 2010. Zie ook Jadzia Jagiellowicz, Arthur Aron, Elaine Aron en Turhan Canli, 'Faster and More Intense: Emotion Processing and Attentional Mechanisms in Individuals with Sensory Processing Sensitivity', in Aron, *High Sensitivity.*

177. een groep wetenschappers op Stony Brook University: Jadzia Jagiellowicz *et al.*, 'Sensory Processing Sensitivity and Neural Responses to Changes in Visual Scenes', *Social Cognitive and Affective Neuroscience*, 2010, doi.10.1093/scan/nsq001.

177. doet echter sterk denken aan de bevinding van Jerome Kagan: Jerome Kagan, 'Reflection-Impulsivity and Reading Ability in Primary Grade Children', *Child Development* 363, nr. 3 (1965): 609-28. Zie ook Ellen Siegelman, 'Reflective and Impulsive Observing Behavior', *Child Development* 40, nr. 4 (1969): 1213-22.

177. Als je op complexere manieren denkt: Interview met de auteur, 8 mei 2010.

177. zeer empathisch: Aron en Aron, 'Sensory-Processing Sensitivity'. Zie ook Aron, 'Revisiting Jung's Concept of Innate Sensitiveness'. Zie ook Aron, *The Highly Sensitive Person.* En zie de volgende fMRI-onderzoeken: Acevedo, 'Sensory Processing Sensitivity and Neural Responses to Strangers' Emotional States'; en Jadzia Jagiellowicz, 'Faster and More Intense: Emotion Processing and Attentional Mechanisms in Individuals with Sensory Processing Sensitivity'. Bedenk daarbij dat veel ontwikkelingspsychologen die de 'Big 5'-theorie van de persoonlijkheid aanhangen, empathie helemaal niet relateren aan sensitiviteit (een constructie die steeds meer aandacht krijgt, maar niet zo bekend is als de Big Five), maar met een persoonlijkheidskenmerk dat 'vriendelijkheid' en zelfs extraversie wordt genoemd. In haar werk bekritiseert Aron deze verbanden niet, maar bouwt erop voort. Een van de waardevolste aspecten van het werk van Aron is hoe radicaal en vruchtbaar haar herinterpetatie van de ontwikkelingspsychologie is.

178. voorzichtig in verband is gebracht met sensitiviteit: Seth J. Gillihan *et al.*, 'Association Between Serotonin Transporter Genotype and Extraver-

sion', *Psychiatric Genetics* 17, nr. 6 (2007): 351-54. Zie ook M.R. Munafo *et al.*, 'Genetic Polymorphisms and Personality in Healthy Adults: A Systematic Review and Meta-Analysis', *Molecular Psychiatry* 8 (2003): 471-84.

178. foto's van angstige gezichten: David C. Funder, *The Personality Puzzle* (New York: W.W. Norton, 2010), citerend uit A.R. Hariri *et al.*, 'Serotonin Transporter Genetic Variation and the Response of the Human Amygdala', *Science* 297 (2002): 400-403.

178. gezichten zien van mensen die sterke gevoelens ervaren: Acevedo, 'Sensory Processing Sensitivity and Neural Responses to Strangers' Emotional States'. Zie ook Jadzia Jagiellowicz, 'Faster and More Intense: Emotion Processing and Attentional Mechanisms in Individuals with Sensory Processing Sensitivity'.

179. In 1921 kreeg Franklin D. Roosevelt polio ... hoe de lijdende Amerikanen zich voelden: Cook, *Eleanor Roosevelt, Volume One*, 125-236. Zie ook *The American Experience: Eleanor Roosevelt.*

180. Een lieve vrouw geeft een stuk speelgoed aan een kleuter ... prosociale relaties met ouders, leraren, vriendjes en vriendinnetjes: Grazyna Kochanska *et al.*, 'Guilt in Young Children: Development, Determinants, and Relations with a Broader System of Standards', *Child Development* 73, nr. 2 (maart/april 2002): 461-82. Zie ook Grazyna Kochanska en Nazan Aksan, 'Children's Conscience and Self-Regulation', *Journal of Personality* 74, nr. 6 (2006): 1587-1617. Zie ook Grazyna Kochanska *et al.*, 'Guilt and Effortful Control: Two Mechanisms That Prevent Disruptive Developmental Trajectories', *Journal of Personality and Social Psychology* 97, nr. 2 (2009): 322-33.

181. een onderzoek uit 2010 aan de University of Michigan: S.H. Konrath *et al.*, 'Changes in Dispositional Empathy in American College Students Over Time: A Meta-Analysis', *Personality and Social Psychology Review*, augustus 2010, e-publicatie voorafgaand aan verschijning in druk (geraadpleegd op http://www.ncbi.nlm.nih.gov/pubmed/20688954).

182. verband houdt met de dominantie van sociale media: Pamela Paul, 'From Students, Less Kindness for Strangers?' *The New York Times*, 25 juni 2010.

182. wanneer haar klasgenootjes werden geplaagd: Elaine Aron, *The Highly Sensitive Child* (New York: Random House, 2002), 18, 282-83.

182. Eric Malpass: Eric Malpass, *The Long Long Dances* (Londen: Corgi, 1978).

182. Hoogreactieve introverte mensen zweten meer: V. De Pascalis, 'On the Psychophysiology of Extraversion', in *On the Psychobiology of Personality: Essays in Honor of Marvin Zuckerman*, red. Marvin Zuckerman and Robert M. Stelmack (San Diego: Elsevier, 2004), 22. Zie ook Randy J. Lar-

sen en David M. Buss, *Personality Psychology: Domains of Knowledge About Human Nature* (New York: McGraw-Hill, 2005), 199.

183. Overigens bevinden psychopaten: Van K. Tharp *et al.*, 'Autonomic Activity During Anticipation of an Averse Tone in Noninstitutionalized Sociopaths', *Psychophysiology* 17, nr. 2 (1980): 123-28. Zie ook Joseph Newman *et al.*, 'Validating a Distinction Between Primary and Secondary Psychopathy with Measures of Gray's BIS and BAS Constructs', *Journal of Abnormal Psychology* 114 (2005): 319-23.

183. dat psychopaten een beschadigde amygdala hebben: Yaling Yang *et al.*, 'Localization of Deformations Within the Amygdala in Individuals with Psychopathy', *Archives of General Psychiatry* 66, nr. 9 (2009), 986-94.

183. Leugendetectors (polygrafen) zijn voor een deel een huidgeleidingsproef: Ze meten ook de ademhaling, hartslag en bloeddruk.

184. supercoole hartslag tijdens de lancering: Winifred Gallagher, *I. D.: How Heredity and Experience Make You Who You Are* (New York: Random House, 1996), 24.

185. Corine Dijk: Corine Dijk en Peter J. De Jong, 'The Remedial Value of Blushing in the Context of Transgressions and Mishaps', *Emotion* 9, nr. 2 (2009): 287-91.

185. Een blos verschijnt binnen twee of drie seconden: Benedict Carey, 'Hold Your Head Up: A Blush Just Shows You Care', *The New York Times*, 2 juni 2009: D5.

185. dat je het niet in de hand hebt: *Ibid.*

185. Keltner is de wortels van de menselijke schaamtegevoelens gevolgd ... dan te weinig.: Dacher Keltner, *Born to Be Good: The Science of a Meaningful Life* (New York: W. W. Norton, 2009), 74-96.

186. Het type dat 'sensitief' of 'reactief' is ... het ijzer smeden wanneer het heet is: Elaine Aron, 'Revisiting Jung's Concept of Innate Sensitiveness', 337-67.

187. 27 karaktereigenschappen: Gesprek van de auteur met Elaine Aron, 21 augustus 2008.

187. de andere 30 procent extravert is: Aron, *Psychotherapy and the Highly Sensitive Person*, 5.

187. ruim honderd diersoorten ... wat er om hen heen gebeurt: Max Wolf *et al.*, 'Evolutionary Emergence of Responsive and Unresponsive Personalities', *Proceedings of the National Academy of Sciences* 105, nr. 41 (2008): 15825-30. Zie ook Aron, *Psychotherapy and the Highly Sensitive Person*, 2.

188. dieren een feestje hielden: David Sloan Wilson, *Evolution for Everyone: How Darwin's Theory Can Change the Way We Think About Our Lives* (New York: Bantam Dell, 2007), 110.

188. compromis-evolutietheorie: Daniel Nettle, 'The Evolution of Personality Variation in Humans and Other Animals', *American Psychologist* 61, nr. 6 (2006): 622-31.

188. Toen Wilson metalen vallen: Wilson, *Evolution for Everyone*, 100-114.

189. guppy: Nettle, 'The Evolution of Personality Variation in Humans and Other Animals', 624. Zie ook Shyril O'Steen *et al.*, 'Rapid Evolution of Escape Ability in Trinidadian Guppies', *Evolution* 56, nr. 4 (2002): 776-84. In een ander onderzoek bleken dappere vissen beter te presteren met roofdieren (maar dat waren cichliden in aquaria, geen karpers in rivieren): Brian R. Smith en Daniel T. Blumstein, 'Behavioral Types as Predictors of Survival in Trinidadian Guppies', *Behavioral Ecology* 21, nr. 5 (2010): 65-73.

189. nomaden die de versie van een bepaald gen hebben geërfd: Dan Eisenberg *et al.*, 'Dopamine Receptor Genetic Polymorphisms and Body Composition in Undernourished Pastoralists: An Exploration of Nutrition Indices Among Nomadic and Recently Settled Ariaal Men of Northern Kenya', BMC *Evolutionary Biology* 8, nr. 173 (2008), doi:10.1186/ 1471-2148-8-173. Zie ook: http://machineslikeus.com/news/adhd-advantage-nomadic-tribesmen.

190. extraverte mensen hebben meer seksuele partners ... plegen ook meer misdaden: Nettle, 'The Evolution of Personality Variation in Humans and Other Animals', 625. Zie ook Daniel Nettle, *Personality: What Makes You the Way You Are* (New York: Oxford University Press, 2007).

190. Zoals Jung bijna een eeuw geleden: Carl Jung, *Psychological Types*, dl. 6 van *The Collected Works of C. G. Jung* (Princeton, NJ: Princeton University Press, 1971), 559.

190. wier eigenschappen de overlevingskans van de groep vergroten: Zie bijvoorbeeld Nicholas Wade, 'The Evolution of the God Gene', *The New York Times*, 15 november 2009.

190. Stel dat een antilopenkudde: Elaine Aron, 'Book Review: Unto Others: The Evolution and Psychology of Unselfish Behavior', januari 2007, *Comfort Zone Online*: http://www.hsperson.com/pages/3Feb07.htm.

191. 'haviken' en 'duiven' van een bepaalde soort: Elaine Aron, 'A Future Headline: "HSPs, the Key to Human Survival?"', augustus 2007, *Comfort Zone Online*: http://www.hsperson.com/pages/1Aug07.htm.

191. koolmezen: Nettle, 'The Evolution of Personality Variation in Humans and Other Animals', 624-25. Zie ook Sloan Wilson, *Evolution for Everyone*, 110.

192. Als je een introvert iemand naar een receptie: David Remnick, 'The Wilderness Campaign', *The New Yorker*, 13 september 2004.

192. De meeste politici krijgen energie: John Heilemann, 'The Comeback Kid', *New York Magazine*, 21 mei 2006.

194. 'Het gaat om het voortbestaan van onze planeet': Benjamin Svetkey, 'Changing the Climate', *Entertainment Weekly*, 14 juli 2006.

197. 'strijdende vorsten' en 'priesterlijke raadslieden': Aron, 'Revisiting Jung's Concept of Innate Sensitiveness'.

7 – Waarom stortte Wall Street in terwijl Warren Buffett goed boerde?

198. Op 11 december 2008: Het verhaal van Alan en de beschrijving van Dorn en haar huis zijn gebaseerd op een reeks interviews door de auteur via de telefoon en mail, tussen 2008 en 2010.

200. De financiële geschiedenis is rijk aan voorbeelden: Er zijn ook veel voorbeelden uit de krijgsgeschiedenis. 'Hoera, jongens, we hebben ze!' riep generaal Custer tijdens de slag van Little Bighorn in 1876, vlak voordat zijn gehele eenheid van tweehonderd man in de pan werd gehakt door drieduizend Sioux- en Cheyenne-indianen. Generaal MacArthur rukte op tijdens de oorlog in Korea, ondanks China's herhaalde dreiging dat het zou aanvallen, wat bijna twee miljoen levens kostte en weinig strategisch voordeel opleverde. Stalin weigerde in 1941 te geloven dat de Duitsers Rusland zouden binnenvallen, zelfs na *negentig* waarschuwingen over een op handen zijnde invasie. Zie Dominic D.P. Johnson, *Overconfidence and War: The Havoc and Glory of Positive Illusions* (Cambridge, MA: Harvard University Press, 2004).

201. De fusie van AOL en Time Warner: Nina Monk, *Fools Rush In: Steve Case, Jerry Levin, and the Unmaking of AOL Time-Warner* (New York: HarperCollins, 2005).

201. Ze beschermen zich beter tegen de schaduwkant: Tijdens een interview met de auteur op 17 november 2008 merkte hoogleraar psychologie Richard Howard op dat introverte mensen positieve emoties doorgaans beteugelen, terwijl extraverte mensen ze doorgaans de vrije loop laten.

201. ons limbische systeem: Tegenwoordig hebben veel wetenschappers een afkeer van de term 'limbisch systeem'. Dat komt doordat niemand werkelijk weet welk deel van de hersenen hiermee wordt aangeduid. Welke hersengebieden tot dit systeem behoren, is door de jaren heen veranderd, en tegenwoordig gebruiken velen de term ter aanduiding van de hersengebieden die iets met emoties te maken hebben. Toch is het een handige, compacte term.

202. Nee, nee, nee! Doe dat niet: Zie bijvoorbeeld Ahmad R. Hariri,

Susan Y. Bookheimer en John C. Mazziotta, 'Modulating Emotional Responses: Effects of a Neocortical Network on the Limbic Systems', *NeuroReport* 11 (1999): 43-48.

203. wat iemand tot een extravert mens maakt: Richard E. Lucas en Ed Diener, 'Cross-Cultural Evidence for the Fundamental Features of Extraversion', *Journal of Personality and Social Psychology* 79, nr. 3 (2000): 452-68. Zie ook Michael D. Robinson *et al.*, 'Extraversion and Reward-Related Processing: Probing Incentive Motivation in Affective Priming Tasks', *Emotion* 10, nr. 5 (2010): 615-26.

203. hogere economische, politieke en hedonistische ambities: Joshua Wilt en William Revelle, 'Extraversion', in *Handbook of Individual Differences in Social Behavior*, red. Mark R. Leary en Rich H. Hoyle (New York: Guilford Press, 2009), 39.

203. Positieve emoties spelen hierbij een sleutelrol: Zie Lucas en Diener, 'Cross-Cultural Evidence for the Fundamental Features of Extraversion'. Zie ook Daniel Nettle, *Personality: What Makes You the Way You Are* (New York: Oxford University Press, 2007).

203. Buzz lijkt te worden veroorzaakt: Richard Depue en Paul Collins, 'Neurobiology of the Structure of Personality: Dopamine, Facilitation of Incentive Motivation, and Extraversion', *Behavioral and Brain Sciences* 22, nr. 3 (1999): 491-569. Zie ook Nettle, *Personality: What Makes You the Way You Are.*

204. Dopamine is de 'beloningsstof': Depue en Collins, 'Neurobiology of the Structure of Personality: Dopamine, Facilitation of Incentive Motivation, and Extraversion'. Zie ook Nettle, *Personality: What Makes You the Way You Are.* Zie ook Susan Lang, 'Psychologist Finds Dopamine Linked to a Personality Trait and Happiness', *Cornell Chronicle* 28, nr. 10 (1996).

204. zijn de eerste bevindingen intrigerend: Sommige bevindingen in dit type onderzoek spreken elkaar tegen of zijn niet gerepliceerd, maar tezamen genomen vormen ze een belangrijke onderzoeksrichting.

204. In een experiment gaf Richard Depue: Depue and Collins, 'Neurobiology of the Structure of Personality: Dopamine, Facilitation of Incentive Motivation, and Extraversion'.

204. extraverte mensen die kansspelen winnen: Michael X. Cohen *et al.*, 'Individual Differences in Extraversion and Dopamine Genetics Predict Neural Reward Responses', *Cognitive Brain Research* 25 (2005): 851-61.

204. ander onderzoek heeft laten zien dat de mediale orbitofrontale cortex: Colin G. DeYoung *et al.*, 'Testing Predictions from Personality Neuroscience: Brain Structure and the Big Five', *Psychological Science* 21, nr. 6 (2010): 820-28.

204. Introverte mensen daarentegen ... alles op alles zetten om dat te bereiken: Nettle, *Personality: What Makes You the Way You Are.*

205. Dit is super!: Michael J. Beatty *et al.*, 'Communication Apprehension as Temperamental Expression: A Communibiological Paradigm', *Communication Monographs* 65 (1988). Hierin wordt gemeld dat mensen met grote angst om te communiceren 'minder waarde hechten aan matig succes dan zij die dit kenmerk in mindere mate hebben'.

205. Iedereen denkt dat het goed is om positieve emoties te benadrukken: Richard Howard in gesprek met de auteur, 17 november 2008. Howard wees ook op de interessante benadering van Roy F. Baumeister *et al.*, 'How Emotions Facilitate and Impair Self-Regulation', in *Handbook of Emotion Regulation*, red. James J. Gross (New York: Guilford Press, 2009), 422: 'positieve emoties kunnen de normale morele remmingen wegnemen die beschaafd gedrag bevorderen'.

205. Een ander nadeel van buzz: Daniel Nettle (*Personality: What Makes You the Way You Are*, 83) noemt dergelijk riskant gedrag 'het gemeenschappelijke territorium' van extraversie en een ander persoonlijkheidskenmerk, zorgvuldigheid. In sommige gevallen is zorgvuldigheid een betere voorspellingsfactor.

205. extraverte mensen meer kans hebben ... te hertrouwen: Nettle, *Personality: What Makes You the Way You Are.* Zie ook Timo Lajunen, 'Personality and Accident Liability: Are Extroversion, Neuroticism and Psychoticism Related to Traffic and Occupational Fatalities?' *Personality and Individual Differences* 31, nr. 8 (2001): 1365-73.

205. extraverte mensen ... geneigd zijn tot zelfoverschatting: Peter Schaefer, 'Overconfidence and the Big Five', *Journal of Research in Personality* 38, nr. 5 (2004): 473-80.

206. beter af zouden zijn geweest met meer vrouwen: Zie bijvoorbeeld Sheelah Kolhatkar, 'What if Women Ran Wall Street?' *New York Magazine*, 21 maart 2010.

206. een sterke aanwijzing is voor financieel riskant gedrag: Camelia M. Kuhnen en Joan Y. Chiao, 'Genetic Determinants of Financial Risk Taking', *PLoS* ONE 4(2): e4362. doi:10.1371/journal.pone.0004362 (2009). Zie ook Anna Dreber *et al.*, 'The 7R Polymorphism in the Dopamine Receptor D4 Gene (DRD4) Is Associated with Financial Risk Taking in Men', *Evolution and Human Behavior* 30, nr. 2 (2009): 85-92.

206. Wanneer er een kleine kans is dat ze winnen: J. P. Roiser *et al.*, 'The Effect of Polymorphism at the Serotonin Transporter Gene on Decision-making, Memory and Executive Function in Ecstasy Users and Controls', *Psychopharmacology* 188 (2006): 213-27.

206. een ander onderzoek, onder 64 beurshandelaars: Mark Fenton O'Creevy *et al.*, *Traders: Risks, Decisions, and Management in Financial Markets* (Oxford, UK: Oxford University Press, 2005), 142-43.

207. het uitstellen van bevrediging, een belangrijke levensvaardigheid: Jonah Lehrer, 'Don't', *The New Yorker*, 18 mei 2009. Zie ook Jacob B. Hirsh *et al.*, 'Positive Mood Effects on Delay Discounting', *Emotion* 10, nr. 5 (2010): 717-21. Zie ook David Brooks, *The Social Animal* (New York: Random House, 2011), 124.

207. lieten wetenschappers hun proefpersonen kiezen: Samuel McClure *et al.*, 'Separate Neural Systems Value Immediate and Delayed Monetary Rewards', *Science* 306 (2004): 503-7.

207. Een vergelijkbaar onderzoek wijst erop: Hirsch, 'Positive Mood Effects on Delay Discounting'.

208. miscalculatie van risico's en winsten: Het oordeel van Wall Street werd vertroebeld door een wonderlijk mengsel van (1) lemmingengedrag, (2) de mogelijkheid om hoge transactiekosten door te berekenen, (3) angst om het eigen marktaandeel te verliezen aan de concurrentie, en (4) het onvermogen om een juiste balans te vinden tussen kansen en risico's.

208. Er lag te veel macht bij agressieve risiconemers: Gesprek met de auteur, 5 maart 2009.

208. In twintig jaar tijd heeft het DNA: Fareed Zakaria, 'There Is a Silver Lining', *Newsweek*, 11 oktober 2008.

209 .Vincent Kaminski: Steven Pearlstein, 'The Art of Managing Risk', *The Washington Post*, 8 november 2007. Zie ook Alexei Barrionuevo, 'Vincent Kaminski: Sounding the Alarm But Unable to Prevail', in '10 Enron Players: Where They Landed After the Fall', *The New York Times*, 29 januari 2006. En zie Kurt Eichenwald, *Conspiracy of Fools: A True Story* (New York: Broadway, 2005), 250.

210. Stel je voor dat je op het lab van Newman wordt uitgenodigd: C.M. Patterson en Joseph Newman, 'Reflectivity and Learning from Aversive Events: Toward a Psychological Mechanism for the Syndromes of Disinhibition', *Psychological Review* 100 (1993): 716-36. Van dragers van de S-variant van het 5-HTTLPR-polymorfisme (dat een relatie vertoont met introversie and sensitiviteit) is ook aangetoond dat ze sneller kunnen leren om afstraffende prikkels te vermijden bij passieve vermijdingsopdrachten. Zie E.C. Finger *et al.*, 'The Impact of Tryptophan Depletion and 5-HTTLPR Genotype on Passive Avoidance and Response Reversal Instrumental Learning Tasks', *Neuropsychopharmacology* 32 (2007): 206-15.

211. zijn introverte mensen 'ingesteld om te onderzoeken': John Brebner en Chris Cooper, 'Stimulus or Response-Induced Excitation: A Compari-

son of the Behavior of Introverts and Extroverts', *Journal of Research in Personality* 12, nr. 3 (1978): 306-11.

211. hoe groter de kans dat je daarvan leert: Er is inderdaad aangetoond dat foutenanalyse een van de belangrijkste manieren is waarop mensen dingen leren. Zie Jonah Lehrer, *How We Decide* (New York: Houghton Mifflin Harcourt, 2009), 51.

211. Als je extraverte mensen dwingt om rust te nemen ... hoe ze in de toekomst op alarmsignalen moeten reageren: Gesprek met de auteur, 13 november 2008. Een andere manier om te begrijpen waarom bepaalde mensen zich zorgen maken over gevaren terwijl anderen ze negeren, is door terug te grijpen op het idee van hersennetwerken. In dit hoofdstuk heb ik me geconcentreerd op het door dopamine aangestuurde beloningssysteem en de rol die het speelt bij het bereiken van de leuke dingen in het leven. Maar er is een spiegelbeeldig hersennetwerk, dat vaak het verliesvermijdingssysteem wordt genoemd en dat de taak heeft om onze aandacht op gevaar te richten. Terwijl het beloningsnetwerk op jacht gaat naar glanzend fruit, maakt het verliesvermijdingssysteem zich zorgen over rotte appels.

Het verliesvermijdingssysteem is net als het beloningsnetwerk een tweesnijdend zwaard. Het kan mensen bang maken, onaangenaam bang, zo bang dat ze zich afzijdig houden van haussemarkten terwijl iedereen rijk wordt. Maar het kan er ook voor zorgen dat ze minder domme risico's nemen. Dit systeem wordt deels bestuurd via de neurotransmitter serotonine – en wanneer mensen medicijnen zoals Prozac krijgen (selectieve serotonine-heropnameremmers) die het verliesvermijdingssysteem beïnvloeden, gaan ze nonchalanter om met gevaren. Ze worden ook sociabeler. Deze kenmerken vallen op een ongelooflijke manier samen, zegt neurofinancieel expert dr. Richard Peterson, met het gedrag van irrationeel enthousiaste beleggers. 'De kenmerken van verminderde dreigingperceptie en gestegen sociale verbondenheid [als gevolg van medicijnen zoals Prozac] weerspiegelt de afgenomen risicoperceptie en de samenscholing van buitensporig zelfverzekerde beleggers', schrijft hij. 'Het lijkt wel of de zeepbelbeleggers een gedeeltelijke deactivering beleven van het verliesvermijdingssysteem van hun hersenen.'

212. de relatieve prestaties van introverte en extraverte mensen: Dalip Kumar en Asha Kapila, 'Problem Solving as a Function of Extraversion and Masculinity', *Personality and Individual Differences* 8, nr. 1 (1987): 129-32.

212. halen extraverte kinderen hogere cijfers: Adrian Furnham *et al.*, 'Personality, Cognitive Ability, and Beliefs About Intelligence as Predictors of Academic Performance', *Learning and Individual Differences* 14 (2003): 49-66. Zie ook Isabel Briggs Myers en Mary H. McCaulley, *MBTI Manual: A*

Guide to the Development and Use of the Myers-Briggs Type Indicator (Palo Alto, CA: Consulting Psychologists Press, 1985), 116; Zie ook het onderzoek van Myers uit 1980 waarnaar wordt verwezen in Allan B. Hill, 'Developmental Student Achievement: The Personality Factor', *Journal of Psychological Type* 9, nr. 6 (2006): 79-87.

212. is de kennis getest van 141 studenten: Eric Rolfhus en Philip Ackerman, 'Assessing Individual Differences in Knowledge: Knowledge, Intelligence, and Related Traits', *Journal of Educational Psychology* 91, nr. 3 (1999): 511-26.

212. buitenproportioneel veel universitaire diploma's: G.P. Macdaid, M.H. McCaulley en R.I. Kainz, *Atlas of Type Tables* (Gainesville, FL: Center for Applications of Psychological Type, 1986), pp. 483-85. Zie ook Hill, 'Developmental Student Achievement'.

212. een test van het kritisch denkvermogen: Joanna Moutafi, Adrian Furnham en John Crump, 'Demographic and Personality Predictors of Intelligence: A Study Using the NEO Personality Inventory and the Myers-Briggs Type Indicator', *European Journal of Personality* 17, nr. 1 (2003): 79-84.

212. Introverte mensen zijn niet intelligenter dan extraverte mensen: Gesprek van de auteur met Gerald Matthews, 24 november 2008. Zie ook D.H. Saklofske en D.D. Kostura, 'Extraversion, Introversion and Intelligence', *Personality and Individual Differences* 11, nr. 6 (1990): 547-51.

213. wanneer die onder sociale druk of tijdsdruk worden verricht: Gerald Matthews en Lisa Dorn, 'Cognitive and Attentional Processes in Personality and Intelligence', in *International Handbook of Personality and Intelligence*, red. Donald H. Saklofske en Moshe Zeidner (New York: Plenum Press, 1995), 367-96. Zie ook Gerald Matthews *et al.*, *Personality Traits* (Cambridge, UK: Cambridge University Press, 2003), hfst. 12.

213. verdelen hun aandacht ook op een verschillende manier ... 'Stel je voor dat ...': Debra L. Johnson *et al.*, 'Cerebral Blood Flow and Personality: A Positron Emission Tomography Study', *The American Journal of Psychiatry* 156 (1999): 252-57. Zie ook Lee Tilford Davis en Peder E. Johnson, 'An Assessment of Conscious Content as Related to Introversion-Extroversion', *Imagination, Cognition and Personality* 3, nr. 2 (1983).

213. een moeilijke puzzel om op te lossen: Colin Cooper en Richard Taylor, 'Personality and Performance on a Frustrating Cognitive Task', *Perceptual and Motor Skills* 88, nr. 3 (1999): 1384.

214. een ingewikkelde reeks doolhoven in drukvorm: Rick Howard en Maeve McKillen, 'Extraversion and Performance in the Perceptual Maze Test', *Personality and Individual Differences* 11, nr. 4 (1990): 391-96. Zie ook

John Weinman, 'Noncognitive Determinants of Perceptual Problem-Solving Strategies', *Personality and Individual Differences* 8, nr. 1 (1987): 53-58.

214. Raven Standard Progressive Matrices: Vidhu Mohan en Dalip Kumar, 'Qualitative Analysis of the Performance of Introverts and Extroverts on Standard Progressive Matrices', *British Journal of Psychology* 67, nr. 3 (1976): 391-97.

214. persoonlijkheidskenmerken van efficiënte werknemers van een callcenter: In gesprek met de auteur, 13 februari 2007.

215. op zoek bent naar personeel voor een beleggingsbank: In gesprek met de auteur, 7 juli 2010.

216. mannen die erotische foto's te zien krijgen: Camelia Kuhnen *et al.*, 'Nucleus Accumbens Activation Mediates the Influence of Reward Cues on Financial Risk Taking', *NeuroReport* 19, nr. 5 (2008): 509-13.

216. dat alle introverte mensen ... op hun hoede zijn voor gevaar: Veel hedendaagse ontwikkelingspsychologen zeggen dan ook dat waakzaamheid voor gevaar eerder kenmerkend is voor een persoonlijkheidskenmerk dat 'neuroticisme' wordt genoemd dan voor introversie.

217. dat op gevaar gespitst zijn eerder kenmerkend is: Maar risicomijding correleert met zowel introversie als met neuroticisme (beide kenmerken zijn gerelateerd aan de 'hoogreactiviteit' van Jerry Kagan en de 'hoogsensitiviteit' van Elaine Aron). Zie Mary E. Stewart *et al.*, 'Personality Correlates of Happiness and Sadness: EPQ-R and TPQ Compared', *Personality and Individual Differences* 38, nr. 5 (2005): 1085-96.

218. onafhankelijk worden van hun sociale omgeving: Mihalyi Csikszentmihalyi, *Flow: The Psychology of Optimal Experience* (New York: Harper Perennial, 1990), 16.

218. Psychologische theorieën berusten doorgaans op het uitgangspunt: Mihalyi Csikszentmilhalyi, *The Evolving Self: A Psychology for the Third Millennium* (New York: Harper Perennial, 1994), XII.

219. dat je energie geen grenzen kent: Hetzelfde geldt voor geluksgevoelens. Uit onderzoek blijkt dat buzz en andere positieve emoties iets makkelijker opkomen bij extraverte mensen, en dat extraverte mensen als groep gelukkiger zijn. Maar wanneer psychologen gelukkige extraverte mensen vergelijken met gelukkige introverte mensen, ontdekken ze dat die twee groepen veel kenmerken met elkaar gemeen hebben – gevoel van eigenwaarde; vrijheid van angstgevoelens; tevredenheid over wat ze in hun leven bereikt hebben – en dat die kenmerken betere voorspellingsfactoren van geluk zijn dan extraversie. Zie Peter Hills en Michael Argyle, 'Happiness, Introversion-Extraversion and Happy Introverts', *Personality and Individual Differences* 30 (2001): 595-608.

219. 'Bevrijd je innerlijke extraverte mens': 'Release Your Inner Extrovert', *BusinessWeek* internetcolumn, 26 november 2008.

220. Chuck Prince: Voor een verhaal over de persona van Chuck Prince, zie bijvoorbeeld Mara Der Hovanesian, 'Rewiring Chuck Prince', *Bloomberg BusinessWeek*, 20 februari 2006.

220. Seth Klarman: Voor informatie over Klarman, zie bijvoorbeeld Charles Klein, 'Klarman Tops Griffin as Investors Hunt for 'Margin of Safety'', *Bloomberg BusinessWeek*, 11 juni 2010. Zie ook Geraldine Fabrikant, 'Manager Frets Over Market But Still Outdoes It', *The New York Times*, 13 mei 2007.

221. Michael Lewis: Michael Lewis, *The Big Short: Inside the Doomsday Machine* (New York: W. W. Norton, 2010).

222. Warren Buffett: Het verhaal van Warren Buffett, zoals verteld in dit hoofdstuk, is afkomstig uit een uitmuntende biografie: Alice Schroeder, *The Snowball: Warren Buffett and the Business of Life* (New York: Bantam Books, 2008).

224. 'innerlijke scorekaart': Sommige psychologen zouden de zelfsturing van Warren Buffett niet zozeer relateren aan introversie als aan een ander verschijnsel dat *internal locus of control* wordt genoemd, het gevoel dat je onafhankelijk bent van de buitenwereld.

8 – Stille kracht

227. Mike Wei: De interviews met Mike Wei en andere inwoners van Cupertino in dit hoofdstuk werden door de auteur afgenomen op verschillende momenten tussen 2006 en 2010.

228. een artikel met de kop 'De nieuwe blanke uittocht': Suein Hwang, 'The New White Flight', *Wall Street Journal*, 19 november 2005.

229. bereikten er 53 de halve finale van de National Merit-beurzen ... 27 procent hoger dan het landelijk gemiddelde: website van de Monta Vista High School op 31 mei 2010.

231. Praten is domweg geen aandachtspunt: Richard C. Levin, 'Top of the Class: The Rise of Asia's Universities', *Foreign Affairs*, mei/juni 2010.

232. *San Jose Mercury News*: Sarah Lubman, 'East West Teaching Traditions Collide', *San Jose Mercury News*, 23 februari 1998.

232. zouden de universiteiten kunnen leren om te luisteren naar het geluid van de stilte: Heejung Kim, 'We Talk, Therefore We Think? A Cultural Analysis of the Effect of Talking on Thinking', *Journal of Personality and Social Psychology* 83, nr. 4 (2002): 828-42.

233. *Journal of Research in Personality*: Robert R. McCrae, 'Human Nature and Culture: A Trait Perspective', *Journal of Research in Personality* 38 (2004): 3-14.

234. Amerikanen behoren tot de meest extraverte mensen: Zie bijvoorbeeld David G. Winter, *Personality: Analysis and Interpretation of Lives* (New York: McGraw-Hill, 1996), 459.

234. een vergelijkend onderzoek tussen acht- tot tienjarige kinderen: Xinyin Chen *et al.*, 'Social Reputation and Peer Relationships in Chinese and Canadian Children: A Cross-Cultural Study', *Child Development* 63, nr. 6 (1992): 1336-43. Zie ook W. Ray Crozier, *Shyness: Development, Consolidation and Change* (Routledge, 2001), 147.

234. vertellen Chinese scholieren aan onderzoekers: Michael Harris Bond, *Beyond the Chinese Face: Insights from Psychology* (New York: Oxford University Press, 1991), 62.

234. In een ander onderzoek werd aan Aziatisch-Amerikanen: Kim, 'We Talk, Therefore We Think?'

234. de traditionele Aziatische visie op het gesproken woord: Zie bijvoorbeeld Heejung Kim en Hazel Markus, 'Freedom of Speech and Freedom of Silence: An Analysis of Talking as a Cultural Practice', in *Engaging Cultural Differences in Liberal Democracies*, red. Richard K. Shweder et al. (New York: Russell Sage Foundation, 2002), 432-52.

234. oosterse spreekwoorden: Enkele hiervan zijn afkomstig uit het motto van het hiervoor geciteerde artikel van Heejung Kim en Hazel Markus.

235. het bikkelharde *Jinshi*-examen: Nicholas Kristof, 'The Model Students', *The New York Times*, 14 mei 2006.

236. foto's van mannen in een dominante houding: Jonathan Freeman *et al.*, 'Culture Shapes a Mesolimbic Response to Signals of Dominance and Subordination that Associates with Behavior', *NeuroImage* 47 (2009): 353-59.

237. alleen mensen die afkomstig zijn uit een traditie van jezelf expliciet uiten: Harris Bond, *Beyond the Chinese Face*, 53.

237. *taijin kyofusho*: Carl Elliott, *Better Than Well: American Medicine Meets the American Dream* (New York: W. W. Norton, 2003), 71.

237. boeddhistische monniken in Tibet: Marc Kaufman, 'Meditation Gives Brain a Charge, Study Finds', *The Washington Post*, 3 januari 2005.

238. Hun hoffelijkheid is goed gedocumenteerd: Lydia Millet, 'The Humblest of Victims', *The New York Times*, 7 augustus 2005.

238. de verwestersing in de afgelopen decennia: Zie bijvoorbeeld Xinyin Chen *et al.*, 'Social Functioning and Adjustment in Chinese Children: The Imprint of Historical Time', *Child Development* 76, nr. 1 (2005): 182-95.

241. een vergelijkend onderzoek van blanke Amerikaanse en Chinees-Amerikaanse tieners: C.S. Huntsinger en P.E. Jose, 'A Longitudinal Investigation of Personality and Social Adjustment Among Chinese American and European American Adolescents', *Child Development* 77, nr. 5 (2006): 1309-24. Dit lijkt overigens ook te gebeuren bij Chinese kinderen in China zelf, terwijl het land verwestert, volgens een reeks longitudinale onderzoeken die veranderingen in de sociale attitude hebben gemeten. Terwijl verlegenheid bij schoolkinderen in 1990 nog was gerelateerd aan sociale en schoolprestaties, was deze in 2002 een voorspellingsfactor van afwijzing door klasgenoten en depressiviteit. Zie Chen, 'Social Functioning and Adjustment in Chinese Children'.

242. Journalist Nicholas Lemann: 'Jews in Second Place', *Slate*, 25 juni 1996.

244. 'A... E... U... O... I': Deze klinkers werden tijdens het seminar van Preston Ni niet in de gebruikelijke volgorde gepresenteerd.

246. Gandhi was volgens zijn autobiografie: Het verhaal over Gandhi in dit hoofdstuk is hoofdzakelijk ontleend aan *Gandhi: An Autobiography: The Story of My Experiments with Truth* (Boston: Beacon Press, 1957), met name 6, 20, 40-41, 59, 60-62, 90-91.

249. Het TIMSS-examen: Hierover heb ik voor het eerst gelezen in Malcom Gladwell, *Outliers: The Story of Success* (New York: Little Brown and Company, 2008).

249. In 1995, het eerste jaar dat het TIMSS werd afgenomen: 'Pursuing Excellence: A Study of U.S. Eighth-Grade Mathematics and Science Teaching, Learning Curriculum, and Achievement in International Context, Initial Findings from the Third International Mathematics and Science Study', U.S. Department of Education, National Center for Education Statistics, Pursuing Excellence, NCES 97-198 (Washington, DC: U.S. Government Printing Office, 1996).

250. In 2007, toen onderzoekers maten: TIMSS Executive Summary. In landen waar leerlingen een groter deel van de vragenlijst invullen, scoren leerlingen doorgaans ook hoog op de TIMSS-test: Erling E. Boe *et al.*, 'Student Task Persistence in the Third International Mathematics and Science Study: A Major Source of Achievement Differences at the National, Classroom and Student Levels' (Research Rep. No. 2002-TIMSS1) (Philadelphia: University of Pennsylvania, Graduate School of Education, Center for Research and Evaluation in Social Policy). Dit onderzoek berustte op data uit 1995.

250. intercultureel psycholoog Priscilla Blinco: Priscilla Blinco, 'Task Persistence in Japanese Elementary Schools', in *Windows on Japanese Edu-*

cation, red. Edward R. Beauchamp (Westport, CT: Greenwood Press, 1991). Malcolm Gladwell schreef over dit onderzoek in zijn boek *Outliers*.

9 – Wanneer moet je je extraverter gedragen dan je eigenlijk bent (en hoe doe je dat)?

255. professor Brian Little: De verhalen over Brian Little in dit hoofdstuk zijn gebaseerd op vele telefoongesprekken en een uitvoerige e-mailcorrespondentie met de auteur tussen 2006 en 2010.

256. Hippocrates, Milton, Schopenhauer, Jung: Zie de opmerking over de woorden 'introvert' en 'extravert' voor een uitvoerige bespreking.

257. Walter Mischel: Voor een overzicht van het 'persoon versus situatie'-debat, zie bijvoorbeeld David C. Funder, *The Personality Puzzle* (New York: W.W. Norton, 2010), 118-44. Zie ook Walter Mischel en Yuichi Shoda, 'Reconciling Processing Dynamics and Personality Dispositions', *Annual Review of Psychology* 49 (1998): 229-58. Ter nadere ondersteuning van de aanname dat er werkelijk zoiets bestaat als een vaste persoonlijkheid: We weten dat mensen die als introvert scoren tijdens persoonlijkheidstests doorgaans een andere lichaamsbouw hebben en waarschijnlijk een aantal andere genen hebben geërfd dan mensen die volgens de meting extravert zijn. We weten ook dat met persoonlijkheidskenmerken een indrukwekkend scala van belangrijke levensgebeurtenissen kan worden voorspeld. Als je extravert bent, heb je een grotere kans om een grote vriendenkring te hebben, onveilig te vrijen, bij een ongeluk betrokken te raken en uit te blinken in mensengericht werk zoals de verkoop, human resources en het onderwijs. (Dat wil niet zeggen dat je die dingen daadwerkelijk gaat doen – alleen dat het bij jou waarschijnlijker is dan bij doorsnee introverte mensen.) Als je introvert bent, heb je een grotere kans om uit te blinken op de middelbare school, op de universiteit en in het land van de academische graden, om een kleiner sociaal netwerk te hebben, om getrouwd te blijven met je eerste partner en om autonoom werk te doen zoals schilderen, onderzoek verrichten, wiskunde en elektrotechniek. Extraversie en introversie voorspellen zelfs met welke psychische problemen je mogelijk zult kampen: depressiviteit en angststoornissen bij introverte mensen (denk aan Woody Allen); vijandigheid, narcisme en zelfoverschatting bij extraverte mensen (denk aan kapitein Ahab uit *Moby-Dick*, die kookte van woede op een witte walvis).

Bovendien zijn er onderzoeken waaruit blijkt dat de persoonlijkheid van een zeventigjarige vanaf diens vroege volwassenheid opmerkelijk nauwkeurig kan worden voorspeld. Met andere woorden: ondanks het opmerkelijke scala van situaties die we tijdens ons leven ervaren, blijven onze centrale persoonlijkheidskenmerken stabiel. Het is niet zo dat onze persoonlijkheid zich niet ontwikkelt; met zijn onderzoek over de plooibaarheid van hoogreactieve mensen heeft Kagan dat idee in zijn eentje weerlegd. Maar we zijn wel geneigd om voorspelbare patronen te volgen. Als jij de op negen na introvertste leerling van je middelbareschoolklas bent, zal je gedrag door de jaren heen fluctueren, maar je zult tijdens de vijftigste klassenreünie nog steeds rond de tiende plaats zitten. Tijdens die klassenreünie zul je ook zien dat meerdere van je klasgenoten introverter en zelfredzamer zijn en minder behoefte hebben aan opwinding dan jij je van de middelbare school kunt herinneren. Ze zijn ook emotioneel stabieler, vriendelijker en gewetensvoller. Al die kenmerken worden op latere leeftijd meer uitgesproken. Psychologen noemen dat proces 'intrinsieke rijping' en ze hebben die patronen in de persoonlijkheidsontwikkeling aangetroffen in zeer uiteenlopende landen als Duitsland, Groot-Brittannië, Spanje, Tsjechië en Turkije. Ze hebben deze ook vaak geconstateerd bij chimpansees en niet-mensapen.

Evolutionair gezien is dat logisch. Een hoge mate van extraversie vergroot waarschijnlijk de kans om te paren, wat de reden is waarom de meeste mensen het meest sociabel zijn in hun tienerjaren en jongvolwassenheid. Maar voor de bestendigheid van een huwelijk en het opvoeden van kinderen is het ongedurige verlangen om naar elk feest in de stad toe te willen minder nuttig dan de drang om thuis te blijven en je partner lief te hebben. Ook kan een zekere mate van introspectie mensen helpen om te berusten in het ouder worden. Als de opdracht tijdens de eerste helft van je leven is om jezelf tegenover de buitenwereld te bewijzen, dan is je opdracht in de tweede helft om zin te geven aan wat je gedaan hebt.

257. dat het sociale leven een schouwspel is: Zie bijvoorbeeld Carl Elliott, *Better Than Well: American Medicine Meets the American Dream* (New York: W.W. Norton, 2003), 47.

258. zoals Jack Welch adviseerde in een internetcolumn in *BusinessWeek*: Jack Welch, 'Release Your Inner Extrovert', *BusinessWeek* online, 26 november 2008.

259. *Free Trait Theory*: Voor een overzicht van de vrije-kenmerkentheorie, zie bijvoorbeeld Brian R. Little, 'Free Traits, Personal Projects, and Ideo-Tapes: Three Tiers for Personality Psychology', *Psychological Inquiry* 7, nr. 4 (1996): 340-44.

261. 'blijf aan uzelven trouw': Dit advies wordt strikt genomen niet gegeven door Shakespeare, maar door zijn personage Polonius in *Hamlet*.

262. onderzoeker-psycholoog Richard Lippa: Richard Lippa, 'Expressive Control, Expressive Consistency, and the Correspondence Between Expressive Behavior and Personality', *Journal of Behavior and Personality* 36, nr. 3 (1976): 438-61. Psychologen hebben zelfs ontdekt dat sommige mensen die in een schriftelijke enquête beweren dat ze niet verlegen zijn, heel bedreven zijn in het verbergen van aspecten van verlegenheid die ze bewust kunnen sturen, zoals praten met leden van het andere geslacht en langdurig spreken. Maar ze laten hun verlegenheid vaak onbewust 'uitlekken' via een gespannen lichaamshouding en gelaatsuitdrukking.

263. die psychologen *self-montoring* of 'zelfregulering' noemen: Mark Snyder, 'Self-Monitoring of Expressive Behavior', *Journal of Personality and Social Psychology* 30, nr. 4 (1974): 526-37.

264. ervaren ook minder stress wanneer ze dat doen: Joyce E. Bono en Meredith A. Vey, 'Personality and Emotional Performance: Extraversion, Neuroticism, and Self-Monitoring', *Journal of Occupational Health Psychology*' 12, nr. 2 (2007): 177-92.

271. 'Herstelhoekje' is het woord dat professor Little gebruikt: Zie bijvoorbeeld Brian Little, 'Free Traits and Personal Contexts: Expanding a Social Ecological Model of Well-Being', in *Person-Environment Psychology: New Directions and Perspectives*, red. W. Bruce Walsh *et al.* (Mahwah, NJ: Lawrence Erlbaum Associates, 2000).

273. 'een vrije-kenmerkencontract': Zie bijvoorbeeld Brian Little en Maryann F. Joseph, 'Personal Projects and Free Traits: Mutable Selves and Well Beings', in *Personal Project Pursuit: Goals, Action, and Human Flourishing*, red. Brian R. Little *et al.* (Mahwah, NJ: Lawrence Erlbaum Associates, 2007), 395.

276. 'Emotionele arbeid': Howard S. Friedman, 'The Role of Emotional Expression in Coronary Heart Disease', in *In Search of the Coronary-Prone: Beyond Type A*, red. A.W. Siegman et al. (Hillsdale, NJ: Lawrence Erlbaum Associates, 1989), 149-68.

276. mensen die negatieve emoties onderdrukken: Melinda Wenner, 'Smile! It Could Make You Happier: Making an Emotional Face – or Suppressing One – Influences Your Feelings', *Scientific American Mind*, 14 oktober 2009, http://www.scientificamerican.com/article.cfm?id= smile-it-could-makeyou-happier.

281. mensen die intimiteit erg belangrijk vinden: Randy J. Larsen en David M. Buss, *Personality Psychology: Domains of Knowledge About Human Nature* (New York: McGraw-Hill, 2005), 353.

281. Extraverte mensen lijken mensen nodig te hebben als een podium: E-mail van William Graziano aan de auteur, 31 juli 2010.

281. een onderzoek onder 132 studenten: Jens B. Aspendorf en Susanne Wilpers, 'Personality Effects on Social Relationships', *Journal of Personality and Social Psychology* 74, nr. 6 (1998): 1531-44.

281. de zogenoemde Big Five, de vijf persoonlijkheidsdimensies: Verderop in dit hoofdstuk wordt een definitie van vriendelijkheid gegeven. 'Openheid voor ervaringen' meet de nieuwsgierigheid, het openstaan voor nieuwe ideeën en de waardering van kunst, inventiviteit en ongewone ervaringen; 'Zorgvuldige' mensen zijn gedisciplineerd, plichtsgetrouw en georganiseerd; 'Emotionele stabiliteit' meet de afwezigheid van negatieve emoties.

282. als je ze voor een computerscherm met woorden neerzet: Benjamin M. Wilkowski *et al.*, 'Agreeableness and the Prolonged Spatial Processing of Anti social and Prosocial Information', *Journal of Research in Personality* 40, nr. 6 (2006): 1152-68. Zie ook Daniel Nettle, *Personality: What Makes You the Way You Are* (New York: Oxford University Press, 2007), hoofdstuk over vriendelijkheid.

282. een even grote kans om vriendelijk te zijn: Volgens de 'Big Five'-definitie van persoonlijkheid staan extraversie en vriendelijkheid per definitie haaks op elkaar. Zie bijvoorbeeld Colin G. DeYoung *et al.*, 'Testing Predictions from Personality Neuroscience: Brain Structure and the Big Five', *Psychological Science* 21, nr. 6 (2010): 820-28: 'Vriendelijkheid lijkt de bepalende factor te zijn voor de verzameling kenmerken die aan altruïsme zijn gerelateerd: de zorg voor de behoeften, verlangens en rechten van anderen (tegenover het genieten van anderen, wat primair gerelateerd lijkt te zijn aan extraversie).'

285. 'confronterende verwerkers': Zie bijvoorbeeld: (1) Donald A. Loffredo en Susan K. Opt, 'Argumentation and Myers-Briggs Personality Type Preferences', paper presented at the National Communication Association Convention, Atlanta, GA; (2) Rick Howard en Maeve McKillen, 'Extraversion and Performance in the Perceptual Maze Test', *Personality and Individual Differences* 11, nr. 4 (1990): 391-96; (3) Robert L. Geist en David G. Gilbert, 'Correlates of Expressed and Felt Emotion During Marital Conflict: Satisfaction, Personality, Process and Outcome', *Personality and Individual Differences* 21, nr. 1 (1996): 49-60; (4) E. Michael Nussbaum, 'How Introverts

Versus Extroverts Approach Small-Group Argumentative Discussions', *The Elementary School Journal* 102, nr. 3 (2002): 183-97.

286. Een verhelderend onderzoek van psycholoog William Graziano: William Graziano *et al.*, 'Extraversion, Social Cognition, and the Salience of Aversiveness in Social Encounters', *Journal of Personality and Social Psychology* 49, nr. 4 (1985): 971-80.

286. robots die patiënten die een hartaanval hadden gehad begeleidden tijdens revalidatieoefeningen: Zie Jerome Groopman, 'Robots That Care', *The New Yorker*, 2 november 2009. Zie ook Adriana Tapus en Maja Mataric, 'User Personality Matching with Hands-Off Robot for Post-Stroke Rehabilitation Therapy', in *Experimental Robotics*, vol. 39 of *Springer Tracts in Advance Robotics* (Berlijn: Springer, 2008), 165-75.

287. een onderzoek dat werd gedaan aan de faculteit Bedrijfskunde van de University of Michigan: Shirli Kopelman en Ashleigh Shelby Rosette, 'Cultural Variation in Response to Strategic Emotions in Negotiations', *Group Decision and Negotiation* 17, nr. 1 (2008): 65-77.

288. In haar boek *Anger*: Carol Tavris, *Anger: The Misunderstood Emotion* (New York: Touchstone, 1982).

289. de catharsishypothese is een mythe: Russell Geen *et al.*, 'The Facilitation of Aggression by Aggression: Evidence against the Catharsis Hypothesis', *Journal of Personality and Social Psychology* 31, nr. 4 (1975): 721-26. Zie ook Tavris, *Anger.*

289. mensen die met botox zijn behandeld: Carl Zimmer, 'Why Darwin Would Have Loved Botox', *Discover*, 15 oktober 2009. Zie ook Joshua Ian Davis *et al.*, 'The Effects of botox Injections on Emotional Experience', *Emotion* 10, nr. 3 (2010): 433-40.

292. 32 duo's met een introverte en een extraverte deelnemer: Matthew D. Lieberman en Robert Rosenthal, 'Why Introverts Can't Always Tell Who Likes Them: Multitasking and Nonverbal Decoding', *Journal of Personality and Social Psychology* 80, nr. 2 (2006): 294-310.

293. Dat vergt een soort geestelijk multitasken: Gerald Matthews en Lisa Dorn, 'Cognitive and Attentional Processes in Personality and Intelligence', in *International Handbook of Personality and Intelligence*, red. Donald H. Saklofske and Moshe Zeidner (New York: Plenum, 1995), 367-96.

293. uitspraken van de ander interpreteren: Lieberman en Rosenthal, 'Why Introverts Can't Always Tell Who Likes Them'.

295. een experiment dat werd gedaan door ontwikkelingspsycholoog Avril Thorne: Avril Thorne, 'The Press of Personality: A Study of Conversations Between Introverts and Extraverts', *Journal of Personality and Social Psychology* 53, nr. 4 (1987): 718-26.

Sommige van de adviezen in dit hoofdstuk zijn gebaseerd op gesprekken die ik heb gevoerd met vele zorgzame docenten, schoolbestuurders en kinderpsychologen en op de volgende, prachtige boeken:

Elaine Aron, *The Highly Sensitive Child: Helping Our Children Thrive When the World Overwhelms Them* (New York: Broadway Books), 2002; Nederlandse vertaling *Het Hoog Sensitieve Kind: Help je kinderen op te groeien in een wereld die hen overweldigt* (Amsterdam: Archipel, 2004).

Bernardo J. Carducci, *Shyness: A Bold New Approach* (New York: Harper Paperbacks, 2000); Nederlandse vertaling *Verlegen – nou en!* (De Boekerij, 2000).

Jerome Kagan en Nancy Snidman, *The Long Shadow of Temperament* (Cambridge, MA: Harvard University Press, 2004).

Natalie Madorsky Elman en Eileen Kennedy-Moore, *The Unwritten Rules of Friendship* (Boston: Little Brown, 2003).

Barbara G. Markway en Gregory P. Markway, *Nurturing the Shy Child* (New York: St. Martin's Press, 2005).

Kenneth H. Rubin, *The Friendship Factor* (New York: Penguin, 2002).

Ward K. Swallow, *The Shy Child: Helping Children Triumph Over Shyness* (New York: Time Warner, 2000).

298. Mark Twain heeft ooit een verhaal verteld: Dit is afkomstig van Donald MacKinnon, die geloofde (maar niet helemaal zeker wist) dat Mark Twain dit verhaal had verteld. Zie Donald W. MacKinnon, 'The Nature and Nurture of Creative Talent', (Walter Van Dyke Bingham-lezing, uitgesproken op Yale University, New Haven, CT, 11 april 1962).

298. Het volgende afschrikwekkende verhaal, dat mij werd verteld door dr. Jerry Miller: Ik heb tussen 2006 en 2010 meerdere gesprekken in persoon en via de e-mail gevoerd met dr. Miller.

303. Emily Miller: Ik heb tussen 2006 en 2010 meerdere gesprekken gevoerd met Emily Miller.

305. Elaine Aron: Elaine N. Aron, *Psychotherapy and the Highly Sensitive Person* (New York: Routledge, 2010), 18-19.

307. dr. Kenneth Rubin: Rubin, *The Friendship Factor.*

312. wordt er aan die leerling zeer weinig aangeboden: Jill D. Burruss en Lisa Kaenzig, 'Introversion: The Often Forgotten Factor Impacting the Gifted', *Virginia Association for the Gifted Newsletter* 21, nr. 1 (1999).

314. Deskundigen geloven dat negatieve ervaringen met spreken in het openbaar: Gregory Berns, *Iconoclast: A Neuroscientist Reveals How to Think Differently* (Boston, MA: Harvard Business Press, 2008), 77.

315. Extraverte kinderen houden doorgaans van bewegen: Isabel Myers *et al.*, *MBTI Manual: A Guide to the Development and Use of the Myers-Briggs Type Indicator*, 3e ed., 2e druk (Palo Alto, CA: Consulting Psychologists Press, 1998), 261-62. Zie ook Allen L. Hammer, ed., *MBTI Applications: A Decade of Research on the Myers-Briggs Type Indicator* (Palo Alto, CA: Consulting Psychologists Press, 1996).

315. een voorwaarde voor de ontplooiing van talent: Zie hoofdstuk 3, met name over het werk van Anders Ericsson.

315. ze zich doorgaans goed op hun gemak voelen tijdens een bespreking met een of twee klasgenootjes: E-mail van Roger Johnson aan de auteur, 14 juni 2010.

316. Zet stille kinderen niet op plekken in het klaslokaal met 'hoge interactie': James McCroskey, 'Quiet Children in the Classroom: On Helping Not Hurting', *Communication Education* 29 (1980).

318. populair zijn is niet noodzakelijk: Rubin, *The Friendship Factor*: 'Uit onderzoek blijkt niet dat populariteit een onfeilbare route naar al het goede is. Er zijn nauwelijks aanwijzingen dat deze een garantie biedt voor succes op maatschappelijk of onderwijsgebied in de puberteit, jongvolwassenheid of het latere leven. [...] Als uw kind één ander kind treft om bevriend mee te zijn, en ze hebben samen duidelijk plezier, genieten van elkaars gezelschap en zijn metgezellen die met elkaar meeleven, dan is dat prima. Houd op met tobben. Niet elk kind hoeft lid te zijn van een grote, vrolijke bende. Niet elk kind heeft veel vriendjes of vriendinnetjes nodig. Voor sommigen is één of twee genoeg.'

319. intense betrokkenheid bij en concentratie op een activiteit: I. McGregor en Brian Little, 'Personal Projects, Happiness, and Meaning: On Doing Well and Being Yourself', *Journal of Personality and Social Psychology* 74, nr. 2 (1998): 494-512.

324. psycholoog Dan McAdams: Jack J. Bauer, Dan P. McAdams en Jennifer L. Pals, 'Narrative Identity and Eudaimonic Well-Being', *Journal of Happiness Studies* 9 (2008): 81-104.

Een opmerking over de woorden 'introvert' en 'extravert'

333. de antropoloog C.A. Valentine: C.A. Valentine, 'Men of Anger and Men of Shame: Lakalai Ethnopsychology and Its Implications for Sociological Theory', *Ethnology* nr. 2 (1963): 441-77. Ik kwam dit artikel op het spoor via het uitstekende studieboek van David Winter, *Personality: Analysis and Interpretation of Lives* (New York: McGraw-Hill, 1996).

334. Aristoteles: *Aristoteles, Problematica Physica* XXX, 1 (Bekker 953A 10 e.v.), vert. in Jonathan Barnes, *The Complete Works of Aristotle, the Revised Oxford Translation II* (Princeton, NJ: Bollingen, 1984).

334. John Milton: Geciteerd in David G. Winter, *Personality: Analysis and Interpretation of Lives* (New York: McGraw-Hill, 1996), 380-84.

334. Schopenhauer: Arthur Schopenhauer, 'Personality, or What a Man Is', in *The Wisdom of Life and Other Essays* (New York en Londen: Dunne, 1901), 12-35 (oorspronkelijk verschenen in 1851); geciteerd in Winter, *Personality*, 384-86.

Helene Hanff
Charing Cross Road 84
ISBN 9789041711793
136 pagina's

Leverbare titels in Rainbow

1015 *Hoe sms't een Chinees?*
1084 *De Koran*
1128 *Trouw Schrijfboek*
1159 Aart Aarsbergen & Peter Nijssen | *Legendarische wielerkampioenen*
1168 Jan van Aken | *De Afvallige*
1226 Robert Alexander | *De keukenjongen*
1232 Isabel Allende | *Het negende schrift van Maya*
1174 Hans Christian Andersen | *De mooiste sprookjes*
1220 Jane Austen | *Verstand en gevoel*
1119 Bram Bakker | *Gekkenwerk*
1230 Bram Bakker & Simon van Woerkom | *Runningtherapie*
1170 J.M. Barrie | *Peter Pan*
1139 Bernlef | *De onzichtbare jongen*
1088 Jan Blokker | *Waar is de Tachtigjarige Oorlog gebleven?*
1152 Ivan Boenin | *Het leven van Arsenjev*
1096 Jean Shinoda Bolen | *Godinnen in elke vrouw*
1223 Simon Van Booy | *De illusie van alleenzijn*
1225 Martin Bossenbroek | *De Boerenoorlog*
1164 Japke-d. Bouma | *Gids voor de kantoorjungle*
1148 Hugo Brandt Corstius | *Taalgids voor Opperland*
1190 Charlotte Brontë | *Jane Eyre*
1124 Emily Brontë | *Woeste hoogten*
1186 Frances H. Burnett | *De geheime tuin*
1206 Susan Cain | *Stil*
1197 John le Carré | *De toegewijde tuinier*
1218 Ha-Joon Chang | *23 dingen die ze je niet vertellen over het kapitalisme*
1207 Lee Child | *Bloedgeld*
1138 Truman Capote | *In koelen bloede*
1156 Lewis Carroll | *De avonturen van Alice in Wonderland & Achter de spiegel en wat Alice daar aantrof*
1176 Jane Casey | *De laatste dochter*
1187 Amy Chua | *Strijdlied van de tijgermoeder*
1074 John Cleese | *Hoe overleef ik mijn familie*
1180 Nico Dros | *Oorlogsparadijs*
1183 Frederik van Eeden | *De kleine Johannes*
1140 Anna Enquist | *Het geheim*
1211 Orlando Figes | *Fluisteraars*
1151 Orlando Figes | *De Krimoorlog of de vernedering van Rusland*
1188 Saul Friedländer | *Nazi-Duitsland en de Joden, deel 1*
1189 Saul Friedländer | *Nazi-Duitsland en de Joden, deel 2*
1215 Simon Garfield | *Op de kaart*
1153 Jessica van Geel | *Ik zou úren met je willen praten, maar...*
1085 Ronald Giphart | *IJsland*
1222 Robert Goddard | *Intrige in Parijs*
1147 Hannah Green | *Ik heb je nooit een rozentuin beloofd*

1143 Hella S. Haasse | *De Meester van de Neerdaling*
1192 Hella S. Haasse | *Woud der verwachting*
1161 Sebastian Haffner | *Churchill*
1161 Sebastian Haffner | *Het duivelspact*
1154 Sebastian Haffner | *Het verhaal van een Duitser 1914-1933*
1177 Helene Hanff | *Charing Cross Road 84*
1198 Iris Hannema | *Miss yellow hair, hello!*
1141 David Harp | *3 minuten meditaties*
1104 Kathryn Harrison | *De weg naar Santiago de Compostela*
1224 Maarten 't Hart | *Magdalena*
1235 Mo Hayder | *De behandeling*
1194 Mo Hayder | *Vogelman*
1227 Joke J. Hermsen | *De liefde dus*
1169 Naoki Higashida | *Waarom ik soms op en neer spring*
1201 Lawrence Hill | *Het Negerboek*
1200 Tom Holland | *Perzisch vuur*
1233 Michel Houellebecq | *Elementaire deeltjes*
1122 Michel Houellebecq | *De kaart en het gebied*
1080 Robert Hughes | *Barcelona, de grote verleidster*
1219 Conn Iggulden | *Caesar – De ondergang van de heersers*
1179 Conn Iggulden | *Caesar – De poorten van Rome*
1104 Franz Kafka | *Het slot*
840 Otto de Kat | *De inscheper*
1105 Otto de Kat | *Julia*
1155 Hans Keilson | *In de ban van de tegenstander*
1195 J.G. Kikkert | *Een Haagse dame in de Sahara*
1191 Rudyard Kipling | *Het jungleboek*
1129 Kluun | *Komt een vrouw bij de dokter*
1126 Dirk Ayelt Kooiman | *Montyn*
1166 Kees van Kooten | *Mijn plezierbrevier*
1134 Maria Konnikova | *Mastermind, leer denken als Sherlock Holmes*
1150 Michaël Kumpfmüller | *De heerlijkheid van het leven*
1234 Joke van Leeuwen | *Feest van het begin*
1097 Jonathan Littell | *De Welwillenden*
1193 Elsbeth Louis | *Het snelle taart(en)boek*
1196 Hector Malot | *Alleen op de wereld*
1219 Charles C. Mann | *1491*
1213 Margaret Mazzantini | *Morgenzee*
1101 Colum McCann | *Laat de aarde draaien*
1212 Colum McCann | *Trans-Atlantisch*
1095 Ian McEwan | *Boetekleed*
1210 Ian McEwan | *Suikertand*
950 Ian McEwan | *Zaterdag*
1160 Ian McEwan | *Ziek van liefde*
1173 Catherine Merridale | *Ivans oorlog*
1144 Talane Miedaner | *Coach jezelf naar succes*
1184 David Mitchell | *De niet verhoorde gebeden van Jacob de Zoet*

1171 Deborah Moggach | *Tulpenkoorts*
1098 Simon Sebag Montefiore | *Jeruzalem*
1231 Simon Sebag Montefiore | *Stalins jeugdjaren*
1202 Wiesław Myśliwski | *Over het doppen van bonen*
1114 David Nicholls | *De eerste dag*
1163 Ruth Ozeki | *Een tijdelijke vertelling*
1123 Michael Palin | *Het nieuwe Europa*
1182 Tim Parks | *Leer ons stil te zitten*
1106 Elvis Peeters | *Wij*
1228 Preston & Child | *Wit vuur*
1115 Philippe Remarque | *Boze geesten van Berlijn*
1236 Kees Ruys | *De nevelarchipel*
1237 Felix Salten | *Bambi*
1116 Michail Saltykov | *De familie Golovljov*
1142 Kurban Said | *Ali en Nino*
1165 Annie M.G. Schmidt | *Het grote poezenboek*
1157 Ferdinand Von Schirach | *Schuld*
1130 Ferdinand Von Schirach | *Taboe*
1130 Ferdinand Von Schirach | *De zaak Collini*
1185 Michaïl Sjiskin | *Onvoltooide liefdesbrieven*
1158 Rik Smits | *Het raadsel van linkshandigheid*
1178 F. Springer | *Boeken van herinnering*
1222 F. Springer | *Boeken van verbeelding*
1167 Eva Stachniak | *In het winterpaleis*
1200 Tom Holland | *Perzisch vuur*
1204 Robert Louis Stevenson | *Schateiland*
1172 Peter van Straaten | *Heeft het gesmaakt?*
893 Peter van Straaten | *Hoezo oud?*
1006 Peter van Straaten | *Zo zijn we niet getrouwd*
1077 Alec le Sueur | *Een hotel op het dak van de wereld*
1131 Uwe Tellkamp | *De toren*
1205 Silvia Tennenbaum | *De Wertheims*
1175 Sylvain Tesson | *Zes maanden in de Siberische wouden*
1217 Jeroen Thijssen | *Solitude*
1100 Theo Thijssen | *Kees de jongen*
1203 L.N. Tolstoj | *De Kreutzersonate*
1135 Michel Tournier | *De elzenkoning*
1162 Sue Townsend | *Het geheime dagboek van Adrian Mole 13¾ jaar*
1171 Ivo Victoria | *Hoe ik nimmer de Ronde van Frankrijk voor min-twaalfjarigen won*
1127 Sidney Volmer | *Alles ruikt naar chocola*
926 Peter de Wit | *Sigmund. Pillen, praten en patiënten*
861 Peter de Wit | *Sigmund. Relatietherapeut*
1083 Peter de Wit & Hanco Kolk | *Single: do's & don'ts van daten*
1149 Virginia Woolf | *Naar de vuurtoren*
1214 Stefan Zweig | *De wereld van gisteren*

Leverbare titels in Rainbow Essentials

38 *De allerliefste en allermooiste*
83 *Moederlief*
86 *Rembrandt van Rijn*
37 *Vergeet mij niet*
53 *Vriendschap*
92 *Zal ik nog een eindje met je meelopen*
87 Herman de Coninck | *Geef me nu eindelijk wat ik altijd al had*
82 Emily Dickinson | *Liefde is alles wat er is*
85 Carlos Drummond de Andrade | *De liefde, natuurlijk*
76 Anna Enquist | *De mooiste gedichten*
80 Eva Gerlach | *Opzij van het kijken*
68 Herman Gorter | *Mei*
16 Judith Herzberg | *Doen en laten*
89 Joke van Leeuwen | *Woorden op bezoek*
78 Fernando Pessoa | *In ons leven tallozen*
89 Rainer Maria Rilke | *Nieuwe gedichten, een bloemlezing*
84 Antoine de Saint-Exupéry | *De kleine prins*
91 K. Schippers | *Bij Loosdrecht*
43 Toon Tellegen | *Daar zijn woorden voor*
81 Henny Vrienten | *De trein schrijft liedjes van verlangen*
66 Henny Vrienten | *Zwaan kleef aan*
49 Elly de Waard | *De zon is vrouwelijk*